# 大連的小魏傳奇

方亞先——著

兩岸婚姻
中華情

# 序　言　問世間情為何物，直叫人尋尋覓覓

方亞先

看過左鄰右舍、親朋好友的家庭，原來真的是家家有本好唸及難唸的經，而且是千姿百態，各有各的故事以及前生今世，一時間說不完也道不盡。由此再放大到千家萬戶，也是大同小異，只要用心觀察不難發現此言不差。

家是小的國，國是小的家，治大國如烹小鮮，那麼治小家應當亦如是，但是，兩者之間卻有一項絕不相同的地方，那便是國是講法理的場域，而家是講情感的處所。所以了解家庭的組合、重心、運轉，自然就不會失之偏頗，家庭興旺才有國家強盛的可能。自古就有個人與家庭及國家聯結的哲學，說的頭頭是道，修身、齊家、治國、平天下，不與家齊，何以治國？

家庭的組合始自夫妻結合，孝敬雙方父母，繁衍撫養後代，是為傳承的使命與任

務，所以夫婦為家庭的核心毫不為過。但是，夫妻的人倫也是人類的食慾與性慾的本能，所以說閨房之樂有甚於畫眉者。古代人是先有性愛才有感情，現代人要求先有感情再有性愛，孰是孰非？我們都是見仁見智。

既然身為現代人，在學習與成長之間，念茲在茲的就是如何談一場戀愛尋求意中人？可是談戀愛並沒有標準規範，多數人都是糊裡糊塗的走進去又走出來，能夠談戀愛一次成功的少之又少，只得再接再厲、繼續尋尋覓覓下去，期待下一個男人或女人會更好。我也是這樣子走過來，自從二零一一年開始，經過六年愛情跑開花結果，一轉眼又是六年。海峽芬芳組合珍愛一生——愛情長跑六年整，千里迢迢只等閑，南來北往飛不停，收官飛行三十六。

2023/01/10

# 目錄

目錄

# 第一回　美名芬芳傳千里，天南海北會大連

2011/03/15

二〇一一年三月十四日晚上九點，住四樓的老鄰居朱姐到三樓的我家坐下來嘮嗑一個鐘頭，她年長我三歲，期間說了那麼一嘴要給我介紹一個台灣的男朋友，我以為她是開玩笑，也就不以為意的點點頭。不承想，她離開之後沒多久，我的手機收到廈門號發來的一條短信說「美女，晚上好，我是朱麗君的朋友，我叫薛方先，現在住臺灣的金門，就在廈門的對面十公里處。朱姐說要給我介紹一個大連女朋友，就把妳的電話給我，她說妳特賢慧，我想請問妳的芳名如何稱呼？」我一時心慌意亂，立馬回應過去「你好，我是朱麗君的朋友，也是她的鄰居，我叫魏美花。」回信之後如石沉大海一般，整晚再沒有收到第二次信息。

第二晚十點過後又收到一條內容相同的短信說「美女，晚上好，我是朱麗君的朋

友，我叫薛方先，現在住臺灣的金門，就在廈門的對面十公里處。朱姐說要給我介紹一個大連女朋友，就把妳的電話給我了，她說妳特賢慧，我想請問妳的芳名如何稱呼？」跟昨晚相同的詢問短信我不是已經回復了嗎？這是怎麼一回事呢？等我仔細看一下昨晚回應的手機號碼十一碼中打錯了一個碼，那當然是沒有完成回應，才會有第二次信息呀！

我趕緊回過去說「你好，我是朱麗君的朋友，也是她的鄰居，我叫魏美花。」之後他傳來幾張生活照片，也要求我傳送幾張給他認識一下，我想也是，就傳過去幾張照片。隨後他來信息說「我有四個孩子二男二女，老么都三十歲了，不在身邊，十一年前因為個性不合跟老婆協議離婚，誰知談好條件我付出一筆離婚費，她拿了錢第二天一走了之，也沒有在協議書上簽字，飛到台灣和大兒子一起住，一去十多年沒有再回頭，我就被困住了。如果妳要跟我處朋友的話，除了不能結婚以外，我肯定不會虧待妳。」

第三天他來短信說「我從妳傳來的照片上圓潤的臉頰估計妳有六十公斤，如果妳的身高超過一六五公分的話，體重可能有六十五公斤，體型屬於豐滿型的，不知對不對？我今年五十七歲，身高一七七公分，體重九十公斤。」我回復說「我的身高一五八公分，體重五十公斤，今年四十二歲。」他說「妳的個性很爽快也很直白，我喜歡，這樣真情真話最有利於我們的互相認識及瞭解。從這幾天的聯繫中，我認為妳是一個在等待愛情及渴望愛情的女人，也是在準備釋放愛情的女人。果然得到妳正面的回應，我很欣慰也很樂意和妳一塊創造這個機會，妳可知道談戀愛能使得男女雙方獲得快樂的心情及生活的動力，那是多麼美好的一件事物啊！我祈望不要讓妳失望才好。我今日看了好幾次妳的照片，尤其是第二張戴無框眼鏡以及穿紅衣服，顯得清爽又加喜氣洋洋。」我說「我盼望一個懂得愛情又懂得浪漫的男人，能夠走進我的心扉。」

我說「我擔心你見不到我，很快就會忘掉我？」他回說「妳別擔心，我咋會把妳忘了呢？現如今，我是天天將妳記在心田裡，想妳的人兒想妳的容貌，想妳的人生正要跨出重要的一步而喝采，妳的幸福和妳的下半生可是掌握在妳自己的手中，我願意支持妳勇敢的走下去。」我又說「昨晚和你說完電話我一夜無眠到天明，我想來想去就是想不出結果。」他回復「知道妳昨晚和我談過話後整夜失眠，啊！我是多麼不捨唷！希望妳今日多利用時間養養精神才好。妳說小姑娘叫王溫新十七歲唸中專，今天感冒沒上學，要妳多費心照顧了。」

我說「我下午下班後給你發的信息有收到嗎？」他說「妳五點半下班時發的短信沒有收到，因為我五點正就下班離開單位，家裡沒信號是收不到的。喔！我現在到海邊去接收信息回來了，我想為妳唱一首動聽的歌曲《遲來的愛》，請妳欣賞一下看看是否喜歡？『一段情要埋藏多少年，一封信要遲來多少天，兩顆心要承受多少痛苦的煎熬……』。」

第二天他說「妳特可愛了，真誠爽快不做作。昨夜我為妳唱《遲來的愛》這首歌時，我有聽到妳輕輕抽泣的聲音，我多麼不捨啊！好想將妳摟進懷裡給妳熱情給妳安慰，無奈天南海北一時夠不著，只能等到我們相見的時候了，我現在就把這首歌詞傳給妳。雖然我倆尚未見面，卻是這般的情投意合，多麼可貴啊！美麗芬芳名揚千里，快要下班了吧！星期天妳休息在家，我本來很想跟妳發信息的，可我又想妳對象白天也在家的話，會不會給妳增加困擾呢？所以也很猶豫著！」我說「你是我一生中唯一為我唱歌的男人，而且歌詞意義又是對我那樣的貼切，立即打動我的心弦，我的眼淚就忍不住流下來。喔…不礙事的，我對象老王白天在家時都呆在姑娘屋裡，他不會進我屋子來。」

他說「早上電話中妳說昨夜做了一場美夢，在夢裡遇見我，那肯定是非常香豔非常刺激吧，是什麼樣的夢境呢？」我說「昨夜第一次夢見你，那情境是我和你在賓館見面，可你的親人來了一大堆，有男的女的，有老的少的圍著你講話，我都插不上嘴。好不容易等到親友走了，女服務員帶我們進入房間，誰知她也跟著你談話不斷，就是不肯離開房間，叫我在一旁急得不行了。」他說「今天三月二十三號，我預訂在二天後三月二十五號專程從廈門飛到大連去拜訪妳，不知道是否方便？只要妳方便我就安排機票了。」我說「這是真的嗎？我也希望儘快、儘早與你見面，時間當然方便。」

我說「前天聽你唱那首遲來的愛，你唱得真好聽，讓我感動得流眼淚，你會不會笑我？我的文化程度只有初中畢業，表達能力也不好，不知道你會不會嫌棄呢？我很高興你來看我，我會特地為你準備一項小小的禮物。」他說「真實最好，流眼淚並沒有什麼不好，我怎麼會笑妳呢？更何況是幸福的淚水為了喜樂而流。人過四十歲再說假話，也就沒什麼味道、沒什麼意思了。」

他又說「我們從第一通電話及第一條短信便能談得很愉快，由此可知兩人非常投緣，所以妳在前天夜裡夢見我，足見日有所思、夜有所夢啊！每個人的學歷有高低、背景有不同，但是這些都不會影響互相喜愛的兩個人；表達能力並不僅僅靠語言能力，語氣和態度也是重要的因素。比如在家庭教育或學校教育中，都會強調身教重於言教的。我相信當我們見面時，妳會讓我充分明白妳的熱情及真情。我看見妳的第三張照片了，溫柔賢淑的模樣，肯定是個賢妻良母的品性。等飛大連的機票確定後我會再告訴妳，到地頭我倆多談談多瞭解最好，妳不需多破費多花錢，簡單就好。」

# 大連的小魏傳奇
## ——兩岸婚姻中華情

我說「現在早上十點，美夢即將成真，叫我又愛又怕又期待。」他說「美夢即將成真，妳說的是啊！人來了就好，能見面最好，妳怎麼還要破費買禮物給我呢？但是不管什麼禮物，我都會喜歡也要謝謝妳！我現在飛機在寧波降落經停完畢，即將再度起飛前往妳的身邊。飛機中午準點降落大連，大地一片風和日麗，陽光普照。春天來臨，萬物欣欣向榮，春風帶著一份禮物從遙遠的南方飛來，那個人就是我！我是一隻小小小鳥兒，已經飛到北方的大連，準備會見東北佳人。特地寫首小詩紀念如下，《老頭愛丫頭一》——美名芬芳傳千里，天南海北會大連；一見鍾情定終身，大手小手向前走。2011／03／25」

他說「親愛的妹妹，南飛的班機已經離開大連平安降落廈門，感謝小丫頭三天來陪伴小老頭度過最美好的大連假期。我以前和北面的人相處是一半快樂一半受氣，可是這三天和妹妹相聚只有快樂沒有受氣，叫我如何不愛妳入骨呢！這次首度會面三天非常快樂、非常滿意、非常合拍，實在是超乎想像之外，似乎是老天的刻意安排，真是天作之合啊！我倆的第一次見面這麼快樂、這麼美好，展望未來一定會越走越好，所謂好的開始，就是成功的一半，不是嗎？

中午離開之前我對妳說過，雖然下午我就要離開妳，但是，離別也是下一次重逢的開始，所以我們無須難過也無須悲傷。而且經過這三天努力的幹體力活，在不久之後或許一兩個月之後，妳的身體及心情都會發生很大、很好的轉變，首先妳的心情會一掃往日的陰霾，其次妳的身體獲得愛情的灌溉及滋潤後，會促使妳的內分泌系統正常運作，這會從妳的精神與臉色上顯現出來。」我說「咱倆的第一次見面就能處得這麼融洽，真的不可思議，遠遠超出理想之上，你的身體健壯，特別能幹體力活，我真的不敢相信這是真的嗎？」

他說「要說到這三天大連假期所帶給我的快樂，是一生中絕無僅有的，不止妳滿意妳快樂，我又何嘗不是呢！說到這點來，就足夠咱倆偷著樂呢！我也跟妳一樣有些懷疑咱倆的相愛是不是真的呢？其實，妳我都不用懷疑，我們相愛這是千真萬確的事實，就只差沒有生個小崽子而已！或許因為來得太快太好了，叫人難以置信。」我說「我現在心情很糟糕，翻來覆去睡不著，不停的看你照片和每條信息，滿腦子都在想著我們這幾天相處的美好時光，你給我帶來以前從來沒有體會到的快樂和幸福。想你。」

他又說「妹妹妳特可愛了，大連假期中叫我吃好喝好休息好，而妳興奮之後就激動，激動就會身體發熱，發熱之後就想要粘著哥哥。我倆的愛和我倆的情是真真切切，一點也不假，妹妹愛著我，哥哥也愛著妳。妳嘗到有生以來最大的快樂及幸福，難怪妳愛粘著我，這也是人之常情嘛！我能理解也願意盡力滿足妳，即使累翻了，頂多就是多休息嘛！」我說「昨晚聽你說往我的銀行卡打錢，哥哥這樣做會給我壓力，好像咱們的相處，我是為了你的錢一樣。雖然我的生活苦了這麼多年，但是，在我腦海裡從未出現過，找個男人對我好壞無所謂，只要有錢就行。我見過幾個有錢女人整天無所事事，像一具行屍走肉，那不是我想要的生活。我要的只是兩人互敬互愛、互相關心，有什麼事面對面溝通。粗茶淡飯，身體好就行，閒暇時兩人手拉著手到處走走，到有山有水的地方散散步、聊聊天，那對我來說就是天堂般的生活。」

他說「好妹妹，哥哥想妳愛妳，我也知道妹妹愛我想我，一點不假。我昨晚往妳卡上打去一千二，只是聊表我對妳的愛及心意，作為不時之需，有備無患。既然我們決定要走到一起了，我肯定不會虧待妳的。昨晚我一回到廈門立馬就往妳的卡裡打去一點錢作為備用，我不會給妳製造任何壓力，更何況妳從來沒有開口向我要求過，是我自己對妳表達一份真情真意，也是表示我愛護妳、想要照顧妳的一番心意。往後如果有什麼困難或需要，妳都可以告訴我，只要我做得到我會為妳出力的。妳說妳崇尚簡單樸實的生活，沒有過多的物質要求。我完全認同妳的生活模式及人生目標，我本身就是平凡平常，自然正常，我也力行簡樸生活。」

我說「看來思念一個人，不光是幸福，也伴有一些痛苦。我昨天晚上從未體驗過的思念，深深體會到一絲牽掛的痛。你快到家了吧！每收到你的一條信息，就像給我注入一針興奮劑，非常享受信息中的內容。親愛的，到家好好休息，我沒有懷疑咱們的愛是假，真真切切體會到我愛哥哥，哥哥愛我。這幾天把哥哥累壞了吧？也許時間太短、愛得太深，老想粘著哥哥，分分秒秒不想離開哥哥的身體。下次見面，我會適當讓你吃好喝好休息好，再幹體力活，好嗎？我沒有想到愛一個人會這麼幸福！」

他說「妳說的對極了，被人愛是幸福的，愛人也是幸福的。這三天假期努力幹體力活，雖然把我累翻了，有些透支體力，卻能帶給妳從未有過的最大快樂及幸福，我也非常樂意，只要好好休息兩三天就能恢復正常，妳只管放寬心吧！」我說「我贊同你的說法，你又到海邊去了嗎？注意身體，小心感冒，早點回去休息好嗎？妹妹想你。」

他說「早上不到七點，小老頭就打電話問小丫頭昨晚睡得可好？妹妹說睡得好，五點多醒來就在想哥哥了。我跟妳一樣睡到五點多，體能恢復九成，精神飽滿、生龍活虎。俗話說情人眼裡出西施，那只是對容貌的審美而已，我認為還不足以形容妳我之間的融洽。因為我心目中佳偶的要素全都出現在妳身上，妳就是我的夢中情人；相同的是，妳中意的伴侶條件都能在我身上找到，我是妳的白馬王子。況且我倆情投意合、一雙兩好，怎麼不是佳偶天成呢？即使用電腦來篩選或配對也找不出第二個這麼合拍的人選了！我愛妳的溫柔乖巧，妳愛我的陽剛體貼，我要的是知冷知熱的小女人，妳要的是遮風擋雨的大男人，我們是一對夢幻組合，一對最佳拍檔。」

我說「哥哥你知道我從什麼時候開始對你動心的嗎？就在你來大連之前的有一天在通話時，你得知我在下班途中發過信息，放下電話後專程跑到海邊去接收那條信息，然後回到家裡又為我唱那首歌《遲來的愛》那時。哇！我封閉多年的心門突然被打開。我知道這是一個很有心的男人，又懂得浪漫，加上看照片上你健康強壯的身體，當時斷定這不就是我所想要的那種男人嗎？我這幾天的變化巨大，我姑娘都能發覺，她說媽媽妳這幾天心情怎麼這麼好啊？我有股衝動真想要告訴她，我遇到一個好男人了！」

他說「因為我專程跑去海邊接收信息，又為妳獻唱《遲來的愛》，誠心感動妳。因此妳決心要對我以身相許，蓬門今始為君開，全身心為我開放，等著我來採，是嗎？沒錯，我是個懂得愛情懂得浪漫的情人，加上身體健康能幹體力活，不正是妳夢寐以求的白馬王子嗎？妳這幾天心情變化很大，小姑娘都能察覺出來，妳沒告訴她是在談戀愛嗎？哈…哈…。」我說「妹妹現在上班的車上，我在哥哥身上不僅體驗到情人的那種感情，還有父愛的感情。特別是在你叫我小丫頭，把我抱在懷裡撫摸時，我就像是又回到童年被人疼著、愛著、關心著，那種感覺好幸福！我也會永遠愛著哥哥、疼著哥哥、關心著哥哥。你愛我是那麼樣的真，整個心都放到我身上，我從上班就開始不停的收到情信，我好感動喔，都沒心思上班了！下個月我辦長途包月，太想你的時候就打電話聽聽你的聲音。」

他說「妳這下子不僅得到情人的愛，也獲得父親的愛，讓哥哥疼著、愛著、呵護著，叫幸福充滿全身心，讓身體內每一個細胞重新活起來。我喜歡抱著光溜溜的妳，一面擁吻一面輕輕撫摸妳的背部，把我的溫暖透過手掌心送進妳的身體，妳看是不是多麼愉快多麼溫馨？」我說「想起哥哥來大連下飛機後的第一餐感覺很內疚，又很心疼。你自從前一天出門到第二天中午足足有二十個小時，卻讓你僅僅吃了一個乾乾的漢堡，當時只急著要趕時間，並沒有想到哥哥九十公斤的身體，只有一個漢堡能不能吃飽？」他說「妳真的不用在意我到大連後第一餐吃得好不好，重要的是我們要挪出時間來親熱，豈不知春宵一刻值千金嗎？更何況我倆共用一份漢堡足以印証咱倆是一體的，而且吃飽了就不適合幹體力活，那豈不是糟蹋了春宵一刻值千金嗎？」

他說「回想起三月十四號那晚我照常在海邊散步，突然收到朱姐來的信息說要給我介紹大連的女朋友，問我要不要？我曉得朱姐常有天馬行空、異想天開的看法，或許她只是開玩笑吧？我就回信說好啊，要不請對方與我聯繫或者給我電話來與對方聯繫，她就給我一個電話號碼，後面加一個魏字。我就照這個號碼發了一條短信過去，經過一兩個小時也沒有回應，我心想是朱姐跟我鬧著玩的，又想既然有電話就撥打過去試試看，十點過後就用家裡座機打了兩次的減價電話都沒有人接就算了。第二晚九點之後再打電話，出乎意料居然有人接聽，喜得我趕緊自報家門說出姓名來。自從三月十五那晚我和魏美女聯繫上，因此引起天雷勾動地火，一發不可收拾，欲知結果如何，請看下文分解。

自此兩人白天短信、夜晚電話不斷，談得好不投機又投緣！兩人商量著如何能儘快見上一面，以解相思之苦，無奈何兩人相隔幾千公里、天南海北，只得無語問蒼天！一周之後，我終於下定決心推開一切凡塵俗事，為愛走千里，單槍匹馬飛越千山萬水遠赴大連城。三月二十五號中午抵達目的地和遠方佳人正式見面，兩人一起合吃一客漢堡，就近入住賓館。進房後在一陣擁抱及熱吻後，溫度迅速升高，於是三下五除二，解除一切衣物，小試身手，一舉突破防線達陣成功，兩人共浴愛河，融為一體。那一天中午第一次見面十分愉快，第一次合體相當成功。到了晚上大試身手，第二次及第三次合體都非常成功，彼此心滿意足。第二天早上妳帶來豐盛的愛心早餐，飯後纏綿不停，晚餐時與朱姐會面。第三天早上的愛心早餐最可口又滋補，飯後半休息半纏綿，直到中午退房後再用餐。」

我說「從三月二十五日咱倆見面後的第一次擁抱、接吻，然後合為一體，那種從未有過的幸福快感，讓我永生難忘！也許是來得太快太猛，我幾乎讓幸福砸暈。今天睡不到五點就醒來，想了很多關於咱們以後的打算，你是想怎麼安排的？我的婚姻有名無實，只要你想讓我離開他，隨時都可以。親愛的哥哥，我沒有別的意思，我太愛你了，不想讓你有什麼顧慮和負擔。你要讓我成為你的情人，還是下半生的伴侶，我都聽你的安排。只要讓我幸福的過上幾年，也算在這個世上沒有白活了。」

他說「自從我們結合後，給妳我帶來極大的快樂，令人終身難忘，尤其是兩人在對人事物的看法及想法上，充分瞭解、高度一致，互相視對方為最佳伴侶。今後的安排以廝守終身為理想，因為我愛妳更想擁有妳啊！但是，關於往後的安排，首先要跟小姑娘疏導好，不會妨害她的生活；其次要跟妳對象疏通好，用和平的方式、友善的手段處理，不要傷害他的自尊，這樣子面面俱到最和諧了。大家通過和平的方式，用友善的態度來改組家庭，創造一個新希望。妳說有道理嗎？親愛的妹妹，在尚未處理之前，我們暫時以情人模式相愛，等到時機成熟後再轉為下半生伴侶，一定讓妳過上美好的幸福人生，妳說行嗎？說到我們的將來目標，肯定是要走到一起的，但是在做法上，卻必須講究『急事緩辦』的原則，就是穩紮穩打、步步為營，不踏錯任何一步，一步到位，圓滿達成目標。妳說好嗎？」

我說「我遵從你的安排，大手拉小手，你拉我往哪走，我就往哪走！親愛的，你發自內心的想法也正是我想說的，看來咱倆還真是有緣，心有靈犀不點自然通。」他說「大手拉小手，妹妹妳要勇敢的跟著哥哥一起向前走！我愛妳又能得到妳，我更想一輩子擁有妳，朝朝暮暮長相守，我要照顧妳的下半生，也要叫妳好好過上好日子。三月二十五號我們第一次見面就互有好感，相聚三天後驚奇的發現，我倆不管是在床上還是在床下更加合拍！想當初聯繫十天後初次相見，真是意外又是奇跡，更像是傳奇，叫咱倆走到一起了！既然這是老天的安排，咱們又怎麼能夠違背天意呢？雖然兩人暫時分開，可我的一顆心卻是永永遠遠掛在妳的身上，離別只是下一次重逢的開始，那又有什麼悲傷可言呢？早請示晚匯報就不會有錯，哈…哈…小丫頭真是越來越淘氣，只要妳開心就好。男人身體健康的好處，妹妹最知道。」

他說「這幾天妳的心情怎麼這麼好啊？該不是在談戀愛吧？那可是會給人帶來極大的快樂哦，快說是哪個幸運的小伙子？妳們已經發展到什麼程度了？是拉手、接吻、撫摸、擁抱，還是做愛呢？春天來了，妳的心也飛揚起來，全身細胞又重新活起來了！三月二十五號那一天從遙遠的南方飛來一隻小小小鳥兒，就停落在大連，妳有沒有把它緊緊地抱在懷裡，還是把它帶回家當做紀念品了？」

我說「哥哥，告訴你一個好消息，三月二十五日那一天我得到一個比中頭獎五百萬還要高興的寶貝，已經把他放到我的心坎裡，我們已經發展到該做的都做了，該享受的也都享受了！你是嫉妒還是羨慕呢？哥哥，你怎麼這麼可愛，就像是一個活寶，給我逗的好開心。在車上看到你來信息我忍著笑，下車就控制不住一邊走一邊樂，還擔心路人看到會以為我是個傻子呢！親愛的，這樣下去我會增加很多皺紋，你可要為皺紋負責喔！中午你就忙著逗我開心，你也開心，你現在是不是有一股年輕小夥子的勁沒處釋放呀？你又跑到千里之外的大連，選了一個山東大嫚，為什麼呀？哥哥，我也不曉得你身上會有那麼大的魔力，把我的心都給帶走了。每時每刻都在想你，想你的溫柔和體貼。」

他說「妳咋這樣淘氣又調皮呢？天上掉下一個大寶貝，妳該做的也做了，不該做的也做了，怎不叫我又羨慕又嫉妒呢？我愛山東大妹子真是好樣的，我喜歡的何止山東大嫚，還有山東曼波和山東大饅頭！哥哥是妳的大寶貝、大玩偶、開心果及活寶，把妳逗樂也把妳的皺紋加多了，我當然會對妳負責。妳就偷著笑，偷著樂吧！哥哥成天逗妳開心，給妳找樂趣，妳喜不喜歡啊？沒錯，談戀愛讓妳變成小丫頭，也教我變成小伙子，渾身是勁不知如何是好？

妹妹的魅力無邊，能把千里之外的哥哥吸引到大連來自投羅網，妹妹的魔力無窮，能把哥哥身上的魂都勾走了！還拿一條褲腰帶將我緊緊拴在妳的褲腰頭，叫我如何離得開妳呢？妳還給我準備了筷子、勺子、襪子、內褲及毛巾，真是一應俱全啊！哥哥不但溫柔體貼，而且勇猛有勁，真是一個不得了的人體開發工程師，這不，把小妖精的情欲和身體都開發上了好幾個台階，把小丫頭的快樂都找回來，讓她嘗到什麼叫做欲罷不能啊！看看妳這幾天喜上眉梢、眉開眼笑、眉飛色舞的，妳的快樂及幸福可是藏不住，掖不住了！妹妹，我愛妳，更愛妳幸福及快樂充滿每一天。」

我說「你一日三餐在外吃飯，這樣的生活有多久了？這麼多年真是難為你。我中午在外邊吃飯也就半年時間，都吃煩了，外面的餐具都不衛生，早上最好在家裡吃。哥哥，你好討厭，可是我好愛你。」他說「妳說對了，哥哥真是好討厭—討人喜歡、百看不厭！我也愛妳，所以想要擁有妳、想要照顧妳，讓妳下半輩子過上好日子，我倆恩恩愛愛，甜甜蜜蜜長相廝守。我獨自生活十年，三餐在外解決，並不是我學不會做家事，而是不願學也不願做，因為我從小在農村長大，男孩子不允許做家事，更別說是男人了！我們走到一起以後哥哥不吃外邊吃裡邊，專吃妹妹做的愛心餐，妳吃啥我就跟著妳吃啥！先吃口袋後吃米，一口一口吃掉妳。」

我說「咱倆太有緣了！我不是想讓你學做飯，只是覺得外邊吃不衛生，你以後要想學做飯也沒有機會了，因為廚房是我的專利。我是一隻狗專吃肉骨頭，你是一隻羊專吃草，咱倆能同吃一碗飯嗎？」

他說「妳越來越淘氣，咱倆怎會沒緣呢？咱們不但吃同一碗飯，睡同一張床，蓋同一條被，幹同一件事，還是夜間部的同學，同一條戰壕的親密戰友呢！妳可要專心幹活，不幹不快活，越幹越快活！把妳激活激動，身體就發熱，就會想要粘著哥哥。愛上妳永遠不後悔，除了妳癡心又有誰？今天本來打算給妳發信息訴說我心目中對於女人的理想條件或夢想條件，卻因為已經答應朋友陳長慶大哥要替他校對一份文稿共八十幾頁，整日坐在電腦前埋頭苦幹而沒有著手寫出來，我恐怕明天要在家裡打掃衛生又沒有空寫，先告訴妳一聲。

妳乾脆把我吃進妳的肚子裡，我們就永遠分不開了！我剛才給朱姐發了一個信息致謝，感謝她的玉成和愛護，再把副本傳給妳過目，今天有看見她嗎？我很稱讚妳勇敢的

## 大連的小魏傳奇
### ——兩岸婚姻中華情

走出去追尋自己的幸福人生，碰上我不會叫妳失望吧？有些女人處在妳這種情況中，只會維護孩子的成長，卻不會追求自己的幸福，她們不如妳哦！」

我說「哥哥你怎麼那麼可愛哪，只要有時間就會隨時發信息陪著我，讓我怎麼會不想你、不愛你哪？為了發信息你在海邊有四個小時了，讓我又感動又心疼，我要是在你身邊該有多好啊，你去哪我都會陪著你！」他說「我好想妳，我好愛妳，我真的需要妳！自從那一天妳走進我的生命，合體之後我倆就是生命共同體。秤桿不離秤陀，老公不離老婆，妳說是不是？妳說話輕聲細語，不疾不徐，談事慢條斯理，不慌不忙，正合著『溫柔是女人最大的武器』這句話，我愛妳是毫無保留的。小饅頭，我從大連回來將近一周不停的想，咱倆咋就這麼合拍呢？原來都是妳，因為妳和我情投意合，又是情意綿綿，激起妳的活力也點燃我的熱力，就像老房子著火，一發不可收拾！」

他說「妳的好是我需要的，而我的好是妳喜歡的。所以我倆才會這麼緊緊的互相吸引著，互相眷戀著。我是一隻小小小鳥兒，想要飛呀飛到大連城，只為了尋尋覓覓我的終身佳偶，我飛越千山萬水，終究皇天不負苦心人，讓我一圓美夢，能與妳相知相遇、相親相愛。妳說哥哥咋這麼有勁、熱情如火呢？比之小伙子是有過之而無不及哦！我在海邊散步做運動是為了鍛鍊身體，哥哥身體健康的好處只有妹妹知道，朱姐不知道。」

我說「剛從我姨家出來就控制不住想給你打電話，親愛的，我好想你呀！」他說「今天去看我姨和姨父很開心吧？朱姐回信告訴我說，妳的一顆心全在我身上，我倆心心相印，好得讓她妒忌！我也是時時刻刻想著妳，念著妳啊！我想著妳的好，想著妳的貼心，想著妳的溫柔乖巧和百依百順啊！前幾天我在朋友家聽到一位從北京嫁來金門的大姐黃玉萍談起中國的一種社會現象叫離婚不離家，就是說不和諧的一對夫妻離婚後，因為住房沒有著落而繼續住在同一個屋簷下，又叫做搭伙過日子。這在台灣真是不可思議，幾乎未曾聽過，只要一離婚立馬就拆伙，跑得沒影沒蹤了。」

我說「吃完飯在洗衣服時，姑娘放鄧麗君的歌給我聽，很奇怪以前也聽過，並沒有今天這種感覺。每首歌聽起來都很舒服，我在想愛情真的好有力量，它能改變一個人。哥哥你說到中國有好多家庭離婚不離家，也是沒辦法，既然離了那一定是沒有感情過不到一起，但是沒辦法，要分開住卻沒有房子。我要有地方住也早就離了，像現在這樣搭伙過無味的日子好煩。以前朋友說過我，妳不離婚，有合適妳的機會我們也沒法給妳介紹啊！

但是，我以前想的多，離婚後能找到合適的那當然好，要是不好就沒有退路了，要是媽媽在身邊還好，可以帶孩子回家住，而姨媽家畢竟不是自己的媽媽。今天吃飯時，姑娘聽她爸爸說了一些不負責任的話，看看我很無奈地去她房間。等她爸爸走了，我當開玩笑的說：再這麼過下去有意思嗎？妳給我指條道該怎麼辦？她說：妳現在長大了，自己看著辦吧！我說我對前途一片渺茫，她說妳該鍛鍊鍛鍊自己了。」

他說「我也是聽鄧麗君的歌長大的，她的聲音特溫柔，是女人的象徵，她的每一首歌我都喜歡，雖然我會唱的不多。妳往常聽她的歌沒有特別感受，而今日特別動聽及悅耳，原因就在於妳的心情改變了，心隨境轉！以往妳的心情是壓抑的、是陰暗的，今日妳的心情已經轉為開放的、燦爛的，改變是一百八十度是完全不一樣的嘛！媛媛小姑娘還真說得好『妳現在長大了，自己看著辦吧！妳該鍛鍊鍛鍊自己了』！

說真格的，要找一個對象並不困難，但是要找個好對象實在不容易啊！找個好對象，自然是千好萬好，可要是找個壞對象，那可就慘了，換來一身的痛苦及悲傷，真是得不償失，悔不當初啊！與其受傷害，寧可不去冒那個風險。妳以前的考慮多、顧忌多，當然是必要的是正確的。離婚不離家的情況下，除非自己主動去找別人，要不別人怎麼敢找上門來呢？所以我很贊同妳的抉擇，勇敢追求自己的幸福，認定哥哥以後，全心全意付出真情和真愛，哥哥不但是真情相對，還會做妳的堅強後盾，支持妳邁向夢想及理想的目標。」

我說「你來信息時我在做晚飯，你感冒好沒好啊？下午陪姑娘逛街，我好久沒逛街，有點不太習慣，快要累壞了，來家休息一會，我好想好想你。我吃完飯就在想我們這段時間美好的事情，非常非常想哥哥。」他說「習慣成自然就什麼都好了，妳幹活不累、幹體力活也不會累，因為習慣了，反而是逛街把妳累壞了！下次見面我會陪妳逛大街，順便也陪媛媛小姑娘一起逛街血拼一下，誰叫我是她的後爹嘛！」

我說「哥哥你好壞，大白天的手機幹嘛要關機呀？難道你想讓我著急嗎？」他說「我在家裡沒有信號開機也沒用，所以我趕緊到海邊給妳發信息。妳說要跟哥哥走到一起妳的問題不大，我看也是不大，主要有二項，一是對媛媛小姑娘的疏導，明白告訴她這個家庭存在的缺失，以及家人的不幸福所在，確實有改組家庭的必要性，避免妨害她的生活。二是對象的疏通及協議，十幾年的家庭生活嚴重缺乏關愛及幸福，何不給彼此一個機會，避免傷害他的自尊。」

我說「哥哥拿『妹妹想哥嗎』五個字是在釣魚嗎？那麼執著釣到了嗎？你咋這麼可愛呀！我好愛你哦。」他說「妳越來越討厭哦──討人喜歡百看不厭！我給妳發短信五個字，妳就給我回五個字，不吃虧嘛！妳拿五個字回信也是在釣魚嗎？有人說給他魚吃還不如教他釣魚，妳說有沒有道理呢？妳咋這樣可愛呀？叫我如何不愛妳呢？我把人給了妳，妳把心給了我；我是妳的情人，妳就是我的愛人。」我說「我好想你，本想聽聽你的聲音，可是電話打不通！」他說「我想將我們相識相愛寫成一首小詩紀念如下，《老頭愛丫頭一》——美名芬芳傳千里，天南海北會大連；一見鍾情定終身，大手小手向前走》。妳看好嗎？」我說「哥哥的這首詩寫得真好，你老有才了，我會珍藏一輩子！」

我說「你這麼早又去海邊了，昨晚睡得好嗎？我做了一夜的夢，昨夜第二次夢見你。我好愛你，你不但像是一棵可以遮風擋雨的大樹，而且那麼有才華、那麼幽默、對生活那麼浪漫，處理事情又很細膩。我的夢想就是想擁有這麼一個男人陪伴終身，在沒遇到你之前，我想那只是一個遙不可及的夢，永遠也不會有那麼多優點出現在一個人身上。前幾天跟你說過，比中頭等獎機會還小的事情會發生到咱倆之間。所以怎能讓我不時時刻刻想著你、愛著你呢？」

他說「我深深知道妳是一個好女人、好情人、好愛人、好妻子、好媽媽，更是一個居家過日子的好幫手。我更知道最重要的是，妹妹愛我是那樣熱情熱烈，深深感動了哥哥，叫我如何能夠不愛妳多一點、深一點呢？離開妳十幾天了，我還不大敢相信世上會有人能跟我這麼知心知己、這麼合拍？在我一生中絕無僅有，可又是千真萬確啊！」我說「我真的有你說的那麼好嗎？我是依賴性很強的人，會每天粘著你，時間久了哥哥能不煩呀？我認為自己除了會做家務活、會溫柔以外，再沒有什麼優點，如果你遇到比我優秀的人，能不能把我給丟棄了呀？」

他說「快樂就要勇敢的說出來，何須偽裝呢？在心愛的人面前本來就是無拘無束，無話不說的啊！妳要賴我的話，我也願意啊！說到我倆的情投意合，情深意濃，這分明是上天的安排嘛！我的出生是專為等候妳的，妳的降世是專為守候我來。粘著好啊，只要妳喜歡有什麼不可以呢！別人再怎麼優秀，我也不接受，我只在乎妳！妳是我心中最好的人，不會接受別人。妳身上的特色在別人看來毫無奇特之處，但在我眼裡卻是我最中意的優點；相同的，我身上的特徵對別人毫不起眼，但在妳心中卻是最合意的長處，妳說是不是？所以我們要是換過另一個人來處，絕對沒有這般融洽。」我說「我好感動，我要流淚，哥哥放心吧，我也會用真情回報哥哥！」

我說「傳幾條生活常識給哥哥看一下有沒有用？第一條飲茶的最佳時間在用餐一小時後，第二條睡眠的最好時間在夜裡十點至十一點之前，第三條喝牛奶的最有用時間在睡覺前。」他說「小討厭—討人喜歡、百看不厭，因為妳特精緻，哥哥樂瞅妳。妳說的這三條生活常識很好也很正確，我沒有喝牛奶，喝茶及睡眠的時間，都能合乎理想。我知道男人保養身體靠運動，女人保養身體靠睡眠。像妳的生活是早睡早起身體好，作息有規律，所以妳的身體很健康，只是缺少愛缺少關心，因此臉色暗淡，情緒低落。不過，今後有哥哥疼著愛著，照顧著呵護著呢，總算教妳不枉身為女人一場。與妳相聚三天離開前我就明白告訴妳，經過我對妳的身體進行開發及灌溉，不用多久妳的身體及情緒都會發生很大、很好的變化，暗淡的臉色和抑悶的心情都會改善。」

他說「親愛的，我在妳的卡上打去六千八，妳有空刷刷看，行嗎？」我說「收到你的信息就好像打了一針興奮劑，我馬上就有活力。親愛的哥哥，我想等咱倆確定在一起時，再用哥哥的血汗錢，你怎麼又打錢了呀？謝謝你這麼疼著我、愛著我。」他說「我愛妹妹就要照顧妳，所以才打一些錢過去，方便妳日常生活上有點周轉金，我想疼妳愛護妳，就從這麼一點一滴做起比較實際，妳瞭解哥哥的心意吧！像上次（3／27）我給妳打過去一點錢，還正好給妳派上用場！妳說週三（3／30）去做例行的婦科檢查，恰恰需要那麼一筆錢，可見哥哥的關愛之情就像是一場及時雨啊！

我把錢打到妳卡上，只要有需要妳就去取出來用，那可不是用來當做好看的。錢只要交到妳手裡、卡裡，便是完全由妳支配，不用客氣哦。妳咋這麼淘氣又可愛呢？那五個字『妹妹想哥嗎』是專為了釣魚、釣妳這條美人魚嘛！願者上鉤，不願者請回，我倒不知道妳是願意還是不願意呢？有句話說——好才華不如好個性。我認為非常有道理，因為通常有才華的人大都會有恃才傲物的毛病，容易看不起別人也容易得罪人；反而是個性好的人，廣結善緣，人際關係良好又暢通，得道多助，容易得到別人真誠的幫助。」

我說「咱倆的事我姑娘已經知道，星期五晚上我又給她做滲透工作時，她說妳不要再繞了，妳的眼睛不會撒謊，實話實說吧！我就向她坦白了，她當時有點驚訝，說：妳可再也經不起打擊，要想好了呀！我把你發來的信息找出幾條修改一下給她看，還看了你的照片，她說：還行吧！只要妳感覺滿意就行，我沒意見。我說大大知道妳非常懂事，下次來時要見見妳，她很高興的說，好啊！親愛的，在大連對於大伯或伯父就稱大大。你怎麼這麼可愛，我每次收到那五個字『妹妹想哥嗎』，就要笑好久，是在給我製造皺紋嗎？」

他說「哈…哈…妳這下子可在小姑娘面前露餡了？其實這也不能怪妳，這幾天妳的心情及臉色變化太大，跟往常完全不一樣，藏不住也掩不住的。妳身邊的人都能察覺出來，更何況是天天生活在一起的女兒呢！所以週五（4／8）晚上她才會說妳不用再繞了，妳的眼睛不會撒謊。」我說「大寶貝，你可要把小寶貝看好呀，不要讓他去惹事喔！你太有才了，你來的信息讓我百看不厭。」他說「我寫信息比較有趣味，不會刻板不會枯燥不會乏味，那是因為我對文字的駕馭能力已經相當純熟。」

他說「自從三月二十五日那一天我們相會之後，我想這些日子以來咱倆的人生路都出現了轉折，但我不知道是我改變了妳，還是妳改變了我？不敢再鬧妳，是因為我擔心妳的皺紋增加太多，不好找對象，耽誤妳的青春及幸福。」我說「謝謝哥哥關心，不過我心目中的白馬王子已經找到了呀！哥哥怎麼會這麼好哪？為了給我發信息那麼早去海邊吹涼風，千萬不要感冒哦！」

他說「妳說妳的婚姻有名無實，妳們還住在同一屋簷下；而我的婚姻有名無份，我們分居兩地十一年了。我的家庭改組一時無解，妳的家庭改組原則，我倒有兩點建議提供妳參考，首先要跟小姑娘疏導好，不會妨害她的生活；其次要跟對象疏通好，用和平的方式、友善的手段處理，不要傷害他的自尊。」我說「我知道你那邊可能會很難辦，不過只要是咱倆真心實意的能在一起，不管以後那邊有沒有結果，只要你願意，我都會跟著你，把我積壓多年的愛，毫不保留的奉獻給哥哥。我這邊哥哥不要有什麼顧慮，我有信心處理好，應該沒什麼問題。」

他說「今日真是屬於我倆的好日子喔！咱倆空中相會滿月了，特別的日子，要送給特別的妳。我的台灣手機上有收到你傳來美麗又動人的相片，難不成妳是要引誘小老頭犯罪嗎？」我說「早上五點多醒來，我就在想咱倆連系上到今天整一個月時間，可是我總感覺認識好久好久，早已成為無話不談的朋友，心連心、肉貼肉的戀人。」

他說「關於日後妳的住房問題，我有兩項方案請妳參考，其一是另行租屋搬家，房子要合適合用，租金在二千元左右，全部由我負擔。其二是逕行搬入中山九號自有房子，面積是一百十五平米，二套衛浴設備，目前也是空著。不知妳的意下如何？」我說「一旦改組家庭了，自然以搬家為宜，中山九號的房子太大，顯得有些浪費，倒不如另外租屋為當。」他說「妹妹要如何面對那遲來的愛呢？」我說「我會分分秒秒把握住這份遲來的愛，有信心也有能力把工作和愛情做到兩不耽誤。」

我說「我現在最看重的兩件事，一是工作，二是哥哥。假如有一天萬一要我在這兩者之間選擇一樣的話，我寧願選擇哥哥而放棄工作的。前天我去看弟媳婦，就是姑娘的小舅媽王文芳，她問我最近改用哪一種牌子的化妝品，怎麼臉色變得好看許多了？我說還是原來用的那幾樣呀，並沒有新買的。我聽了好開心便告訴她咱倆的事情，她雖然替我高興，卻又叮嚀我不要上當被騙了，我說我又無財無產能夠被騙什麼呢？昨晚我洗完臉還刻意問姑娘，說妳看我最近氣色咋樣呀？她說：『喔，妳現在氣色可好了，很亮很有光彩的，不像以往那般暗淡』。」他說「妳沒告訴小舅媽說是用的哥哥牌化妝品嗎？

哈…哈…妳可還記得我要離開大連時告訴妳的身體及心情很快就會有變化的，果然不出我的預料吧？」

他說「今天是四月二十五日正好是咱倆相愛合體滿月的日子，特別的日子要送給特別的妳哦！我記得妹妹曾問我是不是有一股小伙子的勁頭？我告訴妳講沒錯，哥哥確有一股小伙的勁，所以我常想起那首歌《大阪城的姑娘》所說的，帶著你的錢財領著你的妹妹跟著我馬車來到大連城。好嗎？妳到村口接哥哥的馬車後，可願意讓我親個夠嗎？」我說「我今天早上睡到五點多醒來時，就想到今天是我們第一次見面，又是迫不及待合為一體的日子。早上我沒有說，還以為你會把這美好的日子給忘記了哪！你的馬車什麼時間到啊？我去村口接你。我想哥哥想的快要發瘋，你還在勾引我，不怕我犯錯誤嗎？」我說「昨晚和前晚十二點多，廈門那個人打了好幾通電話來，不曉得是誰，我不敢接聽。」他說「我想她是從我的手機上看到妳的號碼，我會告訴她別再打電話。」

我說「這幾天出現的事情，一定會讓你很鬧心吧？小鄭給我發一條短信說了些很難聽的話，還說你和她是『秤不離陀的情侶』。我現在真的好難過，不知道該怎麼辦才好？要是沒愛上你好辦，我不想讓你為難，會選擇退出。可是現在千真萬確愛上你了，不想失去你啊！四十多年來從沒有為一個人這麼糾心過！親愛的哥哥，我該怎麼做哪？」他說「小鄭那條短信別理她給刪掉好了，我愛妳依然不變，妳千萬不要自責，況且妳又沒有任何責任啊！我會照原定計劃去看望妳。我也會永遠愛著妳，因為妳是我這輩子遇見這麼合拍的唯一伴侶，不作第二人想。」我說「你千萬別為那煩心的事上火，保重身體為要。以前我說過只要你願意，不管以後道路有多麼艱難，我都會永遠愛著你。」

他說「我昨晚和朋友談了好一會關於我的咳嗽毛病，他說的再明白不過，我咳嗽的部位在喉嚨而不是在肺部以下，病因決非喝綠茶或是喝啤酒所引起，而是喝烈酒造成的。我認為確是正理，所以我決定從今天起停止喝酒，特別是白酒及烈酒，妳也可以隨時提醒哥哥注意喔！」我說「我非常願意幫你把喝烈酒的習慣戒掉，以後跟朋友聚會可要提前請示我哦！你一個月前的今天，這段時間在干什麼哪？」他說「我一個月前的今天在那遙遠的地方，和那山東大嫚的好姑娘在幹同一件體力活的好事哪。」

我說「今天走在大道上遇見一位老朋友大姐，她瞅著我好一會就說：『妳最近皮膚好多了，不像從前那樣暗淡無光』。啊！真是藏都藏不住呢！」他說「是啊！這叫春光無限好，她所說的皮膚，其實是指妳臉色的光澤！」我說「親愛的哥哥，祝哥哥勞動節快樂。」他說「好妹妹，我也祝妹妹五一佳節快快樂樂。再數過十個饅頭，我就能回到妳身邊了。我預訂五月十二號早上從廈門出發，五月十六日中午回程，等明天我和票務公司定好機票再確定。」

我說「姑娘最近都不著家，不曉得在外頭忙啥？」他說「小姑娘現在的年齡是青春期後段，剛剛擺脫最不安定的青春期前段，而進入相對安定一些的時期。她目前處於少年不識愁滋味的年代，也是處於少年維特的煩惱年代，這些心情都很正常，不足為奇。這個時期的少年快要步入青年或成人階段，多少也會有一種急於長大成為大人的心理，想要學習成人的禮儀，並提早進入成人的世界中。」我說「謝謝親愛的對孩子一步步進入成年，反常變化的指點。擁有你這本活字典，以後再也不用為生活中的疑難問題所困惑。我正在下班的公車上，人被擠得快變成肉餅了，沒法及時給你回信。」他說「妳擠成肉餅沒關係，可千萬別擠成肉乾了，要不然我就吸不到肉汁囉！」

我說「你對理想女人的要求是什麼呢？」他說「我年輕時心目中對於女人的理想條件有三項，一是年輕貌美，身高在一六〇公分以上，體重在標準值五十公斤以內，容貌在中等以上姿色。二是個性溫柔，聽話懂話又懂事。三是功能齊全，最好是達到貴婦、主婦、蕩婦的三婦作用。我認為女人的兩大價值，其一是好看，可以當做花瓶擺設，滿足男人的虛榮心；其二是好用，必須是具備三婦的功能，可是直到年老了我也沒遇上這樣的完美女人啊！」

我說「我的口才不好，對環境的適應能力也不好，所以我只能靠苦幹實幹，也不敢輕易換工作，但是我對你說的每句話都是發自內心的真話。姑娘昨晚又問我大大什麼時候回來？我說下周回來。」他說「我在四月十九日從金門郵局用平信給妳寄去那份情書，誰知到今天已經半個多月了還沒寄到妳手裡，真是太慢了，往常我郵過的時間大約十天。」

我說「昨天下班時終於收到那封遲來的信，叫我好不開心！」他說「那封遲來的情信終於露臉了，啊，這是母親節妳收到的最好禮物了！我相信妳會跟我一樣非常開心，而且我估計妳會喜歡這封情書的內容，是不是啊？妳得到一份遲來的愛，又收到一封遲來的信，這樣的母親節是多麼快樂啊！」我說「哥哥你太好了，太有心了，這份情信我非常喜歡，我已經讀過兩遍。」

我說「昨天我的好朋友陳玉香美女跟我通電話時，我把咱倆的事告訴她了，她聽完很不能夠相信，一直交代我要小心才好，我又無法和她說明細節。」他說「那就暫時不用再跟她多講，等以後有機會大家見個面好了，別說是她，就連朱姐現在也不怎麼相信啊！」他說「小狗狗，妳喜歡啃肉骨頭，那哥哥身上有上等的腱子肉，妳可想得歡了吧？沒問題，後天我就自投羅網送到妳嘴裡。」我說「謝謝哥哥這些年為妹妹練就了一身上好腱子肉，你放心我的胃口很好，不會吃壞。再說了時間長著哪，我會一口一口的吃，慢慢來享用啊！」

# 第二回　再度相會大連城，如魚得水盡歡顏

2011/05/12

他說「我現在準時到廈門機場報到劃位，正在等候安檢通關。剛才電話中知道妳一早起來給哥哥做可口的午餐，啊！妳咋這麼貼心呢？對待哥哥這樣好呢？我目前在寧波機場經停完畢，即將起飛前往妳的身邊，美夢將要再度成真，當哥哥的馬車到村口我就讓妹妹親個夠哦！美夢將要二度成真，飛機準點抵達大連，大地一片陽光明媚，哥哥已經到達妳的地頭，妳就偷著笑、偷著樂吧！」

他說「中午雖然時間短促，但第一次合體還是叫妹妹舒服喊不停，真是太美好了！妳真是哥哥的好女人、好情人，看妳大清早起來為我做這麼可口、好吃又滋補的午餐，還為哥哥準備全套又新又好用的洗漱用品，看得出來妳是多麼用心又細心，跟我這麼貼心，讓我好窩心。有了妳，我的生命中就有精彩的片段，有了妳，我的生活中就有美麗

的篇章！妳說過由于時間太短、愛得太深，老想粘著哥哥，分分秒秒不想離開哥哥的身體！」我說「哥哥你真是太好了，叫我不能不愛你啊！」

他說「今晚妳回家睡也好，不然像昨晚咱倆只顧著幹體力活，一晚也沒什麼睡覺，大概就睡那兩三個小時吧，真是春宵一刻值千金啊！晚上陪妳回家看見屋子裡收拾得井然有序，就知道妳持家有道，媛媛小姑娘聰明又可愛，還有禮貌有教養。我和妹妹相親相愛，十分融洽、十分相得。感謝天，感謝地，感謝朱姐她妹妹的放棄。為什麼呢？因為朱姐先前給我介紹她妹妹跟我相處，誰知見面之後她妹妹不來電！」我說「晚上不能陪你睡了，你可要養足精神，晚安。」

他說「昨晚睡得好嗎？我睡了好覺，五點多醒來就想著妳的好，前晚摟著妳睡好舒服，可就是不能摸妳，妳全身都是性敏感區，我只要一摸妳就來勁，妳沒少折騰小老頭，真是看不出妳長得特精緻又小巧可愛，別看妳個頭小，不承想妳幹體力活的勁頭卻不小，真叫人小鬼大，唉…哥哥真是累壞了。」我說「你的身體好，體力更好，我真的無法想像你這般年齡的人居然還這麼能幹，你幾十年來鍛鍊身體就是要給我享受的。」他說「寫一首小詩做為留念吧，《老頭愛丫頭二》——再度相會大連城，如魚得水盡歡顏，百般綢繆猶未盡，難分難捨淚雙垂。2011/05/15」

他說「我回南方現在已經登機就開始想妳，可是妳不要難過啊！可不要像剛才在賓館裡那樣哭得唏哩嘩啦，我好難受也好不捨，還是要挺住不敢跟妳一起痛哭流涕。飛機準點抵達廈門，已經趕不及回金門的末班船，只能明早走了！」我說「我也在不停的想著你，祝願哥哥旅途愉快。哥哥是我的唯一，過了這個村沒有這個店，我當然要好好抓住你。我只不過是你見過的數個女人之一，你卻是我接觸過的男人之外的唯一。」

我說「好可惜哦，我存了你發來的一百四十條信息，誰知現在只剩下二十條！」他說「不礙事，妳的短信洗掉也不要緊，我這裡收發的信息全都保存著，而且還會再打進電腦存檔，真是萬無一失。」我說「親愛的活字典，你真好，昨天我還為丟失那一百多條信息惋惜了好久，沒想到你都替我保存的很完整。親愛的這幾天幹體力活幹得比上一次清明節之前還多，中午回家睡的一定很香吧，體力有沒有恢復？信息拿給姑娘看了，她說大大好細心，我爸也沒有這麼關心過我，等會發信息給大大表示感謝。」

他說「我在妳的卡上打去六千，有空妳就刷刷看。」我說「你的愛心確定轉到我的卡上，再次謝謝哥哥對我的關心、細心。」他說「我帶的曼秀雷敦藥膏好使，還給小姑娘派上用場呢！」我說「昨晚小舅媽王文芳來電話，我告訴她說你的身體非常好，冷不丁的她問我說你是不是吃藥了？我驚訝的回不出她的話來，可也把我笑壞了，我們平常雖然無話不談，卻從來沒有談起這方面的話題，她還說我們都是成年人，談這個話題也很平常嘛！」

他說「妳咋這麼粘人呢？不但像狗皮膏藥，也像是橡皮糖，但是我只會愛妳，不會笑妳。茄子、茄子，這一趟給妳拍了好幾張照片可以慰我相思之苦，真是太好了！橡皮糖，今天可是咱倆合為一體整整滿二個月的日子哦，特別的日子就該獻給特別的妳啊！三月二十五日那一夜妳選擇了我，我也選擇了妳，那是我倆的首度蜜月。五月十五號那一日是我倆的二度蜜月，真是叫人掉進蜜缸裡面，快樂得不得了。」我說「我一早醒來就在想起今天是我們合體二個月的日子，那一天多麼美好啊！」

他說「我最愛的是妳的好個性，妳最迷人的地方是在床上的反應及配合。」我說「沒有哥哥的引導和開發，我完全不知道自己的身體反應竟然是這樣好。今早一上班就收到你郵來的照片，哥哥呀，你咋這麼好呢？」他說「我是五月十八號寄出去，今天剛好是第十天，這就很正常了。我昨晚從廈門把小姑娘轉大人的中藥材用快遞郵出去了，郵局說三天後就能到地頭。轉大人的中藥適用于十三歲至二十歲的少年，女孩吃的藥材還比男孩吃的多兩味，總共十帖十包；前五帖是每一周一包，後五帖是每二周一包，燉雞肉、鴨肉、排骨或大骨，如果不愛吃肉也行，但是要把湯喝完，藥材必須用袋子裝好放冰箱保存。通常是一個孩子吃五帖就夠，給小姑娘是吃加倍。」我說「哥哥真是太好了，對妹妹好也對姑娘那麼好。」

他說「我認為妳的腦筋聰明、個性溫和、心地善良，叫我怎能不把妳當作手心裡的寶呢？腦筋聰明是與生俱來的，不待學習就能具備，也不是讀書多才變得聰明。只不過，通常聰明的人都會帶有一些壞毛病，比如說只肯動口說不肯動手做，個性及脾氣不好，甚至心地不良，最後是聰明反被聰明誤。可是，妳並沒有任何壞習氣、壞毛病，真是個好樣的。」我說「活字典，我哪有你說的那麼多優點呀？你把我飄揚得都要暈了！」

我說「早上在上班的車上就接到郵局來電話，說我的快遞郵包已經到達。哥哥呀，你咋這麼好呢？郵包已經收到，我會參照哥哥說的燉給姑娘吃，晚上開始給姑娘喝第一帖湯藥。」他說「小不點，祝妳兒童節快樂，永保青春、永保年輕的赤子之心。」我說「我也要祝福哥哥佳節快樂，天天鍛鍊身體，健康且無憂無慮。」

他說「我選擇了妳，妳選擇了我，妳有多麼愛我正如我有多麼愛妳一般，妳願意我也願意的。」我說「咱倆天南海北這種愛，雖然會很辛苦，但是既然我選擇了你，那也只能忍受著，誰讓我那麼愛你哪！以前我跟哥哥說過，在沒走到一起之前，我會理解親愛的所做的一切事情，希望哥哥輕鬆愉快的過好每一天，不要有什麼負擔，我會永遠愛你。」他說「端午節快樂，妹妹真好、真用心，哥哥好窩心。我說小丫頭，『大連灣水深千丈，不及丫頭愛我情』。」我說「啊！哥哥你都是說到我心坎裡去了，我愛你更勝過愛我自己。」

他說「我剛剛打完字，給小姑娘寫了一封信好長好長，叫《養子不教誰之過》，至少一千字，比往常任何一件都要長。今天我的二姐夫在台灣去世，好像八十歲了，我現在和大姐及大姐夫在商量著。」我說「你的二姐夫去世怎麼辦？你們要去台灣嗎？」

他說「我愛傻丫頭，當一個女人真正愛上一個男人時，她總是心甘情願做他的依人小鳥，妳是不是這樣子呢？」我說「祝你父親節快樂，親愛的老爸，姑娘這幾天吃飯的食欲很好，食量很大，不像以往那樣食不知味！」他說「今天是中國父親節，小姑娘也在妳之後跟我賀節，謝謝妳跟小姑娘。明日是不是該給小姑娘燉中藥了？剛才聽妳說小姑娘最近吃飯的胃口很好，食量增加很多，真是可喜的現象，一切都在往好的方面和預期的方向發展，皇天不負苦心人啊！只要這種情況繼續維持三、五個月，到時候就能測量身高體重了！妳下個禮拜過生日，哥哥送妳一個生日禮物做紀念，就不知道妳喜歡什麼？妳的過去我來不及參與，妳的未來我肯定不缺席。」

我說「我永遠記得小時候村子裡老人家常說的一句話，也許是她們多年生活總結出來的經驗吧，她們說桃子養人、杏子傷人、李子樹下埋死人！不知道有沒有道理？」他說「妳所說老人家傳下來的話當然有道理、有價值，桃子養人、杏子傷人、李子樹下埋死人，我會將它背起來。」

我說「昨天晚上聽到哥哥又為我轉錢，心裡亂亂的，說不出來是什麼感覺。在現今的生活當中，錢當然重要，但是現在對我來說，親愛的哥哥卻是比什麼物質上的東西都重要。我的平凡歲月裡有了一個你，顯得充滿活力。」他說「妳說的一點沒錯，擁有一個人和一份愛，那當然比任何物質來得重要。只是物質所包含的意義有時候遠大于它的價值，就像妳說一塊手錶是用來証明咱倆相愛的時間，一條腰帶是用來拴住哥哥的心一樣。」

我說「這幾天我被那個大耳朵的無賴給整得好不糾結，光是今天就給我打了一整天的電話，我接也不是、不接也不是，我將電話調靜音後，還是打了無數遍，打到手機都沒電了。幾天來我一直在思考著要不要把這件事告訴你知道？那個人是在五年前跟我短暫同事幾個月認識的，第二年我裝修房子有來幫忙過，偶爾來家裡走動，我知道他對我有想法，但是我明白告訴他不可能。昨晚八點我洗澡時他來家，姑娘給他開門進來，當時我的手機在充電，不承想他卻翻看我的手機把你的電話號碼抄走，是今天他發信息告訴我知道你的電話，我才知道他的人格太無恥了！」他說「原來有這麼回事！妳放心，誰無過去呢？哥哥愛妳不會有任何改變，我完全知道我倆的相愛不會受任何事情影響的，我堅決做妳的後盾和支持。」

我說「日思夜想的照片今天終于收到了！打開一看，除了六張照片之外，驚喜的發現是哥哥與姑娘之間的郵件，悄悄看了幾條你們的對話，心情好了很多，有哥哥這麼通情達理細心的關懷著我們，還有什麼不開心哪？我現在好希望衝出一切阻擾，盡快能跟親愛的生活在一起，隨時能抱著、摸著、親著，該有多好啊！可是現實上眼前又不能這麼安排，只能慢慢等待將來了！」他說「哈…哈…妳今日收到情郎的照片可開心吧？又給妳一個驚喜了怕不怕呀？」我說「今天周末，小舅媽王文芳沒有去山東，要我陪她逛大街。」他說「妳晚上陪小舅媽逛街好啊！剛剛小舅媽叫我作家，我說也是啊，我是只會坐在家裡不會作家事的男人！」

他說「親愛的妹妹，生日快樂！特別的日子送給特別的妳，月亮代表哥哥的心，明月千里寄我一片相思情意。」我說「伴隨著哥哥從早晨到夜間的祝福，讓妹妹過了一個有生以來最開心的生日，也是一個值得紀念的生日。以前所有的缺失，現在有了哥哥轟轟烈烈的填補，都快讓妹妹找不著北了，哈…哈…。」我說「現在姑娘每天來家，總要打開電腦看看有沒有大大的郵件？你的文章給她很多啟發，比我跟她講的還管用得多，她每晚也都會給你回信。」他說「櫻桃吃不到不要緊，哥哥照舊愛妳不變。我看了一下與小姑娘來往的郵件，從五月十七號到今日四十天，郵件的文字已經達到二萬字，真是沒想到會有這麼多！」

我說「你是一個值得讓我為你守身如玉的人，為了親愛的哥哥，我一定要堅持、再堅持，等待哥哥的歸來。今天下班後擠在公交車上，人都快被擠成肉餅了，我還在冥想著和哥哥在一起的那種感受；你的狂野、你的衝刺是那麼刺激、那麼有勁，連帶著也把我的整個情緒帶動起來，盼望著你的力量讓我飛上天，享受那美妙的雨露噴洒，雨不洒花花不紅！」他說「原來小舅媽是個性強的人，表姐是個性欲強的人。」

我說「我在哥哥面前是個透明的人，對你沒有任何防備，自然是百看不厭。」他說「妳知道臉皮厚有什麼好處嗎？我告訴妳講，機會都是留給厚臉皮的人。」我說「我當然知道啦！臉皮薄吃不著，臉皮厚吃不夠嘛。」他說「我在昨天和大姐夫來到台北一起住賓館，今天要給二姐夫送葬，早上起床照樣運動，我姐夫看我輕鬆倒立，他可嚇一跳，再看我做俯臥撐又多又標準，還讓他吃了一驚。」我說「早晨接到你的電話，聽到你熱情洋溢、充滿活力的聲音，知道哥哥的身體真是好，頂級的棒啊！」

他說「茄子、茄子，五月去大連，難得拍了好幾張照片，但是咱倆的合照太少了，下次應該請小老師給咱們多拍幾張吧。」我說「大連這邊說茄子、茄子，就是讓你在拍照時笑一個。」他說「我看今天的台灣報紙報導山東省長姜大明訪問台灣，還提到山東濰坊的高密市有三絕，剪紙、年畫、泥塑，那不就是小肚雞腸妹妹的老家嗎？親愛的山東大嫚，養了一個大連小嫚，還真是個人精！妳是否知道青島啤酒節有哪四樣好玩的嗎？喝啤酒、吃蛤利、洗海澡、看大嫚。妳說是不是呀？」

我說「哥哥受到小舅媽的飄揚了，她說你不愧是一名『作家』，把生活上很平常的事情，描述得這麼生動活潑。」他說「小舅媽說我能把平凡平淡的事情，描寫得逼真傳神，不就是妙筆生花嗎？」我說「今天中午姨父過生日，全家九人都到齊在家裡吃飯！」他說「姨父喜不喜歡喝金門高粱酒？」我說「姨父很喜歡金門高粱酒，他說這金門高粱酒的酒香味道好，入口的口感也好，和五糧液不相上下，他一直讚不絕口，還問我一瓶多少錢？恐怕得要七、八百元吧。我說我也不知道多少錢一瓶，只要你能喜歡就好。」

他說「我真的好愛妳，願意改變我自己，如同妳那麼愛我，妳也願意改變妳自己。」我說「在這裡首先要感謝上天，讓我們兩個曾經備受感情折磨的人相識相愛，然後也要感謝朱姐異想天開及天馬行空的性格。自從認識哥哥，我是真真切切、全心全意的愛上你，之前我對哥哥不大放心，也在糾結著。跟孩子、家人、朋友提前說出去，是不是太草率？一旦以後沒有結果，該怎樣做人哪！可是通過最近我真切的感覺到，我愛哥哥有多深，哥哥愛我就多真，我希望我們彼此忘掉以前各人的不愉快。」

他說「妳可知道出路是什麼意思嗎？沒錯，傳統上是認為出路，指的是人生或者工作上能有發展和前途。但有一種新解讓我聯想起妳來，新的出路說法是指，出門才有活路；人若遇上困境不能呆在家中坐等，必須出門去走走看看，才有機會找到活路：即使天上掉餡餅，你也要出門才能撿得到。所以讓我想起妳當初決定要走出去試一試，才有機會通過朱姐與我相識相愛，我也是很欣賞妳的這一份勇氣。」

他說「妳可知道我為什麼遲遲沒有將我倆的二度蜜月寫出來嗎？因為我害怕寫出來之後又會重回那個快樂又纏綿的境地，讓我無法忍受這漫長的等待呀。哥哥自己命苦也不敢怨政府，點背也不能怪社會。我一個老頭子，看一棟老房子，三餐在外打游擊，晚上一個人獨睡！」我說「我並不知道什麼原因？我只記得你把首度蜜月寫下來非常甜蜜。」

他說「傻ㄚ頭，妳什麼時候要改嫁呢？假如妳想嫁人，不要嫁給別人哪，一定要妳嫁給我。帶著妳的錢財，領著妳的妹妹，跟著我馬車來到大連城。」我說「謝謝你的關心，我也不知道什麼時候能夠改嫁？現在還飄著哪！」他說「親愛的五姐，情人節快樂！」我說「祝你幸福、情人節快樂。孩子他爸，祝你明日父親節快樂！」

他說「晚上在家等美國的小女兒來電話，因為昨天中午有一通網絡電話沒接到，那一定是她的。果然在七點接到電話從美國打來的，來跟老爸祝福父親節快樂，她那裡是清晨六點正。十一點我正在洗澡時聽得電話響鈴也無法接聽，半小時後我再回撥那個手機號碼才聽到是小兒子的聲音，他說給老爸祝賀父親節快樂，他和他大姐剛剛都有發過信息。」我說「女兒真的是父母的貼心小棉襖，小女兒應該是在美國時間夜裡的二十三點打第一通電話祝福父親節快樂吧！看哥哥多幸福啊！雖然孩子各自都為了工作忙碌著，卻能在節日時想起為父親祝福，可見你在他們心裡是佔有很大面積的，真叫我又羡慕又嫉妒啊，你就幸福著吧！」

他說「妳只要再數完十個饅頭，我就要回到妳身邊了。我預訂八月十九號早上從廈門出發，八月二十八日中午回程，機票已經跟票務公司確定好了。」我說「太好了！盼望已久的大鳥兒終于又要飛回來了，祈禱上帝千萬不要落錯鳥巢喔！」他說「聽妳說過想和師父學，先跟師父睡。難怪妳只花三天的時間學壞就學會了，原來妳就是天天和師父睡，他才會手把手將壓箱底的功夫全數教妳。」我說「難道你也是跟著師父睡了嗎？哈…哈…，哥哥你太可愛了。」

他說「上個月底，我們宗族文化協會跟我邀稿一篇文章須在本月底交稿，當時我已經當場答應了，所以我必須趕在下周四出門之前寫好。準備就從今夜開工，加上周六周日在家閉關趕工，預訂於出發前完稿才好，題目是《薛氏一家親》，字數預估在五千至六千字之間。」我說「作家要寫作了，那我可不敢鬧你。」

我說「作家休息一會吃飯了，你可別努力得廢寢忘食哦！」他說「妳咋知我是坐家，只會坐在家裡不會作家事？中午要不是妳發信息喊我吃飯，我真的要廢寢忘食呢！」我說「這兩天你呆在家裡閉關寫作不出門，要開心死我了，正在被窩裡偷著樂呢！」他說「今天又是超級星期一，最忙的一天；幸好我把前兩天寫好的字利用昨日星期天到辦公室來打完，要不然今日一定沒轍。」我說「你真是有先見之明，又會善加利用時間，你太棒了。」他說「《薛氏一家親》今日星期二完稿，叫我鬆了一口氣，總共是五千五百字，和我預估的十分接近，現在只剩增補及修飾而已。」

我說「哥哥你好棒喔！那你今天可以喝杯慶功酒嘍。這幾天你辛苦了，也該好好休息了。親愛的哥哥，你不但是薛氏家族的驕傲，還是當今社會上的學習榜樣。依我個人的看法，現在的人不以權謀私、不圖個人利益的人少之又少。這麼稀有的寶貝讓我得到了，你看我有多幸運呀！祝賀我吧！」

# 第三回　再三相聚度蜜月，妳儂我儂情意濃

２０１１／08／19

他說「早上的班機順利抵達大連，中午就到了老地方的賓館，看妳今日的氣色多好！又白晰又光亮，比上一次更美白更光彩，要不是中午時間前台人多，我見了真想一口咬住妳！是誰把妳給滋潤的？用的是什麼仙丹妙藥？」我說「進入電梯要是沒有別人最好，哥哥把我攬進你的懷裡真舒服又幸福著，可惜今天電梯人滿為患。」

他說「昨日中午十一點半我到達賓館時，妳已經等在大堂了，搭電梯時還有其他客人，只見妳眼觀鼻、鼻觀心的一派淡定。妳可是我這輩子相處最滿意的女人，也是我最心愛的女人哪！叫我寫首小詩紀念，《老頭愛丫頭三》——再三相聚度蜜月，妳儂我儂情意濃；妳的名字叫大膽，敢把哥哥領回家。２０１１／08／25」我說「我是真真切切想要你屬于我，我屬于你，可我又擔心不一定能實現。」

他說「十天相聚無比快樂，就只是歡樂時光過得飛快，一下子那隻大鳥兒又要飛往南方的小島金門去工作了！親愛的妹妹，我是多麼的不捨啊！可是縱然有千百個無奈，為了下一次的重逢，今天我還是得要離開大連。輕輕的我將離開妳，別將眼角的淚拭去，妳問我何時回身邊？我也不知在何時，我想大約在冬季。飛機已經準點在四點二十分降落廈門，可是五點的末班船已經不趕趟，只能明早搭頭班船了，行嗎？」我說「我要說不行，能好使嗎？誰讓哥哥是我的唯一，過了這個村沒有這個店。」

他說「小妖精，這趟大連度假十天，十分快樂，就是有親愛的妳一直朝夕陪伴著我。對不起哦！昨日在機場不小心勾起妳的傷感，害妳當場眼眶泛紅，眼淚流淌出來，哥哥給妳道歉。是的，這次處處給妳留下想頭，有甜蜜有眷戀也有感傷的。我昨晚往妳的卡上轉去八千，有空時刷看看。」我說「你好壞喔！處處給我留下美好的回憶，讓我走著、坐著、躺著，想的都是你。昨天要出門前我儘量忍住不想傷感的事情，可是你有多壞啊！在機場勾起我的傷感，讓我當眾出丑，害我坐在回去的大巴上眼淚不停地往外流，丟死人了！謝謝哥哥的關心和愛護，我中午去查看帳戶，那筆款確定轉過來了。」

他說「我也聽妳說過綠豆有解毒的功能，自然也會有解藥的作用。我昨日回到家就迫不及待的煮了一鍋綠豆湯，到今天早上喝完又煮一鍋，看樣子卻不能再喝了！」我說

「哥哥在喝藥期間不要喝綠豆水了，那會解藥的。」他說「我看新聞報導中石油大連廠前天發生火災爆炸，同一天大連地鐵發生坍塌，而且都不是第一次，地點在甘井子區。這是在給哥哥歡送致敬的嗎？舉頂，雙手交叉反轉高舉頭頂上的好處多多，不分時間、地點都可以做，早晚都行，每日三、五次，每次三、五分鐘都好。」我說「你跟我說每天雙手舉起三分鐘，能促進血液循環，是早上做好呢？還是晚上做好呢？」

他說「我愛姨姥姥，妳什麼時候要給姨姥爺做媳婦呢？」我說「親愛的姨姥爺，大約在冬季吧！有才哥哥，我要嫁給你，你不讓嫁都不行。你是我心目中的完美男人，我願做你臂膀下的那隻小鳥，你的溫柔體貼又不失在公共場所做為男人的那種風度，我非常享受在你身旁當小女人的感覺。」

他說「前天我把照片寄給美國的小女兒，昨天她回信說妳很漂亮，也很溫柔，想要跟妳認識呢！月底她回台灣想給妳帶點禮物，問妳喜歡什麼美國東西？我將她的信轉給小姑娘了，妳晚上來家看看吧！我還來不及告訴小女兒說妳送她的項鏈，等她來家我自然會跟她講是妳送她的，大女兒前天已經來家拿了一大堆妳送的特產及糖果呢！

我愛好大膽，原來妳的名字是色膽包天！八月十七日那一天，姨姥爺到了地頭一呆十天，妳從頭到尾全程奉陪，夜夜春宵，日日春夢，姨姥姥盡情享受那無比美妙、動人心弦的魚水之歡！尤其是，在第二天夜晚竟把姨姥爺帶回家受用一宿，更妙的是，還會明白告知小姑娘，取得她的首肯！次日清晨五點醒來先演一場巫山雲雨，淋漓盡致之後方才雲散雨收，滿意的去做海螺餃子。六點半我正當開門離去，小姑娘已經打電話問妳怎麼還沒起床？大大怎麼還沒走？妳告訴她五點多就起床，大大剛要走，她才鬆了一口氣。」

我說「親愛的哥哥，這個好消息讓我又意外又驚喜，沒想到哥哥這麼快讓家人知道我們的交往。早知道是這樣子，那我會選件特別的禮物送給她們喔！討厭的哥哥，你又讓我很內疚，請你轉告小女兒，她的一番好意我心領了，我什麼禮物都不需要，只求她把她的爸爸送給我就好了。哥哥，那幾樣東西在這之前我沒想讓你說是我送的，我的本意是代替你買給她們的。」

他說「妳的膽子咋這麼大呢？是跟老天借的膽子嗎？」我說「我的大膽是向哥哥借來的，我說過我愛哥哥勝過愛我自己啊！為了愛哥哥，我的一切都是不管不顧的。我不明白你用了什麼魔法，讓我的情緒跟隨著你波動會這麼大呢？看看你有多壞啊，處處給我留下想頭。」他說「我真的被妳打敗了，三兩下就把哥哥的魂給勾走了，讓我千里迢迢的自投羅網，將一塊腱子肉送到虎口，除了狐狸精之外，還有誰能有這本事啊？」

我說「我今天去看中醫了，汪大夫在看病和把脈是很準確，但是下藥太狠，好像一名屠夫，一帖藥價錢是二千二百元哪！上一次那帖一千二就夠我難受好些天了，幸好我比較理智，沒有被她宰殺到。倒是在聊天時她有問到你，我跟她說你已經回台灣，把你的名片拿給她了，她又問你和我相差多大？我回說十五歲，她就說『漂亮的姑娘，妳很聰明，懂得找一個年紀大的人會疼愛妳、憐惜妳，妳們倆很般配的。我的對象是在部隊，和我同齡，從年輕的時候起誰都不肯讓誰，幹了不少仗』。她的話倒是給我很大的啟發。」

他說「思想起第一回到大連認識妳，見面之前原本是抱著試試水溫的心理，不敢有太多的期望或美好的盼望，走一個過場，對朱姐有所交代就完事。中午時分在德克士速食店見到第一面，對于妳的第一眼印象就是臉色竟然如此的黯淡，頗感意外也有些許失望，心想咋會這麼憂愁和不幸福呢！沒想到，進到賓館房間後，妳被我的熱情如火所熔化，迅速做出真情的回應，兩人首度合體相當成功，彼此心滿意足。妳上班之後，互相期待著晚上再聚時能有更美好的溫存，果然，再度合體十分成功和滿足，為我們往後奠定良好的相處模式。」我說「你的敘述這麼詳盡又細膩，總是會勾起我對那段美好時光的回憶。」

他說「昨天中午在小吃店吃飯時，偶然碰見我的一位高中男同學羅德勝，他已經吃飽了就陪著我聊天。我是穿無袖的工服，他坐在我左手邊，看見我的手臂及肩膀，就一直誇讚我身體真好，肌肉真結實，還不停的伸手過來撫摸我的臂膀，真是好有趣哦！」我說「看來你的一身肌肉不但能吸引異性，也能吸引同性呢！」

他說「妳把我們第一次見面就到賓館開房間的事告訴小舅媽，她當時就感到非常驚訝！這叫什麼來著？不就是人們所說的『捨不得孩子，套不著狼』？如果妳再把這一次領哥哥回家過了一夜告訴她，只怕她會被妳驚嚇到！」我說「你說的一點沒錯，我前天已經告訴小舅媽領你回家過夜的事，她真的非常、非常驚嚇！」

他說「昨日妳在信息中的說法『我不但把你當作愛人，也把你當作親人』，叫我好生感動，我記得妳之前也曾講過一次。其實，換位思考的我也是如此做法，我正是拿妳當愛人，也當親人，還當家人。此所以小姑娘也是我的家人，對她的關心、呵護，儘量做得到位。妳說是不是呀？」我說「是呀，你對我和對待姑娘一樣，都是那樣的無微不至。」他說「中秋節快樂！海上升明月，天涯共此時。但願人長久，千里共嬋娟。」我說「八月十五不送禮，送禮只送小丫頭，妹妹荷塘水汪汪，哥哥只管好受用。」

他說「今早小女兒來郵件說她回台灣的日期敲定，九月十七號早上到台灣，二十二號回金門四天，三十號離開台灣。」我說「再次祝賀哥哥，即將要跟盼望已久又懂事又可愛的小女兒團聚。你有沒有發現思念親人和思念情人的感覺不一樣呢？我的親身感受是，思念親人只是大腦比較活躍；思念情人則是大腦支配全身都會有反應，特別是想到興奮時全身的細胞都在亂蹦亂跳非常活躍。可是想到傷心處，瞬間好像一把冰涼的刀刺到心上，涼氣慢慢的從上往下降。」他說「思念是一種很玄的東西，妳卻能把思念親人和思念情人的不同區別出來，真有妳的。」

他說「我的願望是看到小丫頭快樂的生活，看見小姑娘快樂的成長，如今兩項心願逐一實現，自然非常開心。妳快樂我就開心，妳不鬧情緒我更快樂，誰叫咱們是心連心、肉貼肉的親密戰友！」我說「希望哥哥不要在意我說的話，你的生活規律一切還是按以前進行，你開心我就快樂。我以前說過會聽從你的安排，相信我自己一定會做到。跟你學還真是增長不少見識哪，以前不敢承認是怕你會向我收費，但現在不得不佩服你呀！」

他說「今天可是咱倆相識相愛滿半年的特別日子，叫我一早醒來趕緊給妳匯報一下，當然要送給特別的妳滿滿的愛囉。大連灣水深千丈，不及丫頭愛我情。讓我們結婚吧！我的新娘子，妳盼望多久了？三年還是五載呢？」我說「是啊！我對哥哥也是付出滿滿的愛，祝賀我們相愛一百八十四天。親愛的哥哥，這是我盼望已久的事，希望能早日成為你的新娘子，只要不是十年就好。」

他說「小女兒今日清晨抵達台北，二十二號才回金門呆四天，我必須利用假日打掃衛生，方便她回家的生活環境乾淨。」我說「我要是在你身邊，這些家務活就不用你操心，只可惜不能幫上忙。」他說「知了！我好愛妳，好想念妳」。我說「我又回想起第三次相聚，要送你去機場的那一幕情景。第三次相聚時，我幾天前就在做自己的思想工作，在送你走之前一定要堅持住，不要讓哥哥看到我傷心難過的樣子而自己揪心，盡量避開傷感的話題，讓哥哥開心而來，歡喜而歸。不承想，在機場還是沒有忍住，坐上大巴哭了一個唏哩嘩啦！」

他說「我昨晚和小女兒在家聊天聊到十二點多，早上還是六點半照常起床運動。昨天下午三點兩個女兒到單位辦公室找我，小女兒就先跟我擁抱一下，我下班回家看她一個人坐在客廳發呆，她說和姐姐回來想幫老爸打掃房屋，沒想到，從一樓到三樓都是那麼乾淨，害得她們沒有事做。我先送她一個紅包台幣三萬元，她也立馬送我一個紅包美金三百元，折合台幣一萬，妳說是不是很有趣呀？」我說「你說你有多討厭，讓我走著、坐著、躺著，想的都是你。你是用了什麼魔法，讓我對你如此癡迷哪？」

他說「昨晚還跟小女兒聊天，起初都很愉快，因為她談的也同妳一樣都是報喜不報憂，但是末了她說起在美國的生活，頓時教我心酸不已，眼淚差點要掉下來。到夜裡十點肚子有點餓了，我能忍得住不吃東西，但是她把桌子上一塊吃剩一半的西式麵包拿起來要吃下，我勸阻她了，我說這個麵包是妳周四晚上從外面帶回來的，今天已經是第三天，不能吃，要不然會吃壞身體。她看了看麵包說雖然時間久一點，可是還沒有發霉，應該還可以吃。在美國她吃一條吐司麵包，常常要吃好幾天，直到發霉了才扔掉不吃的，我說那妳也是節儉得過頭，小心得了毛病喔！妳看我聽她這一講能不難過嗎？所以今早我再送她一個紅包台幣三萬，交代她去台灣時買幾件衣服。

我下午心情實在不怎麼好過，所以我先把信息打好字，一到海邊發出去便回來睡覺。我贊同妳說的小女兒現在是困難時期，需要幫助渡過難關，但是她又難于開口，她的難關在年底，因為她老公明年初要由社區大學轉學到正規大學讀三年級，一年學費最少要三萬美金，而她們自己沒有積蓄，她的婆家沒有能力也沒有責任負擔。她這一趟回家和前兩趟回來有很大不一樣，不像以前蹦蹦跳跳、興高采烈，每天去跑步，反而是心不在焉，丟三落四的，肯定有什麼心事，可是又沒有說出來，等小女兒提起時再商量嘛！我不想用猜的，因為有時候猜對有時候會猜錯，必須要她親口說出來才算數。」

我說「其實，這是我早已預料到的，因為在前幾天哥哥說起女兒婆家的事情後，我時常會想像她那邊的生活情況。小女兒三年沒回家一定有原因，時間是一方面，主要應該是另一方面經濟上的問題，哪個做女兒的不想經常回家看看哪？這個我是深有體會的。我是想說小女兒現在是困難時期，你盡量先幫她渡過難關。」

他說「今天本地的『金門日報』有刊載《薛氏一家親》那篇文章的一半，明天繼續刊登，這樣我就能賺點零花錢給妹妹買化妝品喔！」我說「祝賀你《薛氏一家親》文章終于露臉，好感動喔，那我可要哭兩聲給你聽聽，這是朱姐經常說的話。」他說「早上七點多有位同鄉也是薛氏宗親，送喜餅和喜帖來，招呼他談話一會兒，他看了今天和昨天的報紙，就跟我談起那篇文章來，他說我走過那麼多地方，為宗族做了許多事情，給我們大家長臉。」

我說「我身邊的人經常說一天天一周周過得這麼快，可對我來說正好相反，這六個多月卻是如此漫長，半年來讓我深深體會到了人生五味雜陳！」他說「妳昨晚回故鄉看望父母，一路行程順利嗎？見了爸媽之後開心嗎？」我說「昨晚六點起飛，到媽媽家已經九點多，見到白髮蒼蒼的父母親真是開心哪！」他說「回到媽媽身邊做沒做春夢？還是做了好夢？」我說「這幾天跟家人聊天談到最多的話題就是哥哥，家人都很贊成我們的交往。十月二號那天全家大團圓，每個家庭也都收到哥哥的愛心。現在對我來說，你和我的父母一樣，是我生命中最重要的親人。」

他說「上月初我的右腳腫痛，看醫生好像是痛風，吃過藥一個月來好了百分之九十，不承想，本月初換成左腳痛了，似乎還是痛風，害我行動極不方便。」我說「昨晚的班機抵達大連時凌晨一點，外甥姑娘的對象拿車來載我們，來家時二點正，姑娘陪我談了一會話。她問大大是不是和我一起回山東去看姥姥？我說沒有，十一大大那邊沒有放長假。」他說「既然妳的家人都贊成咱們的交往，咱倆再合計合計，我預訂在元旦之前去看妳，準備今年春節能跟妳一起過年，安排一個時間陪妳再回老家看看家人，誰叫妳媽也是我媽啊！」

我說「我現在是身在曹營，心在漢哪！就等哥哥什麼時候給我作安排了。」他說「小姑娘前天來信祝賀大大的台灣國慶日快樂呢！還說她把之前我花了很多時間寫的郵件重新找出來讀過，都是很有意義的人生經驗，讓她受益不淺，妳瞧瞧她的小嘴兒多麼會說話啊！妳說暗示過我的，我要妳怎樣妳就怎樣，可是我以為我不能離開現在的工作及住所，正如妳也不能離開妳的工作及小姑娘一樣，起碼也要等到二年之後小姑娘參加工作才能改變現狀啊！」

我說「你的一篇《薛氏一家親》，不但感動了薛氏家族，也感動了身邊好多人，其中一個人就是我。我不但喜歡你的個人、你的身體，更加喜歡你的為人處事，你遇事沉穩淡定，不急不躁的性格深深打動了我。也讓我看到自己的缺點，最近我經常回顧從參加工作至今的為人處事，我好像是有點兩面性格的人。在工作方面很明顯的急性子，身邊的人也常說我的外表和工作中不太一樣，我自己也知道工作時比較急。在做人方面我還是比較理性和穩重，也知道要想交個知心知己的朋友，得需要一段時間慢慢了解。」

他說「妳今天嘴上抹蜜了嗎？瞅妳把我說的叫我找不著北！難怪我要暈了！我下午再讀了一遍妳今天所寫這條信息，不但寫得好，而且內容感動我。我真的好愛妳，就像妳愛我那樣子，不只是曾經擁有，還要能天長地久！等元旦相會還得兩個多月，不如妳找個時間到廈門來看我，可好？」

我說「我看到用星座測試人生還真是很準啊！它說巨蟹座的女性一旦有了家庭，她會全力以赴地培養孩子、教育孩子，為了家庭和孩子，她甘願獻出全部的愛，她渴望從一個『年長男性那裡得到父愛和保護』。我的第一次夢想失望了，希望哥哥不要再讓我的第二次夢想失望才好！昨天終于等到你正式邀請我去廈門玩，我好開心也好感動！不過，知道哥哥已經有安排新年和春節都要陪我過，我非常…非常高興，現在距離跟哥哥團聚還有二個多月，就等春節過後再說吧！」他說「狐狸精，愛妳是我最甜蜜的負擔。哥哥自己命苦不能怨政府，點背也不能怨社會！」

我說「我要去廈門見大寶貝的時間確定在十月二十八日下午四點去，三十一日早上八點回，往返機票二千二百元。」他說「這下子該換我數饅頭，還有十個饅頭，我倆就會演出敖包相會，妳趕緊給他定下來，到時候哥哥會去接機。小妖精，妳的忠誠第一，用情專一，我完全明白我也承認妳是好樣的，誰叫妳就是屬狗狗。聽個人家說，找什麼樣的男人就決定女人下半生的生活。妳說呢？」我說「是呀，以前經常聽人家說，女人生的好，不如嫁得好。女人在選擇愛人時，是人生的第二轉折，只可惜我以前不懂這道理。」

他說「小姑娘在郵件中提起妳要去看大大，問我喜歡什麼生日禮物，她要讓妳帶過來，妳看她多有心啊！她還說我是天蠍座的一些特徵，問我準不準？我看過之後覺得百分之九十都很準哦，我記得妳也說過星座說的很準。」我說「你給我一點陽光就會燦爛，你給我一點洪水就會泛濫。」

## 第四回　妹妹為愛走千里，北雁南飛廈門見

2011/10/28

他說「早上我去市場買了一隻雞五斤多，廈門叫走地雞，金門叫土雞，東北叫笨雞，是吧？十一點正我偷溜回家把小雞燉蘑菇煮開後轉小火燉，我再回單位，十一點半約了三個好朋友來家吃東北名菜—小雞燉蘑菇。一進家那香味就撲鼻而來，人人喊一聲好香，便各就各位吃將起來，大快朵頤，一大碗不夠還要再加一碗呢，大伙兒吃得可歡了！」我說「大寶貝，每當想起我們在床上的纏綿，特別是在浴室互相為對方洗澡的美好時光，總是讓我回味無窮，只可惜這樣的時光，卻是來也匆匆去也匆匆，現在只盼望哥哥的腳步為我停下來的那一天早日來臨。」

我說「我可要迫不及待了，現在是下午三點多，我已經到機場劃位、通過安檢，沒耐性等待了，要是有翅膀的話，我就自己先行起飛。飛機起飛晚點三十分，北雁已

降落，即將落到哥哥身邊。」他說「我下午坐五點半的末班船到廈門碼頭，轉到機場專為妹妹接機。我現在機場大堂等著北雁即將抵達，親愛的妹妹，就在出口的位置哦。小詩二首《老頭愛丫頭四》，其一——廈門機場接妹妹，卿卿我我入洞房，纏纏綿綿夜繼日，忍將哥哥累彎腰。其二——妹妹為愛走千里，北雁南飛廈門見；恩愛纏綿夜繼日，忍將哥哥累彎腰。2011/10/28」

他說「小姑娘問我喜歡什麼生日禮物？她要讓妳帶過來，我忘了告訴她，我最喜歡的禮物就是她的媽，只要把她的媽送給我就好！《老頭愛丫頭四》——妹妹為愛走千里，北雁南飛廈門見；恩愛纏綿夜繼日，忍將哥哥累彎腰。2011/10/28這是我在機場等候迎接妳的時候寫好的，妳瞅瞅我當時就能預知妳到了廈門之後一定不會放過我的，我沒寫錯吧！」我說「哥哥你不但老有才，而且還神得很！居然全在你預料之中。」

他說「早上妳搭八點的飛機，我坐八點的船同時離開廈門，後會有期了。快樂的雁子即將北飛，祝妳一路順風，妳該不會找不著北吧！沒有妳在身邊的日子裡，我會為妳保重自己，別了，我的愛人啊，期待再相會，也就是兩個月之後了。祝妳一路順風，來家先關心俺家小姑娘吧！」我說「短暫而愉快的相聚兩天後，我們即將分離，在以後的日子裡希望哥哥保重身體。飛機十點半降落大連，來家看姑娘只是感冒而已，請哥哥放心，我已經到單位上班。」

他說「親愛的小花，我以前很喜歡唱的一首歌叫《一朵小花》，歌詞並不長，我待會把歌詞傳給妳看一下。」我說「一朵小花的歌詞收到了，我喜歡。在我們老家，只有長輩才可以叫別人的乳名，你叫我小花，那你就是我的老爸囉。親愛的老爸，只想讓你知道，我真的好愛你，願意為你付出一切。」

他說「中午收到小女兒從美國郵來的生日禮物，有一頂帽子和一疊襪子；她在信中還交代有一條毛絨絨的圍巾和同色系的帽子，是要讓我轉送給妳的，因為妳送她的那條鍊子，她很喜歡常常戴在脖子上。」我說「自從有了你的日子，讓我的生活充滿希望和盼望，每日裡白天想的是你，夢裡想的還是你！」

我說「真高興明天是你的生日，老實說我是上帝賜予你的禮物，但願這份禮物不是太糟糕，只要你願意我會永遠陪你慢慢變老。」他說「招人喜歡的妹妹，謝謝妳的愛心及關心，生日真快樂。今年的生日是我這輩子最開心、最性福的一年，因為上月二十八日那三天在廈門能夠充份享受我的大菜—吃了好幾次啊！沒錯，妳正是上天賜予我的最好生日禮物，我最喜歡了，喜歡得快要不行了！」

我說「今天是你的生日，我卻不能陪在你身邊，但是沒有關係，因為你收到了我的祝福，相信你今天會過得很開心！獻上我對你的愛，祝你生日佈滿溫馨，感謝哥哥一直以來對我的關懷和照顧。」他說「謝謝妳！我收到妹妹滿滿的愛，有妳真好耶。沒錯，我今天一早起床就收到妳滿滿的祝福，我當然很開心哪！」

他說「前天十一月十日聽得妳說給小姑娘秤了體重，連她自己都驚訝得不敢相信竟然是九十斤！她在五月末開始喝藥前量的體重是八十一斤，迄今只有五個多月的時間居然就能看見如此巨大的效果，整整增加九斤之多，可喜可賀喔！小姑娘還跟我說大大的功勞最大，還有媽媽調理的功勞。」我說「她這兩天一量再量，體重就是穩穩的九十斤，一度懷疑是家裡的秤壞了吧？」

他說「妳知道今天是什麼特別的日子嗎？妳有沒有和哥哥想到一起呢？」我說「今天是咱倆相識滿八個月的好日子啊！我一早起床就想著要告訴哥哥了，沒想到你又跟我想到一起了，叫我如何能不愛你愛到底？」他說「前兩天小舅媽來家，看見小姑娘的第一眼就直說『媛媛變漂亮了』。妳想想看半年前我們和小舅媽同桌吃飯時她是怎麼說來著？她說小姑娘長得像韓國洋娃娃，挺可愛的。意思是說還沒長大，像洋娃娃，就是個小女孩嘛。她說媛媛現在變漂亮，還說長開了，長好了，也就是說媛媛已經從小女孩變成大姑娘。要長個子需長骨骼，就要多補充鈣質食物，最好的食物就是大骨頭熬煮出來的湯汁。」

我說「我現在思緒很亂，為了讓我追求幸福，家人和朋友讓我儘快離婚。我想聽哥哥的建議，是離還是再等等哪？」他說「妳現在的家庭狀況完全沒有幸福及快樂可言，也沒有任何改變的希望及可能，當然是要儘快離婚啊！雖然迫于現實環境不一定能夠完全切割，說不定會有一段時間用離婚不離家的模式暫渡，但是遲早都要離的，與其晚離不如早離。此所以為妳自己著想，要離婚；為哥哥我著想，也要離婚啊。」我說「我非常高興得到你的正面支持，我會毫無顧慮地儘快結束這段痛苦的婚姻。今天到我姨家去詳細跟我姨和姨父秉告我倆的事情，知道我有幸福，她們都很開心。」

他說「我聽說，男人只要一過五十歲那一條線，就連母狗也討厭。是嗎？」我說「是呀，親愛的你幸好還沒過五十，要不然母狗會躲你遠遠的。」他說「早上九點多給妳打電話，妳說在公車上，我很疑惑這個時候妳應該在單位怎麼會在公車上呢？妳說在外頭辦一件大事，我掛斷電話後心想該不是辦離婚的事吧？十一點半妳來電話說好消息，早上把離婚的事辦好了。我很驚訝也很欣喜，可是這幾天在電話中妳並沒有說過啊？妳說是要自己承擔一切困難，帶給我一個驚喜！今天可是個特別又重要的日子唷！

因為妳把人生的大事辦穩妥，和平而友善的圓滿辦好離婚手續了，告別以前的種種，迎接今後的將來，所以今天十一月二十二號也是妳和我新生的開始，可喜可賀！妳獲得新生的同時，我也解除後顧之憂，讓我為妳歌唱吧，先唱那首《遲來的愛》。」

我說「上上個周五跟我對象談起離婚的事，很不愉快，他的口氣和態度不好，談不下去。到了上個周一跟他談話，語氣就不一樣了，恢復往常的一般口吻，他自己也說前幾天他的心情不好。所以我知道要跟他談離婚的事，還是得選擇他心情輕鬆愉快的時候再談。今天早上和他談話的氣氛愉快，我就提起離婚的事，他很乾脆的答應去辦理手續，對離婚協議書的內容，他也沒有任何意見，完全的配合，只一下子就辦妥了。我的哥哥哪，我今天風風火火跨出人生的這一步，可能會讓別人不理解，可是我愛哥哥已到瘋狂地步，顧不了那麼多。為了我們真情實意的愛情，自然應該結束那段有名無實的婚姻，也不想讓哥哥在道德上受到譴責、在法律上遭受被動。」

他說「親愛的我老婆，今晚我要去廈門給我媳婦辦點事，申請政府審批；為了慶賀我老婆重獲新生，我要從廈門匯去一萬元聊表獎勵。大前天妳重獲新生，今天又得到轉正了，真是雙喜臨門，可喜可賀，何況今天還是咱們合體八個月的紀念日，晚上我要去廈門給我媳婦辦點事。」我說「親愛的我老公，你總是在我沒有思想準備的時候，突然給我製造一個意外驚喜，我現在無比的開心！今天又是一個特別的日子，總算等到哥哥給我轉正的日子，我喜歡。在八個月前的今天中午十二點四十五分左右是我們正式合為一體的日子。我還以為親愛的會忘記了，沒想到比我記得還清楚，你說怎能讓我不粘你哪！老公，我也愛你，謝謝你的愛心。」

他說「親愛的，妳說一生中所喝過最甜的一口水，就是這次在廈門哥哥餵妳喝過的那一口水，原來妳就好這一口。」我說「我願意配合你想做的事情，我也願意嘗試一下喔！只要你高興，我心甘情願配合你想做的每一件事情，我一定也會獲得意外的驚喜。比如說上個月在廈門，有一天你喝一口水然後再喂到我嘴裡，讓我至今難忘那美好的情景，也是我一生中喝到最甜的一口水！」

他說「今天倒計時，還剩十個饅頭，妳親愛的老公便要飛到妳身邊給妳折騰！」我說「每次快到我們相逢的日子，就會感覺時間好像靜止不動過得好慢啊！你有沒有覺得呢？」他說「咱倆相聚的日子越來越靠近，雖然總感覺時間好像忘了轉動一般，我的立場依然如此堅定。」我說「我同你的立場一樣堅定，風吹不倒，雷打不動喔！」

他說「我想跟妳合計一下，十五號我到大連停留一天，第二天周五晚上我們是否可以回山東高密看爸媽，第四天周日再返大連？」我說「親愛的，丈母娘聽說小五的女婿要回家看她，可把她高興壞了！還有一個好消息，星期天正好趕上我爸爸過生日，你說巧不巧啊？」他說「親愛的，妳說怎一個巧字來形容呢！遇上爸爸生日了，那可不是國恩家慶，雙喜臨門嗎？誰叫妳爸就是我爸，這下子妳拉著小姑娘，帶著老的小伙子回娘家看爹娘，該有多幸福啊！難怪媽媽要高興壞了，丈母娘看女婿，自然是越看越有趣。」

# 第五回　五福臨門重聚首，鳳凰于飛又十日

2011/12/14

他說「可愛的老婆，妳現在不用上銀行也能知道帳戶裡有轉錢，妳太棒了。這錢的用途是這樣的，有二千元買我來回機票，四千買我們仨機票，另外四千要帶到高密用的，好嗎？」我說「親愛的老公，你怎麼又給我轉錢了呀？你飛來飛去這麼辛苦的來看我，已經讓我感動得不知該如何回報你？我願意以身相許，我已經是你的人啊。」

他說「《老頭愛丫頭五》——五福臨門重聚首，鳳凰于飛又十日；一家三口回故鄉，拜見爹娘笑顏開。2011/12/15飛機現今降落寧波停靠，我已經寫好老頭愛丫頭五的小詩，妳喜歡嗎？」我說「你的傑作已收到，我非常…非常喜歡！」他說「妳咋這麼和老公貼心呢？我想著陪妳回老家看爹娘，總要準備一點紅包當做見面禮，居然妳會跟我想到一起。」

他說「晚上小丫頭領著小姑娘和老小伙子搭機回山東高密看望爹娘，一路上聽小伙子幫她唱著那首古老的歌謠《背起了小娃娃》。我給泰山及泰水大人孝敬二個紅包，丈母娘也賞我一個紅包是一千零一元，我一輩子從沒見過紅包裡面還有零錢的，妳說這是本地習俗，叫做千裡挑一。晚上吃睡都在大哥家裡，距離爹娘家不到百米，我們九點到家才吃晚飯，大哥擺酒席迎接來自最遠的台灣五女婿，一桌十人有十二道菜。大哥、大姐夫、三姐夫和我四個人喝白酒，我們每人喝下滿滿三大杯，一杯三兩三，剛好喝了一斤也沒有醉。」

他說「俺們一家三口回高密鄭家莊看望爹娘和親人多麼開心，第二天老丈人過生日，五女拜壽，五個女兒帶上五個女婿，二個兒子加上二個兒媳婦，人丁興旺，真是全家大團圓。中午在大哥家擺酒席大小桌共有四席，吃飯時我坐在爸爸和叔叔的中間，爸爸看我喝酒的速度最快，別人才喝半杯，我就喝乾了！晚上到大姐夫家又是喝酒，我的酒量已經到頂，喝的就不多了。」

我說「以前爸媽過生日，五個女婿中就我們家那一位沒來，今年可好了，全員到齊。昨晚在老娘屋裡，姥姥當著我的面對姑娘說還叫什麼大大？人家對妳和妳媽那麼好，妳應該改口叫爸爸了。夜裡姑娘到大舅和舅媽屋裡炕上睡覺，他們也都跟姑娘做思想工作，要她好好配合媽媽的步調。」他說「第三天中午重回大哥家裡，又是一桌滿滿的親人，下午才趕往青島搭機。」我說「家裡的人都對你誇獎得不行，大家通通喜歡你，太給我長臉了。」

我說「親愛的老公，我們這一次離別可能只有短短的二十五天，原本以為會很輕鬆的送你離開大連，可是當我看你的身影走進安全檢查口時，我的心還是頓時像被掏空一樣的難過，多麼不舍得看你走啊！」他說「祝福妳聖誕節快樂！早上給妳轉去二千四百元，請妳轉交爸爸媽媽做為新年紅包，表示我的一點點心意。」我說「哥哥真是太有心了，我會把錢轉給爸媽。」

他說「昨夜睡得沉睡得好，沒有饅頭照樣睡得香，但是賴床不想起來。」我說「大連十天你每天的精神好得就像梁山泊英雄好漢，可離開大連後這幾天是被誰家姑娘給整的像一條蟲了？」他說「妳說的對極了，身體不但是革命的本錢，更是快樂的來源，這個妳最知道。我想春節行程提早到一月十五號出發，甚至十四號下午也行，回程是二十八號，妳看好嗎？」我說「當我聽到老公在電話中說又提前五天回來大連時，我激動的心都快要從嘴巴跳出來了！我用手機上網查詢，十四號下午四點半出發，二十八號中午十二點半回程，可以嗎？」

我說「老公，我昨天早上和姑娘到我姨家吃中飯及晚飯，談起你要來大連過春節，姨父他們都很高興，還想邀請哥哥在他們家吃年夜飯哪！」他說「老婆，妳得先替我謝謝我姨和姨父的厚愛，我願意去給他們拜年的。倒計時只剩下十個大饅頭，我就可以回到妳身邊。」

我說「老公，我好愛你，你的做人做事方方面面、一舉一動都讓我好喜歡。你每天的喜怒哀樂，都會牽動著我的心。」他說「好消息，早上收到小女兒美國來的信件，已經收到一大箱的好東西，每一樣她都很喜歡，她要謝謝妳和我。我把她的來信，以及我的回信都轉給小姑娘。」

我說「親愛的，我非常、非常享受你喊我心頭肉，喊我小丫頭，多麼幸福！」他說「妳當然是我的心頭肉，我的心肝寶貝。十四號我們團圓時，我就要讓妳品嘗幸福的滋味。」我說「親愛的，你是我的天，你是為我遮風擋雨的大樹，大樹底下好乘涼嘛！是你讓我知道什麼叫愛情，是你讓我知道愛著你有多麼的幸福。是你給我新生的希望，我要用我的餘生回報我的親愛老公，你相信嗎？」他說「親愛的老婆，我完全相信妳深深愛著我，一如我真真切切地愛著妳，我同樣相信妳真心地回報我對妳的愛情。」

他說「我坐一點半的船班，我已吃過飯在家休息，再過十分鐘出發。親愛的小花，我很抱歉的告訴妳一個不好的消息，我坐的船班因為廈門突然吹起大霧而停開，我確定趕不上四點半的飛機了。目前我在碼頭等待進一步的消息，看看何時恢復開船？今日能不能到廈門？尚在未定之天。」我說「哎喲！聽到你說船班取消，趕不上今日的飛機來家，可把我急壞了。明日中午及下午的班機又都沒有機位呢！如果你晚上能到廈門的話，我就改訂明日早上七點半的飛機。」他說「親愛的老婆，現在開始賣四點正船票，我已候補，好不容易補上這班，開船了，今夜到廈門沒有問題。中午沒有午睡，又在碼頭站立三個小時等候，晚上真累，我要早點休息。」

# 第六回　十個月中五度飛，愛妳愛進心坎裡

2012/01/15

他說「今天又是一個屬于我倆的特別日子，是我們在空中認識的第十個月紀念日，也是我在上個月的今日飛到妳身邊的日子。今天我又回來了，回到我的妹妹、我的愛人身邊。妹，哥愛妳，美夢即將再度成真。《老頭愛丫頭六》——台灣選舉總統日，夫妻團圓恩愛時；攜手龍年迎新春，三口之家過大年。十個月中五度飛，愛妳愛進心坎裡；相親相愛只為妳，千山萬水等閒事。2012/01/15」我說「哥哥，看你把現在和過去都寫得這麼清楚和明白，妹妹好喜歡喔！」

他說「妳可知道早上老公吃飯吃到一半時，突然胃口有一些不舒服，是為什麼嗎？我往常從來沒有發生過這種情形，因此，我就想呀想的是什麼原因呢？我就想到早上我還沒吃飯前先泡茶喝了，我平常是知道空腹喝綠茶會傷胃的，但是倒沒有這種經驗，今

天算是我的第一次喔！老婆，我錯了，我並沒有早起喝茶的習慣，這是平生第一次。我今天也只是閑來沒事，嘗試看看嘛，沒想到還挺利害的。」我說「老公，早上我看你還沒吃飯之前就泡茶在喝，我就覺得有點不對勁。看見你空腹喝茶，我本來是想說來著，我還以為你原來經常有這個習慣的，才沒有開口提醒你。」

他說「親愛的，我好愛妳！新年都快樂，恭喜妳發財。」我說「親愛的，我愛你愛到心坎裡，祝你龍年大吉大利，財運愛情雙豐收。」他說「小丫頭，快樂的春節令人難捨難忘，一眨眼就過去十四天，今天我也不得不暫時離開妳，但是我會儘快回到妳邊。」我說「好老公，祝您一路順風。姑娘不停讓我給你打電話，可我擔心會出丑，擔心流出幸福的淚水，但是白操心了，還是沒有控制住。離別時總是那麼痛苦，從昨天開始我的精神恍惚，心神不寧，不知道這種情緒還會困擾我多久？今天從機場剛坐上回家的車，發短信編輯時，開始淚流滿面，無法打字，只好把編輯未完的短信發出去。」

他說「小饅頭，這六次和妳相聚生活十分快樂、舒適、便利，得心應手，妳真是特賢慧。越跟妳生活在一起，就越叫我依賴妳和需要妳，妳為我、為小姑娘打理的生活起居特方便不說，就連外甥姑娘及姑爺都喜歡吃妳做的飯菜、餃子，生活中真的不能沒有妳啊！有妳的日子，生活真叫美好哦，我好需要妳！老婆，《千里之外》的歌詞說太遙遠的相愛，也就是一般說的異地戀，但是都難不倒咱們倆的，越愛越深啊。」

我說「自從你離開的那一刻起，我的精神垮塌了，生活重心失去了。你把所有的美好留下，帶上一顆漂泊的心離開，我整天都因為想念你而憂傷，我的心不停地追尋，等著你來到我身旁，手拉著手一起度過美好的時光。老公，節後第一天上班很忙吧？都怪你讓我對你的思念成為病態，做什麼都沒興趣。」

我說「想起你對我和姑娘的細心呵護，想起你為我的親人和朋友所做的點點滴滴，讓我萬分感激。也叫我越發內疚無力，要是在你的身旁，也許我就不會這麼揪心，那樣子我會用真誠的情回報你對我的愛。」他說「女大不由娘，小姑娘熱情如火當然應該出去電一電帥小伙嘛！」

我說「回頭想一想我們的相愛好像是傳奇故事，就那麼不經意的歪打正著，讓我不顧一切，互相吸引，互相小心翼翼地愛著對方。我總擔心做得不夠體貼、不夠關心傷到你那顆不太純潔和幼小的心靈。我現在盼望姑娘快快長大，能夠自立自強管理自己的生活起居，我們也能盡快放心地生活在一起。親愛的，愛上你之後我才領略到思念的滋味，分離的愁苦，妒忌的煎熬，還有那無休止的佔有欲。」

他說「早上看見妳的信息我好感動，我也是愛妳想妳，不能自己，我更知道我越來越離不開妳，只能盼望早一天走到一起才好！老婆，妳說的一丁點都沒錯，我們的相愛就是傳奇故事，想當初一個是試水溫，一個是不經意，結果接觸後天雷勾動地火，一發不可收拾，難分難捨。俺們相愛當中最需要妥善照顧的便是小姑娘，十八歲的年紀已經是個小大人，她在思想上完全是大人的思維，但在生活上還很稚嫩，對于生活能力應該加強和加快調教。」

他說「今年的過年妳開心嗎？妳說今年的春節過得開心、快樂，有裡子又有面子，真好哦，我聽了也高興。我聽說除夕夜裡，妳在家裡的枕頭底下發現一個大紅包，把妳樂得不行了，那是誰幹的好事呢？」我說「我今年春節的確過得無比開心，你不但讓我每天體會到做女人的幸福快樂，你還在親戚朋友面前給足了我面子。更讓我放心的是，把你放到哪裡我都不會擔心出丑！謝謝你，我親愛的老公。也不知道是誰幹的好事，把一個紅包藏在我的枕頭底下，真是讓我又驚喜又意外呀！我沒有想到你會給我那麼大一個紅包，這是我有生以來收到的第一個紅包，小時候過年有收到壓歲錢卻沒有紅包袋子，壓歲錢最多的也就是二元錢。」

他說「小壞蛋，妳從昨晚到今夜一直在偷著樂，妳究竟是為什麼開心呀？」我說「我是一個心靈比較脆弱，內心比較軟弱的人。結婚時本想找個另一半是棵強有力的大樹，在我累了或受到傷害時可以讓我依靠。我可以把他比做天，大事小事都聽他的安排，我會像聽話的小狗一樣，為主人做好我份內的事情。可惜天不從人願，恰恰相反，讓我的人生虛度十八年，希望這個缺憾有老爸來為我填補。不過，話說回來也要感謝他，要不是他的軟弱，我哪裡有機會在社會上學習到、體會到那麼多做人做事的道理呢！相愛的人之間需要牢記八個字，信任、理解、寬容、默契，你說是吧！無論是選擇妻子，還是情人，我都是你的唯一選擇，是不是呀？對我來講，你永遠就是我唯一的愛人，願我們快樂一輩子，恩愛一輩子。」

他說「聽話的小狗，妳的第一場婚姻正是遇人不淑，所以妳吃了不少苦頭，才會身心俱疲，但是妳能勇敢的走出婚姻，尋找妳的第二春，這是妳最了不起的地方，而且妳選擇了我，我也選擇了妳，妳的缺憾我一定加以彌補，決不會叫妳失望，十個月來妳應該能對我有信心吧！沒錯，沒有他的軟弱就沒有妳的堅強，這也叫物極必反。小于子對小陳的評價完全正確，極有見地，不愧是在社會上摸爬滾打數十年的經驗之談。」

我說「在對的時間遇到對的你，這是一種緣分，而這種緣分恰恰需要耐心等待，需要經歷種種挫敗才能修成正果。祝我親愛的老公，元宵節快樂！老公，心肝寶貝這個稱呼我喜歡，我也早已把你當作心肝寶貝，珍藏到我的心坎裡。我要給你做像情人一樣的老婆，讓你性福一輩子，快樂到永遠。」他說「妳說的沒錯，遇上我是妳的緣，又何嘗不是我的緣呢？我倆有緣又有好的開始，就是成功的一半，其他有待克服的問題和困難都可以逐步解決。有句話說不經一番寒澈骨，怎得梅花撲鼻香？又說好事多磨，好飯不怕晚，妳說是不是很有道理啊？」

他說「我的心頭肉，回想起我們的愛情真是一篇傳奇故事，怎麼說呢？想當初我抱著試水溫的心情，妳懷著不經意的心理相識，不承想，一經接觸之後一見鍾情，相見恨晚，妳捨不得我，我離不開妳！而我們最大的一項共同優點，那就是我倆的身體是一樣的健康，所以能夠充分享受肉體的最大快樂。」我說「親愛的老公，有可能是我太愛你、太愛你了，總感覺我得到你的愛心比較多些，我給予你的總是不夠多。只要是你喜歡的東西和食品，希望你通通帶走我才安心。」

我說「我要告訴你一項不好的消息，我原來的工作到昨天為止，領導說他們即將搬新家，需要請一個人住在家裡做三餐，我有孩子在家不可能住到他們家裡，所以我被炒魷魚了。」他說「我昨天一直在想著一件事，等到三、四月份妳去打聽和了解一下房地產的行情，如果房價下跌的話，我們可以考慮購買一套七、八十平米二居室的房子，地點就是泉水東快路邊的鈺橋中央庭院，房價約在七、八十萬元之內，房屋信息可以咨詢外甥姑爺趙岩。另外是妳原來的工作到昨天結束，領導的通知來得太突然了，但事已至此，正是天下沒有不散的筵席，此處不留人，自有留人處，就是再重新找工作唄！妳有任何順心或不順心的事情只管告訴我，我除了跟妳站在同一條陣線一起合計之外，也會作妳堅強的後盾和支持。」

我說「親愛的哥哥，我自從來大連就住在姨媽家，至結婚離開總共有五年時間。姨父是一位細致善良的人，他們對待我的關心點點滴滴都刻在我的心裡，所以這十多年我在不停地回報她們。你說買房子的事情，老公儘管放心，我會多方考察市場行情和房地產動態，因為這不是一個小數目，我們也要慎重考慮再做決定。工作的事情，你也不必費心或操心，我有信心會找到適合我的工作。自從元旦前十八還是十九日那天，你說為了我們以後生活在一起方便，想要再買一套房子時，讓我非常…非常…的感動，懸著的心也就放鬆下來。自從知道你有打算要買房子，不用多說就足以証明你愛我是多麼真摯。我姨她們對我的關心，跟你相比也只是九牛之一毛了，哥哥應該明白，我以後會用多少倍的愛來報答你吧？」

他說「喔，買尬的，妹妹這條信息寫得真長又真好，讓哥哥好感動！我深知妳的生活來源憑妳的雙手努力，不成問題，就是居住條件差一些，如果能早一天改善那就再好不過了，妳說是嗎？但是我不明白妳懸著一顆心，是為什麼呢？妳心理又為什麼會焦慮和不安定呢？」

我說「對于我的不安和焦慮，你以前也勸過我，說我是自己嚇自己。其實我也知道，可是有時候就是不由自主的會自己亂想。說一千，道一萬，就是太愛你才惹的禍嘛！以前從沒為一個人這麼動心過，總擔心過幾年你會離開我，如果沒有你的陪伴，我的生命不知能不能堅持下去？姑娘讓我看完郵件後看到我感動落淚，給她嚇了一跳，還以為是她哪裡寫不對了？老公，你說招笑不招笑？」他說「說一千，道一萬，這叫事不干己，關己則亂。小姑娘代妳說出心裡話，叫妳感動得淚流滿面，她看到妳這麼動情，反倒把她給嚇著了。」

他說「親愛的老婆，情人節快樂！吻妳一千下下唷，我就是這麼愛妳，誰叫妳讓我喝那麼多迷湯。」我說「親愛的老公，天可老，地可老，我們的愛情永遠不會老。你知道嗎？擁有你，我天天都是情人節；擁有我，你天天都是勞動節。」

他說「機票大減價，周五妳能來嗎？妳就愛使使小性子和鬧人，真叫人活不下去！我做錯了什麼傷天害理的事嗎？這段時間以來我用心和認真對待妳，卻突然一夕之間風雲變色，讓我落得一身不是，教人情何以堪啊？」我說「老公，只要你一召喚，那我還不得快速飛過去呀！那我們就算給自己放一次假，等下個月再上班好了，你怎麼還生氣呀？我再也不惹你生氣了！」

他說「這十一個月來我對妳的用心和真心，難道還不能說明我對妳的愛和信任嗎？那麼我的所作所為豈不是都沒有意義了嗎？所謂天下事者，常有『事未易清，理未易明』，所以須待水落石出，才能真相大白，真理愈辯才能愈明。我們都知道好事多磨這句話的道理，我們要不怕磨，耐得住磨，便能更加珍惜那即將到來，或者已經到來的幸福。這小小的困擾橫亙在面前，不就是在考驗著我們的智慧和決心嗎？如果太平順了，也就不值得去珍惜，求求妳不要再使性子，也不要再鬧情緒，好嗎？」我說「讓我日夜思念的老公啊，求求你不要再批評我，我知道錯了。你不是說了嘛？事不過三，你千萬不要對我失望！」

他說「倒計時只剩下二個饅頭，後天又能給妳接機了，哥哥依然愛妳情比海深。自力更生的小女人，今、明兩天妳還要出去幹活打工，每天掙八、九十元錢，妳真是好樣的，勞動是最神聖的。」我說「你知道嗎？你在我心裡的份量是無比的，在我的心目中不可能再出現讓我這麼動心的人了。你就是我的唯一，我對你是發自內心深入骨髓的愛。你對我的愛，我也是深深能夠體會到。前幾天我的心情不太好，讓我產生胡思亂想，希望老公能理解、能原諒我，好嗎？以後我要是有壞毛病，老公儘管明說，我會為了你把所有壞毛病改掉。我的誠意和道歉，可愛的老公感覺到了嗎？」

# 第七回　北雁二度向南飛，投進情郎懷抱裡

2012/02/22

他說「昨天早上吹起小霧，今天是中霧，氣象預報說明天會是大霧呢！明晚要是霧鎖港口，恐怕又會重演上個月十四號的停航喔，看來我們只能祈禱上天的眷顧了。」我說「你可千萬不要嚇我喔！是呀，我們一起祈禱上帝不要讓我們當成牛郎織女。讓我心動的老公，每當聽到你勾魂的聲音，就會把我全身的細胞激活，難道你想讓我在公車上犯錯誤嗎？」他說「親愛的老婆大人，我真是被妳打敗了，妳竟然想要在公車上犯錯誤，真有妳的！」

他說「心肝寶貝，這裡天氣很好，晴空萬里，大地含笑。妳和于姐已經到大連機場，那我也立馬提早出發到廈門安排住所，再去接妳們，愛妳愛不夠哦。小媳婦，我要寫一首小詩送給妳《老頭愛丫頭七》——北雁二度向南飛，投進情郎懷抱裡；南來北

往愛相隨，海誓山盟情意長。２０１２／02／25妳看看喜歡嗎？」我說「今天回到你身邊一定要乖乖聽你的話喔！老公，我是你百依百順的小女人哪，急著尋找幸福，四點的飛機我們二點鐘就到達機場了。親愛的，飛機落地我就收到老頭愛丫頭七了，能不喜歡嗎？我喜歡得都不行了。」

他說「離開妳就想念妳！妳到機場辦好登機牌了嗎？我還沒有買船票，來得早了，七點正開始賣票的。老婆，我也想要和妳每天相依相偎、快樂的生活在一起，就像我們這七次的相聚和相處多麼美好！我相信我們的共同願望不會太遠，只能是越來越接近。」我說「我已順利辦完劃位及安檢，在登機口等待登機，你的船票辦好了嗎？想你愛你的老婆也不想離開你啊，很想能盡快和你生活到一起，讓我和你相依相偎，每天快樂的跟隨在你身邊。」他說「我準點到單位上班，身體和精神都很好很正常，早上妳有看見我照常做體操和運動！」我說「飛機已經降落大連，你到單位上班了，身體感覺怎麼樣呢？」

他說「幸福小女人，妳是咋整的？叫誰給整得這般快樂呢？歡樂時光總是過得飛快，一轉眼工夫五天就過去了！老公看著妳每天幸福、舒服和滿足，我有多麼開心啊！」我說「親愛的，每天只要從夢中醒來，你的身影就在我的眼前轉來轉去；不管手裡在幹著什麼事情，一會兒準走神，呆呆的只想著你。回想我們相聚的這幾天，你溫柔的眼神，忽閃忽閃的總是飄浮在我的面前。你那充滿朝氣的身軀，總是隨著我的思緒朦朦朧朧的環繞在我心中，讓我留戀不停啊！」

他說「阿妹，我倆共同的最大優點是擁有健康的身體，能夠一起享受肉體的最大快樂，身體健康，無病無痛，真好！」我說「我現在去醫院，利用這幾天有時間可以做一個身體檢查，往年能晚一些。沒病沒痛真好，在醫院看見好多病人痛苦的樣子，觸動我一個很大的願望，希望老公要善待自己的身體！」

他說「心肝寶貝，我愛妳，生活上需要妳，身體上更需要妳；妳的身體就像是專門為我準備，也為我開放著，我只要想要妳，妳都會開心的為我綻放身體，迎接我的進入和我合為一體。妳愛粘著我都由妳，只要妳喜歡就好，我們是應該儘快生活在一起，才能充分享受身心靈的最大快樂。」我說「謝謝你，老公，我愛你，不管你走到哪裡，我們的心都會緊緊的拴在一起，我生生世世都愛你，粘著你。老公，我的確是愛你愛得死去活來，能儘快跟你生活在一起，是我每天的願望。」

他說「今天可是三八婦女節，我衷心的祝福老婆和小姑娘一樣，年輕又漂亮，更要祝願妳青春永駐，貌美如花活像小妖精，迷死一堆公蚊子。」我說「自從我們相愛以來，每個節日都有你不斷的祝福陪伴，讓我體會到幸福快樂小女人的感覺真好。你說讓我怎麼感謝你哪！」他說「妳上周五去醫院做身體檢查結果如何呢？我聽說現在的人都需要找一個靠山，日子才能過得安穩一些，那你找到靠山了沒有？」我說「檢查報告還沒出來，我打電話過去咨詢，醫院說一切正常，沒有問題也沒有婦科的毛病。不但我找到靠山，連姑娘也體會到有父愛的感覺，我很高興她受了委屈無助時，第一時間會找你訴苦。」

我說「祝你節日快樂，是呀，今天也是情人節，在去年的今天，我們的愛情就是從這裡開始的。」他說「原來都是白色情人節惹的禍，難怪去年的今天妳不敢接我的第一通電話！」我說「親愛的哥哥，今天是三月十五日，也是全國打假日。去年今天你的一條信息和一通電話，從此讓我們墜入愛河！」他說「親愛的妹妹，今天是多麼特別的日子啊！一年前的今晚，千里姻緣一線牽，妳在電話那一頭接到我從這一頭打來的第一通電話，開啟了我倆共同的人生，從此我走進妳的生活，妳也進入我的生命。」

我說「轉眼間我們走過一年，在這一年裡我們相聚了七次，每次都是那麼甜蜜，短短幾天的相聚讓我在隨後的漫長日子裡更加思念你。老公，我是不是有點傻呀？不管我們的將來是什麼樣子，我的心中只有你，永遠愛你！」他說「誰叫妳就是傻得這麼可愛，讓我愛妳都愛不夠！妳早上六點半發的信息，我到下午四點半才收到。」

他說「昨夜三月十九日將近十一點才從朋友那裡返家，打電話給妳時妳說在陽台接聽，還說今晚和小姑娘都很難過，我問為什麼？不知道妳昨晚睡得好嗎？」我說「昨晚八點她爸來家說他的活結束了，把東西帶回來睡到姑娘床上，姑娘只好過來和我睡在同一張床上，一人一條被子，昨晚幾乎沒睡。」他說「俗話說計劃趕不上變化，真是的，他爸現在下崗且看他作何打算？我們還是照常在三、四月份留意房價的走勢，考慮適當的價位下準備買房。」

他說「告訴妳一個好消息，這邊的天氣雖然是小霧，我依然決定提前回去溫暖的家，現在正往碼頭出發中。因為今天終于和小鄭和平分手，她回去小縣城老家動手術，將子宮肌瘤連子宮一起切除掉。中午和她吃過散伙飯，下午我就打道回府。」我說「讓我愛得心疼的老公，還差十八個小時就是我們合體一周年的日子。今天下午收到天大好消息，讓我有受寵若驚的感覺！希望老公盡快調整心情，快快樂樂，迎接我們的美好生活！」

他說「今天是我們快樂合體一周年的日子，意義非凡，而且就在前一日，我把一塊絆腳石移開，並且立馬向妳報告此一好消息，與妳分享喜悅。就從明日起，開始迎接我們美好的第二年，妳說好不好啊？」「！」我說「今天是我們合體一周年，明天便是我們合體第二年的開始。讓我們的甜蜜和幸福一直持續下去，讓我永遠都是那個滿臉洋溢著幸福，人人羨慕的小女人！」

他說「一年來我們在度過美好時光之中，同時撇開了兩塊最大的絆腳石，有利于我們更順利的走到一起，值得給自己一聲喝采！昨晚我聽妳說從明天起休息四、五天，那麼妳能不能利用這個時間到南方來看我呢？」我說「相愛第二年美好的第一天就此開始了，我是非常…非常…快樂！我當然想去看你囉，明早我就去查看機位。我訂好三月二十九日中午十二點出發，四月二號早上八點回程，你看行嗎？」

# 第八回　相愛合體一周年，丫頭再三飛廈門

2012／03／29

他說「《老頭愛丫頭八》——相愛合體一周年，丫頭再三飛廈門；搭船渡海接班機，老頭喜得樂開懷。2012／03／29」我說「我已登機，下午四點五十分抵達，我們的好戲就要開場，你做好準備了嗎？飛機提前二十分鐘降落廈門，見不到哥哥來接機，我暫時在機場等候。」

他說「吃完早餐再到金榜公園散步，坐在石凳上唱歌個把小時，落座時屁股挺涼的，把背靠在石凳上背部更涼，當時也覺得不妥當。晚上約金門來的好朋友呂世忠／忠哥一起吃飯，把酒言歡喝了七瓶啤酒，散席後我倆攜手到蓮花公園散步。返回民宿時感覺肚子發脹不舒服，無法入睡，深夜十二點妳出外到藥房買胃藥來吃也不見效。最後聽取妳的意見，用手指頭伸進喉嚨摳挖，立馬嘔吐出一大堆晚餐的食物和啤酒，略微消脹

一些。一個小時後再摳挖第二次，又吐出一堆食物，胃脹才消除，也才能上床入睡。」

我說「中午坐在公園石椅上我就覺得涼意重，我才墊了一張紙。晚上吃飯你們各喝三瓶，你喝的酒並不比平常多，肚子受脹主要還是中午坐那石椅受涼的原故。」

他說「早上準時到單位上班，一切正常，只是到了十點過後肚子又發脹，就像前天夜裡的情形一般。等到下午下班後我去診所看病，我跟醫生說我的上腹部疼痛，下腹部腫脹鼓鼓的，是不是胃痛了？醫生說可能是胃痛，也有可能是膽結石引起的；我跟他說我有膽結石的問題，這三、四年的體檢發現到；他說今晚吃過胃藥若是無效的話，明天就要趕快到醫院去抽血和做超音波／B超檢查。」

我說「你今天在醫院嗎？檢查結果怎麼樣？」他說「妳別著急，我在四月三日早上到醫院掛號看診，原以為拿個藥吃就回去了，不成想醫生說不能走必須住院，現在掛吊瓶，要住院治療一周到二周，這是我一輩子第一次住院治療。診斷結果是急性膽囊炎，可能是膽結石所引起的。中午開始住院治療，上腹部的劇烈疼痛沒有消除之前禁食禁水，中午大女兒給我帶一些日用品來，坐一會就回去忙她的。」

他說「我還是要掛吊瓶，主要是用抗生素來消除膽囊發炎。現在小便都是黃紅色，可見發炎很嚴重，目前不能吃飯、不能喝水。醫師說等到兩個月之後再安排動手術將膽結石取出，同時順便把膽囊切除掉，一勞永逸。」我說「好點了嗎？我這兩天的生活就像是天塌了一樣灰暗，你讓我很不放心，方便給我打個電話嗎？」他說「禁食前兩天我還能挺住，但是到第三天的今日那個腸胃空空如也，飢火中燒啊！我可是餓了兩天半啊！剛才和醫生咨詢過了，從下午起可以開放部分進食如清粥、米湯、果汁和吐司麵包。」我說「恭喜你可以進食了，餓了兩天半，千萬注意不要吃太多、太快。」

他說「我咨詢過醫生，他說第一次的情況是身體受寒後，吃飯喝酒都無法消化，直到把食物分二次嘔吐出來，人就恢復正常了。第二次的情形是膽囊發炎，雖然我吃了兩罐五塔散，擦了一些萬金油可以整理腸胃，但是一點都不見效。只能說是膽結石乘人之危，趁火打劫發作起來。下午吃過一碗麵線，晚上吃一塊吐司麵包和一碗清粥，腸胃沒有不良反應，表示偷吃成功。」我說「自從你生病，我每天像熱鍋上的螞蟻，實在乾著急呀！要是能交換的話，我寧願替老爸受苦。」

他說「斷食兩天半，沒把我病死，倒是差點把我活活餓死了，住院四天的治療效果不佳。這是我平生第二次住院，第一次掛吊瓶，十五年前第一次住院觀察三天，什麼事也沒做，那一次只是臉潮紅，誤以為是AIDS呢。」我說「老婆好想你，希望你快快好起來。」他說「昨晚醫生跟我說這抗生素不見效，從今天起換打新一代抗生素看效果如何？」

我說「換藥兩天，今天感覺有效果了嗎？」他說「換藥第二天的效果越來越好，一是上腹部的疼痛有一些減輕，二是體溫都在三十七度上下，不用吃退燒藥。現在都是越來越好轉，可是小女兒堅持要從美國飛回來，今日周一到機場候補機位，昨晚和大女兒談了她的現況並不樂觀，她想回來就回吧！」

我說「老公，求你來大連治吧，這樣子我能每天看到你，隨時照顧你。」他說「妳說的是孩子話還是胡話呢？到大連治病，我根本沒有這個條件嘛！在這裡窩著，只能聽天由命！中午醫生說現在各種情況穩定，三天後周五可以出院。晚上大女兒說小女兒打電話告知早上回到台灣，要等到跟她哥哥碰面後才回金門。」我說「我沒有說胡話，是我的心裡話，太好了！真是個好消息，總算要出院了，我好開心。」

他說「小女兒昨天晚上七點和她姐姐到醫院來看我，今天早上正好給我辦理出院。」我說「祝賀你終于康復可以出院，我的好心情全由你決定，為了我的快樂及性福，你必須要趕快恢復健康喔！」他說「總共住院十天今天終于可以出院回到溫暖的家裡，這裡住的是二人房，每天還得補交病房費人民幣一百二十元。」

我說「你在四月三日至十二日住院治療，讓我體會到度日如年的感覺，那十天的糾心也是從未有過的，所以我不敢再次忍受你要做手術而我不能陪在你身邊的那種精神折磨！」他說「這種小手術並沒有急迫性，我不想急著在二個月後或半年後動刀。我住院十天後已經出院五天，今天早上開始恢復運動並測試一下體能狀況，在做俯臥撐和舉起槓鈴時，力有未逮，大概只有平常的八成體力而已。量了一下體重只有八十九公斤，比住院時候九十四公斤，瘦了五公斤哦！」

我說「今天四月二十一號我看好一套房子，非常好，你能給我打電話嗎？這套房子的裝修很高檔，帶全套的電器和家俱，二室二廳，客廳很大，是你所喜歡的那種類型。十八樓視野好，樓高二十二層，封閉小區的環境好。這套房子很搶手，還有另外二家來看房，仲介公司在等回話，希望老公給個建議。」他說「房子的戶型、坐向、格局都很理想，妳可以給他拿下了。」我說「老爸，房子已經簽訂合同，我相信一定會讓你滿意。所有的手續辦完要九十四萬元，面積是九十三平方米，抵押金及仲介費三萬八千元，我已經先交一萬，其餘的最晚要在星期一補齊，首付款六十萬在十五天內付清。」

他說「合同簽訂就好了，恭喜妳即將夢想成真，擁有我們自己的新房。首付六十萬要在十五天內交款，我想應該是來得及。」我說「小張美女把房租給你轉過去了，你去確認一下，再給她傳真一份收條。」他說「妳的夢想就是擁有一套自己的住房，現在即將實現這個夢想，都說人生有夢最美，希望相隨，築夢成真，可喜可賀！」我說「前兩天在買房子的事情上，就連外甥姑娘都在處處為你著想。看房的時候她一直叮囑我，說大大的歲數一點點大了，最好是買電梯房。」

他說「聽說妳現在談了一個男朋友，把妳給談得是越來越年輕、越來越漂亮了，他在哪裡呀？」我說「我愛上一個人，我要陪伴他一生一世。那個人你也認識，現在你就拿著鏡子照一下就能看到。老公，所有買房所需要的手續和証明書全部辦好了，下一步就等你來收購我。五月三日下午三點從廈門飛大連，五月六日中午或下午四點半回程，十二點半八折票四點半五折票。」他說「心肝寶貝，妳渴望的愛情和麵包，現在都有了著落，豈不是美事嗎？」

# 第九回　六十萬元訂套房，開創母女新生活

2012/05/02

他說「今天是農曆四月十二，為金門一年一度的民俗盛事迎城隍活動，而金門縣政府又把它推廣為文化觀光季，吸引台灣、福建的游客到金門參觀盛會。迎城隍游行活動從下午一點開始，五點結束，萬人空巷，盛況空前。」我說「我就說嘛，怎麼電話說得好好的就掉線了，因為我是戴著耳機聽電話，一時沒有弄明白，還以為出了什麼狀況。」

他說「我坐下午一點的船，晚上七點就能到地頭，美夢又將成真，妳準備好了嗎？飛機準點降落大連。」我說「我在六點多到機場來接你，我都準備好了，可口又營養的飯菜也已經放在賓館等你享用。」他說「《老頭愛丫頭九》——六十萬元訂套房，開創母女新生活；出發時生龍活虎，歸來唯見一病貓。2012/05/05」我說「我們先去

建設銀行把你的錢轉到我的工商銀行帳戶裡，再一起去看房子，看看你喜不喜歡？」他說「下午看過房子，我很喜歡，小姑娘她也說很喜歡，我跟她說一兩個月之後這房子就是妳的新家，妳家、我家、我們家。搬新家以後，我們就能組成一個三口之家的家庭，妳和媽媽都能從此改善居住環境和家庭氣氛，新的開始、新的生活、新的希望。」

他說「早上去找律師寫一份借錢的協議書，作一個書面的証明，以免日後萬一發生任何變化沒有一個憑據。既然星期日律師都不上班，我們就自己寫一份《借款及放款協議書》叫人給我們打字，我們再簽字和蓋個手印得了。」我說「我在咨詢律師的過程中，就有律師跟我說這種協議雙方沒有異議，可以自己寫好簽名蓋手印就有效，我們就這麼辦好了。」

他說「昨夜飛到廈門沒有睡好，肚子還是不舒服，人有些虛弱。」我說「昨天送走你之後回家時，姑娘說都賴我給大大整出病來了，我也很自責，明明知道不能吃辛辣的調料，還一直讓你吃那麼多。老爸，讓我怎能不愛你哪？你總是把別人的過錯當做自己的責任，你的大度和寬容的高尚品德，值得我們學習哦！」

他說「《危機有時正是轉機》——三月十九日那一晚家裡突然發生變化，整得妳和小姑娘擠在一張床上睡不安穩，我就知道妳們的居住環境與居住關係必須及早做一個改變。原本還想延到年底再做決定，但是這個情況的出現導致有時間性和急迫性，因此我就跟妳商量繼續尋找合適的房子。四月二十一日妳看中一套房子告訴我說妳很中意，我聽了也能滿意，當晚妳就和仲介及房主簽訂買房合同，首付款要在十五天內付清，我說首付由我負責，其他的事情和手續要由妳辦理，大約在六月末就能順利交屋，那時才算大功告成。」

我說「下午把我們的情信，還有合影的照片又看一遍，看到你每張照片裡親切慈祥的笑容，讓我越來越想你愛你。」他說「祝福我越來越漂亮、越來越年輕的老婆—母親節快樂！」我說「每當聽到你的聲音，或者看到你的電話號碼，我都會異常興奮。我會像女兒一樣尊敬你，也會把你當寶貝一樣愛護著疼惜著。」他說「我們準備迎接新的住家，新的環境，新的開始，新的心情，新的生活，新的希望，那是多麼美好啊！」我說「昨天給媽媽打電話，她高興得很，她已經知道我們在買房子的事，家人也都很好，都替我們高興。」

他說「小姑娘昨晚回信談起新家的種種，可把她樂得都不行，而且她還飄揚老姑娘呢！她說媽媽賢慧能幹，大大心胸寬廣，加上小姑娘的輔助，一家三口多麼和諧融洽啊。」我說「上午陪姑娘去工作單位面試，是老虎灘一所藝術學校做鋼琴陪練。」他說

「我昨天跟小姑娘說我們一家三口，有溫馨的大姑娘，和溫柔的老姑娘，加上溫暖的大大，那是多麼美好的一個和樂和美的和諧家庭啊！」

他說「我前天寫給小姑娘的《畢業生的心路歷程》將近二千字，好像是歷來最長的一篇吧！文章的重點，就在最後一段對小姑娘的鼓勵和鼓舞。小姑娘昨晚的回信寫得很認真、很用心，也寫得比較長、比較好！我把她的回信修正一些標點符號，加上一個標題叫《許你們一個好的未來》，然後再寄回去給她瞅瞅。」我說「感謝老公辛苦幾個小時，為姑娘即將跨入社會所做的心理輔導，她說昨晚她把那篇《畢業生的心路歷程》看過三遍。」

他說「前兩天給小姑娘發郵件《社會新鮮人的心理》約九百字，她回信《我是急性子》篇幅達九百字，她這兩篇回信一篇比一篇好。」我說「她這幾天開始到藝術學校認識環境，下個月一號開始正式的實習。」他說「兒童節快樂！我是不老兒童，妳是老兒童，小姑娘就是大兒童，讓我們重回到童言童語的世界多好，常保赤子之心啊！妳問我何時回到身邊？我也不知在何時，我想大約在冬季吧！」我說「親愛的老公，祝你節日快樂。」

他說「妳昨天說房子的事情又有進展了？」我說「是的，又有好消息，昨天下午銀行來信息通知房產証已經下來了，所申請的銀行貸款也審核通過，接下來很快就可以和房主辦理移交房屋，我們就可以搬進新家。」

他說「俺家小兒子昨天來家了，帶著女朋友回來的，他說準備在一年之內和女朋友君君結婚，君君二十五歲，小他七歲，兩人交往四年。我聽他一說，喔，那很好啊，君君將近一百六十釐米的個子，大約五十公斤，蠻漂亮又可愛的，斯文又秀氣，當護士四年。我家小兒子十年不見，瘦了。」我說「恭喜哥哥和小兒子團聚，還帶上女友回來報告結婚的喜信，恭喜你要當老公公了。」

他說「今天可是激動人心的日子哦，我親愛的小媳婦早上要和房主及仲介公司辦理房屋交接，我的老婆就正式升格為房主了，恭喜妳、賀喜妳！」我說「謝謝老公深深的愛，我們總算擁有一個屬于自己的安樂窩了。」他說「今日六一七又是激動人心的日子啊，早上搬進新家後就正式入住，恭喜，恭喜。新的住家，新的開始，新的生活，新的人生，正式組成幸福及快樂的三口之家。今天又是父親節，孩子的後爹在遙遠的南方跟妳們同喜。」我說「多才多藝的老公，祝你父親節快樂！你永遠是我心中的第一，是你讓我擁有更廣闊的天空。今天姑娘可是興奮了一整天，我也是興奮得不行了，謝謝你…老公，要不是你，單靠我一輩子，也不可能住進這麼舒適的大房子。」

# 第十回　十次飛行真情愛，回到我們溫暖家

2012／06／20

他說「倒計時只剩一個大饅頭，因為泰利颱風今天會經過金門，昨夜金門宣布今日停止上班上課，我們稱為放颱風假。」我說「我剛看新聞台灣這兩天有颱風，不知明天是否受影響？」他說「昨天下午颱風過境，今天風和日麗晴空萬里，早上船舶和飛機全部恢復正常。我坐下午四點的船到廈門，飛機延到七點起飛，抵達大連要在夜裡十一點之後。妳準備好了嗎？」我說「我都準備好了，和姑娘一起到機場迎接老公回來我們的新家。」

他說「親愛的薛太太，昨夜來家正好是凌晨零時，中午妳的老工友來了那麼多位，有小姜、小于、小莊、小陳和小張，還有陳哥，大家都誇讚說房子又大又乾淨，女主人好手藝，整了一桌子十道菜，全部是媳婦做的好菜，沒有一道是買現成的熟食。晚上外

甥姑娘一家子三人也來新家，和我們一家三口共進晚餐，好不開心。」我說「自從六一七搬進新家，我每天大清早就起來打掃及清洗，為的就是把新家的美好一面展現在老公面前。親愛的老公，今日我又晉升一級成為薛太太了，感謝你的提拔，今後我會更加好好表現。」

他說「中午吃完飯肚子有些脹脹的，誰知吃過晚飯，又脹又痛，坐立難安睡也不寧。到九點決定到醫院去掛急診，抽血、驗尿、做彩超，我也警覺到是膽囊炎復發，最後做皮下測試對青黴素會過敏，打完一瓶吊瓶，回到家已經是凌晨一點半。」我說「今天端午節真特別，幸好到醫院看急診，要不然呆在家裡更難過。」

他說「《老頭愛丫頭十》——十次飛行真情愛，回到我們溫暖家；一家三口過端午，夜裡發炎上醫院。2012/06/23親愛薛太太，妳到家了吧！老公這一趟不但回到大連，還回到我們舒適、溫暖又溫馨的家，我非常喜歡也非常滿意。唉！英雄最怕病來磨啊！何況我還排不上什麼英雄呢？回南方的飛機順利降落廈門，晚上要在此地過夜」。我說「想不到這次老公歡歡喜喜回來新家又遭罪了，昨天看你疼痛時，整個臉色都發青了，叫我好生難受。我心愛的人喜歡滿意，就是我最大的鼓勵，我這幾天的辛苦也算沒有白付出。」

他說「現如今，膽結石就是我的罩門，端午節那晚把我整得上醫院掛急診，還掛吊瓶呢！」我說「你的罩門像老虎的屁股摸不得啊！那一夜你可要嚇死我了。」他說「小心肝，端午節的前一天，咱家宴請朋友來家吃飯，薛太太整了一桌好酒好菜來招待好朋友，大家伙吃得熱火朝天，直誇女主人能幹又賢慧，給足了小丫頭的面子和裡子，樂得她合不攏嘴了！」我說「只要能讓老公開心，老婆再辛苦也值得。」

他說「親愛的老婆，生日快樂，青春永駐！去年妳生日我緊記著給妳祝福，今年當然也要給妳祝賀的，卻因為端午節生病，整個人蔫了，因此給忘了！」我說「雖然老公對我的的生日祝福遲來了幾天，我還是非常開心。」他說「麻麻，生日快樂，想幹啥就幹啥，自己的身體自己做主唄！」我說「親愛的老公，謝謝你的祝賀，我也會把你滿滿的愛收藏在心裡，你的祝福不管來得有多晚，我都喜歡。」

他說「妳說小姑娘最近瘦了，我這兩趟回去看得出她不如半年前鼓鼓的。」我說「我曾經在一本書上看到一句話『當你在羨慕別人幸福時，總有一天，別人也會羨慕你的幸福』。」他說「咱家的閨女近來瘦了六斤，又回到去年未增肥之前的模樣，像個小女孩。」我說「她前天中午在單位吃中飯時，由于飯少，她和很多老師都沒有吃飽，她從下午一直餓著肚子，到後來都沒有飢餓的感覺了。她的包裡和身上沒有東西吃，也沒有一分錢買東西吃，直到晚上七點多來家才能吃上飯。」

他說「昨天小姑娘又給我發來郵件，她已經有個把月沒有聯繫了，昨天搬家滿月剛買來新電腦又安上寬帶，立馬發來郵件給大大，這下子要聯繫就方便多了。」我說「每天思念你成為心病，能時刻陪伴你、照顧你的生活起居，是我現在的首要任務。現在的你在我生命裡勝過一切，我經常有股衝動想要扔下姑娘飛到你身邊，可是現實又不允許我這麼做。哎！你說我該怎麼辦呢？」

他說「今天給小姑娘寫《騎驢找馬的機會來了》郵件，不但寫得挺好，而且挺重要，值得妳和小姑娘多讀兩遍哦。」我說「待親的老公，我能夠做到的就是，我要用我愛你的心，陪伴你慢慢變老。」他說「妳的小嘴真會說事，我養妳小，妳養我老，多麼有情有義，妳一直都是我手心裡的寶。」我說「不管將來發生什麼事，我都會愛你一輩子，因為我對你的愛沒有人會代替。」

他說「我原則上不採用開刀摘除膽囊的做法，改用中藥溶解膽結石，而且從本月十七日開始服藥。」我說「感謝你讓我過了一個幸福快樂的星期天，可是要給小舅媽羨慕壞了！」他說「再怎麼說，咱們都要記住她的金口良言，叫我們早日組成三口之家，到如今，俺們一家三口和和美美，心想事成，美夢成真了。」

他說「漂亮的老婆，妳現在的頭髮又留長了嗎？」我說「是呀，你有什麼吩咐嗎？我這兩天還在想頭髮需要打理了，不知老公是喜歡老婆燙一下哪，還是讓它繼續長著？」他說「我也不曉得哪，只知道喜歡留長頭髮，但是燙髮還是直髮好看呢？還是問妳吧！」我說「那麼過幾天還是燙一下吧，我比較喜歡卷髮。」

他說「妳今天休息還出門幹啥呀？回到單位工作嗎？」我說「我今天在辛苦的忙著賺錢哪。我之前說過在陳健家裡，時間和工作雖然比較輕鬆，可是工資比較低，本想利用星期天再打一份工。今天上午去體會一下，做三個小時掙四十元，差點沒把我累暈！」他說「妳辛苦了，原來妳是犧牲自己休息的時間，再出去打工掙錢，真是個好樣的，叫我又佩服又不捨。」

我說「我每次給父母錢，雖然他們千般不願接受，我就跟媽媽說，我只養一個孩子才深深體會有多麼不容易，想想妳們養七個孩子，該付出多少的心血！現在是妳們得到回報的時候，再不要為任何人操心，我們還年輕，現在苦一點不算什麼，再說也不會讓我永遠苦下去。」他說「小老太可千萬別累壞身體才好，早上先兼差幹活，中午再回單位接著幹活，真是個好樣的山東大嫚，刻苦耐勞，無話可說。」

我說「親愛的，愛上你是我一生中最明智的選擇。」他說「因為有妳的嘴巴更甜了，老公暈乎乎找不著北了！我姨和姨父來家裡看過了嗎？」我說「他們看過房子很喜歡、很滿意，對老公的評價又上一個台階。我姨她們剛開始對我們的相處不是十分看好，今天看到房子，知道你為我跟姑娘改變新的居住條件，他們對你的做法很敬佩。姨父說他是大老粗不會說什麼，一句話以後在一起好好相處，好好過日子吧！」

他說「小姑娘一談起戀愛也太狠了吧，不顧一切，不計後果，這樣子孤注一擲式的愛情，反而自己很容易受傷，又耽誤了自己的正經工作及人生旅途。」我說「對于小東西這幾天的行為讓我非常氣憤，我們最近的關係非常緊張，面臨戰爭隨時就要爆發，她也深刻體會到這幾天她所釀下的苦果。這幾天的事情讓我很迷茫，希望老公給予正確的指導。為這事我昨天晚上說過她『妳給大大回郵件，怎麼不表態妳這幾天的做法哪』？她說『我辜負了大大對我的期望，不好意思說』。」

他說「看看咱家小姑娘上個禮拜是咋搞的？把工作搞丟了，把飯碗搞砸了，把母女關係搞壞了，該怎麼收拾她才好？整整一個禮拜她就像中了邪，著了魔一般，工作不顧，家人不顧，就像是六親不認一樣，胡搞瞎搞一通。」我說「親愛的老爸，姑娘現在要是所有事情都能自理，那該有多好啊！這樣子，在老爸退休之前，讓我有更多時間來照顧你。」

我說「我前天還特地告訴姑娘，新房子是已經付清首付款，但是，還跟銀行貸款三十萬元，現在每月要繳的房貸是二千三百元，我每個月的工資付完房貸就只能喝西北風了。所以老公捨不得叫我餓肚子，就會負擔我的一部分生活嘛，然後也讓姑娘負擔一些嘛。」他說「今天下午藝術學校趙校長來電話說了，小溫老師每天上班總是迷迷糊糊，一幅睡眠不足的樣子再加上七月二十五號那一天無緣無故的請假一天，我就讓她暫時不用來學校上班了。」我說「是的，趙校長就是這個意思。」

他說「親愛的小花，今天是什麼日子啊？猜對了老爸有獎哦！」我說「今天是八月八日，是什麼節日嗎？難道是老爸的日子嗎？」他說「沒錯，就是老爸的日子—八八節，父親節。」我說「親愛的老爸，節日到了，沒啥好送的，就送你三個情人吧！一個陪你終生，另一個陪伴你左右，還有一個永留你心中。他們的名字分別叫—健康、平安、快樂。親愛的老公，八八節快樂。」

他說「早上在辦公室和一位同事嘮嗑時，他問我說記不記得以前許國柱兄在世的時候他叫我什麼綽號嗎？國柱兄年長我三、四歲，是從部隊退下來的，身體非常強壯，除了在單位上班外也開了一家珠寶店，挺有錢的，可惜三年前和太太在店裡火災中喪生。我說知道呀，他說他也知道國柱兄愛叫我猛男。中午我到便當/盒飯店吃大腿，碰到一位同事也來店，他看我只穿一件無袖背心，露出兩隻胳膊，禁不住就來摸我的手臂，讚嘆的說『喔！你體格太棒了，就像年輕人一樣』。我說怎麼會呢？我還比你大一歲，都快六十了，不年輕囉！」我說「你罪過啊，多年堅持練成一身的腱子肉，不但害異性牙齒癢癢，就連同性看到都口水流滿地呀！」

他說「周一中午收到小女兒從美國寄來的信，一封裡面裝了二信，一信是七月十三日寫的，一信是七月二十四日寫的，二信的篇幅大約總共一千五百字，下午我給她用電子郵件回信，寫了二千字，是我歷來寫得最長的郵件。」我說「早教中心今天來電話說，要姑娘下周一去報到，所以大伯嫂叫她在家休息一周。」他說「原來我唱歌特別喜愛挑選那種高亢和具有爆發力的歌曲來唱。」我說「心愛的老公，感謝你用溫柔的聲音伴隨我渡過漫長的每一天。」

他說「小東西說妳的感冒很嚴重，多多保重。我一直以為妳身子骨可結實了，怎麼感冒得這麼嚴重呢？」我說「我這次感冒有好多年沒有這麼嚴重，不過沒關係，等過幾天病毒過去了，自然就會好的，老公不必擔心。我剛才聽到老公親切的聲音為我唱『遲來的愛』這首歌，讓我又一次百感交集，壓抑已久的淚水再一次控制不住的流出來。我當時感覺你就像是我的父親、像是我的靠山、又像是我的精神支柱。通過這幾天嚴重的感冒，還有老公的開導，讓我有所感悟，我不能再這麼壓抑下去，我相信上帝是公平的，是我的總歸是我的，不是我的爭到手也不一定是我的。」

他說「明天早上小姑娘要開始到香爐礁早教中心實習，這幾天有沒有先去探路呢？」我說「啊！我們都沒有想到這一點，而且那地點挺偏僻，明早我陪她早點出門。」他說「我為什麼會跟妳說下次回家的時間，大約在冬季呢？一是因為今年請假的天數太多，不得不節制一點，二是由于今年手上的資金不但用光，還有負債，三是妳的銀行房貸不少，怕妳應付不來，總要能幫上一把，所以對于大筆的開銷像飛機票，也要節省一些。妳知道為了買房子我還得去跟台灣的銀行貸款二十萬，這筆銀行貸款我必須在一年半之內還清，最快能縮短到一年還上，償還貸款我才能恢復財務能力。」我說「你的顧慮我非常理解，我也願意接受你的安排，我們的艱苦是暫時的。」

他說「早上七點多我打電話問妳們找到單位了嗎？妳說正在路上找著呢，過些時候我再打第二通時，妳說已經找到單位了。」我說「告訴你一個天大的好消息，下午我又請假出來辦理景山房子的事情，把手續拿去房地產局落實，像我這樣的情況改變名字不需要再拿錢，要不然先前是說還要拿四萬多元錢，恭喜我吧！」他說「恭喜妳！妳辦得很好，妳開心我歡心，早上小姑娘順利重回工作崗位，下午妳順利辦妥一件大事，真是雙喜臨門，同喜、同喜。」

我說「親愛的大寶貝，我這次的感冒應該是我從記事以來最嚴重的一次，吃過很多種藥都沒有效果。老公、姑娘，還有這幾天跟我通過電話的所有親戚朋友，都提醒我要到醫院掛點滴，我都沒有去。不是我太固執，而是我很了解自己身體狀況，也知道病因是來自于哪裡！昨天陪李妙玉逛商場，一整天我的頭暈乎乎，頭重腳輕，腦袋漲乎乎的隨時要暈倒的感覺，後來就開始噁心，才提前結束逛街行動。按照當天我的身體狀態應該要臥床休息，可是為了遵守諾言還是勉強陪李妙玉走了大半天，看到她不知疲憊的、快樂地選購物品，每選好一件物品就像是無憂無慮的小女人一樣，都要給張則勇打電話做決定，張則勇不厭其煩的一一給她答復，我看在眼裡那個羨慕、嫉妒、恨哪！

我是差在哪兒呀？我本來就是一個很懦弱、很內向的小女人，上帝怎麼會安排大事、小事都要讓我自己扛著？幹嘛辛辛苦苦這麼多年盡是為著老王家人，怎麼就不能轉好哪？來家躺在床上越想越辛酸，所以晚上聽到老公親切的聲音，壓抑多日的辛酸終于無法控制，才會哭的唏哩嘩啦！對不起，讓老公擔心了。今天下午辦完事回陳健家的公交車上，收到老公的信息，讓老婆我好感動，在車上差一點又流出幸福的淚水，永遠愛你的老婆。」

他說「妳昨夜十一點多發來好長的信息收到了，原來妳有這麼多的愁苦，真是苦大仇深嘛！現在把這些原因說出來，傾吐出來心裡也比較舒服一些。看樣子，現在妳也體會到這十八年為老王一家人辛苦是多麼不值得吧，哎，只好把它當作是妳欠他們家的，現如今也可以算是還清了。」我說「是呀，但願到此為止，以前姑娘就經常問我，妳是不是上輩子沒做好事，才會這輩子來老王家還債了？你看一看以下這句話有沒有道理，心是個口袋，東西裝少點叫心靈，裝多一點叫心眼，再裝多一點叫心計，裝得更多叫心機。心裡放不過自己，是沒有智慧；心裡放不過別人，是沒有慈悲；拿別人的錯誤懲罰自己，就是個傻子。」

他說「自從六月中旬妳順利搬進新家後，我就替妳高興，但是我也告訴妳景山那邊的人和房子沒有安頓好之前，妳還不能舒坦和省心，可能得要一年或二年才會安置完畢。所以姨父說那邊的房子要儘快處理，要不然那一直是一個尾巴拖住妳。」我說「我原本想只要老王他不影響我們的生活，先順其自然，他要想怎麼解決再說。他們家人會無理取鬧，我是早有心理準備的，但是沒有想到會來得這麼快，這樣也好，就讓姑娘明白事情的原委，我也不會再有什麼顧慮，盡快斬除這條尾巴，還老公一個公平。」

他說「心肝寶貝，妳來家了嗎？小姑娘他後爹可想妳了！想起今年端午節回家泡了兩天的腳，瞧妳和小姑娘捧著木桶和熱水給我泡腳，可舒服了。泡完妳又給我搓腳、刮腳，把那些死皮刮掉好多，如果能夠多泡幾天的話，我的腳說不定就會好了。」我說「她爹啊，我不到六點就來家給老公做晚餐，可是等到現在也沒有看見你的影子，我們只好先吃了。親愛的老公，給你泡腳是老婆的幸福，只可惜時間太短，要是能夠連續泡上一個星期，以後只須兩三天泡一次就能把腳跟的裂開治好。」

他說「放了一天半的颱風假，小老師在周四及周五這兩天上班可開心嗎？」我說「我們家的姑娘這幾天上班，雖然聽她說比較累，但是能學到在課本上學不到的東西。」他說「今天去哪兒賺錢哪？」我說「今日去大連的東海頭幹活，搞得我都快要累死了，二天賺了兩個二百五十。現在回家的路上，車子已上東快路，這兩天幹活好累，在公車上睡了一下下。今天和昨天都在陳健的新家幹活，新家好遠唷，在大連的最東邊，而我們家在最西邊，我從家裡坐公車，還要再倒二次電車，一趟下來費時二小時半，真的累呀！陳健說這活就幹到今天為止，除了一個月的工資外，另外加給我五百元，就當做是這兩天加班的工資，所以說一天是二百五十。」

他說「今天妳不是沒有活幹了，怎麼一大早就出門呢？」我說「我另外在這小區內找到二個活，本來是從明天開始幹活的，可是有一家小李急著讓我就從今天去幹，現在李太太陪我送她家六歲的小兒子李家衛到小區外上小學，下午六點再帶孩子回家。」他說「今天妳自己送小小衛上學去，然後買完菜就可以回家休息嗎？」我說「是的，第一家小李就是這樣子，但是中午要去第二家大李做飯，下午要錯開兩家做飯的時間，先去大李家做好飯，六點再去帶孩子回小李家。」

他說「小五妳在國慶節準備回娘家看望老大娘，撒撒嬌、吸吸老奶、驗驗傷口！老娘肯定會問妳咋整的？傷口一個那麼大，五女婿也太狠了吧！」我說「目前預訂在九月三十號中秋節晚上七點半的飛機回去，十月四日回程。」他說「妳現在一天要幹二個活，我真害怕妳的體力會吃不消，妳要悠著點。」我說「我的心上人哪，對你的思念是日日夜夜不能停啊！我們一別已有七十七天，對于別人可能不算什麼，可是對于我哪，度日如年啊！」

他說「美麗的大嬸，最愛妳的人是我，是大叔我啊！妳說是不是啊？」我說「親愛的大叔，愛我的人是你，愛你的人是我，我對你的愛越來越深啊！讓我想你想得不但心疼，頭也在疼啊！本想超負荷工作之後，晚上可以盡快進入深層睡眠狀態，能減少一點對你的思念；可是恰恰相反，這幾天累的更加睡不好。今天總算擺脫一家，還有一家再堅持三天，暫時先保留小小衛那一家，等過完國慶節再說。」

他說「妳現在車上要回家看老大娘了嗎？」我說「五姑娘要回家看老娘，只差沒有帶上五女婿，我坐在弟弟的車上好擁擠，大小七個人，他們回來一起帶上趙紅的妹妹一家子。」他說「出行的人再多也不怕，妳看俺們家不是也有七口人嗎？人多好幹事，但是不要幹架！」我說「親愛的老公，向你匯報，我到家了。」他說「那就好，那就好，到家記得代五女婿給老大爺、老大娘問候請安，誰叫妳媽就是我媽。」

我說「大叔對我和姑娘的關心、照顧、付出，不但姑娘和我感激你，就連家裡所有的人都敬佩你，特別是五女婿這些日子每天早請示、晚匯報地關心著五女兒。讓媽媽看了既安心又舒心，她說五女兒苦盡甘來，可是嫁了一個好人，還說讓姑娘應該改口稱你為爸爸哪！」他說「薛太太，出門了嗎？祝妳一路順風，回到我們溫馨、溫暖的家哦。」

他說「我在昨日及前日肚子痛了兩天，但是跟半年前清明節那次的痛不完全一樣。昨天下午五點大女兒送我到醫院掛急診，先打止痛針，再抽血、照X光、做電腦斷層掃描CT。等檢驗結果出來後，醫生說是膽結石從膽囊掉下來，卡在膽管中，造成膽囊及胰臟發炎，才會肚子痛，而且，黃疸指數升高，會威脅到生命的安全，必須住院治療打抗生素、禁食和禁水。」我說「親愛的老公，我說哪，昨天一整天心慌慌的坐立不安，總感覺好像有什麼事情要發生，給老娘家裡打電話一切都好，沒想到是老公在揪我的心啊！」

他說「這次體溫正常，沒有發燒，但是黃疸升高，早上抽血，下午報告才會出來，醫生說黃疸指數再持續升高就要轉送台灣大醫院開刀，好不嚇人。」我說「你對于我的愛，我有深刻感受到，我對你的愛也隨之更加強烈。希望老公病情要是有什麼情況發生，盡快告訴我。」他說「剛才醫生來告知要轉診到台北大醫院才能有效治療，我聽完同意後送到台北轉院，就交給大女兒辦理手續，由她陪同護送，搭乘明早十點的專機飛台北。」我說「你最好是聽醫生的話轉院，不要拖太久，以免有危險。」

他說「早上八點在金門醫院辦好出院手續，便用擔架抬上救護車送到機場坐軍用專機于十點起飛，十一點半降落台北，再用救護車送達醫院。但是坐在急診部整整等了八個小時，直到晚上七點半才排上病房，只有單人房沒有雙人房，每日五千元台幣的病房費，不曉得要住幾天？」我說「我要急瘋了，這種焦慮的折磨真不是常人所能忍受的！如此相愛的人見不得光，感覺我是一個外人的日子好難過。」他說「妳啾啾又來鬧人了！說什麼相愛的人見不得光，感覺是外人的日子好難過。妳這不是鬧人是什麼呢？我的身體已經遭遇病痛的折磨了，難道妳就不能讓我的心情舒坦一些嗎？不要在這個時候談這些好嗎？」

他說「哎喲…他媽的，俺們高密老鄉莫言榮獲今年諾貝爾文學獎，難怪另一位小老鄉小魏同志這麼有文化，就是咱們高密的文化底蘊深厚嘛！我今天的狀況和昨天一樣好，關鍵就在于十五日下周一的內視鏡手術是否順利？晚上小兒子來醫院待命，他已經請好五天假坐鎮醫院。」

我說「昨天晚上有睡好嗎？早上大約幾點做手術？日夜牽掛你的老婆，期待你的好消息。」他說「我昨晚睡得好，八點半就寢，身體及精神都良好，早上八點半做手術前檢查，請妳放寬心。手術特別順利，才做一半而已，只花三十分鐘提前結束，因為膽管中的結石掉到大腸，不用再切開膽管取石頭。」我說「大叔，太好了，真是意外的驚喜，可喜可賀！」

他說「兒子給我買來一碗豆腐腦作午餐，他現在和女朋友出去逛街，我叫他晚上回去，明天和後天也不用過來，我自己行動自如可以親自辦理出院手續。」我說「國慶節過後，他們打電話問我什麼時間能過去上班？我回絕暫時還不能去，不要再等我，讓他們再去找別人幹活，我要等過一段時間再打算幹兩家的活。」

他說「我早上問過主治醫生，說我可不可以在今天提前出院？她同意了。」我說

「告訴你一個好消息，景山那邊的房產証已經辦好，我現在要趕過去取証。」他說「妳的房事搞定了，真是好消息，我也有好事報告，我提前一天出院了，現在台北機場準備搭乘十二點半飛機回金門。」我說「你平安到家了嗎？我在十點半順利取得房証，順便去我姨家看望她，跟她聊天好幾個小時。」

他說「我這次生病從金門轉診到台北獲得良好的醫療及照顧，可是沒想到血糖升高，金門醫生說我血糖偏高，台北醫生更明確告知不止是升高而是確定糖尿病，出院時給我的藥只有降血糖的藥而已，真正沒想到治一病來一病，有點像是百病叢生了。所以早上我就空腹到診所去看新陳代謝的問題，血糖值高達一九七，醫生給我開降血糖當中劑量最輕的藥，每天一顆，而且還叫我每天只吃半顆就好，一周後再來復診。」

我說「在十月十日那天，我沒有控制好情緒，在你生病最需要有人陪伴的時候，一時著急說出我像個外人的日子好難過，沒有想到會惹你生氣，讓你為難。老公，我一時著急說出不該說的話，也是有些原因造成的。因為我這次回老家，媽媽問我打算什麼時候和你結婚？我說再等一等吧！媽媽又問你那邊是不是還有家庭？她說我選擇離婚是我們祖祖輩輩的一個先例，家裡沒有其他人離過婚。現在看到我和你認識那麼幸福快樂，家人都很高興地支持我的選擇，可是讓我不要去破壞人家的家庭。我只好肯定說你的家庭早就不存在，是我暫時不想去登記結婚的，沒有想到說出這句話又引來媽媽的一堆勸告，她說人家把房子都給妳買了，妳可不要忘恩負義才行，一定要好好和人家過等等亂七八糟的好多話。我再也不會讓你為難，催辦我們結婚的事情。」

他說「昨天的信息都收到，知道妳回老家後媽媽盯著妳問結婚的事，叫妳左右為難，也變成左右都不是！我想妳說實話也對，說善意的謊言也沒錯，因為妳是真心實意的；只是妳跟我講的時機確實不恰當，現在暫時把這些事情抛到一邊，好好過日子，把自已和小東西照顧好，我想一兩年之後情勢差不多就會比較明朗化。」

我說「親愛的，你的身體已經開始亮起警示燈，雖然不能完全跟你吃了十多年的外食有關，可大多數原因還是跟外食有關的。因為外邊的食品衛生雖然很關鍵，但最關鍵的是商家為了口感和觀感好看，會添加過量的香料和色素，對身體的傷害非常大。老公為了買我們的愛巢，給你造成很大的經濟壓力，讓我又感激又心疼，要不然真的不需要你再這麼辛苦了。」

他說「我從昨天開始動筆寫這次生病住院的治療經過，文章《女兒送我去醫院》，篇幅預訂在三、四千字左右，二天寫好手稿及打字編輯了二千字左右，明日再寫一千字，其餘的要留待下周一上班才能完工。所以今日沒空給小老師回郵件，妳跟她說一聲。昨晚在家裡寫了一些草稿，早上一大早七點就到單位的辦公室裡開始打起字來，辦公室沒有任何人打擾，我可以專心致志的打字，八點過後才陸陸續續有同仁進來。中午接著打字都超過吃飯時間了，下午全部打完，將近二千字，比我預期的還要多，下周一再進行增補、校對、修飾這幾道工序，就能全部完稿。」

我說「有才哥哥，看過這幾天你趕出來的《女兒送我去醫院》這篇文章，讓我更加深刻了解你生病期間的感受。之前我以為你進手術室只是經腹腔鏡檢查發現石頭已經掉進大腸，就放棄手術，沒想到還是經歷手術的過程，讓我心愛的人遭不少罪。」他說「有才妹妹，妳對孩子的理解不是正確的，姐弟的分工是對的，對人力的安排及分配是恰當的。手術前我的身體是正常的、行動是自如的，不需要浪費人力在我的跟前，所以我叫他們各自回去，只要在動手術的前一晚就定位，我沒有後顧之憂就行。」

他說「今天和昨天把文章《女兒送我去醫院》打印幾份送給朋友先睹為快，篇幅四千五百字，朋友一翻看就停不下來，一氣呵成的一口氣看完，直說寫得真好，真情流露，父女情深。同時我也把文章用電子郵件寄給四個孩子看，並讓他們自由發表意見。」我說「哥哥這篇文章的長度比預期的還長一些，達到四、五千字的規模。」他說「我正在街上的飯店吃午餐啃大腿呢！妳怎麼就能打電話進來呀？」

他說「今天早上開始執行計畫，就是恢復運動，柔軟體操跟往常完全一樣，重量訓練的部分，都是減半在做，做完運動一切順暢，腿腳及關節毫無任何阻礙，洗完澡可是通體舒暢快活。隨後開始吃老婆為我準備的海參。」我說「我以為你今天又睡過站了，原來你是早早起床做運動，鍛練身體，多麼有決心、有毅力呦！」

他說「我今天到廈門把頭件大事辦妥之後，再辦第二件大事。」我說「你轉過來的錢已經收到，老婆感謝親愛的大寶貝。」他說「我們相愛後，妳更顯年輕、更顯漂亮；一年半前的妳就是陰暗、不光亮，相愛半年後妳就改變了，變得年輕漂亮又光采，愛情真是太神奇了！」我說「以前沒有人疼，沒有人愛的時候，我也從沒有氣餒，每天默默的為自己加油，為了我的親人、我的孩子，一定要愛惜自己的身體，好好活出個模樣來給他們看看！」

他說「妳在景山苦守寒窯十八載，可稱得上是現代王寶釧！話說回來，妳到底守得雲開見日出，得到上天送給妳一個超級大禮物，面子及裡子都有了，愛情及麵包也都有了。」我說「我的身體嚴重透支，主要原因是來自于精神壓力。老王讓他家人帶動在景山小區鬧的天翻地覆，我本是寧願捨財也不願捨臉的一個人，可他們刀刀都捅在我的自尊心哪！十八年在他們家裡辛苦，不但什麼也沒有得到，還落得一個裡外不是人。」

他說「今日照常早起運動，然後出門拜訪親友，多麼逍遙自在。」我說「親愛的老公，早上好，祝你生日快樂，長命百歲。」他說「我生日，妳快樂，閨女也快樂。飛機票可以定下了。」我說「是你讓我的生活有了意義和希望，我對你的情已經無法用語言表達，我只想對你說，在以後每一年的今天，我都會陪你一起度過。機票是下月二十一日下午三點起飛，七點降落，票價一千元。」

他說「今天是四個一的日子，我去給一個過世的顏西林老先生靈堂前上香敬禮，同時詢問往生者的兒子顏達仁，我想給老先生寫一篇紀念文章，你家有沒有需要？他說很歡迎，我說我跟老先生有過幾次接觸，都很愉快，文章大約三千字，兩三天之內就能寫好。」我說「這是很有意義的事情，能把文章寫出來，也是對老先生的肯定。」

他說「昨晚小女兒從美國打電話來祝賀老爸生日快樂，我說生日禮物那條電熱毯被子在生日當天已經收到，還有賀卡及現金三張各二十元的美鈔統統收到，謝謝女兒。」我說「早上聽你的電話提到昨晚小女兒電話中的意思，竟然讓老爸好好對待小魏姐，感謝小女兒的好意。」

他說「昨晚為了寫文章《緬懷賢達顏西林》，寫草稿寫到夜裡二點才完工，早上七點就到單位開始打字，整整三個半小時打完，總共三千字，真是神準哦，跟我動筆之初的推測完全吻合，也跟我和顏西林兒子說的一般。初稿寫好列印三份給顏家，請他提出意見修改之後再定稿，一會兒顏達仁來電話說一家人看完之後非常滿意，相信他父親在天之靈要是看見這篇文章，一定會非常喜歡，沒有任何需要修改的地方，一字不改。」我說「有才哥哥，你的效率也太高了，預計三天的任務，竟然在二十四小時之內給趕辦出來，不但效率高，而且內容真實貼切，獲得已故老人子孫後代的一致好評，沒有一個人提出一個字的不妥。」

他說「下午本地報社的記者鄭大行來電話詢問關于我寫的一篇顏西林老先生的紀念文章可否交給報社來發表？我立馬就同意了，想不到這篇文章傳播得這麼快，也就只有一天的時間呀！我散發出去一、二十份，顏家可能會發出去很多份哦。」我說「有才哥哥，你寫的這篇紀念文章可是又好又有意義，吻你一百下。」

他說「老婆再數三十個饅頭，老公就該來家了，下個月今天，我就回家。」我說「秋天已經過去，冬季還會遠嗎？距離老公來家的日子越來越靠近。」他說「昨天早上剛上班，大女兒來電話說她剛從醫院回家，我問她為什麼去醫院？她說是腎結石，已經痛了三個禮拜，住院治療後結石才掉出來。」我說「看樣子，大女兒她可能在體質上跟你的遺傳有些關係吧。」他說「妳說得對極了，有愛的日子真是好，做愛的日子那就更美好了！妳已經吃掉一百五十個饅頭，剩下三十個，那麼還會遠嗎？」

他說「妳的活又多接了一家，雖然就在我們樓下十七樓，但是若超出負荷的話，還是盡快辭掉，單做小小衛一家就好。因為留得青山在，不怕沒柴燒。」我說「親愛的大寶貝，謝謝你對我的關心與愛護，是你讓我的生活有了天翻地覆的改變。」他說「我現在每天上班的第一件事，就是看俺閨女發來的郵件，上周五她給俺發了二次郵件有六百多字，俺給她回的郵件有一千五百字。」我說「姑娘也是這樣子，她一回來就先看大大給她回郵件了沒有？」

他說「早上冒雨到海邊等了半個小時想要接收信息，雖然有信號，但是遲遲沒有信息進來，到點了只好回到單位上班。」我說「你冒雨在海邊等信息半小時，要是感冒了，還不得把老婆心疼死呀！」

他說「小魏姐，今天是十二月一日，距離我們夫妻和一家三口團聚的日子還會遠嗎？昨天早上在海邊吹風又淋雨那半個小時真不好受呢！」我說「我就說嘛，你昨天在海邊冒雨等信息半小時，要是感冒了，還不得把老婆心疼死呀！你倒是很聽話，還真感冒了。」他說「金門連續下了一周的雨，除了一兩天的雨勢較大時我才穿上雨衣上下班外，其他小雨我都是冒雨出入，身上的衣服總是潮潮的，身體都是涼涼的；慘的時間就是昨天上午到海邊接收信息，而且海風又大又冷哦！然後昨天我的舌頭下面起了一個泡，嘴巴上頭破了一個洞，更麻煩的是喉嚨吞咽食物無法順利全部吞下去，可難受了。」

我說「不知道你今天去看醫生是怎麼樣？」他說「醫生說是病毒感染，在口腔噴藥後又開了藥，叫我周四回診。我的喉嚨發不出多大的聲音，我也不敢用力的吼，怕會傷到聲帶。」我說「讓我牽掛的老公，接聽完你的電話，老婆久久無法入睡，聽你說話聲音低低的，不時還伴有咳嗽，讓我好揪心、好心疼喔！」他說「早上回診看過醫生了，跟周一完全一樣，噴過藥拿了藥，可是一點都不見效啊！」

他說「中午吃完飯的聲音又壞了，真是傷腦筋，因為吃飯時又給嗆到、又嘔吐，傷到食道的關係吧！我早上到金門醫院看過醫生了，也不需要開藥，安排下周五照胃鏡看看。」我說「老公，我建議你盡快到廈門醫院，以防今天不能檢查可以明天檢查。還要在金門等六天，多麼難過啊！」他說「我聽妳的話到廈門中山醫院看病，一大早空腹沒吃飯、沒喝水。醫生說這情況可大可小，需要照過胃鏡才能明白，可是星期日醫技人員休息，必須等明天來做，我說下午回金門了，明日不能來，他說那就要在金門照胃鏡了。」

他說「早上還是到那家耳鼻喉科診所，醫生以為我是要看第四次的喉嚨，我說倒不是，而是要看右耳；他一看就講耳朵患的是帶狀皰疹，挺嚴重的，吃藥擦藥三天後要回診。我說沒有去挖耳朵，怎麼會這樣？他講這是免疫力下降造成的，前一兩周嘴巴破、舌頭起泡、喉嚨不舒服，通通是由于免疫力降低來的，降低的原因不外是焦慮、情緒低、睡眠不足所引起的，可以說是情緒所引發身體的毛病。這一點，跟我在十月十六日從台灣出院回來時，有一位朋友就對我說過我的膽囊炎、胰腺炎雖然打抗生素已經恢復正常，但是還會造成身體上免疫力的下降，果不其然！」我說「俺們大姑娘跟你講完電話後問我，大大怎麼會上火呢？是想媽媽吧？」

他說「我剛做完胃鏡，從喉嚨插管子進去檢查，好難受哦！醫生說還好問題不大，是食道炎及胃酸逆流，聲帶有一個白點，必須看內科及耳鼻喉科，吃藥就能緩解及改善。交代我要注意飲食習慣，多吃清淡食物，要戒酒和戒吃辛辣。」我說「沒有事太好了，提到嗓子眼的心總算歸位了。這一個上午過得如此漫長，好像過了半個世紀，忐忑不安的心都快要跳出來。」

他說「我下午剛看完耳鼻喉科，照喉鏡檢查，從鼻子裡插管子進去，好難受哦！醫生說聲帶上那個白點不存在，倒是有很多痰，會影響發聲，開二周的化痰藥吃看看再回診。」我說「提著一個多星期的心總算放下，我現在無比開心，再過一周我們又要度蜜月了。親愛的，我好期待喔！」他說「病從口入，是千真萬確，更是千古不移的道理。我苦苦思索一天為什麼會患上食道炎？早上醫生說飲食要清淡，我有這樣子呀，要戒酒戒辛辣，我有戒酒戒辣椒呀，但是我嗜吃生魚片及芥末，這兩周來吃的喜酒又多，凶手就是芥末。」

他說「我的免疫力下降原故是什麼？我也不懂啊！我的焦慮應該是從第二次住院以後吧，本來是膽結石大作戰，出院以後變成糖尿病大作戰，等于是一病換一病嘛。接下來又是食道炎，耳朵及口腔發炎，豈不是萬病齊發嗎？」我說「可是焦慮是為什麼事情呢？耳朵有好些嗎？」他說「再過一周我們就要愛相隨，共度第六次的蜜月，妳準備好了嗎？」我說「你自從得知患上糖尿病以後，精神壓力好大，你真的沒有必要太擔心，只要平時稍加注意飲食及加強運動，就會沒事的。」

他說「昨晚我大姐夫跟我說我大姐今天過生日，以六十九歲當做七十歲，要我今晚一起吃飯為她慶生，我說一定會到。早上先去跟大姐當面祝賀生日快樂，她問我說怎麼眼睛斜了，嘴巴也腫了？我說是前天照胃鏡從嘴巴插管子，看喉嚨又從鼻子插管子，好難受哦。晚上跟朋友在電話中談了一下我的眼斜嘴歪的情形，他說很有可能是小中風或者是顏面神經麻痺，也是病毒感染造成的，必須要立刻就醫唷，但是也只能等明日早上了。」我說「表現在五官上的問題比較容易引起重視，應該儘快看醫生，你總是不聽老婆的話。」

他說「我一大早就近到衛生所去看醫生，他看過我的嘴臉說必須到醫院看神經內科或外科，我待會就去醫院。我去醫院掛神經外科，醫生要我下午掛神經內科，我已經回到單位了。我下午到醫院看完神經內科醫生說是顏面神經麻痺，受到右耳帶狀皰疹感染的，沒有在第一時間就醫效果有限。」我說「晚上我讓閨女把關于顏面神經麻痺的資料傳過去給你參考一下，你不要太擔心，中醫的針灸會治好的。」

# 第十一回　離別悠悠竟半載，郎情妹意慶團圓

2012/12/20

他說「親愛的，我每每想起鳳陽花鼓的歌詞就不無感慨『我命苦，我命薄，一生一世討不到好老婆』，我還討了一個不能跟我同心和同步的病老婆，真是一個病妻誤我大半生哪！」我說「這首歌我沒有聽過，希望你趕快好起來，我好想聽你唱歌！你不要抱怨也不要灰心，我們倆的美好時刻快要到來了。眼前的小病不要太擔心，我今天已經給你預約治療面癱神經的醫生，他說只要盡早治療，很快就會痊癒的。」他說「我昨晚有去看過中醫用針灸治理顏面神經麻痺，這是我第一次接觸到針灸，能夠得到很好的緩解。」我說「早上接到你的電話我好開心，好長時間沒有聽到你開朗的笑聲，只要你開心，我就放心」。他說「快樂，妳說是嗎？我已上船了，一點正開航。」我說「哥哥呀，你是咋搞的？上船了怎麼還打不通電話呀？」知道你坐在船上，我的心放下一多

半，也就是說，我的情郎離我越來越近了，此時的我，真是要幸福得暈菜了！」

他說「倒計時只剩六小時而已，我們倆就能見面。」我說「快了…快了…，越來越靠近了，你有聽到我的心跳嗎？不但我有所感受到，就連媛媛也被你感動。」他說「《老頭愛丫頭十一》——離別悠悠竟半載，郎情妹意慶團圓；重逢冬至大如年，吃過湯圓添一歲。2012/12/21」我說「有才的哥哥，你的情詩又要叫我陶醉在你的懷抱裡，我喜歡、我願意。」

他說「班機在廈門起飛時推遲了二十五分，現在降落寧波經停，此地氣溫是0上七度，我推估抵達大連的時間大概在晚上七點二十前後吧。」我說「推遲沒有關係，你不是說過好飯不怕晚嗎？只要你身體健康，那比什麼都重要。」他說「小媳婦，班機平安落地了，比原訂時間推遲了十五分。老公到達之後，美夢即將成真。」

他說「妳哥又該回南方了，妳把我發給叢主任的信息，轉給蔡大哥及隋姐他們夫妻看一下。」我說「蔡大哥看過後，對你誇獎得很，對他妹夫收那麼多錢不高興，直說醫院太黑了。」他說「蔡大哥說醫院太黑了，依我看還好吧，重要的是，治療有效又迅速，都能值回票價。」我說「朱姐對我說你一到大連就住進醫院，什麼事也幹不了，殊不知我們該幹的事都幹了，一天也沒有少幹過。」

他說「這十二天老公來家以後，妳為我所做的一切都是那麼用心及細心，沒有一點瑕疵，沒有一句怨言，所以我完全沒有後顧之憂，才能得到最好的治療效果，老公真心的感謝妳，有妳真好！」我說「老公這次來家十幾天，總算有機會讓我報復你，我真的好開心！」他說「妳這次報復了我，妳可開心了，心裡樂開花，屁股也樂開花了」！我說「老公你就是我的太陽，時刻照耀著我，讓我未來的生活充滿了光明。你在家這幾天，我不但屁股開花，心裡也樂開了花，每天快樂得像隻鳥兒飛來飛去也不知道疲憊。」

他說「親愛的老婆，我這次回家讓妳如願以償達成多年來所盼望的願望，每天出門前給老公穿衣戴帽，進家後為我做可口飯菜，為我洗澡和泡腳、刮腳，把我伺候得像個老爺子，舒舒服服、妥妥貼貼的。妳做得非常到位，真叫我樂不思蜀。」我說「你休息十多天，今天上班還好嗎？身體有沒有不舒服？我有一項習慣，家裡來了客人睡過的床，客人走後第一時間我會把所有床上用品清洗一遍。可是，唯獨老公走後我怎麼也不捨得洗掉你所留下來的氣味。」

他說「我給閨女發的郵件《買筆電的過程》將一月二號那天的經過寫出來，並告訴她不是責備她，而是讓她知道對錯在哪裡。同時我也把《寒冬飛大連就醫》這篇文章的初稿傳過去，預計一周內定稿，我會用心寫好，就像那篇《女兒送我去醫院》一般好。」我說「你走了之後，我又跟姑娘說過一次買筆電她的錯是什麼，她也是一口就認錯。」

他說「哥哥說個故事給妳聽吧，前些天我到醫院去打針，有三個小護士在場，當我脫掉棉襖及襯衫後，只剩下一件背心時，聽得那些小護士齊聲驚呼不已，就差沒有尖叫而已，我也不明白發生了什麼事？隨即聽見其中一位小護士對我說：『大叔，你肯定有在鍛鍊身體，看你一身的肌肉多麼發達、結實有勁啊』！哈…哈…我聽了也跟著開心的笑呵呵，妳說哥哥的身體棒不棒啊？」我說「我咋笑不起來呢？你一脫衣服就引來她們的驚呼聲，要是把小寶貝掏出來，還不得害她們尖叫著口水流滿地嗎？」

他說「寶貝啊，我看到錦旗了，有兩大錯誤不能使用，還要重新製做。其實，在當初店家排好電腦時，應該先傳給我看過就不會發生錯誤的，這個妳是第一次做的，沒有經驗，只是無心之失，不要緊，重做就好，妳別往心裡去，費用都由我來報銷」。我說「老公，你總是這麼寬容，讓老婆無地自容。竟然明目張膽犯了這麼大一個低級錯誤，最讓我自責的是，竟然會把老公的名字搞錯。」他說「送給叢主任的感謝牌，我已經在這邊訂製，做好了我再帶上。」

我說「臘八節快樂！有六千元轉入我的帳戶，老婆也已代你向父母祝賀節日快樂。雙親讓我轉告你，謝謝五女婿對他們的孝敬，也關照我在你來家時讓我好好照顧你。」他說「臘八時我在遠方思念著妳，我對妳的愛一點也不少，對爸媽的孝敬及心意也不會少的，昨天妳都知道了。臘七臘八，凍掉下巴。」我說「熬啊…熬啊…熬啊…特為你耐心熬煮了甜粥一碗—五谷雜糧帶健康，熱氣騰騰暖洋洋，臘八要喝臘八粥，祝老公增福又健康！」

他說「《寒冬飛大連就醫》已經寫好，篇幅五千字，寄到小姑娘的郵箱了。」我說「文章我剛剛看完，寫得非常好，應該超過之前寫的《女兒送我去醫院》那篇文章。《寒冬飛大連就醫》這篇文章的內容更加豐富、細致，特別是飄揚小魏那段，我比較喜歡。」他說「昨天早上寫好《寒冬飛大連就醫》，中午列印十份送朋友看，一看標題及五頁的篇幅，都是一口氣看到完。然後知道山東大嫚這麼好使又有情有義，都搶著要跟我訂一個山東大嫚來使。」

他說「感謝信的初稿完成，就是不確知它的尺寸大小。」我說「我問過錦旗店，他們也不明白，大約是大紅紙的尺寸八十乘六十釐米。」他說「感謝信經過初稿、一校、二校、三校之後在今天定稿了，全部字數大約五百字，不用毛筆字寫，而是改用印刷，紙張是用A3的紅紙，大約符合。」

感謝信

受文者：大連市中心醫院疼痛科主任叢勇滋

我于二〇一二年十二月十五日在台灣的金門發生面癱，十八日上金門醫院就診，醫生說我沒有在第一時間就醫，治療效果有限，開五天藥之後交代不須再回診，等于宣佈放棄病患了。次日我轉到中醫診所求診，經針灸治療後，顏面神經麻痺的症狀有所改善。

二十一日我飛往大連求醫，第二天周末到中心醫院疼痛科就醫，承蒙叢主任勇滋親自問診，態度親切和善，真是視病猶親，說明治療方案，預訂在住院扎針二周內恢復百分之八十後結束戰鬥，辦理出院之後再繼續回來扎針二周。然後，特別禮遇台灣同胞，開具介紹單交我辦理住院，再回診間開始扎針，就此打響戰鬥，周日也照常扎針，下周一起再配合針灸。住院後天天有進展，日日有效果，一周以後已經全部獲得緩解，恢復情況達到百分之八十。三十日叢主任告知可以在明天辦理出院，他說住院十天治療的進度及效果超前，已達百分之九十五，比預期的還要好、還要快。

在住院期間，不論是扎針或巡視病房時候，主任都會仔細觀察我的臉部情形及變化，語多肯定與鼓勵，讓我信心倍增，由此建立友善醫病關係，促進和諧氣氛，彼此充分信任與信賴。我把身體完全交給他醫治，他將醫療一肩扛起，仁心仁術，復我容顏，不勝感激之至！

感謝者：台灣同胞金門患者　薛方先
二〇一三年二月八日

# 第十二回　去歲圍爐我姨家，午夜佇立街道上

2013/02/06

他說「親愛的，早上出門上班時一看，大事不妙！只見霧茫茫一片，好大的一場濃霧，迎來二〇一三年的第一場大霧。八點到單位先跟妳通個氣，告知霧鎖金門，就看有沒有吹北風，只要吹北風十分鐘就能放晴。九點過後起風，吹的是北風，我心裡那個美呀，就甭提了！一切按照原計劃進行，十點下班直奔碼頭去。」我說「老公，還好是虛驚一場，幸好我的膽子比較大，要不然真是要被嚇死，老婆想你，也愛你愛得死去活來！」

他說「《老頭愛丫頭十二》——去歲圍爐我姨家，午夜佇立街道上，冰天雪地雙耳凍，截車半天返景山；清晨匆匆離被窩，獨自一人回賓館，待得一家三口齊，結伴投奔外甥女。今年除夕闔家歡，圍爐守歲我們家。2013/02/06親愛的寶貝，別擔心，

別受怕，沒有翻不過的山，沒有蹚不過的河，何況只是虛驚一場，有驚無險嘛！看見《老頭愛丫頭十二》，妳喜歡嗎？」

我說「有才老公，我非常非常喜歡，把去年的過年感受完完全全描述出來。回想起來蠻傷感的，就連姑娘都感覺對不起大大，千里迢迢過來陪我們過大年，大年初一卻是提著行李跑來跑去，還是讓人挺揪心的。還好，有情人終成眷屬，今年有了溫暖舒適的愛巢。」他說「漂亮的老婆，妳說的正是，去年的情景歷歷在眼前，有些傷感，有些辛苦，還有些辛酸！今年就發生天翻地覆的改觀了，我們建置溫暖又舒適的愛巢，讓我們一家三口共同來編織美夢，而且，晚上就能美夢成真，妳說美不美呀？」我說「一想到今天晚上有肉吃，我那個美啊…那個美啊…！嘴巴樂得…要不是有耳朵擋著，都要裂到頭上去了。」

他說「我已通過安檢到登機口等待，可是劃位時她說三點的班機推遲到四點起飛。剛才廣播說飛機推遲到八點二十起飛，飛行三小時平安落地大連。」我說「老公，你回頭看過來，我看到你了。」

他說「今年我們有了溫暖又舒適的愛巢，感謝妳在新年這二十五天對我的體貼和無微不至的照顧，我的媳婦。」我說「照顧你的起居生活，是我心甘情願，更是我的樂趣，我非常願意。」他說「親愛的媳婦，我已登機要回去南方，五點半起飛，妳就到廈門來接我回家吧！」我說「養生常識說到龍眼是安神的，但疲乏的人不要吃，吃了會嗜睡。怪不得我這幾天總是打瞌睡，原來是龍眼肉惹的禍。」

他說「妳的身體沒有什麼大問題就好，剩下的就是情緒問題，這個並不難解決。這叫做患得患失，沒有得到之前害怕得不到，得到之後又害怕失去。老公未來家之前妳擔心來不了，老公已經來家之後妳又擔心老公又還要離開，其實，這都是多餘的，妳只要好好聽老公的話及安排就好了，根本無須操心。」我說「我對你的擔心確實多餘的，跟老爸生活在一起的這段時間多美好，讓我難以忘懷！相信我們美好的生活只會越來越多，我會安靜等待老公的安排。」

他說「心肝寶貝，三八婦女節快樂，青春美麗又動人。」我說「親愛的帥哥，我要以身相許，感謝哥哥的祝願。」他說「親愛的美女，感謝妳的愛。心肝寶貝，我深深知道妳離不開我，正如我也離不開妳一樣。我們倆相處無論在哪一方面，都是那麼般配，而且恰到好處，無比融洽，如魚得水！去年底我回大連就醫住院十二天，妳把我照顧和陪護得無微不至，使醫療效果又好又快，出乎醫生的意料之外，他還以為是我的體質好有關，殊不知那都是妳的功勞啊！這一次回家過年住了二十五天，妳照舊把我伺候得舒舒服服的，飯來張口，衣來伸手，難怪會養胖了三公斤。」

我說「我們生活在一起的那段時間，是如此的快樂、幸福，讓我快樂的像一隻不知道疲倦的小鳥，每天只要有時間就粘在你身旁。每次你來家，我都會擔心對你的照顧不夠多、不夠好，盡量把好吃的、好喝的都讓給你，你身體好了、棒了，我才有成就感。以前我還有顧慮，擔心姑娘在家時我們每天快快樂樂的粘在一起，會讓她產生嫉妒心理。經過這兩次你來家，我發現完全沒有給她造成不愉快，反倒她對你的感情越來越深，更加願意跟你接近溝通，有事沒事還願意跟你開開玩笑，打打鬧鬧，我在旁邊看了很是欣慰。」

他說「說到小姑娘的反應，我也在留心著，看她對我們的親熱有什麼變化，但是她並沒有任何反感，反而有時候不跟我們一起坐在沙發上，自己躲到角落旮旯裡，怕會妨礙到我們，可好玩了！我也想拉近她的距離，偶爾跟她擁抱一下，傳送我的關懷及溫暖，實現一家人的親近及親切。剛開始她有一點害怕但不排斥，後來就慢慢的自然和輕鬆，也會抱著我，這樣很好。小東西對我的反應很重要，如果不和諧的話，我的考慮和做法就不大一樣，可是，她從來都沒有叫我失望，而且讓我很滿意也很喜歡她，所以我愛老姑娘也愛小姑娘。」

我說「姑娘跟你的融洽也是我意料之外的，沒想到我們的相愛會讓她改變的這麼快、這麼好。我跟哥哥相愛剛開始當她的面時，小心翼翼，擔心不一定什麼事情觸碰到她的情緒，會做出對老爸不禮貌的事情。幸好有老爸的指導，一步步走過來，沒有一次不愉快，慢慢地，對你的抵觸心理沒有了。反而每次聽說你要回來，她都跟我同樣的開心，這樣子也會讓我更加放心、放開地照顧好老爸的生活起居。」

他說「做什麼事，我們已經決定要改變現狀，再加以三思而後行是對的，是理智的；但是還要考慮一個時機或時間點，立馬執行或延後執行，兩者的後果是一樣的還是不一樣？如果一樣，就立即去做，如果不一樣，就按兵不動，耐心等待將來時機成熟再做。我現在的工作，一個月的工資將近妳一年的工資，是我賺錢重要還是妳來賺錢重要呢？再說決定了之後就要過上好日子，不要倉促決定以後，又來受苦受累，那是智者所不為。我退休後的生活不止我和妳，還有小姑娘也包括在內，我們要像過年一般的過上好日子。」

我說「親愛的老公，熱烈祝賀我們相愛二周年！在兩年前的今天，我得到一個在我心裡最完美的你，一個真實的你，你就是一個值得我把全身心的愛投入的人。」他說「親愛的老婆，熱烈祝賀我倆相愛兩周年！可喜可賀，愛情萬歲。二年前的今天晚上，一通電話連接起妳我的心，一條短信連系著妳我的情，從此，我泥中有妳，妳泥中有我，再好不過了！」

我說「你回復小女兒的郵件，我反復看過三遍，本是真實的內容，經過有才老公的描述後是那麼生動，百看不厭。你說今年是有生以來過得最快樂、最完美的一年，我同你的感受一樣，雖然兒童時代每年最快樂的節日是過春節，可是回想一下，遠遠比不上我們今年春節的開心愉快。」他說「兩年我已經吃遍了妳做的北方菜，我都喜歡。妳做的菜色確實很好、很棒，特別是在鹹淡方面比較適合我的清淡要求，而且菜量的控制都是恰到好處。」

他說「昨天下午收到小兒子訂購的結婚喜餅二百三十份，晚上就得開始分送了。今天早上七點就出門跟外甥借了一部汽車，裝上四十份喜餅送到鄉下二個村莊，交給當地薛氏宗親代為轉發，直到九點才回單位上班。中午利用休息時間，再送九份到外地去，全部到此發送完畢，一份不剩。」

他說「寶貝，今天是什麼日子啊？特別的愛要送給特別的妳，特別的日子也要送給特別的妳。熱烈慶祝我們倆相愛合體二周年，走過恩恩愛愛、甜甜蜜蜜的二年。」我說「在二年前的三月十四日晚上十點二十五分，收到你的第一條信息，雖然只有七十多個字，可是從字裡行間可以感覺到，你應該就是我喜歡的類型——溫柔、細膩、有修養的人。用最快速度趕緊回信息，可是左等右等沒有回音，再仔細對照電話號碼才發現號碼錯了一碼，真是忙中出錯，趕快再發一次。還好，第二晚遲來的信息帶著你的熱情火辣辣的飛來，從此以後，我的激情高漲，情信你來我往，激情火速升溫，情信來往才短短九天時間，得知你要專程飛來大連看我，聽到這個好消息，當時興奮、激動、忐忑等待著。

三月二十五日那天我故意靜靜坐在德克士速食店一角，沒有站起來主動跟你打招呼，是要看你能不能第一眼就認出我來？沒想到你進門後，我們的雙眼不約而視，一眼就認出來了。第一眼看見你的外表，沒有我想像的那麼健壯，心情還比較平靜。可是等進入賓館房間你把外衣脫掉，你主動伸出雙臂要求擁抱，我的大腦瞬間想起這是我平生第一次擁抱，處于禮貌應付一下。沒想到，當你緊緊抱住我，我的臉貼在你胸前聞到你的汗水散發著淡淡清香，兩腿之間有硬硬的東東頂著我，瞬間一股熱流通遍全身，加上你隨之而來的熱吻，讓我排除一切顧慮。第一次合體是那麼自然、那麼熱烈、那麼甜蜜，讓人陶醉。」

他說「凌晨零時的信息收到了，好長的一條短信將近八百字，寫得可好了，我好喜歡。」我說「親愛的老公，在二年前的今天晚上，我興奮失眠；二年後的今天晚上，我幸福失眠！你說這事該賴誰哪？」他說「在這好日子，還要告訴妳好消息，我在清明節有四天連續假期，妳可以開始訂機票了，四月三日下午由廈門出發，七日下午回程，有腱子肉吃可開心吧？」我說「開心，當然開心啦！這下子不就是雙喜臨門了嗎？只須數九個大饅頭而已。老公，我今天回景山又順利搞定一件讓我鬧心半年的大事」。他說「老婆，恭喜妳，把景山戶口的事情搞定了，妳真棒哦。」

他說「回想我們倆的甜蜜時光過得真快，一晃眼就過去兩年，相愛的熱度有增無減，南來北往飛了十二次，回回都是在度蜜月一般。」我說「我對你不只是越來越愛，還有更加的尊重和敬佩，你對我的愛會牢牢記在心坎裡，我以後要用事實証明我有多麼愛你。」他說「妳對我越來越愛，妳從前到現在都能用事實証明了，以後肯定也是錯不了！心肝寶貝，我好愛妳喔，讓我不愛妳，或者讓我少愛妳都不行。」

# 第十三回　離別剛滿一個月，哥哥再度踏征程

2013/04/02

我說「你發來的信息、郵件、還有我們一起照的相片，讓我百看不厭，也是每天能解決我對你思念之苦的首要事情。你昨天轉來的郵件我又看一遍，受到老公那麼高的讚許，此時此刻，我快樂得像一隻小麻雀得意洋洋。你說到『人情世故，察言觀色』八個字，是的，這幾個字正是陪伴我在人生路上一步一腳印成長的最佳武器。每到一個陌生環境，跟陌生人交談，我盡量不搶話、不出風頭、多聽少說。輪到自己講話時，盡量語氣放慢，看著對方的眼睛，可以很好的觀察到對方的反應，了解對方的喜好。慢慢了解後，投緣的可以敞開心扉做朋友，跟自己不對路的也不會當做敵人，平時見面客氣問候過去就好。」

他說「今天晚上就能吃肉，妳就偷著樂吧。」我說「一想到晚上有肉吃，我就樂得

嘴巴都裂開了。」他說「今天此地的天氣可是風和日麗，晴空萬里，大地含笑，草木皆春。氣溫二十度，溫暖宜人，像是在為我們即將到來的重逢道賀呢！」我說「同樣，今天大連的天氣也是出奇的好，好像是上帝故意安排歡迎老公來家。」

他說「《老頭愛丫頭十三》——離別剛滿一個月，哥哥再度踏征程，風和日麗暮春暖，妹妹喜得樂開懷。2013/04/03」我說「有才老公，你真是才華橫溢，出口成章，每次到機場就會靈感頓開。老婆喜歡你寫的小詩，只可惜記憶力太差，背不下來。」

他說「快樂的五天假期轉眼就到，帶著滿心的歡喜及遍體的傷痕，我就要離開妳們了。」我說「我還像上次一樣在你身上種滿了草莓，用以表示你是我專屬的愛人嘛」！他說「飛機平安落地廈門，我已開始想念妳倆。」

他說「寶貝，我又郵了一件給小女兒的回信，能夠看見嗎？」我說「老公，郵件我看到了，自從你第一次把我們的事情對小女兒公開，讓我好感動、好開心！現在你又一步一步把我們的關係拉近，能把我們生活在一起的點點滴滴講給小女兒聽，讓她跟我們一同分享快樂，我好開心。」他說「我給小姑娘回的郵件有一千多字，妳能看到嗎？」我說「有才的老公，你的詞語總是無窮無盡，我剛看過姑娘給你回郵件也就二百字左右，你竟然回復一千多字！難怪她昨天晚上一邊給你回郵件，一邊說大大有嘮不完的嗑，都給我整詞窮了。」

他說「誰說五點以後就不能有郵件？我寫的《為兒子送喜餅》已經完稿了，大約二千五百字。」我說「你說『是耶？非耶？阿拉就不得而知』，看到這句話，我都忍不住想樂！你說你的心態多好啊！大姑娘結婚請親朋好友吃喜酒那天的那種情況，換做任何人都會急得跳腳，可你還會輕鬆愉快地說著俏皮話。」他說「這兩天這邊都起大霧、濃霧，飛機和船班大都停擺了，大女兒今天也走不了，但是，她還訂了明天和後天早上九點的班機。」

他說「昨晚下雨到今天都沒停，雖然雨勢不大，幸好沒有起霧，飛機應該能正常起降吧！我已經在四點二十到達機場報到劃位，一切順利。」我說「太棒了，感謝上帝的恩惠！祝賀小兒子和君君新婚快樂，早生貴子，讓老爸盡快升格當爺爺。」

他說「昨晚下飛機後，手機開啟了也沒有信號，一時無法和孩子聯繫，不成想，我剛走出到站出口，一眼就瞅見小女兒坐在那裡等著呢！大兒子開車在機場外面繞圈圈，他沒有進停車場。坐飛機一小時到地頭，坐車子一個半小時才到酒店呢！在車上我給小女兒一個紅包台幣三萬元，到酒店她也給我一個紅包美金八十元，哈…哈…又是故事重演。隨後一起在巷子口對付著吃碗飯，他們就回去了，沒看見小兒子，他在電話中說明天早上六點半要出發去迎娶新娘子，十點娶回家。」

我說「小兒子他們都在忙著，只留下老爸孤單一人在酒店，老婆好心疼哦！好想時刻陪著你，讓你開心。」他說「昨晚從機場坐上車子，我就把妳讓我帶回來的烤魚片遞給小女兒，說是小魏姐送給她的，把她樂壞了！我還告訴她們我帶了三十萬元的禮金來，送給兒子二十萬，送兒媳婦十萬。」我說「台灣那邊結婚跟大陸還真是不一樣，祝賀老公！」

他說「今天是陰雨綿綿，下午四點半在飯店戶外的草皮上有雞尾酒會，這下子可就免了，晚上六點的喜宴才是重頭戲。我在五點就到宴會飯店，先跟新郎官送兩個厚厚的紅包，再送新娘子一個大紅包。新郎官對我說新娘子也有準備一個紅包要送我，新娘子馬上拿出一個紅包送給我，真是禮尚往來。六點開始進入宴會廳，客人還沒有到齊，也沒有上菜，同樣是拖拖拉拉的。六點四十分開始上第一道菜，可新人還沒有進場呢！七點正新人才進場，十五分後才上第二道菜。喜宴在九點二十分結束，整個宴會氣氛活潑、創意、輕鬆、愉快，一邊吃喜酒，一邊玩遊戲，台上台下打成一片。我回到酒店時將近十一點了，今天四個孩子全部到場，大女兒還帶三個孫子來，三代同堂。我問新郎官能不能回金門請喜酒呢？他說沒辦法，明天中午出國到馬爾地夫度蜜月一周，沒有時間回金門。」

我說「親愛的老公，看到你來的信息，將婚禮現場描述得好形象，叫我有種身歷其境的感覺，整個會場新潮有創意。小兒子不想回家請喜酒，自有他的道理，隨他們去吧！」他說「妳想老公嗎？新娘子非常漂亮，新郎官也非常英俊，兩人志趣相投，追求幸福，也洋溢著幸福。新郎官七十五公斤，跟我當年結婚時一樣重，穿上西裝也是顯得瘦一些。」

他說「早上小女兒來酒店陪我吃早餐，中西餐菜色非常豐富又可口，我們一邊吃飯一邊聊天，吃了一個多小時，非常愉快。」我說「你以前說過小女兒情商比較高，待人接物比較在行。」他說「我已代妳向小女兒致謝，她送妳一件漂亮的圍裙和巧克力，妳也和她通過電話，可開心了吧！早上我也被小女兒打敗了，我們吃過早餐回到房間內，她打電話給她弟弟問『你昨晚洞房花燭夜幹得爽不爽』？妳說她是不是一個小色狼？中午，和兩個孩子吃了一碗牛肉麵，他們送我到機場就回家去。」我說「小女兒還真的好可愛，姐姐竟然問弟弟洞房花燭夜搞得爽不爽？幸好，我跟小女兒還沒有見面，要不然老爸會以為被我給教壞了哪！」

他說「小媳婦，我每天吃上幾顆妳親手炸的花生，就不能不想起我的漂亮老婆來，這花生炸的真是好，火候好味道好，大花生酥酥脆脆，小花生脆脆香香，特別是小花生越嚼越有勁。」我說「老公，為你做一點事情，只要你滿意我就開心。每次受到老公飄揚，我就屁顛屁顛樂上好幾天。」

他說「母親節快樂！特別的日子送給特別的妳，我親愛的老婆，祝妳年年青春，天天開心。」我說「謝謝老公的祝願，知道你在家裡，我這兩天都睡得可好了！」他說「我跟閨女說了，她的童年沒有歡聲笑語和快樂活潑，有的只是恐懼和擔憂。但是，這些陰霾都過去了，搬到新家將近一年，開展新的生活，新的人生，從今以後，有後媽和後爹管著她呢！」

我說「我這幾天在看《愛情保衛戰》的節目，裡面的專家不斷提醒，異地戀不能拖太久，頂多半年，一方盡早投奔另一方，要不然就會出現意外。我想這不能概括全部，首先，要看是不是真愛？要是真愛，也有決心在不久的將來一定要生活在一起的話，即使等待久一些，問題也不會太大，希望他們多學學我們。」他說「這暫時的異地戀著實是不得已，短時間還不能生活在一起，頂多再忍耐一年半載，很多情況都會隨著改善，困難及不便都會獲得緩解。」

我說「《愛情保衛戰》節目裡面的專家不斷說異地戀不能拖太久，頂多半年，我不怎麼贊同，像我們倆二年多還是很穩固。」他說「《異地戀的難處》——電視中專家說異地戀不能超過半年的期限很有道理，我認為百分之八十以上的大多數都能成立，但是當然不會百分百適用無誤。像我倆的狀況與專家所說的情況有些區別，第一，他們多數是二、三十歲的年輕人，性子上比較急躁，處于尋偶和被尋偶的階段，機會和對象很多，第二，大多是初戀或者初婚，急著要確定婚戀的關係，第三，分隔兩地這半年沒有機會相見。

這三項因素都會單獨造成異地戀的破裂，因素越多破裂就越快、越大。而我們則是年華老大，已經四十幾、五十多歲了，性情沉穩，機會和對象少很多，此其一，我倆是二婚或者二戀，慢慢磨合不會著急，此其二，二年中我們相會十二次，每次猶如度蜜月一般美好，難分難捨，分隔時間到底沒有那麼久，此其三。所以，千山萬水都不能把我們阻隔，天南海北也不能減低我倆的熱情，但是，相隔遙遠的異地戀還是讓我們受盡相思的苦痛，還是叫我們倆計劃著早日擺脫折磨，快快走到一起，甜甜蜜蜜相互扶持，恩恩愛愛共度一生。」

我說「親愛的老公，兒童節快樂！」他說「魏大姐，兒童節快樂！」我說「親愛的老爸，十七樓今天不需要做飯，我來家比較早，十點半回家，可是進到空蕩蕩的家裡，又開始想你了，咋辦？」他說「我也想妳，上班時好打發，但是下班後只看見四面牆壁，心裡沒底。」我說「雲開霧散天晴了，老婆總算看到陽光。好開心喔！再吃七個饅頭，我就有肉吃了，老公，我好愛你！每次我跟你鬧情緒，你從未生我的氣，謝謝你對我的包容。」

我說「親愛的老公，我好愛你、好想你！現在無比興奮，明天就有肉吃了。最讓我感興趣的是，台灣第三波，放寬大陸進台灣的自由行要提前開放，更有意思的是趕到我生日那天。」

# 第十四回　去年端午闔家歡，深夜腹痛掛急診

2013/06/12

我說「好開心喔！六十四個饅頭吃光光了，今天夜裡總算要開葷，好期待呀！」他說「恭喜妳要開葷了，牙齒磨利了沒有呀？」我說「牙齒磨得尖尖的，迫切等待羊入虎口，你害怕了嗎？」他說「《老頭愛丫頭十四》——去年端午合家歡，深夜腹痛掛急診；今年佳節慶團圓，粽葉飄香滿屋宇。2013/06/12」我說「有才老公，你好棒喔！剛剛上賊船，情不自禁小詩又寫出來，老婆愛你，在家焦急等待，快快歸來！」

他說「我已登機，應能準點起飛，我該關機了。小老婆，飛機平安落地大連，夜裡十一點半，妳即將美夢成真。」我說「上帝知道老婆心急火燎等待老公，所以飛機快馬加鞭提前三十分鐘抵達，我們于十點半來機場迎接老爸來家。我在到站出口B區等不到你，你在哪裡呀？」他說「我在A區呀！」

他說「親愛的，五天美好的大連假期告一段落，回家的感覺真是好。南方的候鳥要回去了，謝謝妳送我到飛機場！」我說「你剛離開，我又開始在數饅頭了，我們已經坐上回家的公交車了。」他說「心肝寶貝，妳們花了一小時就到家，很順利嘛！」我說「我們快到家了，沒想到這麼順利。在機場坐9路車到山東路，再換乘38路到家很方便。」他說「親愛的，飛機平安落地廈門，已是深夜十一點多。」

他說「我在九點之前趕到單位打卡上班，一切順利。看到今天報紙的新聞，昨天兩岸同時宣布開放新一波的大陸自由行十三個城市，可是開放的卻是瀋陽，而不是大連耶！開放日期正是六月二十八日，這下子煮熟的鴨子飛了，上天開了小魏姐姐一個玩笑。」我說「親愛的老公，兩岸的領導人多討厭啊，簡直就是拿我來開國際玩笑嘛！期盼已久的美夢，讓他們在瞬間搞得支離破碎。」

他說「小媳婦，對于妳所做的事，我滿意、我開心，沒的話說。起初我也很奇怪，怎麼妳做的事情都挑不出一點刺呢？直到妳說妳都是小心翼翼的做法，我才明白原來如此！我一般不會對別人要求這樣，限制那樣，但是我會仔細觀察他起初的說法以及他後來的做法是否一致？是否做得好？可是呀，極少有讓我滿意的，我也不會說破他，也不去責怪他。但重要的事情及重要的時刻，我一定親力親為，輕易不會假手不信任的別人。」我說「親愛的領導，我辦事不但要讓你滿意，還希望你能開心。每次不管是為我們家還是為老公做事，我都小心翼翼不要出差錯，以免老公不開心。我們相愛兩年多，雖然老公從未跟我生氣過，但是你的氣場還是讓我有點害怕你。」

他說「親愛又美麗的老婆，生日快樂！祝妳天天青春，年年美麗，愛妳每一天」。我說「謝謝老公送給我的生日禮金，自從我們相愛以後，對我來說，每天都像過生日一樣的開心。」他說「寶貝，我昨天寫的那篇《我家老三—大股仔》只是初稿而已，大約二千五百字，我下周還會加以修正及增補至四千字以上定稿，妳對初稿可有什麼看法嗎？」我說「親愛的，以你的寫作水平，精確率縮小到零點幾，老婆實在沒有什麼建議。」

他說「向妳報告一件好消息，我剛剛收到醫保單位的公文，我申請的在大陸就醫的醫療費用七七四二元人民幣，核准報銷七七〇七元，只剔除三十五元取暖費，真的是太好了，我還擔心不會准呢！」我說「是呀，真是沒有想到會報銷這麼多，已經過了那麼長時間，我還以為這事情會不了了之，沒有多大希望了哪！真是可喜可賀的好消息。」

他說「早上十點多，接到從廈門剛來金門的薛氏宗親電話，約好中午會面，而他們下榻的酒店正好就在我家附近。見面之後，原來是薛文生、薛文革兄弟等八位宗親組團來金門旅游及拜訪本地宗親，明晚回程。文生兄在廈門有見過兩三次，也一起吃過飯，其他人是第一次認識。」我說「中午你突然來電話說，要告訴我一個好消息，原來是報銷核准了。」

他說「《我家老三—大股仔》今天完稿，全長大約五千六百字，我看完覺得會是不錯的文章喔。」我說「我看完一遍，那時候老公掙的工資不是說很好嗎？怎麼會不夠用呢？」他說「我那時候的工資是新台幣一萬四千元，可是我父親要我給他的安家費獅子大開口，非要五千元不可，當時金門縣政府的一般公務員的工資只有五千而已。而我的同事及朋友像我這樣結婚之後離開雙親自立門戶者，孝敬父母的安家費大都是二千元。我的雙親還有二個未成年弟弟是和他們一起生活的，給了五千之後，我只能自己勒緊腰帶了。」

他說「昨天小姑娘回信如下：『您的文采太棒了—哇哦…您太強了，將近五、六千字不止，看的我眼花繚亂，您是花了多久記敘這麼長的一篇。篇幅長、內容有趣生動，要是發表出去一定奪人眼球，真實有趣，每件事情都有一段插曲，佩服、佩服，您的文采真的是太棒了，我跟你比簡直是小巫見大巫。大腦的記憶力絲毫不會因為年齡而減退，真的是太棒了，挑不出任何紕漏』。」

我說「你是我的最愛！今天我又仔細閱讀一遍你為小女兒寫的文章《我家老三—大股仔》，文章的內容雖然沒有什麼華麗的詞語，但是字字句句是那麼的真實，貼近生活，吸人眼球，讓人有種看過一遍還想再看一遍的欲望。從文章內容了解老公由小至中年受了不少苦，兒時就為父母親早早扛起長子的責任，累得在該長身體的時間沒有長起來。到了成年和中年負擔加倍，一個人的工資需要養活自己一家六口和父母及弟弟四口人，實在撐不下去，只好背著家人去店鋪賒東西維持一家大小的生活。

想像一下當年的情景，一個大男人懷著忐忑不安的心，很難為情的第一次向商店的老闆開口要求賒帳；還好感謝上帝，老闆娘爽快的答應，沒有讓老公為難。看到這裡，我的心好酸痛喔！老公受苦了，以後有我陪伴你身旁代替女兒補償，不會再讓你受一點點苦。你可以稱得上是讓子女尊重的合格父親，讓外人敬佩的好男人。永遠愛你的老婆。」他說「魏老師，妳真上心，妳今天對于《我家老三—大股仔》的評論寫得真是好，可見妳多麼上心、多麼用心，我很喜歡。昨天我把這文章打印出來送給三個朋友看後，他們都有不錯的評價，但還是趕不上心肝寶貝說得最好。」

他說「過年時，我曾當著妳們的面說，小姑娘個性有急躁的毛病，但是，老姑娘的脾氣中也有急躁的毛病，只是發作的情況略有不同。小姑娘對于事情的熟與不熟，都會表現出急躁的特性來；老姑娘對于熟悉的事情不急不躁，可是對于不熟悉的事情，對于心裡沒底的事情，有時候也會毛躁起來，很容易犯錯誤。」我說「是啊，我對于心裡沒底的事情，心情就會慌張起來，就會胡思亂想。」

他說「我每次跟妳相聚時，妳都能把自己收拾得乾乾淨淨，漂漂亮亮的，叫我一看就很舒服，真是應了『認真的女人最美麗』。另外，有一句話也是說得好，『天底下沒有丑女人，只有懶女人』。確實有道理，一個人的美丑，其實是父母的關係，不是自己的過錯，但是一個人的臘遢骯髒，卻是自個兒的懶惰和責任。」我說「我即使是出去買個菜，也會收拾得乾淨利索，整整齊齊的才出門。」

他說「我一向不太愛談那些金錢和財產的事，其實，也不過是那麼一點點錢財而已嘛！妳知道我買中山九號房子的錢是從哪裡來的嗎？我告訴妳講，那是我的全部退休金。因為我們單位是在二〇〇五年民營化，就在當時用退休金一次性買斷工齡，全部六百多萬台幣，我先把欠銀行的貸款及金門縣政府的房屋貸款全部還清，合計一百多萬，剩下的錢正好買下中山九號的房子。所以從那時起我手上沒有錢，單位裡面也沒有退休金了，一直到去年初只能存下二百萬，因此買泉水的房子又要跟銀行貸款一百萬。現在我再繼續工作幾年多存一點退休金，往後的退休生活就比較寬裕，因此今年七月份的優惠退休，我實在沒有多大興趣。」

他說「親愛的老婆，妳昨晚所寫的三條信息都很好，一條比一條長，一條又比一條更好，老公非常喜歡。第一條妳說到這摸不到人、聽不到聲音的日子好難熬！說的確屬實情，所以相愛相聚的時光就倍感珍貴。第二條妳提到找回小女人的幸福及快樂，我養妳小，妳養我老，妳一定會做到的，我完全相信。第三條妳談到期待跟我生活在一起，能全心照顧我的一切生活，現在的外食充滿了危機四伏，年輕時還能挺得住，年老時就罩不住了，最好還是回歸到家裡吃飯，老爸天天回家吃飯。妳講的這幾點都很有道理，我也都認同，只是我目前還無法離開工作、離開居住地，對于將來的安排，還可以再思考。」

我說「我錯了！過去的一年多，我花錢有點猛，把你之前給我的錢花光光，這個月末有幾筆大的開銷，寬帶費、物業費、還有媛媛的牙套也該換鋼絲了。老婆實在頂不住，請求老公資助。」他說「妳真的錯了！每次老公來家妳就大手大腳買老多的土特產讓我帶回去，三餐都給我吃大魚大肉好多菜，連小姑娘都知道。要妳負擔生活費之外，還要加上償還銀行的房屋貸款，本來就是入不敷出，我很清楚的。我早就說過，妳有不夠的時候我一定會支援妳的，妳儘管放心好了，現在還需要多少呢？」我說「月末要支出的大約需要三千元。」

我說「星期天你給我的銀行卡轉入錢的那一刻，我心裡踏實多了。最近幾個星期我都在做思想鬥爭，要向你說、還是不向你說？星期天早上我發給你的信息，是前幾天就編輯出來的，但不忍心發出去，最後還是鼓起勇氣按下發送鍵。沒想到老公很快就有回應，我的感激之情真的無法言表，我不說老公也會懂得！」他說「我的寶貝，老公有沒有讓妳失望吧？」

他說「《沒齒難忘》已經完稿，從上周四開始寫作，到今天周三完成。篇幅大約五千八百字，比上一篇《我家老三》多花一天，多出二百字吧！自認為和那一篇一樣的好，妳說呢？」我說「難怪你這幾天不理我哪，原來是在忙著趕寫人生感悟呀！看到這篇文章你把上半生的經歷描述得歷歷在目，那半顆殘牙伴隨你幾十年，讓你遭受不少痛苦，怨只怨那個貧窮年代，一個家庭能吃飽飯就已經是萬幸了，遇上病痛只能慢慢忍受。你寫的每一篇文章我都愛不釋手、百看不厭，一篇文章連續看二遍或者三遍，這是我從未有過的事情。」

他說「從《為兒子送喜餅》，到《我家老三》，再到《沒齒難忘》，這三篇文章都很有人情味，在困難的環境中力爭上游，又有昂揚的鬥志及上進心，真的是有發人深省的地方和價值。」我說「這幾篇文章用你超人的智慧，描述你上半生的經歷，內容不但寫得真實生動，還對年輕人很有教育意義。」

他說「講個笑話給妳樂一下吧，前天在廈門和薛氏宗親吃飯時，理事長薛文革提到他們在七月一日上午十點到金門就跟我電話聯繫上，約好中午一起見面吃飯，說好了十一點半在金城北堤路一家餐廳碰面。不承想，十一點他們到飯店吃飯時，他看見一輛工程車停在店門口，進來一個穿工服的男人，他誤以為就是我了，立馬上前遞送一份禮物。對方莫名其妙的收下之後，返回車子拿來兩瓶金門高粱酒回送給他才離開，也沒有跟他們一起吃飯就離開。我聽他說完笑了一個半死，文革四十六歲了，第一次接任理事長，對于這種交際應酬的場面還很生疏，竟然上演這麼一齣『錯把馮京當馬涼』的戲碼。最有趣的是，對方那個人意外得到一份禮物，他毫不貪心，也沒有溜之大吉，反而拿出兩瓶酒回報，真是講究禮尚往來！」

我說「有一個叫林伯陽的人在晚上八點多給我的帳戶裡轉來一萬元，我在想他是不是轉錯了？」他說「哈…哈…這下子，天上掉餡餅砸到老婆的頭上了，這一萬塊錢是我叫朋友給轉過去的。一萬元是讓妳用來買這一次老公來家以及我們回山東的往返機票錢，還有，是提出三千元的現金，到時候給爸爸媽媽包紅包用的。」我說「老公想得太週到了，我正在想回去看爸媽總要帶點錢孝敬一下，可是身上實在沒有錢了，想不到老公都已經幫我設想好了。」我說「親愛的老爸，願你天天開心，祝父親節快樂！」他說「親愛的小花，今天是八八節，大家快樂！小姑娘說撿到一根救命稻草，真會來事，一家人還用得著說兩家話嗎？」

他說「以前姨父曾經對妳說過，當年把妳從山東鄉下帶來大連，看到妳的婚姻那麼糟糕，好像是錯誤的。留在老家的姐姐、兄弟們，日子都過得越來越好，唯獨妳過得不好。可是，自從二年前妳跟我好上了，姨父看妳開始過上紅紅火火不一樣的好日子，反倒認為當初帶妳出來也沒有錯啊！我也肯定姨父是沒有錯的，只因為妳已經過上好日子，往後只能越來越好，幸福及快樂都伴隨著妳，因為有我，還有小姑娘呢！」

## 第十五回　前年全家回山東，爹娘接見五女婿

2013/09/16

他說「親愛的薛太太，早上好，恭喜妳，啃饅頭只剩下一個了，明天晚上在看過媽媽之後妳就能吃上肉，妳說美不美啊？」我說「美啊，當然美啊！想到就要開葷，我昨晚已經高興得睡不著覺了。」

他說「倒計時只剩下六個小時，晚上七點後，俺們一家三口就要團聚，妳做好準備了嗎？要記得帶三千元現金，孝敬咱們的爸媽喔。」我說「我時刻都在準備著，隨時隨地都可以開工。給父母的禮金，早早就準備好了，老公放心。」他說「我寫的一首小詩，妳是否喜歡？《老頭愛丫頭十五》——前年全家回山東，爹娘接見五女婿；送紅包千裡挑一，雙親越看越中意。今年中秋拜丈人，花好月圓人團圓；不辭千里路迢迢，只願闔家都安康。2013/09/17」我說「有才老公，我愛你，我太喜歡了！」

他說「恭喜妳登機之後順利起飛，我到青島機場去接妳們娘兒倆。」我說「我們登機了，大概是六點半起飛。」他說「飛機開始滑行，即將起飛了，飛到丈母娘家，現在是六點二十。飛機剛剛平安落地青島，已是八點半。」

他說「回南方的我已經到登機口等候，果然是裡面的最遠處。妳們到哪裡了？」我說「我們現在銀行排隊，給姑娘在工商銀行開戶，等一下坐9路車回家，祝老公旅途順利。」他說「這一次五天小長假過得很快、很開心，一如兩年前回山東看姥姥一樣，我們仨和和美美的，多麼快樂啊！」我說「我也是真的、真的愛你，不想離開你。每次準備給你整理行李，我的心就開始慌慌的，真的不想再承受這種感覺。」

他說「平安降落廈門，現在等出租車往碼頭趕看看，不知上車時間的快慢如何？」我說「感謝上帝讓你順利抵達，我們非常不順利的來家，將近四點。從銀行出來坐上9路車，迷迷糊糊的提前一站下車，為了節省時間，商量著走過去吧！剛走幾步，來了一輛到泉水客運站我們小區的，就趕緊上車，等坐上車後在山東路繞來繞去。感覺不對坐反了，又趕緊下車到對面坐車，等了好長時間總算來車。當坐到第三站時，澈底感覺這一次是真的坐反了，又一次下車等候。等到來家時快四點了，小姑娘說大連好大呀！讓咱們從機場回到家的時間，跟大大到廈門的時間差不多。」他說「我上車之前，忘了打電話去碼頭問一下有沒有開船？現在到碼頭一看黑燈瞎火，船停開了只好找賓館過夜。」

他說「我現在一點正到碼頭才發現又搞錯了，兩個碼頭當中我選擇這個比較遠的，以為旅客能少一些，不承想，這裡補位的人數一千二百人是那個比較近碼頭的兩倍，真的是運氣不佳。中午整個碼頭人滿為患，人聲鼎沸，都亂成一鍋粥。開了兩三班船，補位補到二百號，我是一千二百號，應該是很難上船。還好，剛才廣播說六點要加開一班最大的船，有四百多船位，現在從九百號到一千五十號。

我在碼頭枯坐半天看著來來往往的形形色色男女老少，也是可以開開自己的眼界，男的女的、老的小的、高的矮的、美的丑的、胖的瘦的，應有盡有啊！瘦的不多胖的不少，美的不少丑的不多，這胖子有的挺著小肚子還遮掩得過去，但是挺著大肚子可就掩蓋不了，我認為不但難看而且短命，所以管好自己的嘴巴就是健康的第一步。我已買到末班船之後的加班船票，咱們金門見了。」我說「你走到哪裡都能自娛自樂，等了一下午船還讓你大開眼界！我在金門等你喔。」他說「我已經上船，可沒有誤上賊船哦！看到胖子我就感覺自己很安慰，妳說呢？」我說「是的，你雖然很膀，但是身上一點肥肉、贅肉都沒有，所以我喜歡你結實的身體！」

他說「這一趟五天小長假回家和家人過中秋，一開始都是順順利利，歡歡喜喜，圓圓滿滿的。只是到最後一段回程時，昨天從大連回廈門之後卻完全不順利了，從機場奔往碼頭撲了一個空，原來是船班停航。因為強烈颱風『天兔』吹襲廣東、福建、浙江一帶，已經停航二天，天兔颱風夜裡登陸，明天早上也是停止開船，要到下午一點半才恢復船班。這下子糟糕了，今晚不能走，明早回不了，我又得多請一天假呢」！我說「謝謝老爸，為了來家看我，遭了不少罪，還好一切都能逢凶化吉。」

他說「昨天早上八點我發信息給同事吳振城代為請假一天，並寫好帳號及密碼讓他打進電腦系統裡，往常請他代為請假都是一次OK。不承想，他回信說打了三次進不了電腦，密碼被鎖住了，無法請假。我心想這下子沒有上班也沒有請假，可不是一件小事哦，一早上心情都很沉重。下午二點我在碼頭排候補船位時，一直在記掛這件事，因此我再發一個信息給另一位同仁董國勝老師代為請假，隨後再打開台灣的手機打電話問他有沒有看見信息？他說沒有啊，就問我帳號及密碼，過了一會他回信息說電腦的請假系統進不去，然後再也沒有消息了，我的心情還是沉重。

今天早上一進辦公室，心裡就是一直忐忑不安著，因為昨天沒有請假，恐怕會被領導責問。過了十一點，在另外一個辦公室的董老師也過來，我不好意思再問他請假的事，倒是他先開口說：我昨天幫你請好假了。我愣了一下，問他說不是電腦系統進不去嗎？他說是呀，你的帳號進不了，我用自己的帳號進去電腦之後，再代你請假的。哈⋯哈⋯我擔了一天的心事，竟然出人意外的煙消雲散了，總算放下心頭的那一塊石頭。」

我說「謝謝老爸，為了來家看我，遭了不少罪，還好一切都能逢凶化吉。親愛心上人，我愛你！今天上班怎麼樣？一定很累吧！親愛大寶貝，這一次回來讓你在身體上、精神上受苦了。我送你走之後回來的路上，坐公交車從未有過的愚蠢，沒想到你那邊是更加的不順利。讓老公飛來飛去辛苦了，以後還是讓老婆常常過去看老公吧！親愛的老爸，我也很愛你、很想你、很需要你的關懷！每次我們相聚都是同樣的甜蜜快樂，唯獨這次會讓你遭受這麼多罪。之前我只知道遲到一天上班，自己孤獨的住在賓館，白白浪費一天假期，沒成想，為了請假的事情會如此坎坷，讓老公精神上備受煎熬。老婆吻你一百下下，做為補償。」

他說「國慶節快樂！妳昨晚做了一場噩夢、做了對不起老公的事情，叫我怎麼說妳才好？」我說「我們在家性福，你還在崗位上勤勞工作，辛苦了！祖國人民向你們致敬。」他說「親愛的媳婦，我們倆所演繹的愛情傳奇故事一定會生生不息的發展下去，直到我們一起慢慢變老，妳依舊是我手心裡的寶！」

他說「小媳婦，早上好，昨天有位朋友要去大連出差，讓我幫他問一下機位和票價是多少？他要九號晚上從廈門出發，十三號下午回程。」我說「喔，九號票價蠻貴的，要一千七百元，有一點半和七點半的飛機，十三號要七百元，這都沒有加機場稅。」他說「心肝寶貝，告訴妳一個好消息，要豎直耳朵聽好了，機票貴就貴吧，朋友他不去我去好了，給我定下機票吧！」我說「哎喲…這下子可是天大的好消息呢！要把我給樂壞了。你好壞喔！還真會吊人胃口，天大的好消息，讓我們無比開心，無法表達！」

# 第十六回　離別僅僅十七日，重回我們溫馨家

２０１３／10／08

他說「親愛的老婆，恭喜妳，啃饅頭就剩一個而已，明天深夜妳就能吃上唐僧肉，妳說美不美啊？」我說「當然美啊！昨晚我告訴小東西說你要來家了，她還不敢相信呢？」他說「今天又來了一個中度颱風丹娜絲，但是它的行進方向是向東往日本去，而不是向西往台灣來的。」

他說「《老頭愛丫頭十六》——離別僅僅十七日，重回我溫馨的家；妳情深深意濃濃，歡天喜地迎回家。國恩家慶雙喜抱，光輝十月多燦爛；夫妻恩愛閨女歡，三口之家樂悠悠。２０１３／10／10」我說「歡迎、歡迎、熱烈歡迎！中國人民歡迎你盡快回到祖國的懷抱。」他說「都已經十一點半這麼夜了，小姑娘怎麼還來接我呢？明天不是還要上班嗎？」我說「她就說是要來接大大，要不然呆在家裡她也一樣睡不著覺的。」

他說「今天剛接到手機傳來一個好消息，我帶來的十萬元已經匯進帳戶裡，明天轉給妳拿去還給銀行的購屋貸款。這樣子妳對銀行的負債減輕三分之一，每個月繳交銀行的利息也能減少三分之一，我知道揹著銀行貸款的壓力是很沉重的，打算在兩年之內把銀行貸款全部還清，到時候日子就會過得更輕鬆。」我說「這也是一個天大的好消息，你總是給我一個驚喜接著一個驚喜，都快要給老婆砸暈了！」

他說「妳上公交車了沒有？我要返回南方一到登機口就上接駁車。」我說「我沒有害你晚點吧？祝你一路順風，老婆愛你！」他說「沒有晚點，更沒有浪費時間，老公愛妳愛不夠。」我說「我已經上車，９０８路公交車的終點站在大連火車站的北站，路過華南商城再倒車，全程一共十站。」他說「班機準點起飛，五點正平安降落廈門，五點半的末班船肯定不趕趟。」

他說「自從俺們有了愛巢，我更加喜歡回來我們溫馨的家，飛來飛去雖然辛苦，但是一點也難不倒我；我一來家，不但自己快樂，更能帶給老姑娘和小姑娘歡樂與滋潤，真是一舉三得，何樂而不為呢？只是今年的假期消耗太多，安排也不盡理想，我相信來年可以發揮更大的效果。」我說「我愛你，也非常需要你的愛，每次你的離開都會讓我不捨。姑娘今天說：大大像一團火，在家時給我們傳遞光明和溫暖，每次一走開都會感覺家裡好冷清。」

他說「七點前就到達碼頭，只可惜第一班船及第二班船都客滿，很多人排候補」。我說「金門有什麼好的呀？幹嘛大清早那麼多人都忙著往金門趕哪？第一班船能補得上船位嗎？」他說「十點的第二班補位補到六十號呢！我已買到船票，正要過海關。」我說「恭喜你，總算搞到手了。」

他說「下午四點剛把郵件《生涯規劃的原則》發出去給小姑娘，好長喔，大約三千字，是最長的郵件。」我說「今天的郵件我看到了，是關于提醒姑娘以後的生涯規劃。親愛的老公，你太有才了。你勸姑娘談感情不能孤注一擲，我有反思我們之間的戀情，我還真就是那種不管不顧、背水一戰，把整個感情投入到你的身上，要是哪一天你把我一腳踢回山東老家，那我可就慘了，還不得變成一個瘋瘋癲癲、真正的傻老太嗎？」他說「哈…哈…妳這是操的哪門子心哪？我都跟妳綁在一起了，就像一條繩子上綁著兩隻螞蚱，跑不了妳，也跑不了我。」我說「啊…原來是這樣子呀！那我就放心了，還是依然瘋狂愛你愛不夠。」

他說「我提前把一些其他帳戶的剩錢取出來，讓妳先還還上十萬本金，這樣子可以減輕妳每個月利息負擔的三分之一，其餘的，我打算在三年之內再提早還清，到時候妳就無債一身輕，妳的工資可以全部用在生活中，妳說美不美啊？只要小姑娘也把精神及精力放在工作上三年，我們一家都會有一個更美好的未來，甚至也有可能提前到二年達成目標。」我說「我也知道你在我身上付出的代價很大，你不但讓我感動，就連親戚、朋友都為你的做法感動。」

他說「中午收到房客丁先生匯入帳戶二萬一千九百元，我先給他回信息了，明天再把收條傳真給他。妳現在還缺多少用錢呢？取暖費我先給妳轉過去吧。」我說「我本來想再多堅持一些時間的，如果你先轉給我取暖費也好。」他說「早上小女兒回信交代老爸要體貼小魏姐，我已經把回信轉發過去。」我說「小女兒的郵件我看到了，好溫暖、好貼心喔！這幾年我們的相愛如此融洽，是離不開她在遠方的理解和支持的，我在此處再一次的感謝她對我們的關心，希望有機會能讓我當面感謝她。」

他說「被人心疼的小老太，妳說的一點沒錯，愛妳就要心疼妳，這一點小老頭做得最到位，從來不會開張空頭支票騙人。」我說「是的，你從未說過空話，只會實幹。你才是最棒、最能幹的，才是好人中的好男人，我會永遠愛著你，心疼著上帝所賜予我的寶貝。」

他說「妳現在該不會是又被林伯陽給砸暈了吧？這一筆錢是三千買機票，三千付取暖費，七千付銀行的違約金。」我說「你為我們想得好周到喔！讓我好愧疚，在你過生日時，我什麼也給不了你，反過來你為我轉錢進來。希望下一個生日，讓老婆好好為你慶賀。」

我說「今天是你的生日，現在是凌晨零時三十分，祝心愛的人生日快樂！身體永遠健康。你可知道我愛誰？心上人是哪一位？比妳溫柔一千倍，比她可愛一萬倍。」他說「妳一大早就來對我唱情歌，真叫我生日快樂啊！而且這首台灣流行歌我也很喜歡唱。」我說「今天又是一個美麗的開始，祝賀我帥氣的、樂觀的、熱情的、和藹的、健康的、自信的、充滿活力的老爸，生日快樂！」

他說「我想有個家，一個不太大的地方，只要九十平米就夠用，妳能給我嗎？」我說「我愛你，也心疼你！我有一個既溫馨又溫暖的家，在不久的將來，我一定會把你娶回家，所以你不用擔心，我是你的人，愛巢自然也就是你的。」

他說「今天寫了一篇文章《吃在山外，今非昔比；重振經濟，還看餐廳》，已經定稿，大約一千八百字，朋友看了之後誇獎不少，囑咐說要拿去報社發表。」我說「投稿後一定會刊登嗎？」他說「那倒不一定，要看報社編輯的決定。」

他說「小姑娘今天用手機回了一個信息，說她到新單位忙著呢！我看她這次的情況和去年夏天幾乎是一樣的，上班的第一天下班後跟著男同學去吃飯，真的熱火朝天。其實，下個月她就二十歲了，今年談戀愛很正常，沒什麼不好，家裡也沒有反對或阻擋。但是，她這種性格算是比較少見的類型，像是烈火情人，奮不顧身地撲向前去，如果感情順利的話修成正果，一切都好；如果不順利的話，受傷會很重，影響會很大，確實需要稍微緩和一下、冷卻一下。」我說「我看她這個樣子聽不進我的話，這兩天我也不理她，冷她兩天之後再說她。」

他說「最長的郵件《閑談人體健康教育》初稿已經發過去，全長二千六百字。」我說「這文章對小東西有著很大的價值和作用，我會叫她多看幾遍。」他說「妳冷灶冷被窩的多難熬，正當需要老公的關懷。」

他說「寄一份二十年前的出納工作心得報告給妳瞅瞅，幹了三年出納。」我說「還真沒看出你竟然幹過繁瑣的出納工作，而且不到一年的時間，從親身的工作中，找到那麼多的弊端，要說你沒有才還能說誰哪？」他說「幹出納的第二條件才是能力，而第一條件是忠誠可靠，要不然，最容易盜用公款了。」

## 第十七回　歲末已過耶誕節，收拾行李把家返

2013/12/25

他說「老婆，我好愛妳，聖誕節快樂！下午聽朋友說昨天看見我的文章《吃在山外，今非昔比；重振經濟，還看餐廳》刊登在本地報紙上，我又賺了一筆小費給老婆買化妝品剛剛好。」我說「這下子美了美了，你得名我得利呀！正是男女搭配，干活不累。」

他說「《老頭愛丫頭十七》——歲末已過聖誕節，收拾行李把家返；媳婦閨女望眼穿，深夜機場接回家。手牽手一起跨年，歡歡喜喜過元旦；新的一年新希望，老小姑娘展笑顏。2013/12/27」我說「好開心喔，每次分別和相聚的心情是那麼的天壤之別！苦苦地等待總算過去了，接下來就是相聚的美好時刻。第十七首小詩老婆收到了，好喜歡。」

他說「現在五點半我已下船，正在等車子去飛機場，不到六點，我就到達廈門機場。我已通過安檢來登機口，今天一切順利而且速度快。七點二十五分登機，寶貝，十一點四十分剛剛著陸大連，還在滑行。」我說「總算等到你降落的好消息了，來吧…來吧…，我們就在出口等你了。」他說「我在行李轉台邊就能看見寶貝了。」

他說「南歸的候鳥到達登機口，到廈門後飛三亞，寶貝，班機平安又順利地降落廈門，剛好是晚上八點。我也愛妳，我會好好把妳和小姑娘一起照顧好，妳看她現在跟我們無話不談有多好。」我說「是的，姑娘跟你的感情越來越濃厚，也沒有以前的拘束，讓我看了好開心，真的成為和和睦睦的一家人。我愛你！在以後的生活中真的不能沒有你，剛離開你幾個小時就開始想你。老婆知道你這幾天帶病上場比較辛苦，老婆深深懂得。你好好休息準備迎接下一次的挑戰，我相信你能行！」

我說「我今天大事辦得圓滿成功，跟你匯報省下來那部分七千元的去向，一月份尚須照常還上貸款二千三百元，直接划走了，拿出一千元給我們辦理減免違約金的那個人還她人情，餘下的給父母二千四百元，還有歸墊姑娘的一千元，匯報完畢！」他說「行，妳幹得真好！還上貸款利息及銀行人情就三千三百元，加上孝敬父母春節禮金二千四百元也要轉去，還有在上月預支一千元，妳辦事我放心。」我說「我幹活只要你滿意、沒有讓你失望就好，那老婆也就放心繼續吃饅頭了。你讓我代轉老丈人及丈母娘的春節禮金，我今天已經穩穩妥妥的辦好。」他說「妳做得真好，在喝臘八粥的日子裡記得孝敬爸媽、奉上春節禮金，一家裡外都圓滿，我喜歡、我滿意。」

他說「昨天北京大姐說她有十八瓶二斤裝的金門高粱酒寄放在廈門，著急要出手，她去了一趟廈門卻找不著買主。我就問她一瓶出價多少？她說二百三十元。我就幫她打電話到廈門托四位朋友代為問一下有沒有人要買？但是我報價一瓶三百元，今天中午就有那位賣衣服的朋友來電說他有幾位朋友要統統買下，但是只有一項要求，要送一瓶請他們喝喝看，我立馬就說沒有問題。」我說「你好神喔！怎麼知道我在想你，電話就進來了，我好愛你！也愛你的辦事能力，只要你出手就沒有辦不成的事，『朋友多了路好走……』，這話一點都不錯。」

他說「妳說的沒錯，朋友多了路好走，而且越走越寬闊，該出手時就出手，風風火火過廈門。下午我跟北京大姐一說不但找到了買主，還能多賺一千元，把她給樂得說要請我吃飯呢！」我說「老公，我愛你，感謝你給我的快樂！每次看到你的信息，每次想起你的笑容，我真的…真的好開心…好開心！」

他說「我中午給北京大姐打敗了，昨天中午告訴她幫她找到買主，也賣了一個好價錢，約好昨晚我先到廈門，九點過後她跟我打電話聯繫，今天早上她隨後到廈門保持聯繫準備點交。中午十一點半她從朋友楊定成那兒提了酒出來，打車時讓司機跟我問地點，我說完後司機完全明白了。我從賓館出來走五分鐘就到地頭了，就一直守在那路口處，她從那裡坐車過來不用二十分就到，誰知我左等右等三十分也沒有消息。我便回撥電話過去找那司機問一下，接電話的卻是楊先生而不是司機，我心想壞了北京大姐沒有和楊先生一道出門也沒有帶他的電話，楊先生就說北京大姐給我打了好多電話為什麼我都沒有接聽呢？我說電話都一直拿在手裡確實沒有進來半通電話啊？我怎麼接電話啊？我想這下子糟糕了，像斷線風箏一樣聯繫不上了。不得已，我只好離開那路口往前走走看能不能找到她？

不成想才走出二、三十步，就聽到那大姐在路邊喊我了，我走過去問她怎麼會斷了線呢？她卻先來問我打了好多電話為什麼不接呢？我把手上的電話拿給她看，說電話在這哪，我一直拿在手裡並沒有半通電話啊？我再用另一號電話打１５９這電話就響得好好的沒有問題，我說這電話沒有錯啊！我就問她是打幾號電話？她說是１３９，原來是打錯了。可是她在昨天晚上、今早剛到廈門時、中午上車時三次打給我的１５９電話都能通啊，可是偏偏到了地頭時第四次電話就給打錯了，妳說奇怪不奇怪？我就這樣被老娘們打敗了，這當中也是有一項巧合，要是139那號電話有接聽，就能知道是打錯號碼，偏偏打了五、六通電話都不接。」我說「帶著老娘們出門還真是個麻煩，現在船票買好了嗎？」

他說「我把《老頭愛丫頭》小詩十七首重新編輯得很漂亮，寄給妳看。」我說「十七首小詩我都看到，有才的老公，再次細細翻閱每首小詩，都能浮現出我們每一次相聚的情景歷歷在目，每首詩都留存著美好回憶。在我們相愛三十三個月當中十七次相聚，不到二個月相聚一次，可見我們的愛有多深、情有多濃啊！」

他說「倒計時只剩九個饅頭，妳就能吃上肉了，還連著吃十幾天呢！」我說「你害我好苦喔！昨天晚上想你想得都失眠了，下半夜一直到二點多才睡著。為了你不管做大事小事都是那麼開心快樂，今天下午不厭其煩地整整剝松子四個小時，換成是為任何人我都不會那麼用心，可是為了你，我怎麼就那麼來勁呀？」

他說「心肝寶貝，明天晚上這時候七點如果我能順利登機的話，那麼夜裡十一點半前後我便能看見妳和俺家的漂亮寶貝了，妳說美不美啊？妳是我的女人，同樣的，我是妳的男人，只要妳想要我了，我什麼時候都能夠給妳的！」我說「親愛老爸，想到明晚深夜就能吃上肉，我已經開始在興奮了！」

# 第十八回　離開短短二十日，迫不及待回大連

2014/01/24

他說「我愛小花，早上好，恭喜妳的饅頭今天終於吃光光，晚上十一點半以後就能吃上腱子肉了！現在是早上六點半，倒計時再過十七個小時俺們便要相見于大連的周水子機場，然後夫妻倆雙雙把家返，叫妳立馬就能美夢成真。」我說「我愛老公，我已經準備好了，一心等待夜晚來臨。」他說「我現在已經開船，坐的是四點半，一個小時後才能進港，原本是要坐五點那班船只需半小時可到的。我在下午三點半上網看了一下船班消息，不承想，看到一則三點發佈的公告說，五點那一班船因故障取消，害我嚇了一跳，想要趕四點的船實在不趕趟，改坐四點半的還行，所以就改這一班了。」

他說「《老頭愛丫頭十八》——離開短短二十日，迫不及待回大連。三年之內十八飛，見証我倆情意長；老頭愛丫頭半生，丫頭愛老頭一世。又到除夕連春節，守著愛巢

守著家；快樂幸福常相隨，為情為愛為將來。2014/01/25」

他說「我於五點半下船出海關了，六點十分到機場報到和劃位，排隊等安檢，一切OK。已經通過安檢到登機口休息了，挺順利的，七點半登機。旅客大約只有七、八成，我這一排三個座位卻只得我一人。」我說「你還真是一個有福之人不用忙，沒福之人跑斷腸；你總是遇事不慌不忙，慢條廝理地把事情辦得穩穩妥妥，我愛你這種做事的方法。你所發的的第十八首小詩，我在菜市場買水果時看到了，寫得非常好，我就在水果攤前一邊看一邊樂著，賣水果的老闆用異樣的眼神瞅我，可能以為我是一個傻子吧？」他說「飛機在十一點四十五落地大連，薛大爺來家了。」我說「你好準時喔！我們聽到機場廣播十一點四十五分降落。回來好…回來好…，歡迎…歡迎…熱烈歡迎！」

他說「好嘞！南歸的候鳥我已經到登機口。」我說「美好時光總是過得那麼快，轉眼之間十五天飛過，老婆又要獨守空房，希望你快去快回。」他說「六點二十分平安降落廈門，晚上七點從機場打車到賓館開始下雨了，沖一下澡吃了一半的壽司和餃子，可把我美得不行了，俺這媳婦真是好使！明早八點半退房去碼頭坐船，回去看從美國回來的小女兒。小花，我會傳達妳的心意給小女兒，所以我特地留了妳親手製作的八個餃子和八個壽司讓她嘗嘗，叫她實際感受妳的愛心。」我說「祝賀你回家跟可愛的小女兒團聚，代我好好抱抱她傳遞我對她的愛意！」

他說「春媽說『小魏姐，謝謝妳把我老爸照顧得那麼好，誰叫我爸就是妳爸呢！還有，中午我看到妳和老爸及溫新的照片好多哦，妳好漂亮，身材勻稱，皮膚白皙，和帥氣老爸站在一起真是郎才女貌，無比般配，希望妳們早日走到一起喔！溫新妹妹小巧可愛又漂亮，還有兩個小酒窩，跟妳站在一塊，活脫脫就是一對漂亮姐妹花。我選了好幾張照片帶回去美國看，希望不久便能見到妳們本人』。」我說「感謝你把我的愛心傳遞給小女兒，這樣也好讓她在遙遠的他鄉安心工作和生活。可愛的博博，妳說的很對，妳爸就是我爸，妳們不在爸爸身邊的時候，我會好好照顧他的。」

他說「親愛的老婆，情人節快樂！我可告訴妳講喔，媳婦是我今生的情人，閨女是我前世的情人。」我說「人間最珍貴的是真情，最牽掛的是親人，最難得的是戀人，最溫馨的是祝福！樓下宋先生說大姐我現在都是在熱戀當中，就連她媳婦也跟宋先生說要像大姐和姐夫一樣再談一次戀愛呢。」

他說「小姑娘現在是各方面都步上正軌了，真好。妳可知道是什麼道理嗎？」我說「我想她的身體好是因為吃了高蛋白，精神好是由於工作順利，還有就是因為住家環境的改善，也起到了一定的作用。」他說「我認為妳說到了重點，吃高蛋白和工作順利的確是對她有好處的，但是，最基本的也是最關鍵的原因是在于住家環境的改善。自從一年多前搬進新家之後，不但是住家環境改善，而且住家氣氛也變好了。妳想想看在前年的六月中旬搬到新家時，我們就關注到她的起居作息不甚理想，一個是晚睡晚起，一個是不吃早餐，整天蔫蔫的就是缺覺，眼睛還一直在那裡眨呀眨的，體重又從九十斤掉到八十四斤，教我們看了直搖頭！

我們好說歹說勸了將近一年，她才肯準時上床睡覺，慢慢就養成了早睡早起的好習慣，我們又苦口婆心地勸她吃早餐的重要性，終於她也能天天吃早餐了，接著她也嘗到眼睛的難過，漸漸地不再沉迷於網絡上。因此連續五個多月來疾病不上身，連感冒也沒有。她才知道健康的好處，有了健康自然就漂亮，沒有健康是不會漂亮的，妳說是不是？」我說「是的！都在你的觀察之中。」

我說「親愛的老公，轉眼之間今天我們已經相愛三周年了，三年前的今天，那神奇般的緣分讓我們在空中相識相愛起來！十天後在茫茫人海中找到你，而且第一眼見面就沒有任何生疏感，是那麼樣的親切、那麼樣的自然，這也許就是人們經常說的天意吧。」他說「親愛的老婆，沒錯，我走進了妳的生活，妳也走入了我的生命，我泥中有妳，妳泥中有我，就是這樣子的妳儂我儂。」

他說「漂亮的媳婦，妳現時跟二哥在一起領証了沒有？可不許搞無証駕駛哦！」我說「討厭的老爸，我們偷偷摸摸搞地下情再有幾天就滿三年，一次也沒有被警察逮住，你可不要去舉報喔！」他說「妳可不要再搞非法同居啊！就算我不舉報也難保別人不舉報呀！」我說「不知你的終身問題何時才能解決？我很是為你操心。」

他說「我的朋友要去大連度假，三月二十八號的下午或晚上由廈門出發，四月六號的中午回程，拜託查看一下有無機位、機票是多少錢？」我說「你朋友要來大連，是不是讓我去好好接待一番呢？親愛的哥哥，今天是什麼日子啊？叫我昨晚一夜睡不好覺呢？」他說「我曉得，今天可是我們倆相愛合體三周年的美好日子，我咋能不知道呢？而且倒計時只剩三個大饅頭，我就要回家來跟妳一起慶賀，相愛三年又三天，甜甜蜜蜜歡笑多。」

我說「我等哥哥整整三年，心都不曾改變，可我還得再等哥三天，這三天就好像是過三年，哥哥你是不是還掛念妹妹在家裡面呢？親愛的，安與騎兵的歌《三年又三天》，該不會是專為我們唱的吧？」他說「安與騎兵的歌雖然是為他們自己唱，但也同時唱出了我們的情境和心聲。」

# 第十九回　相愛三年又三天，甜甜蜜蜜歡笑多

2014/03/27

他說「早上剛接到小女兒從美國來信說，她哥哥大狗子去芝加哥一周，今天的飛機回台灣。中午又接到小狗子來電話笑呵呵的，我一聽就說肯定有好消息，問他是什麼事呀？他說要恭喜老爸你升格當爺爺了，我說同喜、同喜，那你也升格當爸爸了。可是我記得預產期好像是四月初，是不是提早了？什麼時候降生的？他說，是的，預產期原本是四月九號，可是小女孩等不及了，急著要來看她爸爸，提早二周在昨天傍晚出生。我跟他媳婦君君道喜，問她小女孩的名字取好了嗎？她說取名為薛樂妍，好不好呢？我說好，當然好，小傢伙又快樂又漂亮，怎麼會不好呢？」我說「好消息接二連三，沒想到小孫女又提前報到，讓你升格當爺爺了，真是可喜可賀。」

他說「今天早上看天氣有霧，我就有點擔心了。上午在咬口香糖時居然有兩次咬

到舌頭，都腫到出血，我以為會有什麼事情不順利。但是臨到出發前咬口香糖時又咬到舌頭，心裡老不踏實了，不曉得何事不順利了？我等到下班再走，沒有提前出發，不成想，買票時五點半的末班船已經客滿，我以為完蛋了；幸好售票員說五點十五分那一班船還沒走，可以買票，真是嚇死我了！」

他說「《老頭愛丫頭十九》——相愛三年又三天，甜甜蜜蜜歡笑多；買套小房建個家，從此三口一家親。媳婦身心得滋潤，容光煥發青春返；閨女生活樣樣順，脫胎換骨展新貌。2014/03/28」我說「有才的老公，我看到小詩了，我好喜歡喔！我們的相愛順心順意、姻緣巧合，好像上帝安排好的一樣。」他說「飛機準點於十一點二十落地大連，薛大爺回來了。」

他說「今天早上妳接到電話就哭鼻子，是誰打來的？是什麼事啊？」我說「是我哥打來的，說我爸昨天發生心肌梗塞送到醫院去了，由於他有老年癡呆症，安靜不下來，反復了好幾次，情況挺嚴重的，我在想要不要回去看他？雖然我哥說不需要，可是大姐說要趕緊回去。」他說「依我看爸爸這情況不同于一般的心臟病人，他本來有老年癡呆症，頭腦沒辦法控制住好動的身體，而心肌梗塞需要靜養，這樣子會造成一不小心就惡化，妳還是先趕回去看望他，才不會錯失機會，最好是今天就走。妳訂好五點半的機票就在家等候，不用送我去機場，小姑娘送我就行。」我說「那你十二點半出門，我等三點半就走。」

他說「寶貝，我要回南方順利到達登機口。」我說「老公，辛苦你了，今天你正要離開，卻出現突發事情，爸爸生病了！不會讓你掃興吧？」他說「不會、不會掃興的，爸爸在老家生病，又是重病，自然應該回去看望的，妳決定今天就出發是對的，我的飛機滑行了。」我說「我的班機開始滑行。」他說「五點二十分平安降落廈門，可是我往碼頭打一個電話，卻說七點的末班船因天候關係取消了，晚上還要在此地過夜。」

我說「我爸的病好麻煩，我們現在要去醫院的路上。爸爸昨天一晚上沒睡覺，打安定劑都沒有用，昨晚上他給我哥咬得哭了。」他說「我到碼頭了，雖然天氣不正常，但是船班還正常，親愛的，我已經上船了，一切順利。爸爸的情況確實很困難，妳要給妳哥加油和安慰才好，有什麼事情隨時通知我。」

我說「下午四點多我又被銀行給砸暈了，轉進來一萬元呢！謝謝老公，看在錢的份上吻你一百下下，嘻…嘻…。」他說「妳若是被砸暈了，可千萬不要暈倒在怪叔叔的懷抱裡才好！我告訴妳講，其中二千元是用作我和妳買機票的錢，二千元用作爸爸住院的錢，六千元用作妳開刀的錢，明白嗎？」我說「你總是設想得這麼周到，我一回到老家第二天，你都幫我準備好了。」

我說「八點五十我要登機了，不要忘記來接我哦。」他說「小丫頭妳到大連了嗎？小東西說妳坐晚上九點的飛機，現在十點。」他說「妳這一趟回家鄉從六號晚上出發，十一號晚上回頭，這樣子比較安心。」我說「叔叔，我好愛你，我要做你的女人，你就要了我吧！只要讓我嘗一嘗做一個真正女人的快樂，我就算沒有在這世上白活了。」

他說「我仔細再讀一遍《認識子宮肌瘤》，文中提到肌瘤的症狀之一是腹部腫大，這一點對妳的狀況倒是非常吻合，妳不可能有小腹卻偏偏擁有一個小肚子，寧非怪事嗎？依妳目前鼓起的肚子來看，雖然不是很大，但是確定不小，我估計至少也有三釐米至五釐米之間？算得上是中號的尺寸，不開刀也不行了，妳就忍耐一下吧。」我說「你真是太神了，那天去鐵路醫院檢查，大夫也說大約三至五公分。」

我說「老婆已經順利住院，等例行檢查完畢就回家，現在是下午二點半。」他說「不用後怕，老公會做妳的堅強後盾。」我說「二十九號動手術時可能需要把避孕環一併拿掉，我擔心現在這個歲數再戴環會戴不住了，可不可以讓大夫直接做一個絕育手術？就聽老公大人的指示。」他說「那就一事不煩二主，讓大夫直接做結紮手術好了。」

他說「妳知道昨晚我十一點半來家是去了哪裡嗎？我告訴妳講，是跟大狗子剛剛看完電影後來家的。昨天下午五點大狗子打電話說已經到金門，他姐去接飛機後到她家了，等我下班就回家來一起吃晚飯，六點我們父子和女兒、女婿、三個孫子一塊吃的飯。吃飯時兒子邀我去看電影，然後小孫女一直吵著也想去看電影，兒子就說他要請客，讓三個孩子和她媽媽通通去，可把她們樂壞了，最後女婿只好同意了。」我說「原來是大兒子來家，你還親自為他燉了雞湯。恭喜老爸跟三年多沒見面的大兒子團聚，好好跟大兒子聊聊，看他有什麼事情需要老爸幫忙！」

他說「昨天晚上要出去吃飯前，我只問了大狗子一句話，怎麼會想到美國去看妹妹呢？一趟飛機要十幾個小時、來回機票錢要十來萬台幣，如何划得來？他說一年有十四天休假，來回機票不花錢，用的是妹妹的航空公司福利票，而且是坐商務艙，來回要十八萬元，為經濟艙的三倍。喔！原來是沾他妹妹的光了，原來如此。」

他說「早上和大狗子走路上街吃早餐，飯後到運動場走幾圈，我說你弟弟小時候都跟你玩在一起，形影不離的，可是為什麼等到你讀三、四年級時就不再跟你玩呢？是不是吵架了？他說沒有吵架，也沒有什麼事呀！我說前年我在台北住院開刀前跟弟弟聊天時我也問過他這事，弟弟說沒什麼事，就是受不了你這個脾氣而已。我說一個人的發展是全面性的，必須是均衡的發展，不可失之偏頗，每個人，尤其是一個男人的兩大任務是成家和立業，先成家或先立業並無不可。如果只顧著發展一項任務，而疏忽或放棄另一項任務都是不恰當的，這便不是均衡的發展。他說『我不就是沒有結婚嗎』？」

我說「我是今天早上住院，不讓吃飯，然後做一些檢查，明天早上或中午開刀。」他說「那今天晚上要不要人照顧妳？」我說「我讓小東西晚上過來陪我，明天請假一天照顧我。因為外甥姑娘的爺爺昨天凌晨過世了，按規定必須在三天內火化下葬，明天早上就得火化，正好是我動刀的時候，她真是跟我沒緣，偏偏在我最需要她的時候不能來，等到明天下午安葬以後才能過來。」

他說「薛太太，妳果然很勇敢，昨天挨了這一刀，會不會後悔啊？」我說「這一刀早也要開晚也要開的，總是免不了的。昨晚上開完刀送回病房不多久我就醒了，但是，噁心、嘔吐、疼痛，大夫打了止痛針和止吐針，身體都沒有感覺。大夫說沒有排氣之前都不能進食，只能掛吊瓶輸進營養液。今天早上于姐來看我，小東西就和她姐、姐夫回姐姐家去。」他說「聽妳的聲音都蔫了，可見元氣大傷，回家後要買鱸魚來燉湯喝。」

他說「心肝寶貝，現在傷口還很疼嗎？」我說「現在傷口不疼，是傷口的裡面疼。小東西早上自己一個人來陪我，中午我排氣之後，正好喝了一些小米粥，是她姐昨晚熬好了讓她帶過來的。晚上我就能吃一點蓮藕粉，後天起可以正常飲食了，下午我姨和馬珊都來看我。」他說「手術已經過去三天，復元慢慢地順利，老公祝妳早日康復，準備迎接挑戰。今天是誰陪妳呢？」我說「早開刀早調養就是，終究免不了。晚上朱姐來看我，她還給我包了四百元紅包，現在小東西和外甥姑娘都在這兒，待會兒小東西要去她姐家裡睡。」

他說「恭喜妳明天可以先出院，手術後一周回到溫馨、溫暖又舒適的家。」我說「我是今天三點前來家的，今天可是差點沒把我急壞了，早上九點大夫巡房時跟我說給我拆線之後就可以回家，我就在病房裡痴痴的等呀等的，等到中午一點半我再去找大夫時她在吃中飯，問我是不是著急了？我說怎麼不急呢！她就不吃飯了，先給我拆線，只花五分鐘的時間。」

他說「昨晚是來家的第一晚，睡得可好嗎？」我說「來家什麼都好，吃嘛嘛香，昨晚睡得早又睡得好，十點多睡到早上六點多。」他說「老薛家的戰士啊，早上講到手術後的調理要喝鱸魚湯，才想起還有一樣好東西是蛋白粉，我居然忘了要在事前給妳準備好，還有丈母娘的一份也該為她準備。那妳現在告訴我丈母娘的地址，發到手機來。」我說「老公，你好貼心，我愛你！我姨和馬珊及宋先生都給了我五百元紅包，真是不好意思。」

我說「你是我的一根救命稻草，更像是北方春天的及時雨。今天上午十點四十分，我正在醫院為了多付出二千多元的醫藥費，身體呼呼地冒著虛汗呢，原本大夫說八千多元，誰知結帳時變成一萬零四百，這不是宰人嗎？讓我沒有想到的是，可愛的老公跟醫院的結算時間只差九分鐘，就為我轉進來五千元，老公對我的體貼和關愛，叫我感激涕零。所以，下一步我一定要好好調整自己的身體，回報老公對我的愛！」他說「妳要如何報答呢？該不會是想要以身相許吧？」我說「你說的句句話都是我的心聲！我是不可能會離開你，你也別想離開我！你是我的心，我是你的肝，我們沒了誰都不能生存，是吧？」

他說「孩子她媽，母親節快樂，青春容顏永駐，孩子她爸想妳。」我說「謝謝老公的祝賀，有老公的愛護和滋潤，想要青春不永駐都難啊！」他說「可愛的老婆，鄧麗君說『如果沒有遇見你，我將會是在哪裡』？」我說「還用說嗎？肯定是在地獄待著唄！等待上帝安排人來救我。」

我說「下午四點多郵遞員來按門鈴，你郵過來的蛋白粉送到了，好快唷！」他說「那好，昨天上午我為小媳婦辦的兩件大事都完成了，第一件是匯款五千元到妳的帳戶裡，第二件是到郵局去郵寄蛋白粉給老婆和丈母娘各三罐。妳的蛋白粉可以和小東西一齊吃，就從母親節的今天晚上開始吃，妳一勺她一勺，而且，為了加強妳的手術後修復功能，妳也可以吃雙份，早上一勺晚上一勺，這樣子吃它一個月。」我說「我在今晚接到弟弟的電話說下午已經收到三罐高蛋白，媽媽舊的昨天剛吃完，新的今天就到了，可把她老大娘高興壞了！」

我說「我明天開始要祕密的開工了，雖然工作本來是光榮的事情，可是對于我手術後剛滿二十天就開始上班，恐怕會引起家人和朋友的擔心與不理解，為了避免無謂的解釋，所以我只好採取祕密的行動。主要原因，第一是我很珍惜現在這份工作，不管是上下班的時間與地點都方便，第二是每次老公來家時，上班和照顧老公都很方便，第三是雖然工資不是太多，但是在我心裡自己有點收入總比沒有要心安！自從我們相愛以來，你給予我太多，我也不想做一個像吸血鬼一味的索取，更何況是對於我心愛的人，我更加不忍心那麼做。」

他說「好一個地下工作人員，妳明天就要開始上工了。至于妳說到轉錢的事，倒不用往心裡去，只要妳有困難或者需要，我都會樂意出手幫忙，誰叫我們是一家人不說兩家話？雖然妳的工資不多，但是妳已經盡到最大的力氣了，勤勞、誠懇、節省，這些都是很好的品德，何況現在又有小姑娘做為生力軍，多一份力量啊！」

我說「通過兩天的工作下來，我的身體感覺應該恢復到百分之八十，老公你儘管放心吧！老婆是比較珍惜生命的，在身體不允許的情況下，我不會拼命的。」他說「妳工作兩天後感覺身體恢復情況良好，能達到八成的水平，真不錯。我估計再過十天妳就能恢復到九成，一個月之後達到百分之百呢！」

他說「第一罐高蛋白照講應該吃完了吧？從五月十二號娘兒倆開始吃的，一罐四十五勺，小姑娘一勺，妳二勺，能吃十五天。」我說「是的，本來是應該在昨天吃完的，可是小東西有三天沒有吃，所以正好推遲了一天的份量，明天開始吃第二罐。」他說「這就是小東西的不對了，做任何事情，務必要堅持有始有終的把每一個步驟做到位，妳看山東的姥姥每天一勺從沒有落下一天沒吃，多麼懂事！《千里送愛心》——三代同飲高蛋白，姑娘媽媽和姥姥；小的喝了長身體，大的術後好調理，老的對付慢性病，一天一勺見功效。千里郵寄高蛋白，我的愛心無大小。2014/05/27」

他說「親愛的寶貝，兒童節快樂！今天是我們的節日，我們家有大兒童、老兒童、不老兒童，大家都很快樂。所以大兒童要領著老兒童進城上大連去玩了，開心不開心啊？」我說「親愛的不老兒童，我好開心、好幸福喔！可以躺在床上聽專場音樂會，感謝老公讓我享受如此高的待遇。」

他說「端午節快樂！吃粽子快樂！去年和前年的端午節，我都是來家過的節，只有今年沒有出門，想我的心肝和我的寶貝了。」我說「我上網看了一下這個月的機票好便宜哦。」他說「那好啊，既然便宜妳就把他訂下來吧，六月二十七號晚上出發，七月六日回程，今天數饅頭只剩下二十個。」

他說「我的大情人，海峽組合好！妳看海峽兩岸的組合最好了，要不妳看看我下午給妳發的一則新聞郵件就知道。新聞報導說，昨天的法國網球公開賽女子雙打冠軍得主，是台灣的謝淑薇及中國的彭帥，海峽兩岸聯手是世界無敵啊！所以咱倆也是正宗的海峽組合，肯定也能締造佳績，咱們的小姑娘經過三年的調教，不就是一個最好的証明嗎？」我說「那是，那是，姑娘這三年真是脫胎換骨，天翻地覆的改變和改善。」

他說「小東西昨天寫的郵件寫得很好，我給她加了一個標題《我的改變來自您的關愛》，又給回寄過去。」我說「我看見了，她也看到你的飄揚，可把她樂得屁顛屁顛的，她要是用心寫，都能夠寫得很好的，就是不上心。」

我說「親愛的老爸，你對我們的恩情我們永遠都不會忘記，因為這幾年你對我們的付出太多…太多…！在今天這特別的日子謝謝你，老爸，祝你父親節節日快樂！」他說

「親愛的小花，叫爸爸！這三年多來妳得到了愛情，得到了滋潤，可真是過著和和美美的小日子，所以小姜才會說，老來享福才是福啊！特別是這兩年搬到新家後，那更是好上加好。就連小姑娘也能沾上光，脫胎換骨展現新貌，還能一家三口，齊心協力共創輝煌。」

我說「親愛的老公啊！今天是我們入住新家兩周年的日子，回想以前的住家，和現在的住家相比，可以說是一個地獄一個天堂，感謝老公為我們所做的改變。」他說「幸福的老婆，搬進新家兩年就叫妳幸福滿滿。數饅頭啊！一天一個饅頭數得慢啊，今天我就給妳一個特別優惠吧，一百八十個饅頭不用，先給妳打一折，剩下十八個，再給妳打個對折，只剩九個，妳說美不美啊？」我說「哈…哈…怎麼不美啊？美得叫我樂開嘴了，都快裂開到耳朵了！」

# 第二十回　慶生日四十有五，不辭千辛和萬苦

２０１４／06／27

他說「老薛家的，恭喜妳，今天饅頭終於吃光光，現在早上六點，倒計時距離晚上十二點我們一家團聚只剩十八個小時。大爺要來家了，妳是不是又興奮、又激動啊？」我說「再過十八個小時，我就能看到老公，叫我興奮、激動地睡不著覺了！」

他說「《老頭愛丫頭二十》——慶生日四十有五，不辭千辛和萬苦；哥哥飛萬水千山，妹妹張雙臂歡迎。為將玉體交情郎，八年陳疴一刀除；攜手真心度一生，愛的路上我和妳。２０１４／06／28薛家少奶奶，飛機平安著陸大連，是深夜十二點五十分。」

他說「寶貝，飛南方的我到登機口了，妳們上車了沒有啊？很快的，來家八天一下子就到時間了，我又要起飛啦！」我說「現在一點半，我們剛剛上車呢！路上小心，注意安全噢！期待你下次回來團聚。」他說「班機在五點半降落廈門，到達碼頭後坐六點

半末班船半剛剛好，旅客只有十一人而已。」我說「太好了！今天你就可以離開那個討厭的門回到家，那我就放心睡大覺了！」

他說「唉！離開妳才回來上班五天可難過了，沒有老婆的日子真不是人過的呀！」我說「你才剛剛離開五天，我就開始好想、好想你了！」他說「親愛的老婆，妳今年的生日過得好開心！因為老公千里迢迢地趕回來給妳送上美味的腱子肉，叫妳吃一個夠，吃肉就是好啊！」我說「親愛的老公，感謝上蒼在今年給了我一個特別的生日禮物，那就是你！萬分感謝老公，從遠方歸來陪伴我過了一個幸福又快樂的生日。」

他說「今天姨父過生日，妳貢獻了一瓶二斤的金門高粱酒，他可高興了；兩個表弟也都收到妳送的酒，大家都高興，而妳是最有面子、最長臉的人，妳開心不開心呢？」我說「這自然又得歸功親愛的老公，替我準備了送姨父和表弟的禮物，可把他們都高興壞了，讓我長臉不少啊！」

他說「心肝寶貝，告訴妳一個好消息，我現在好朋友陳長慶大哥的店裡，他說昨晚他看電視新聞報導講，大陸開放對台灣自由行的十個城市裡有大連的名字，所以我立馬打電話告訴妳這項好消息，妳樂不樂呀？」我說「親愛的老公，在家裡聽到你來電話報告好消息，叫我開心的歡呼起來。」他說「現在早上十點，台灣空運來的今日報紙剛剛到陳大哥店裡，我打開一份來看，果然已經見報，昨天宣布開放自由行的城市，由原訂的十五個城市變為十個城市，大連及哈爾濱均名列其中，八月十八日開始辦理自由行事宜。」

他說「中午吃完飯在好朋友店裡看到今天的報紙上已經刊登出那篇《姓氏輪替之必要》的文章，嘿…嘿…不到一周就見報了，還真快呀，我的第三篇《再說姓氏輪替》還會繼續寫下去。」我說「恭喜你喔！你寫的文章又一次登報，這一天過得很快樂吧！只要你快樂，我也快樂！」他說「如果妳辦証件的話，先到出入境管理局辦『大陸居民往來台灣通行証』，再到旅行社代辦『入台許可証』，預計國慶節妳就能回到我們家。」

他說「漂亮的老婆，情人節快樂！妳和我現在是什麼關係呢？是情人、是愛人、是親人還是家人啊？」我說「親愛的老公，情人節快樂！我想做你一輩子的情人、愛人，更想做你的親人、家人，求求你趕緊把我娶回家吧！」

我說「八八節快樂！今天是台灣的父親節，祝福老爸節日快樂喔！」他說「是呀，父親節快樂，大家都快樂。看妳早上來電話的時間是八月八日八點五十八分，總共有四個八，今年妳一定會一路發。」我說「是呀！我要發，我們要一起發。」他說「親愛的小花，妳發我發我們一起發，今年我們一定發！」

我說「說到今天八月十八號可是個大日子呦，對台自由行今天開始辦理証件了，我八點半就到出入境管理局申辦，一大早人潮洶湧，人山人海哪，幸好我發揮小個子擠公交車的那一套本領，見縫插針，有洞就鑽，還是讓我辦好了手續，十天後領証，回到家已經十二點多了。」他說「妳這麼做就對了，我喜歡、我滿意，搶在第一天就去燒頭香趕辦証件，早日回到老公的懷抱裡。」

他說「我早上沒吃飯做健康檢查，做攝護腺檢查，大夫說按我的情況挺難得，雖然年齡六十歲，卻比得上四十歲的身體哦。」我說「告訴你一個好消息，早上八點剛過就收到盼望已久的『大陸居民往來台灣通行証』。早上醒來就聽到喜鵲在窗口嘰嘰喳喳的叫個不停，我就預料到是報喜來了，果然不出所料。」他說「我已經諮詢過海關了，他們說大陸居民有開放自由行的城市，要去台灣必須得有二個証件才行，先到出入境管理局申請『大陸居民往返台灣通行証』，然後再委托旅行社向台灣申辦『入台許可証』，等拿到二個証件就能買機票、船票前往台灣，缺一不可哦。」

他說「我告訴妳講，我朋友又想著要去大連旅遊呢，所以想請妳查一下有沒有機位？機票是多少錢？九月五號下午四點之後，由廈門飛大連，九月十四日中午以後回程。」我說「哇！太好了，天大的好消息又要把我砸暈了，到時候我一定會到機場去接你朋友的飛機。萬萬沒有想到再有五天我就有肉吃了，想一想都讓人樂得合不攏嘴！」他說「奇怪的老婆，我的朋友要去大連旅遊，妳咋就興奮、激動呢？」

我說「我早上給小姑娘說大大周五要回家，她回我說鬼才相信呢！她說：『妳月底就要去台灣看大大，急著要去私奔了，大大怎麼會在月初回來呢』？」他說「哈…哈…也難怪小東西不相信呢！那咱們就走著瞧好了，給她一個驚喜，傻丫頭現在還不相信俺要回家。」

# 第二十一回　中秋月圓人團圓，花前月下影成雙

2014/09/05

他說「現在是早上八點，倒計時只剩十一小時我們就能一家團聚於大連周水子機場，大爺要來家了。」我說「歡迎大爺來家，今晚就能到家。是的，倒計時只有十一個鐘頭，我們又能一家團聚在一起了，然後夢想成真，我就能吃上肉了。」

他說「《老頭愛丫頭二十一》——中秋月圓人團圓，花前月下影成雙；每逢佳節倍思親，飛越千山和萬水。2014/09/05」我說「親愛的有才老公，你每次來家時必不可少的小詩我看到了，我好喜歡哦！」他說「親愛的，哈…哈…果然不出山人所料，在九點二十著陸大連了！」

他說「我要告訴妳一個好消息，我們買房子向銀行貸款三十萬妳負責，去年十月我又提出十萬元給妳提前還上一部分貸款。今年我打算再提出二十萬元讓妳提前還清全部

貸款，這筆資金大約十月初能夠到位，這是不是好消息呢？」我說「這當然是一件天大的好事、好消息，我真的好高興！請你再找時間告訴小東西，我相信她一定會和我一樣的高興。」

他說「增補一下《老頭愛丫頭二十一》——中秋月圓人團圓，花前月下影成雙；每逢佳節倍思親，飛越千山和萬水。姨父家裡團圓飯，四個家庭十二口；鮑魚海螺加餃子，三代同堂慶佳節。2014/09/08」

我說「親密愛人，你每次的離開都會把我的心搞亂得亂七八糟的，你自己說說看你壞不壞？」他說「親愛的人，妳說咋不壞呢？老公來家之後時間就過得特別快，颼……颼……一下子就過了十天，又到了離開的時候。我可是千百個不願意離開妳，但是又何奈？只能說離別是重逢的開始囉！現在還不是我停下腳步的時候呀！再過三年又三天，大概就是時候到了。我唱一段《再會吧！心上人》給妳聽。」我說「親愛的，這歌詞寫得太好了，就好像是我們的心聲，只可惜在你唱的時候我沒有聽懂歌詞。」他說「小老婆，我愛唱的還有一首很好聽的台灣山地歌，叫《一把情種》，班機于十點半平安著陸廈門。」

他說「討厭的老婆，妳今天該不會是又暈了吧？給砸暈了沒有？」我說「我下午的確是收到一個二的後面緊跟著五個零的銀行轉帳信息，我剛一看到這個數字當場就暈菜了，哪裡還會想到要鬧點動靜。」他說「心肝寶貝，妳的帳戶一下子湧進來一個二後面帶了五個零，可把妳砸暈了，那是多少錢呀？把妳嚇得都不敢鬧出一丁點動靜。」我說「可愛的老公，你總是那麼幽默，看到信息讓老婆忍不住傻笑！」

他說「漂亮的媳婦，妳就別再打她了，暫且放她一條生路吧！等到星期一再打她就行了，反正是趕趟，趕趟。」我說「親愛的老公，老婆深深感覺到老公對我的愛！你對我的關心及愛護，我會用我全身心的愛回報你的，上帝作証，絕不食言，保証會讓我們的下半生幸福又快樂的度過！」

他說「親愛的媳婦，愛老婆首先就是要給她快樂及幸福，其次要給她安全及舒適的生活，這兩點最重要，妳看我都能做到，不愧是丈母娘千裡挑一的好女婿！接下來，我們就要朝小資生活邁進，哪才叫做沒有在這世上白活了。」

他說「大連老婆，上次搭宋先生的車去看大伯嫂和建行辦事，我還以為你要帶我去跟她們認識呢！原來不是的，害我在路上緊張了老半天，真是丑媳婦見不得公婆耶！」我說「親愛的，其實我想要帶你去跟她們認識的想法不止一兩次了，但是，大伯哥和大伯嫂面上雖然對我很好，看上去也是誠心誠意讓我再嫁個好人，彌補那十幾年的不幸。

但每次都是欲言又止，畢竟她們不是單純的朋友關係，又沒有血緣關係，不敢太魯莽行動，還是再等等為妙。」

我說「早上給媽媽打電話跟她提到還銀行貸款的錢已經到位了，她聽了高興得比我還要興奮，直說五女婿太好了，千裡挑一，真是沒的說。」他說「我在九月十八號申辦手機2G升4G，同時更換智慧型手機，可以上網也可以收發微信。我要換用新手機，重新學習中文字體的編輯和使用微信。」我說「等你學會新手機，我們就可以在微信用語音通話免費，使用視訊通話也免費，還可以一邊通話一邊看著人，又能省下很多的國際電話費。」

他說「現在晚上九點多，我們來一個第一次視頻吧！」我說「我會不好意思嘛，而且警察還在隔壁，她可是很敬業的。」他說「早上一到單位來上班就開始冒汗，用視訊通話也能看見人，妳看我脫掉上衣了，還是一直在流汗！」我說「你們單位對員工也太放縱了，在單位上班竟然可以脫掉衣服！」他說「中午回到家再來一個視頻，邊說話邊看人。」

他說「老薛家的，國慶節快樂！今天開始放長假了，妳也不用上班，在家好好呆著，讓小東西陪著妳。國恩家慶的日子裡，要是老公能來家該有多好啊！」我說「大當家的，節日快樂！你說對了，這幾天休息，要是有老公在家陪著，那可就美死了！」

他說「我給小東西轉發那條信息說『不吃早餐等於慢性自殺』，要她好好反省，深刻檢討。」我說「是啊！就該讓她確實每天都吃上早餐。」他說「小陳妹妹今天跟妳提到，小魏自從和老薛好上之後這三年多來，開始過著好日子，一年比一年好，小魏只管安心的工作，靜心的等候姐夫來家團聚，一家三口和和美美的過著舒心的生活，安安穩穩，風平浪靜，大樹底下好乘涼啊！」我說「我把避孕套拿給小東西看了，她一看就知道是什麼咚咚，臉色和語氣很平淡，一點也不顯出驚訝。我跟她說是讓她作好預防準備，並不代表縱容她，問她做了沒有？她說很少做。」他說「小東西說的是很少做，可不是沒有做哦，哈…哈…終究還是會偷吃禁果。」

他說「我晚上去嬸嬸家吃拜拜，她們社區有廟慶。」我說「好的，儘量少吃油膩的食物，以免肚子不舒服。」他說「我吃完飯就陪嬸嬸在院子裡嘮嗑好一會，九點多到家就來運動場走四圈或八圈，一邊走著一邊看著網絡上的演講。有一位講師談到夫妻相處之道，只要守住一句箴言，就能白頭偕老，是哪一句箴言？就是『只看對方的優點，不看對方的缺點』。真是太給力了。妳說呢？」我說「是的，我很贊同他的說法。我還感覺到跟朋友相處也應該牢牢記住那句話，才能長久交往！」他說「這孩子說到要害了，與人相處，就是要記得他的好，記得他的優點及長處。」我說「是呀，我就是時刻記著你的好、你的優點，所以我就越想越愛你！」他說「對呀，妳不是總說我是一名幹將嗎？誰能與我比啊？」

他說「早上五個要，起床要慢、要喝水、要大便、要運動、要吃早餐再出門。我都做得到！我也給閨女說了，喝水、大便、早餐必不能少。」我說「除了運動以外，其他四項我都做到了。好使的後爹，我愛你！告訴你一個好消息，銀行來電話說，明天可以去還款了。」他說「恭喜妳了，趕明兒將貸款還清了，妳就是無債一身輕啊，美死了，今後他們就不敢再來吸妳的血了。」

他說「我給小女兒寫信，標題是《妳的婚姻算是成功了》，全文一千字，已經寫好寄出去了，也郵給妳看一看。」我說「我剛看過你給小女兒的郵件，一邊看一邊想我好羨慕小女兒，有位有才有耐心的老爸，可以像跟朋友一樣輕輕鬆鬆聊聊天，訴說一下心裡話！」他說「那是，那是，有才有耐心的老爸跟小女兒說心裡話，也跟小姑娘說心裡話。我跟小姑娘說咱家是，一家三口一條心，開創家和萬事興。」

他說「早上到銀行辦大事妥當了嗎？銀行有沒有帶給妳什麼驚喜嗎？」我說「大事順利完成，同時也被銀行好大的餡餅砸中。一早進去銀行刷卡繳款，還清銀行貸款二十萬元，來家剛好十點，給你通知一聲就立馬趕到樓下幹活。不一會收到銀行來信息，看見剩餘款居然還有一萬四千元，一下子就給餡餅砸中腦門，這不就是早上老公說的驚喜嗎？真是樂死我了！」

他說「妳在去年還上十萬，只是單純清償一部分的銀行貸款而已，不涉及其他；今年還上二十萬，卻是清償全部的銀行貸款，所以必須經過清算，看看妳之前二年多來所還的本金是多少？然後就要扣除掉所還的本金，因此就會有剩餘，明白了嗎？我以前也是提前還清貸款，落下一些剩餘款的。」我說「原來如此，難怪你事前就預知到我會有驚喜，你真是一個半仙。我現在愛情有了，麵包也有了，你說我是不是要有多幸福就有多幸福哪？今天先還上貸款，下周二再等通知去解除房產抵押。」

我說「今天是台灣的國慶日，祝賀你們的國家節日快樂！」他說「是啊！今天正是國恩家慶的節日，雙十節快樂！四海之內的中國人都是兄弟姐妹，都是炎黃子孫。去年的今天，我告訴妳一個好消息，準備了十萬元，交給妳提前還上一部分的銀行貸款。而今年的今天我們又把剩餘的銀行貸款二十萬元，一次性地給他提前還清，叫妳落得一個無債一身輕的快活。」我說「感謝你的大恩大德，你為我們以後的美好生活做出巨大貢獻。老婆我一定要把老公照顧得舒舒服服的，沒有後顧之憂！」

他說「自從和妳第一次見面之後，我就看出妳的幾點特色來，第一，是勤快，第二，是健康，第三，是肯改變、肯學習，第四，是臉色黯淡，第五，是個子小，第六，是奶子小。正好是三好對三壞，壞的部分我以人體開發工程師的專業，會給妳加以適當調整！」我說「感謝你把我從三好改造成五好！讓我從專科畢業就是不一樣，還挺好使的，只有一項不好的，你也無能為力，只能怨老娘當初沒有給加工好。」

我說「今天又來好消息，早上旅行社來電話說我的『入台許可証』已經核准下來，下午就可以去取証。啊…盼星星、盼月亮，總算盼到入台証，我要趕緊飛到老公的身邊抱著我的火爐。」他說「果然不出半仙的預料之外，在這個月的中旬就能拿到入台証了。妳就可以查詢明、後天的機票，快快飛到老公的懷抱裡。」我說「我已經訂好十月十七號下午二點出發五點到達廈門的機票，一千元，回程是二十五號晚上九點起飛十二點降落，九百元。好開心喔，再過三天就有肉吃了。」

# 第二十二回　大連對台自由行，辦妥証件啓程行

２０１４／10／17

他說「這孩子這兩天樂得屁顛屁顛的都睡不著覺了吧？現在還不到六點。」我說「還真是這樣子，昨兒晚上越想越興奮，到夜裡一點多才睡著。」他說「妳興奮個啥呀？不就是要扔下閨女去私奔嗎？可憐的閨女這下沒人管了！」我說「你說你有多大的魔力呀？每次一想到我們快要相聚，我就特別來勁！現在早上六點，還有十二個小時我們就要相聚，叫我興奮得睡不著覺。」

他說「行啊，推遲了將近二小時，大約在七點前後能夠抵達。」我說「飛機晚了二個小時，總算安全著地！」他說「《老頭愛丫頭二十二》——大連對台自由行，辦妥証件啟程行；飛抵廈門轉金門，丫頭首次回家門。老頭渡海接飛機，身兼帶路和導遊；歡天喜地倆口子，夫妻雙雙把家返。２０１４／10／17」

我說「有才的老公，我來了，你把我領回家吧。」他說「我七點剛剛到達飛機場，就接到妳的著陸信息，真是天作之合，天衣無縫。」他說「《老婆首次回家的路上》——昨夜七點在廈門高崎機場接到老婆，先在賓館安頓，並順便拜會了大連老鄉趙姐，相見甚歡，相約下周六再會。今早坐上公交車前往五通碼頭，踏上回家的路，原本要坐九點的船，當我們趕在賣票截止前三分鐘到達碼頭賣票櫃檯時，整個候船大廳已經是人滿為患，人聲鼎沸，船班客滿了，我們只能先排候補，排到二八零號。補過三、四班船，總算輪到我們買票時，但是，老婆的証件不能買票，我最擔心的情況終於發生了，櫃台說她的『入台許可証』上少了一組條形碼，不給賣票，別人的入台証上通通有條形碼。

我只好問櫃台要如何補救呢？她說要讓辦理的旅行社把所申請的文件用文字檔傳到碼頭櫃檯的電子郵箱，立刻補辦條形碼才可以。我們立馬聯繫旅行社，讓他們把電子檔郵過來，現如今只能枯坐碼頭痴痴地等了。一直到十一點，我們還在碼頭等待，無限期地等待。苦苦等待了二個多小時，終於等到大連那邊的旅行社把電子檔傳過來，並用電話告知，我馬上通知碼頭櫃台補辦入台証，一下子就辦好，然後拿去買十一點半船票，真是恰到好處。只要上了船就萬事OK。」我說「幸好昨天老公來廈門接我、今天帶我，雖然遇上最糟的狀況，証件不齊全，不能買船票，終能化險為夷，順利成行，否則恐怕還無法把家返。」

我說「我要北返已經劃好位，通過安檢，到登機口了。剛才在車上看到你情緒不好，是怎麼了？」他說「才八點半，我們的車剛到趙姐家門口下車，妳那麼快就到達登機口，真是好快哦！在車上是有一些捨不得妳的離開，但又不好說什麼，只願妳搭機順利，並沒有什麼心情不好，妳不要多想。還有就是，搭人家的便車，已經很感謝她了，不好再佔用她太多的時間，所以想要盡速返回。剛過九點，妳登機了嗎？」我說「非常開心，你帶我回家度過美好假期，每次跟你的好朋友在一起吃飯都非常愉快。我已經登機，在飛機上了！」

他說「妳已經登機，那麼準點起飛的可能性非常大，祝福妳順風順水的回到家。妳這一周來給人家做鐘點工，幹得好辛苦，不過，老公我是真的由衷感謝妳的敬業精神，叫我好生享受妳的勞動成果哦！」我說「每次跟你生活在一起，開心、幸福、愉快伴隨，真的好不捨得分別，晚上早點睡覺，老婆愛你！」他說「剛才從機場回來我對趙姐說起妳的優點，一是做事勤快，二是身體健康，三是乖巧懂事，四是性情溫順，五是樂愛學習。」我說「你在車上跟趙大姐說我的五樣優點，給我那麼高的評價，讓我怎麼承受得起啊？我還得加緊努力向那些優點靠攏喔！」

我說「這幾天生活在你的身邊，真的好開心！看到你交往的朋友，都是見多識廣的有才人士，我跟她們坐在一起壓力好大喔！只有似懂非懂默默傾聽的份，可是時間長了一句話也沒有回應還不太好，但是我真的好擔心說錯話會給你丟臉。」他說「沒事的，知道就說知道，不知道就說不知道，這叫實事求是嘛。」

他說「好消息，我到海邊來用廈門電話收到建設銀行的信息，早上十點帳戶裡匯入二萬一千元。十點多也收到丁先生來信息說已代繳物業費及取暖費共八千一百元，房租的餘額已匯入帳戶。我立馬給丁先生回信說謝謝，匯款已收到。」我說「我也有好消息，我到金門的時候，建設銀行給我打了兩次電話，我今天回電，銀行說讓我明天帶著房產証去辦手續，要註銷銀行的抵押權。」

他說「《老婆首次回家的路上》已經寫好了，接著就要寫《十分開心，十分圓滿》，敘述老婆首次回家的一周情景，妳就等著看好了。我中午吃過飯，乾脆不回家休息，就到辦公室來寫文章，《十分開心，十分圓滿》這一篇多麼有意義啊！辦公室靜悄悄的，慢慢把思緒沉澱下來，邊打字邊回想，文章完稿了，大約三千六百字。」

我說「我看見郵件的文章了，我好愛你，愛你有情、有趣、有才、又聰明！什麼事情總是過目不忘，說你是活電腦，還真不會愧對這個詞呢。這次我回家的經過，每天、每時、每刻的事情讓你描述得活靈活現，我沒顧得上吃飯就先連看兩遍，情緒也跟著內容起伏不定，看到你說摟著小丫頭睡覺是一大享受，我就像是吃了蜂蜜一樣甜蜜、無比幸福。說到我們去看大姐夫，描述大姐夫的病情痛苦，情緒失控大喊大叫讓人很心疼，忍不住要流淚！描述我跟著你來回坐船兩次，沒費吹灰之力就能賺到台幣八百元，老公堅持讓我帶在身上留作紀念，又叫我開心的笑出聲來！看過之後，好想把這次回家的經過跟親朋好友分享。」

他說「我在九點半到碼頭，買票通關到登船口，九點五十的船往泉州的旅客很少。」我說「你帶的東西能順利過關嗎？」他說「妳是說帶超量的高粱酒嗎？海關規定每位旅客只許攜帶三千毫升免稅酒，超過就會扣留。可是我們那裡一箱六瓶是六千毫升，就只能帶三瓶啊！可我又不想拆開只帶三瓶，我就想帶一整箱，又怕會被扣住，所以早上一下船，我就在關注行李能不能通過海關？很幸運的，安全過關了，哈…哈…真爽！停留一晚第二天就往回走了。」

他說「我剛從北京大姐家回來，都已經過了十點，剛才在她家裡她有事求我，坐在椅子上，舉著兩手又抬起兩腳，可把我笑死了。我問她為什麼？她說『求求你趕緊把那五篇文章寫出來吧』！」我說「什麼事這麼好笑呀？我都要迫不及待了。」他說「選舉用的宣傳文章，具有非常強烈的批判文章。」

他說「我想十二月二十七日晚上七點以後從廈門飛大連，一月四日下午三點以後回程。妳看行嗎？我的心肝寶貝。轉發一個《大陸旅客赴金門元旦起落地簽》的文件給妳瞧瞧，明年元旦起要開辦落地簽，免用入台証。」我說「出發機票已訂好，我左思右想也沒有搞清楚，請問今天是什麼好日子？喜事接二連三的趕來。」

他說「今天立冬，家鄉的習俗是補冬，開始進補的日子，我趕緊吃一個海參來補身體呦！」我說「你做的好！北方也在今天開始吃海參了，我也想吃肉補補身子！」他說「我記得我們第一次上小陳妹妹家的時候，王慶不在家。第二次上門拜訪時才看見王慶，一見面他就說兩年不見小魏了，怎麼越來越漂亮，越來越年輕呢？」

我說「親愛的老公，生日快樂！現在還不到六點，我就惦記你的生日。」他說「我生日，妳快樂，我把喜悅與妳分享，與姑娘一起分享。妳從網絡上寄來一個蛋糕，可以開始吃了嗎？」我說「你有什麼想法嗎？」他說「早上好，現如今那銀行不能再來吸妳的血了，妳說美不美啊？」我說「美得很哪！不像以前每到十一號，一聽到銀行的信息進來，我的心都會揪起來，知道銀行又來喝我的血。」

他說「小女兒從美國郵來的藍色羽絨服在一點半剛剛收到，等上班後請同事幫我拍照留念。」我說「這是薄的羽絨服，我一直在店裡找著，就要這種又輕又薄的，小女兒郵來得正好。」他說「這件小棉襖的尺寸不小哦，妳看雙手都能藏在袖子裡，這份生日禮物挺不錯的。」我說「袖子長的話，可以修改一下。」

他說「昨天我已經把《五箭齊發》的文章定稿後郵過去，妳看見了嗎？」我說「現在四點多，我要去幹活，來家再看郵件，你在家好好呆著，不要亂跑喔！」他說「你今天去看我姨來家了沒有？」我說「我是吃過中飯才去的，我姨家裡的氣氛極低，我只能陪她說說話，聽她說說話，現在初步檢查出來她得了大腸癌，詳細情況還要等進一步的檢查。」

他說「下午五點我給小姑娘發信息說，俺好想妳喔！六點半她回信說，我也好想你啊，fada。妳瞅瞅，現在小姑娘都愛叫fada了，英文的父親是father，簡稱dady，或者fada。」我說「姑娘對你的感情又增加一步，不但你開心，我也很開心啊！」他說「是啊！這孩子真是沒有白疼她了，對大大的感情及信任越來越好，妳看我們一家三口多麼和諧又融洽，我們開心，親戚朋友也高興啊！」我說「是的，我們是被人人羨慕的一家三口！」

他說「昨晚十一點半，大狗子發信息來說今天下午回來，我說歡迎你。」我說「恭喜老爸喔，大兒子要來家孝敬你了！」他說「才不是呢！那是他姐要他回來投票，投給她大伯哥，那叫做投票部隊啦。我中午剛弄好排骨下去燉，加上蘑菇和金蟲草。」我說「辛苦老爸了，兒子來家看到老爸進步了，竟然還會自己做吃的。有一年多沒有看到兒子了吧？你現在什麼心情？很開心吧？」他說「兒子要來家，當然開心囉！」

他說「孩子，今天是感恩節，真是一個特別有意義的日子，我們感恩就是要感謝對我們有恩有情的人，妳說對嗎？那麼妳的恩人是誰哪？」我說「大恩大德的fada，在這特別的日子裡，我要真誠的感謝你喔！」他說「感謝天，感謝地，還要感謝朱姐她妹的放棄。」

我說「我姨早上進手術室，到現在中午一點還沒出來！」他說「妳今天到醫院看望我姨，真是個好孩子。」我說「開刀費了五個小時花錢遭罪，術後的前期要是沒有護理好，手術等於白做！」他說「動手術五個小時，人就大傷元氣，術後不但要做好護理，還要做好復元的調理，穩定的進補。」

他說「心肝寶貝倒計時只剩十個饅頭了，吃完饅頭就能吃上肉，妳說美不美啊？」我說「親愛發的，當然美囉！我又想你了，我真的好想你喔，就像老鼠愛大米！」他說「妹啊，月亮出來亮汪汪，妳的阿哥在金門，千山萬水相隔，情意千絲萬縷，情深深意濃濃，小魏娘燒高香。」我說「月亮出來亮汪汪，魏娘在家燒高香，天賜女婿在金門；萬水千山相隔，情誼千絲萬縷，情深深意濃濃。」

他說「新的婚姻法對媳婦多麼不利，咱就不要結婚了，想搞就搞該有多好！」我說「俺又犯傻了，這不正合你的意嗎？幹嘛要把這一條發給你看呀！你本來不想跟我結婚，一時還找不到藉口，這下你可有話說了，不結婚完全是為我好，是吧？」他說「那是…那是…為了妳好，還是不要結婚，一結不就昏了嗎？那真是個天下第一號的傻子，真是一個二。」我說「財產是保住了，可是我最擔心的是，心上人丟了，咋整？」

我說「這幾天我一直在上火，可擔心的事情還是發生了，本來期待著你要來家很愉快的。可是，偏偏又趕上爸爸病危的消息，讓我好糾結，不知道該怎麼安排老公才好？老公愉快的假期，看來就要讓我給搞砸了。」他說「沒事，爸爸病危的事不能等，妳就先回去吧！」我說「我買二點的機票，一點半就到機場了。今天上飛機的心情真的好特別，五味雜陳，一時也說不清楚。」他說「沒事，人生的凡百事物，離不開酸甜苦辣，總是要經歷一番，妳也不用擔憂，回到老家和姐姐哥哥的步調保持一致就對了。」

我說「丈母娘把五女婿掛在嘴上，見人就誇，說幸虧老薛給她買的高蛋白好使，要是像以前，這樣子折磨這些天早就躺下了！」他說「那是，誰叫老五整了一個這麼好使的五女婿，這不就是常聽人說的什麼，愛屋及烏嗎？」我說「老公你總是這麼好，我好愛你喔！」他說「剛才俺家的傻姑娘問我，是直接去山東還是回家來？」

我說「你睡醒了嗎？爸爸在凌晨一點半去世了！」他說「我六點就醒了，爸爸這樣子也算是解脫了，唉！這兩年他沒少受罪，到此結束也好，妳也不要太悲傷，人生七十古來稀，他活到七十五歲，也算是壽終正寢，福壽全歸了！」我說「這是我有生以來第一次體會到生離死別的疼，真的好疼…好疼喔！凌晨一點半去世，早上八點半殯儀館的車就來拉去火化，下午就要下葬。」他說「喪失親人是椎心的疼痛，我能理解，我的二姐死了四十多年，三姐死了二十多年，小舅子死了三十多年，那都會叫人痛徹心扉啊！」

他說「我知道現在家裡的情形一定是哀傷慌亂，雜事繁多。我這裡一時片刻也走不了，妳和丈母娘多多包涵。」我說「好的，我會做好的。你二十七日晚上的行程照舊，我也是在二十七日回家。這算是好消息嗎？」他說「當然是好消息囉！我來家就能看見漂亮的老婆，那是再好也沒有了，我不知道妳那邊的情況如何了？」

他說「漂亮老婆，聖誕節快樂！」我說「親愛老公，節日快樂！我姐和我弟都沒走，晚上四個姐姐和媽媽睡一個房間。」他說「昨兒晚上五女陪娘，還挺孝順的，總算能夠休息一下，大家辛苦了，領導很滿意。」

# 第二十三回　老父病危周一返，周三凌晨歸塵土

2014／12／27

他說「愛我的人，我愛的人，晚上我們倆都要回家和小姑娘一起團聚了，妳開心不？」我說「老公要來家了，是讓我最開心的事情！」他說「現在五點半，妳到青島機場了嗎？我也要出航了。《老頭愛丫頭二十三》——老父病危周一返，周三凌晨歸塵土，上午火化下午葬，五女二子葬父親。子欲養而親不待，盡孝道全歸母親，春節過後花開時，奉養老娘到大連。2014／12／27妳看看俺寫的小詩貼切不貼切啊？妳拿給兄弟姐妹大家瞅一瞅吧！五女婿沒有什麼本事，就是秀才人情紙一張吧！」我說「有才的老公，這小詩寫得太貼切了，完全就是我的寫照啊！」他說「姑娘她媽，姑娘給我發信息了，我也回她小詩，讓她明白妳回山東老家奔喪的經過。」

他說「我這一張舊船票，能否登上妳的客船？我乘坐的愛之船已經進港，要坐車前

往機場，一帆風順。」我說「能…能…太能了，當然能登上我的客船！你的舊船票有效期限是永久的，你放心不會過期的。我坐的是七點的飛機，不到八點半我就進到小區我們家的門口。我們十一點半出門，再回機場接我們發的來家。」他說「十一點五十分飛機平安落地大連，薛大爺回來了。」

他說「二點回南方的班機，一點二十分我就到達登機口。妳坐上公交車沒有？」我說「我一點半就坐上公車了，祝你一路平安。」他說「四點半班機降落廈門，比原訂的五點提早了二十五分，這是從來沒有遇過的事。我五點十分趕到碼頭來，恰恰買到五點半末班船的船票回金門，出乎意料的順利。

他說「妳每個月看見銀行催繳利息的通知短信後，就知道他的厲害了吧？一個月轉眼就到啊，真是叫人喘不過氣來呀！我就是這樣子熬過十五年的，妳的煎熬還不到二年半，算是很短囉。台灣銀行的住宅貸款利率大都是百分之二，而中國銀行的住宅抵押貸款利率卻是超過百分之六，所以二〇一二年我們買房時，我選擇在台灣貸款二十萬元，讓妳在中國貸款三十萬元，節省不少的利息負擔！」

我說「看現在的我多麼幸福啊！不管是走著、站著、還是躺著，想在什麼時間看到你都可以。」他說「那個小情人自小缺乏父愛，現在可好，有了後爸的愛，就再也不缺了。」我說「自從你填補了小情人的父愛後，她現在可是越來越有自信心了。有後爹的關愛，她現在身體長好了，精神也陽光了，要怎麼感謝後爹才好哪！」他說「現在小情人有一年多沒有感冒，真是太棒了！」

我說「我們今天到青泥窪橋大商來選購洗衣機，挑中一台松下牌子的三千六百元，打七折只要二千四百多元。」他說「妳們今天到大連商場挑選洗衣機，二千四百多元就給他拿下。」我說「上午買好洗衣機，下午就給送來家裡，等明、後天再來安裝。」

我說「今天去看我姨了，下午三點就來家，她現在瘦了一大圈。」他說「去看我姨恢復得還好嗎？她有木有吃那個高蛋白呢？」我說「我姨身體恢復得還好，只是心理上還有點過不去。高蛋白在我們送過去之後，她就開始吃了，感謝五女婿！」他說「我姨恢復很好就行了，高蛋白開始吃了最要緊，妳有沒有告訴她媽媽吃的效果呢？手術後她的飲食有很多限制，只能以清淡為主，但是營養不足，清瘦了不少，正是補充植物蛋白的時刻。她可以算是我在大連的第一個親人，二〇一二年的龍年前夕我們還在她家過了第一個除夕夜，吃了年夜飯及餃子，我們也是一家人喔！」

我說「今天是我最、最尊重的老父親七十六歲生日，也是他離開我們到另一個世界的第十九天，二〇一四年的陽曆十二月二十四日、陰曆十一月初三的凌晨一點三十分走了，是我這一生刻骨銘心、永遠不會忘記的日子！看到自己的至親，生命一點點燃盡、那生離死別的痛，叫我無法以言語來形容！親愛的老爸爸，女兒祝願你在天堂遠離疾病和傷痛，多多生活快樂！永遠…永遠…愛你的小女兒，祝你生日快樂！」他說「五女兒祝願在天上的爸爸今天生日快樂，我們都看到了！正是子欲養而親不待，樹欲靜而風不止！」

我說「這一兩年的老年痴呆症沒少叫我爸吃苦，他的情況有時正常有時候就不行了，講話也會這樣子，有時候他會說：『老五這兩年新找了一個台灣的男人，對她很好、很照顧、很疼愛，也能過上好日子了，就是年紀大一點，今年八十多歲了』。他前面講的都對，只有最後這一句犯渾了，竟然把五十多歲說成是八十多歲呢！」他說「原來妳整了那麼一個台灣男人八十多歲了，妳們在生活上還能行嗎？」

他說「二月十三日晚上的機票，妳訂好了沒有？」我說「領導交辦的任務一定達成！」他說「晚上八點我就上樓聽台灣的張鳳鳳唱那些我耳熟能詳的老歌，真舒服。我剛才聽到她唱『大清早』這首老歌，這是我五十年來第一次重溫舊夢，再度聽到這首歌，太令人激動了！而且，我告訴妳講，先前我自個兒拼湊出來的歌詞，居然和她的歌詞只有四個字不同而已，妳說俺這腦袋瓜子咋這樣好使呢？」

他說「我早上剛看完『梁山伯與祝英台』黃梅戲的電影，全部片長二小時，四十六年之前，我第一次在電影院看的是免費的最後十七分鐘而已，今天是第二次看的，是完整的電影，一邊看著一邊潸然淚下！」我說「多情的老公，被劇情感動了，你不要傷心，老婆抱抱！」他說「我第一次看『梁山伯與祝英台』這部電影是一九六八年我讀初一的時候，我就住在電影院的旁邊不到二百公尺，我並沒有錢買電影票，只能看免費的電影屁股。

因為電影要散場前的一、二十分鐘，會把電影院的四個出口大門打開，方便觀眾出場，所以我們就提前站到出口外，等到大門一開，我們就擠進去看一會兒免費的電影屁股。我清楚記得所看到的『梁山伯與祝英台』片段，就是迎親隊伍，在風吹草折的情況下行進到墳前，祝英台哭鼻子抱著梁山伯墳前的墓碑唱著戲，風雲為之變色，墳墓為之裂開，英台隨即走進墳墓之中，一陣風沙走石後將墳墓覆蓋，一雙蝴蝶翩翩飛向空中而告劇終。」我說「你就別再嚇我了，也別給我打預防針，好不好？」

他說「是呀！咱們兩個是心有靈犀不點自然通，想到一起走到一起也睡到一起，妳可千萬要抓緊，別讓那些狐狸精給拐走了！」我說「哎喲…我是心有餘而力不足呀！我倒是很想把你抓得牢牢的，可是你那麼大的個，我這麼小的個怎麼能抓得住哪？」他說

「說的也是，妳那麼小的個子要想抓牢我這麼大的個子，真是談何容易啊？如果老的不夠，那就再加上一個小的吧！」

他說「妳訂二月十三號的機票，要確定是哪一家航空公司？因為現在廈門機場多一個候機樓，所以坐哪一家航空公司就要進不同的候機樓。只有廈航、南航、河北航空的班機是在舊候機樓報到，其他的航班都在新候機樓報到。」我說「二月十三日晚上八點半的機票又漲價了，反倒是下午二點的機票便宜，你可不可以提早到下午的班機呢？」他說「可以啊，妳就訂二點的飛機吧。」

他說「今天是臘八節，過年的腳步接近了。想到臘八粥，俺就想起那慈祥可親的丈母娘了，說什麼今天也得好好孝敬她老人家，可有什麼好消息嗎？妳下午先幫俺匯款二千四百元給老娘當作春節禮金，中不中？」我說「中。好使的五女婿，你交代的任務已經代表你順利完成了，也給丈母娘打過電話。把她老人家感動壞了，還說起喝你孝敬的高蛋白身體養好了，現在就她一個人花的錢少了，一年喝了你幾千元的營養品，不好意思再花你的錢了！」

我說「今天下午又有好消息了，我都快要被銀行給砸暈了，今天又給我一萬二千元，這到底是怎麼一回事？」他說「哈…哈…昨天晚上妳匯過錢給弟弟之後，我不是問妳『可有什麼好消息嗎』？難道妳自己都忘了嗎？這一萬二千的用途，一是孝敬丈母娘的春節禮金二千四百，二是我的來回機票二千六百，三是小朋友的新年紅包。」我說「我看到你轉過來一萬二千元錢的用途，老婆一定給你辦得妥妥地。」

他說「親…今天又破了，老公要來家倒計時、數饅頭破十了，只剩下九個饅頭囉！自從上個月四號離開我們的家到今天已經整整一個月了，今天四號距離我要回家的日子也只有九天而已，等到十三號我回家的那一天妳就能吃上好果子，妳說美不美？」我說「我也破了。」

他說「芬兒，我怎麼覺得這兩天睡得不怎麼好，早上也不愛準點起床呢？今早運動時不經意看了一眼空調上面的溫度，哇塞…什麼時候竟然掉到十二度了！上周以前一直都維持在十五度的，室內與室外的溫度大約相差三到四度，這兩天室外的溫度都是八度而已。」我說「芳兒，你們南方人還真是抗凍喔！在十二度的房間裡沒有暖氣竟然也能睡著覺，難怪小寶貝這幾天都罷工不幹活，天氣那麼冷怎麼能來勁哪？」他說「南方人還真是比北方人抗凍啊！室內十二度又沒有暖氣，照樣睡得好好的，就是二哥不來勁了！」

# 第二十四回　離開相隔四十天，發的重返我們家

2015／02／11

他說「今天過小年，就是臘月二十三日，南方叫送神日，送灶王爺上天述職去向玉皇大帝稟報凡間的一切事務，總結人們一年的善惡表現。」我說「芳兒，你們國家的風俗怎麼跟我們國家一樣呀？特別在山東，過小年可是馬虎不得，每家每戶都小心翼翼把這一年的事務交給灶王爺去向玉皇大帝美言幾句，然後過了七天，再迎接灶王爺帶著好消息回來過大年。」

他說「這下子饅頭總算吃完了，恭喜妳，倒計時只要十二個小時，我們這一家子就要團聚，妳又能夢想成真了。」我說「感謝你千里迢迢來家給我送口糧，我要怎麼報復你好哪？」

他說「《老頭愛丫頭二十四》——離開相隔四十天，發的重返我們家；愛巢三度除

夕夜，圍爐守歲慶有餘。相愛三年十一月，攜手共建愛之巢；安身立命同相守，一家和樂享太平。2015／02／13」我說「有才發的，甜蜜小詩又創作出來了，我喜歡，好喜歡！字字句句都充滿我們的愛。」他說「鐵鳥于七點十分平安落地大連，妳即將美夢成真。」

他說「早上六點起床，照常做完運動吃過早餐後出門打車，抵達機場七點二十分，八點二十分南歸的班機時間趕趟。」我說「我已經到車站等待公交車了。」他說「班機在十一點四十降落廈門，十二點半抵達碼頭，只能買一點鐘的船票了。」我說「親…不要讓俺等太久，你一定要快去快回喔！」

我說「親…俺危險了，面臨失去一份收入！今天上午只能在家給自己打工。」他說「親們，沒事，這不都是在預料之中的嗎？樓下的十五萬那孩子要去上幼兒園，他媽就可以自己在家做家務活，總不能叫他媽再出血吧？妳失去一份收入也不打緊，以前銀行每個月的催款二千三百、一千五百統統免了，還有，小東西每個月也能進帳二千，給自己打工就可以多休息，別著急也別上火！」

他說「親愛的，三八婦女節快樂！妳三八，我快樂。」我說「親…，節日快樂嗎？」他說「是啊，節日快樂，俺們家的大三八及小三八都快樂哦！」我說「有才老公，難道有才就能這麼欺負人嗎？罵人都不帶一個髒字，真的被你打敗了！」他說「自從妳給我泡腳、磨腳、上藥膏之後，這三年來我的雙腳就保養得很好，沒有再裂開過了。每天在家吃飯時，妳都把飯菜擺弄得好好的，俺只須坐上桌飯來張口。」

他說「小同志，我問妳，男女般配最合適的年齡是相差幾歲？我告訴妳講，就是十五歲。所以汪大夫說妳是『漂亮的姑娘，妳最聰明了，懂得找一個年紀大一點的男人來疼妳愛妳，憐妳讓妳，照顧妳呵護妳。不像我的對象跟我同年，他是在部隊的，從年輕到年老從來沒有讓過我，只會跟我打仗，打到今天六十多歲了。我這一輩子沒有被人疼愛過，沒有被人憐惜過』。」我說「你祝賀我吧！看我多麼幸運，嫁一個比我一歲不多一歲不少，正好大我十五歲的老公，我時時刻刻被疼愛著，真是無比幸福！」

我說「桃樹開花千萬里，自從相愛就是你，沒有一心愛別人，只有一心愛著你。親愛的大寶貝，今天是我們戀愛四周年，在這一千多個日日夜夜裡，感謝有你的陪伴，讓我每天像泡在蜜罐裡一樣的快樂，未來的老公，我愛你！」他說「泡在蜜罐裡的老婆，四年前的今天，我們在空中相遇了，開始我們的美好接觸，這是真的嗎？」我說「千真萬確是金的！」他說「金的就好，可別整那些個沒用的。」我說「親，三一五打來一個真貨那就對了，因為，那天的假貨是見不得光的，所以，給我打來的自然是真的傢伙。」他說「心肝寶貝，三一五是全國打假日，誰知道卻給妳打來一個真寶貝！」

我說「我飛了一小時落地，我哥、我弟、弟媳婦在濰坊等了我三個小時。」他說「昨晚看見老娘她好嗎？五女婿可惦記著她了。」我說「上午給我爸上完墳回來了！回到家裡就想表叔囉。」他說「孝順的孩子，真是沒有白疼妳這個老五了，也算得上是現代孝女。」我說「我不但孝順老爸，也會孝敬老公！」他說「看見老娘怎麼樣？她去不去大連看老五和外孫女？」我說「親愛的乾爹，老娘喝了五女婿孝敬的高蛋白，身體健康、精神愉快，非常高興要去大連看外孫女及五女婿！我們星期天回大連，四月五日。」

他說「老婆，兒童節快樂！我們這一家有三個兒童，不老兒童是我，老兒童是妳，大兒童是傻丫頭。明天妳就要陪著俺媽回到大連來孝順一番，妳肯定得好好表現一片孝心。」我說「節日快樂！你睡飽了嗎？」他說「老兒童，節日快樂喲！如果沒有哥哥的忘情水，妹妹的花朵不會開放。」

我說「你幾點起飛呀？我是十二點十分起飛。一點多飛機降落大連，外甥姑娘、姑爺、小嘉茵到機場接我們回家。」他說「一路順利，一路平安，把咱媽請到家了，真好，大家先休息一下。」我說「晚上姑爺回他們家去，外甥姑娘和她閨女和傻丫頭睡大床，老婆和老娘睡小床。」他說「咱媽昨天來家開心嗎？」我說「老娘一進門，看見這麼大的房子就很開心。我好愛你。」他說「我愛這老情人，也愛那小情人。」我說「昨晚我睡榻榻米，老娘睡小床，小姑娘還是睡大床，她可願意了。」

他說「山東大嫂，妳就是那個人家說的魏大膽嗎？」我說「我是，我就是那個魏大膽。小兒子到了？看到盼望已久的小孫女？」他說「小孫女想看小奶奶了，咋整？」我說「是小孫女想看小奶奶了？還是爺爺想看小媳婦了？」他說「喔…原來小孫女迫不及待想看的是小奶奶，她爺肯定得想著小媳婦囉！」我說「我看到小孫女的照片了，老娘說小兒子長得跟你好像，肯定不是撿回來的，兒媳婦好漂亮，小孫女好機靈。」

他說「老娘吃早飯了嗎？來到咱家十天生活得愉快嗎？」我說「老娘過得非常開心，每天唸叨著老薛真是好人，讓她最牽掛的小五才能過上天翻地覆的好生活，她一再忠告我，等五女婿將來歲數大了，一定要好好伺候他！」他說「妳聽到沒有？老娘吩咐了要好生伺候五女婿，等老薛將來歲數大了要好好伺候，現在歲數小就不用伺候好？」

他說「小兒子一家三口昨天回台灣了，這一次見面，我看他食量和食慾都不怎麼好，他說胃潰瘍的老毛病還沒好，吃飯必須細嚼慢嚥。我說要趕緊把這毛病治好，可不能推拖拉，我問他這病因是什麼呢？他說是愛吃燒烤及麻辣火鍋造成的，兒媳婦也愛吃，因此兩個人都有胃病，但是，兒媳婦懷孕生孩子，就把胃病治好了，他的毛病還沒全好。」

他說「小媳婦，我下午回到珠山老家看見高雄回來的大哥、大嫂了，原來是村子裡廟會拜拜，我姪女並沒有回來，大哥大嫂回來拜拜，然後準備酒席宴請親朋好友，大哥是我乾媽的獨生子。」我說「上次大嫂回來大哥沒回來，難得這一次一起回來，你們兄弟就能見上面了。」他說「我們仨都吃飽了！我們在五點開始吃飯，一桌子滿滿的十道菜，只有仨人享受。哈…哈…大哥和大嫂太有意思了，原來客人只有我一個人而已！」

他說「知名的詩人汪國真今日去世，享年五十九歲。」我說「你既然選擇了遠方，便只顧風雨兼程，汪老師，一路走好。」他說「中國的名人、有錢人，看起來似乎比台灣的名人及有錢人死得多、死得快，妳知道為什麼嗎？我告訴妳講，因為發展經濟所帶來的中國經濟奇蹟，國家生產總額GDP成百分之十幾的增長，中國所走的路線，完全是台灣過去發展經濟的老路，就是以犧牲環保、犧牲健康，所換來的帶血GDP，而中國偏差的程度更甚於台灣，如此而已。」

他說「一九七一年我初中／國中畢業，第一次和同學結伴出遠門，坐軍艦登陸艇到台灣的高雄停留一個禮拜。回程時口袋裡只有兩個錢只能買得起台灣盛產的香蕉回金門

# 大連的小魏傳奇

## ——兩岸婚姻中華情

餽贈親友，那時節沒錢的人只能挑著一擔香蕉回家贈送親友，說明自己走出金門，去過台灣。如今，回首來時路，四十年前、五十年前家家戶戶的生活都是那麼清寒貧苦，每個人身後的精神支柱只有一句話『人窮志不窮』，都把吃苦當作是吃補。幸運的是，年輕吃苦不算苦，到老享福才是福。」我說「我愛你這種樂觀狀態，吃苦從不叫苦！」

他說「國際勞動節快樂！勞動是最神聖的，勞動人民是最偉大的。」我說「今天我要帶著孩子、老娘，去大連馬珊家看咱姨了！今天過節我們在幸福著，你還辛苦的堅守工作崗位，讓老婆怎麼忍心哪？」他說「俺辛苦不都是為人民服務嘛！」

他說「我給小女兒寫的信『親愛的博博，國際勞動節快樂！我想一到了五月，距離妳要快樂的失業就不遠了，大概還有二個星期吧？然後妳就要帶著妳的老公布萊恩從美國芝加哥飛到台灣，再飛回金門看老爸，妳是不是很開心？』小女兒回信『親愛的老爸，只要有你在的地方，就是家，就是我會回去的家，不管路有多遠。你說你會守家像是守著四行倉庫，永遠歡迎孩子們回去。謝謝你，我們有空都會想回去看看你的。我今天確認了我離職的日期，十號星期天是最後一天上班，然後十一號坐飛機，十三號清晨到達台灣』。」

我說「老娘下午在飄揚你哪！說我遭罪十幾年，現在找到好心又有好脾氣的老薛，給我們娘兒倆換了這麼好的房子，以後不會再受苦，她就放心了，不用再牽掛我了！」他說「那是、那是，這都是老娘燒的高香啊！」我說「俺現在好幸福喔，在家也能聽到專場音樂會。」他說「妳以後不再受苦受罪，咱的媽來家裡一住，眼見為信，現在可放心了。」

他說「親愛的老婆，母親節快樂，天下的媽媽都是一樣的偉大！」我說「謝謝老公的關懷。『哎喲⋯五姐夫啊！你怎麼給我郵來那麼多罐的茶葉呢』？剛剛弟弟來電話說，廈門郵來一件特快遞，不曉得是怎麼一回事？打開一看，好多罐的茶葉，有六罐呢！六包貢糖，六包羊羹，還有咖啡、薑母茶，我就跟他說，貢糖和羊羹就姐姐和哥哥每家送一包剛剛好，大家嘗一嘗。」

他說「一個孩子從出生到大學畢業所需費用，中國大陸要三十萬人民幣，中國台灣要一百萬人民幣，相差三倍，雖然台灣人可以隨意生孩子，因為養不起而不敢生孩子。」我說「早上好，五二〇我愛你，五二〇告白日，願天下有情人終成眷屬。」他說「親們，老來五寶，老伴，到老才是伴；老友，有朋友談天；老本，有健康身體；老底，有一些金錢；老窩，有自己狗窩。妳有幾寶啊？」我說「俺數了一下，五寶齊全，可是一樣都不落喔！」

# 大連的小魏傳奇
## ——兩岸婚姻中華情

他說「晚上接到古寧頭大表哥來電話，叫我上他們家吃飯，姨父李忠興九十五歲過生日。壽宴共有五桌全是姨父的家人、親人及鄰居宗親，只有我一個人是親戚。姨父有六個孩子，清一色全是兒子。上個月我拿了二份去年寫的文章給二位表哥看，晚上吃飯時，他們看到我都直誇我的文章寫得很好，其中一位三表哥李增遠他是海軍上校退伍說，他當天晚上一看就停不下來，一口氣將八篇文章看完時，已經是深夜二點鐘，看完只有一句話就是，深有同感。」

他說「因為星期天我晚起了一個小時，心想不曉得小女兒今天的飛機能不能補得上機位回金門看老爸？不成想，還不到十點半，我正在客廳躺椅上聽唱歌呢，突然聽見小女兒已經到客廳門口說『老爸，我們回來了』。我一聽站起來開門請她們進來，先跟小女兒擁抱一下，再跟美國女婿布萊恩握手歡迎，然後，請她們坐下來喝茶聊天。她說是姐姐接飛機送回家，早上六點半是哥哥開車送到飛機場。我隨手拿出二個紅包一個給小女兒一個送給布萊恩，小女兒說布萊恩肯定不會收的，他先拿著待會一定要還給老爸的，我說不要緊，收不收都沒關係，這是老爸的一番心意嘛。」我說「小女兒及美國女婿來家看老爸，父女團聚了，喜氣洋洋。看見照片了，兩個人郎才女貌，好般配喔。」

他說「晚上美國姑爺說，要請老丈人和姑娘吃牛排，我心想好幾年沒吃牛排了，不曉得能不能咬得動？順便去磨一磨牙齒也不錯，就答應了。三客牛排正好一千元，合人民幣二百元，好像不太貴吧？廈門大概也是這種價錢。」我說「大連吃牛排大概也是這種價錢，一客要七十元。」

他說「早上八點半，小女兒要去飛機場了，大女兒開車來送她們。小女兒要出門之前，先跟我擁抱一下，隨後布萊恩也跟我擁抱了一下。小女兒把我送給布萊恩的紅包還給我，又拿給我一個比較薄的紅包，我都不推辭，只要她們開心就好。我給布萊恩紅包三萬元，她們給我紅包六千，大家高興就好。小女兒對于人情世故自小就很了解，我們也沒有教她。她們要離開，也是不能改變的事，只能說，離別是重逢的開始，不需要難過，雖然也是十分不捨。」

他說「妳想想看，去年老娘的高蛋白快吃完了，我巴巴的跑去一趟廈門把高蛋白郵過去，今年弟弟念叨著要台灣的茶葉，我專程跑去廈門一趟把茶葉郵到他手裡，我這麼做不都是為了體貼家人和親人嗎？我每一次出門，有時候事先有計畫，有時候臨時才決定，哪有辦法樣樣都跟妳說得明明白白？兒童節快樂！」我說「老公，只顧忙著鬧情緒，都忘記你今天過兒童節了，節日快樂，大寶貝。」

他說「大連老鄉好，俺的同事要去大連渡假，請妳查詢一下往返機票的時間和票價？他是六月十二日從廈門出發，六月二十一日返回廈門。拜託妳了，行嗎？」我說「親愛發的，太好了，我快要暈了！總算有朋友要來了，只是不知道是藍的還是綠的？」

# 第二十五回　離別百日再回家，粽葉飄香櫻桃熟

2015／06／12

他說「我的心肝寶貝，恭喜妳，思念的饅頭終于吃光光，現在六點正，倒計時再有十八個小時，妳就能夢想成真了。」我說「好開心喔，饅頭吃光光就能有肉吃了！」他說「《老頭愛丫頭二十五》——離別百日再回家，粽葉飄香櫻桃熟；新居喬遷三週年，順風順水小日子。喜得媽媽來孝敬，承歡膝下享天倫；三代同堂四口人，笑逐顏開樂悠悠。2015／06／12」

今天機場的情況很特殊，中午以前的班機統統受到流量管制，班班都晚點好幾個小時。直到十一點半起飛，夜裡二點平安降落大連。」我說「回到家是夜裡三點，老娘還沒睡！」

他說「今天恰巧趕上我姨過生日，表弟在老虎灘的漁人碼頭飯店裡訂了一桌飯菜，

## 大連的小魏傳奇
### ——兩岸婚姻中華情

總共十一人同桌，真是家有盛宴，三代同堂，因此，我就在老頭愛丫頭二十五之中加上第三段。」我說「這樣就把我家和小姨家連在一起了，也是一個留念。」

他說「小姜姐姐今天專程來看媽媽，真是個有心人，還帶給我一盒大櫻桃。」我說「她還給媽媽包了一個紅包一千元，看了你寫的那一篇『十分開心，十分滿意』，問我說真的是你寫的嗎？我說真的，她說薛大哥老有才了。」他說「她以前曾說過妳叫什麼魏百萬？二〇一二年買下這一套房子將近百萬元錢，加上屋裡的這些家具和家電，最少值一百二十萬元，妳憑空就成了魏百萬老新娘。」我說「我們搬進新家後，她還跟我開玩笑說，沒想到小魏這老姑娘居然比小姑娘還值錢，光是這一套房子就值得百萬元哪，老姑娘竟然還能賣得這麼好的價錢，真是沒有天理了，哈…哈。」

我說「小東西為你慶祝後天父親節，晚上特地請發的到華南商場吃火鍋。」他說「今天姑娘請吃過火鍋，我又在小詩之中加上第四段。《老頭愛丫頭二十五》——離別百日再回家，粽葉飄香櫻桃熟；新居喬遷三週年，順風順水小日子。喜得媽媽來孝敬，承歡膝下享天倫；三代同堂四口人，笑逐顏開樂悠悠。我姨今年七十一，子媳兒孫繞膝下；欣逢華誕盛家宴，媽媽高壽長六歲。六月第三星期日，正是中國父親節；姑娘招待吃火鍋，扶老攜幼上華南。2015/06/12」

我說「親愛發的，父親節節日快樂！」他說「我晚上回到金門就要分送東西了，先到陳大哥店裡送黑木耳、蝦皮、大棗，聊一會兒天才走，回到鄉下老家給大嫂送蝦皮及墊蒜，她很開心要給錢，我說不用錢，是大連老婆要孝敬大嫂的，她交代說下次我要去大連時她要送妳東西。」我說「我好愛你，總是在親友面前給我臉上貼金！累壞了吧？墊蒜就是蒜臼子。」

他說「哈…哈…妳看看姑娘說我太懂她，所以她才會那麼幸福的，不愧是俺的小情人。嘿…嘿…妳也要做一個我懂妳的人，那妳就做我的大情人好了。」我說「看到你發微信文字片段，活靈活現、幽默活潑，老婆好喜歡，我非常喜歡做你一輩子的情人，希望你帶著我永遠年輕快樂。」他說「把小女兒的信息傳給妳瞧一瞧。」我說「看見你跟小女兒的信息，了解她的現況很好，老爸該放心了，恭喜小女兒成為美國公民！」

他說「傳一個視頻給妳看，妳看那第一段紅字寫得多好『親生的又怎樣？抱養的又怎樣？人與人之間，只要有關愛，就可以親近』。古人也是這麼說『落地為兄弟，何必骨肉親』。我也把這視頻傳給小東西看了。」我說「我仔細看完這段小故事，非常感人，做人就應該這樣子有情有義！」他說「人家小情人說的可好了，她說：『大大，是這樣的，我們之間勝似親人，您對我的愛更是無微不至，甚至細心的超過了媽媽』。」

# 大連的小魏傳奇
## ——兩岸婚姻中華情

他說「親愛的人，現代社會強調溝通的重要性，溝通正確、溝通良好，可以化解掉很多誤會；溝通不良就容易產生誤會；其實，沒有溝通也是容易產生誤會的。一個不說，一個不問，這便是沒有溝通，或者是一個問了，一個不說，也是沒有溝通。小東西，人的命運是可以改變的，只要妳肯用心的、專心的聽老公的話就行了！」我說「聽老公的話有那麼多好處，我當然要乖乖地聽話了。」

他說「小老婆還真有感恩的心，自從一九九八年妳十九歲那一年讓姨父帶到大連來，孜孜矻矻過了二十三載，終于在二〇一一年迎來人生的第二春，走上夢想成真的光明道路上，四年多來就是生活在快樂及幸福之中。這都要感謝天、感謝地，感謝朱姐她妹的放棄，誰讓她的妹妹沒有福氣哪？」我說「你用孜孜矻矻這四個字在我的身上還非常貼切，你說你有多偉大？」他說「沒想到妳的第一春是那麼黯淡無光，第二春竟是如此燦爛輝煌，感謝國民黨解放了小丫頭。」我說「要不是你，我現在還在那火坑裡噗通、噗通哪！」

他說「小的弟弟七點來信息通知說，母親在下午四點半往生了！」我說「那怎麼辦哪？你要過去台灣嗎？」他說「小的妹妹坐下午五點的飛機去台灣，大姐坐七點的班機，我晚上來不及出發了，明天再決定吧！後事在台灣料理，採用台灣禮俗，還跟金門很不一樣，去世之後到下葬大概要十天或八天，也有個把月的。」我說「老母親今年多大歲數了？下葬是在台灣還是金門？」他說「母親九十一歲，會在台灣下葬。」

他說「剛才小的弟弟通知出殯日期選在七月二十六日星期天，這個是最靠近的時間，前面都排滿了。原來小的弟弟小我十一歲，大的弟弟小我八歲，而大姐大我十一歲，呵…呵…兄弟姐妹之間已經是兩代人了。」我說「老媽的出殯日期已定好，也不算太慢吧？正好趕上星期天也不錯，這樣子上班的人比較方便，你就耐心等待！」

他說「我寫的文章《黨內初選的功能》今天完成初稿，大約三千六百字，也是一篇好文章。」我說「我看到你寄過來的電子郵件，但是看不懂，我想當地老百姓會喜歡。」他說「妳說侄兒的飛機改到下午一點起飛，妳接到家裡才二點半，通過視頻看見十七歲小帥哥兩道眉毛特別濃特別密，這是很少見的，叫什麼名字？」我說「魏瑤，家裡都喊他魯瑤。」他說「好好把小侄兒安頓好，不要壞了五姑媽的愛心。」我說「不會的，五姑娘一定會給五女婿爭臉的，親朋好友都知道五女婿好使。」

他說「好幾年沒到金門機場，整個機場大廳完全變了樣，還好我提前到達，到登機口稍事休息和等候，班機十一點之前降落出關後，大狗子已經到機場外面等我了」。我說「哎喲…好幸福喔！有大兒子保駕護航，俺就不鬧你了。」他說「上車後直放小的弟弟家裡，十二點進家，小的妹妹也在，她說從八號那一天來了就沒有走。晚上已經訂好旅館了，弟弟訂的就在附近。下午三點半到殯儀館看一下靈堂的布置，也觀看了一下母親沒有化妝的遺容。現在是移靈，把家裡供奉的靈位移到殯儀館的靈堂去」。我說「看見照片裡的靈堂好漂亮，上面的照片是媽媽的嗎？」他說「是的，那照片是一道人形牌。」

他說「依我的估計這一場出殯至少要花三十萬至五十萬台幣，其他就看白包的收入是多少？七點時弟弟和大姐出去買便當，原來弟弟他們家裡也是不開伙的。」我說「九點多要休息了嗎？」他說「是啊，明早五點五十小狗子要來載我去殯儀館。晚上弟弟說，他上網到薛氏宗親會要查尋時，才看到上面有好多我寫的文章，大都是寫老家珠山的人事物。」

他說「小狗子來載我，我們先在路上早餐店吃一份蔥油餅加蛋，喝一杯豆漿。然後在六點半驅車到殯儀館的靈堂，弟弟與大狗子比我們先到一步，靈堂布置大致完成如昨晚那樣。八點時候內親外戚陸續到達，禮儀公司的工作人員到場很多，首先開始誦經法會，男眾與女眾站立排成二列。誦經第一段結束休息五分鐘之後，又開始第二段的法會。九點開始家祭，十點緊接著公祭，半個小時完畢。然後家屬繞棺瞻仰遺體，此時臉部有經過化妝，封棺後移靈至附近的火葬場火化，家屬就近在餐廳用餐，此時剛剛十一點。下午一點再到火葬場撿骨裝入骨灰罈子，送往納骨塔存放。」

他說「小狗子今天開新車來載我，是一款納智捷的休旅車，我問他買多久了？車子多少錢？他說買了三個月，花費八十萬元台幣，折合人民幣十六萬。弟弟說目前初步有帳的金額是三十二萬上下，後續的可能花費三萬，所以總費用約三十五萬。收入的奠儀是十六萬上下，還有公司這邊申請勞保喪葬補助大約十三萬，母親的手上尚有一些結餘可以支應，所以用錢的部分無虞，明天再做詳細結算。」我說「看來你們自己不需要再付太多錢，是嗎？」他說「小狗子說他現在租房子每月房租二萬元，但是住大樓比較安全。現如今他當消防員每月薪水／工資七、八萬元。房租每月二萬元，佔工資的四分之一，蠻貴的。」

他說「八月八日的父親節還沒到，俺都已經開始快樂了！中午十二點半吃飽一回家就瞅見一件包裹躺在大門外，拿起來進門打開一看是小女兒從美國郵來的一雙慢跑鞋，立馬穿上走幾步看一看，尺寸恰恰好，不大不小不緊也不鬆，正好我用來走運動場，謝謝小女兒。」我說「小女兒每到生日、節日，都會惦記著爸爸，生個貼心的小棉襖好幸福喔。」

他說「妳可知道今天有什麼好消息嗎？就是我有一位藍朋友說要去大連避暑度假，八月十四日周五的晚上或下午都可以，從廈門出發到大連，八月二十三號周日的下午或晚上也可以，由大連回程到廈門，妳能幫他訂好機票並擔任專屬的導遊嗎？」我說「太好了，你也太讓我意想不到了，真是天大的好消息，讓我怎能不瘋狂哪！一聽說你要回家，小姑娘、老姑娘、丈母娘，三代人可都樂開花了！」

我說「老公，節日快樂！」他說「姑娘一大早就來給我祝賀父親節了『偉大的父親，節日快樂啦！祝您身體健康，年年二十歲，越來越帥氣，哈…哈』。」我說「大連看海何必去星海？華南商城都是海景房。」他說「怎麼大連也跟台灣一樣在同一天被梅超風打敗了？大連的下雨紅色警報是三小時內下雨超過一百毫米以上，台灣可是三小時內下雨超過二千毫米以上，妳看兩地相差有多大，叫妳知道什麼是天外有天！」我說「哇塞…大連下雨跟台灣比，那是小巫見大巫！」他說「沒有看見大，不知道什麼是小。」

我說「老娘對五女婿可滿意了，她說老薛像我們家的人，從前總以為家裡那四個女婿已經非常好了，現在五女婿更是好上加好。你每次唱的歌發過來，我都會放給老娘聽，她可喜歡了。還說老薛真是好人，不但對我們娘兒倆好，對老太婆也不會嫌棄，她在這裡住了四個多月，回來看她兩次，看得出來老薛不討厭她，為此老娘可感動了。」他說「五女婿歡迎丈母娘都來不及了，怎麼會討厭呢？」我說「老娘要臉一輩子，可是擔心歲數大了會招人煩。」

他說「我對于愛情文藝小說看過很多，也想寫一本好的小說，至少在二十萬字以上，做為人生的紀念，我這一輩子就算沒有白活了。小說的書名已經有了，至少要專心寫作一年，最好是等到退休以後動筆，書名是《一生只愛一個男人》。其實，我早在十年前已經寫了其中的第一章一萬多字，放在檔案中封存起來。」我說「老婆支持你，期待你的杰作面世，讓俺先看一下，先睹為快唄。」

# 第二十六回　回家看望丈母娘，千裡挑一五女婿

2015/08/14

我說「現在六點，想一想再過十八個小時的敖包相會就讓人流口水！你別再吃那無滋無味的快餐了，等來家後讓老婆好好給你補一補，吃那可口美味又有營養的飯菜。」他說「我聽得人說『花心練大腦，偷情心臟好。泡妞抗衰老，調情解煩惱。暗戀心不老，相思瞌睡少』。妳說靠譜嗎？又聽人家說『家中紅旗不倒，外頭彩旗飄飄』。敢情是真的？」我說「誰那麼有才？為了偷情找來那麼多靠譜的理由！這都是男人的夢想吧？」

他說「現在五點多，我已經上船了，向著親愛的二奶出發。下午上班後一直看著窗外的天氣，卻是不見太陽的陰天，我一直祈禱著千萬不要下雨。到了四點還是一樣的陰天不雨，可是過了四點半，才知道什麼叫做怕什麼來什麼，開始下著不大不小的雨。

五點一下班，我先看雨勢如何？這雨還真難搞，冒雨騎車是不可行的，只好穿上雨衣出門了，其他一路上都順順當當的上了船。《老頭愛丫頭二十六》——侄兒搭機過海來，避暑度假個把月；又喜奶奶同屋簷，祖孫作伴好還鄉。回家看望丈母娘，千里挑一五女婿；看過閨女娘寬心，機場送行兩口子。2015/08/14」

他說「我聽人家說『男人有了錢，和誰都有緣。女人有了錢，身邊不得閒』。」我說「姑娘不能去接你，侄兒會陪我去，十一點出發。夜裡十二點半你可來了，急死俺了！」他說「九點起飛的班機延遲到九點半登機，果然是十二點四十到達，回到家是凌晨一點半，幸好有小帥哥陪妳出門也好。」

他說「二點回南方的班機晚點了，六點半降落廈門，已經趕不上末班船，只能明天早上趕頭班船。」我說「料事如神的老公，你的判斷好準喔，六點半落地。十點你睡了嗎？餃子和壽司放到明天早上也不能吃了。送走你回來之後就開始忙著搞衛生，直到六點搞完準備吃晚餐。好留戀你在家的感覺，每餐看到你津津有味地吃著我給你準備的飯菜，老婆真的好幸福，想想就會讓人開心的笑出聲來。晚餐只有我一個人孤孤單單的吃飯，上一次六月份你離開時，還好有老娘在身邊，沒感覺太失落，今天不同了，老娘不在，姑娘出去，我真的好想你！」

我說「晚上十點多，你睡著了嗎？可是我睡不著。我剛剛看完哥哥與妹妹的情信二十三，好多內容是哥哥看到的、平時我們視頻時我口頭敘述的，聰明的老公點點滴滴憑記憶編輯進去，內容豐富精采，老婆喜歡！再看一遍二〇一四年十月我回金門陪你共同生活一星期的那篇文章《十分開心，十分滿意》，感覺還是同樣的開心、滿意，有才老公我好愛你！我想世上沒有幾個男人，會像你那麼細心、耐心、不厭其煩地記錄著四年多來，每天、每時、每刻的愛情故事，老公…你對老婆的用心，真的讓老婆好感動！」他說「老婆，看完妳發來的信息，好喜歡，真是沒有白疼妳，說到底，還是老姑娘比小姑娘貼心！」

他說「我能理解經常換工作、換環境的心情不好受，能遇上好的雇主不容易，壞的雇主肯定少不了，學習忍氣吞聲更是常有的事。像我幾十年在同一個單位工作，領導也是幾年更換一批，都要學著去適應，也別較真，敷衍過去就算了。從世界著名的管理學大師馬斯洛說起，他創設需求層次理論／需要層級理論，歸納出人類渴望滿足的需求分為五個等級，由低往高逐步發展，五項需求分別是生理、安全、社會、尊重、自我實現，最高等級就是自我實現，中國話叫做實現抱負。而我再把這五項需求歸併成二項需求，將生理、安全、社會三項合成生活層次，每一個人都少不了需要滿足的。然後將尊重、自我實現合成生命層次，需要滿足的人就不多了。」

我說「不知咋搞的？我沒錢的時候他們就默默地給我轉錢過來，我該怎麼報答他們好哪？」他說「看妳遇上貴人，再趕上及時雨，還抓到救命稻草，一下子什麼都好了。物業費一千，取暖費三千，飛機票二千，全都有了著落。就等妳中秋節趕緊投進老公溫暖的懷抱裡，妳願意嗎？」我說「我願意，一千個願意，一萬個願意，要投進老公的懷抱裡。」

他說「恭喜妳！今天可是雙喜臨門了。第一喜是破了，不是破吉尼斯世界紀錄，也不是生兒子的羊水破了；而是老婆要回家數饅頭的數目破十了，老婆要回家倒計時只剩下九個饅頭。第二喜是有了，不是媳婦有了，也不是姑娘有了，而是姑娘今天考駕駛証考了一百分，從今以後有証了，她不但擁有獨生子女証，還有駕駛証。」我說「你好幽默喔！我好愛你，要是羊水破了那就更好了！」他說「那不就有大胖小子了嗎？」我說「你還是喜歡大胖小子，那老婆就往大胖小子的目標努力。」

他說「我說一下體型／身高與體重的比例公式，男人是身高減去一百等於體重多少公斤，是標準體重。而女人是身高減去一百一十等於體重多少公斤，是標準體重。另外，年齡也有關係，三十到四十歲之間不用增減，三十歲之前減五公斤，四十歲之後加五公斤。」我說「親愛表叔，我是一〇六斤的標準體重。」他說「妳是怎麼計算來的？身高一五八減去一一〇得到四十八，四十八加上五得到五十三公斤，正好一〇六斤，是嗎？哈…哈…妳太棒了，難怪妳看起來瘦瘦的，摸起來肉肉的真好，我喜歡，妳不會被炒魷魚了。」我說「你真會誇人，看上去瘦瘦的，養眼；摸上去肉肉的，好使！老公，我愛你。」

# 第二十七回　大連媳婦再來家，千里單騎自由行

2015／09／26

他說「現在早上五點，妳都已經起床準備出門了，真是早起的鳥兒有蟲吃。今天饅頭吃光光，晚上就能投進情郎的懷抱裡吃肉了。」我說「是啊，四點五十分鬧鐘一響我就起床了，今天是個美麗的日子。」他說「《老頭愛丫頭二十七》——大連媳婦再來家，千里單騎自由行；飛抵鷺島轉浯島，依然開心又圓滿。今年中秋份外明，一輪明月佳人來；國恩家慶半個月，樂得老漢笑開懷。2015／09／26」

我說「有才老公，早上好，再過十二個小時就能回到家。」他說「這孩子坐車出發了，祝妳一路順風順水，一路平平安安。」我說「五點半我就走出去坐車，六點一到機場，整個大廳黑壓壓的都是旅客，過安檢的排隊人數大排長龍，我走快捷通道也是長龍，幸好又另開一個快捷通道，我才能在六點半進入登機口，已經廣播開始登機。十一

點五十降落討厭的門了，十二點五十在五通碼頭看到北京大姐了。我坐二點的船，北京大姐坐三點半。」

他說「親…，昨天早上咱倆相偕到市場採購豬肉蔬菜之前先經過我大姐的租車店，就進去跟她打個招呼，碰巧我妹妹也在她店裡，便把妳介紹給她認識，妳說妹妹長得跟大姐非常相像。然後騎著摩托車去看陳長慶，互道寒暄之後，他很開心，立馬叫來五斤貢糖送給妳。離開後順道去拜訪老朋友李孝光，我們坐一會兒就告辭，他還特地送妳二瓶中秋節紀念酒。回到金城，在公車站跟北京大姐碰面，三個人就站在車站外聊了一個多小時。下午五點回珠山老家看望隔壁大嫂，在村子裡轉一圈再回家時已經七點。吃過晚飯，九點半到蔡水田大哥單位跟他喝茶聊天，因為杜鵑颱風侵襲台灣，他要獨自留守坐鎮防災。快十一點離開之後，又到昨晚快樂的海邊去重溫舊夢。」

他說「親…，今天二十八號還是中秋節連假的第三天，早上就跟蔡水田大哥約好中午到家裡吃素餡的餃子。他來的時候居然又帶來一盒好大的月餅禮盒，吃飯的時候他說『好吃不過水餃，舒服不過睡覺』。說得還真合轍押韻，這樣說說笑笑，再喝上一杯小酒，吃飯的氣氛真是愉快。看到那盒月餅就吃不消，只好打電話叫大女兒阿如拿回去給她的三個孩子幫忙吃，等她來的時候給她介紹小魏姐認識，小魏姐也送給孩子二包大連酥糖、蝦片、板栗。」

他說「今天是中國的十一國慶節，放長假七天，也是中國的黃金旅遊周，全中國的遊客有五億人出門，這種人潮真是夠嚇人的！台灣不放假，一切作息照常，台灣的國慶日在十月十日，又稱雙十節，只有放假一天。」我說「我來到金門，恰好趕上了十一及雙十，一點也不吃虧。」他說「晚上結伴吃喜酒，住在鄰居的表妹蔡月娥大兒子今天結婚，餐廳備有遊覽車／大巴來接送客人，我們樂得搭乘專車，小區搭車的客人不到十人，吃完喜酒照舊坐專車回家。」

他說「今天要採購和行李裝箱，首先到屈臣氏買小姑娘指定所要的四樣化妝品，可惜，其中三項沒有，廠牌有的那一項又偏偏缺貨，一切只能棉花店失火—免談。其他物品都能買齊了，倒是出血不小喔！」我說「以後小東西需要叫八八才有禮物，不叫八八就沒有了。」

他說「十月十日是台灣的國慶日，又稱為雙十節，卻是送君千里的日子。九點出門，十點上船前進廈門，十一點半到達機場。今天此地是上班日，旅客零零落落，報到劃位特別順暢，等到十二點半一路把妳送進安檢門往登機口去等候一點的班機，我才獨自離開廈門高崎機場。美好又快樂的中秋節半個月假期就這樣子劃下圓滿的句點。」我說「親愛的老公一路送我到廈門飛機場，這十五天來跟你生活在一起，每天都過得非常愉快，老公…我愛你！一點的飛機晚點一個小時才起飛，六點平安落地大連。」

我說「親愛的，第二次回家老婆更加開心滿意，不但度假的時間長，還有心愛的人幾乎二十四小時陪伴，特別是老公好隨和喔！每次你給家人朋友介紹我是你的大連老婆，你可知道我有多開心嗎？最讓我擔憂的大女兒那一關，也愉快突破。還有，北京大姐她好熱心喔，每次見到她都會送我好多東西，好像一位長輩家人，小小的我，跟她在一起只有聽從的份。」

他說「妳可能在一個人面前是一文不值，卻可能在另一個人面前是無價之寶，所以俗話說，樹挪死、人挪活。人生的很多錯誤不必親自試驗，在別人的經歷中吸取教訓，才是人生的智慧，這是我的社會觀察。」我說「親愛的，傻傻的我稀里糊塗就過了幾十年，總算遇上智慧四射的你點醒了我，所以讓我不顧一切撲進你的懷裡。當時顧不得以後的結果會怎麼樣，只要我一心一意為你做到最好，不管以後你對我怎麼樣，只要當下幸福就好，我好期待得到做女人的味兒！」

他說「傻丫頭什麼時候才能長大呢？」我說「是呀，她怎麼不願意長大哪？她的懂事好像是選擇性的，在單位游刃有餘，同事和家長處理得很好，來家怎麼就傻了哪？」

他說「看見帥小伙她就更傻了，她就暈了！」我說「對呀，還是後爹了解她！姑娘她其實什麼懂明白，就是現在做起來還不太積極，好像我們不需要她出力，只有我們照顧她的份！」

他說「今天看了一個視頻，才知道麵粉的筋度分成四級，特高筋、高筋、中筋、低筋。用途還不太一樣呢！」我說「你喜歡一根筋嗎？我就是一根筋愛著你！」他說「俺就喜歡妳那一根筋。原來麵粉的筋度分成四級，特高筋做油條、麵筋、通心麵，特色是咬勁十足。高筋做麵條、麵包，咬勁很好。中筋做饅頭、包子、燒餅、餃子皮，咬勁就小。低筋專做蛋糕，咬勁鬆軟。」

他說「中國南北的差異和誤解，是由于氣侯及地理條件的不同，產生出不同的文化及習俗，最終體現在地大物博這句話。一，南方人認為北方人抗凍，能在天寒地凍和冰天雪地中存活下來，肯定是體質過人，訓練有素。北方人誤以為南方冬天不冷，殊不知北方的狼到了南方凍成狗，北方是乾冷，多穿衣服便能禦寒，南方是濕冷，衣服穿多也無用，南方人比北方人抗凍。二，北方室外好冷進屋暖和，北方人過冬靠的是暖氣，南方屋內好冷室外晒太陽，南方人過冬靠一身正氣。三，北方人說春雨貴如油，秋天是梅雨季節，南方人說春雨紛紛行人斷魂，秋雨貴如油。

四，南方人指路時說前後中左右，北方人指路時卻說東西南北。五，北方人洗澡還要用搓澡巾搓澡，南方人洗澡沒有搓澡巾。六，北方人愛吃一口一個的餃子，南方人愛吃吸溜的麵條。七，北方氣候是四季分明，北方人的性格也是性格外顯，愛恨分明，熱情豪放，南方氣候沒有酷寒，南方人的個性內斂，愛恨含蓄，性情婉約。八，北方人種常見人高馬大，性格豪邁爽直，北地胭脂英姿颯爽，南方人種通常嬌小玲瓏，性格溫柔婉約，南國佳麗脈脈含情。例外的也有，如北人南相或南人北相者。若以優生學論之，南北調和之，通婚之，或能兼取兩地之優者。有在行走大江南北的人，不能不了解一些南北差異。」

他說「聯合國的世界衛生組織宣佈，熱狗、火腿、香腸，這三種加工肉品都是一級致癌物，少吃為妙。」我說「我以後再不吃熱狗、火腿、香腸，只吃炒飯就好。」他說「恭喜薛太太可以生孩子了，昨天中共十八屆五中全會宣布，開放夫婦可以生育二個孩子。全面啟動二胎化的政策，是為了防止人口老化和人口紅利流失，實施三十年的一胎化政策從此成為歷史名詞，走進塵埃。」

他說「我給小姑娘說『妳的生活習慣在搬進新家之後的第一年及第二年改變很少，我和妳媽一直擔心妳的慢熱，幸好，第三年妳大幅度的改變，而且，妳很快就看見改變的成果及效果，更堅定不移的繼續改變妳的生活習慣。今年是第四年，妳的漂亮是跟著妳的健康一起改善的是不是』？」

他說「馬英九和習近平在三天後，十一月七日要在新加坡見面會談，馬習會之後，不簽署協議，不發表共同聲明。本來這是海峽兩岸分隔六十六年之後，第一次兩岸領導人會面，具有重大意義，對促進兩岸和平有重大作用。可是，台灣人民多感驚訝，也表不解，這在馬英九第一任和第二任總統上任之初，就可以做的事，卻整整拖了七年半。」

他說「馬習會今天下午三點在新加坡的酒店裡面正式見面，兩人握手長達八十秒鐘，可謂是歷史鏡頭。會談結束後在六點鐘會餐一小時，用餐的費用採AA制，各付各的帳，餐後馬英九搭機返回台灣，夜裡十二點降落台北。」我說「習近平說要達成九二共識，那是什麼意思？」他說「習大大說的九二共識，那是在二十三年前台灣與大陸的第一次接觸，在一九九二年台灣的辜振甫與大陸的汪道涵，第一次在新加坡的會面，雙方達成的協議只有八個字「九二共識，一中各表。」

我說「親愛老公，祝你生日快樂，我好愛你！」他說「薛太太，哈…哈…謝謝妳呦！生日快樂，我也愛妳。」我說「生命中有了老公的愛，日子過的是那麼的溫暖！」他說「今天一大早就看見小女兒深夜三點多來信息說，生日快樂。接著又打來電話道

## 大連的小魏傳奇
### ——兩岸婚姻中華情

賀，還有布萊恩的道賀，妳說寄的禮物大概也該到了，我說還沒有收到，我也愛妳們。晚上一回家就就看見大門口躺著一件包裹，打開一看是一件毯子，還有一張生日賀卡說，金門最緣投／英俊的老爸，生日快樂。」

我說「又一次讀完《依然又開心又圓滿》這篇文章，看到我從九月二十六日早上出發至十月十日返回家中，回顧每天的點點滴滴跟你生活在一起，真的又開心又幸福。」他說「大連媳婦第二次回家來，跟第一次回家一般一樣，依然又開心又圓滿，叫人怎麼不回味無窮！很快的，老公又要回到媳婦和閨女的家來，因為冬季已經到了，團聚就在不久。」我說「真的要來家了嗎？那我可就期待那一天早點到來哦！」他說「聖誕節的時候，就是妳哥來家的日子。」

他說「我還有一件好消息，妳想不想知道啊？妳可要豎直了耳朵好好聽著呢！」我說「是什麼好消息？求求你快說吧！剛剛給驢耳朵借來了。老公，什麼好事快說呀，我的耳朵早就豎起來了！」他說「妳今年中秋節回到老公身邊快活了十五天，所以我想在聖誕節回到老婆身邊快樂十五天，原訂聖誕來家的時間因此要提前一周，改在十二月十八日出發聽明白沒有？」我說「真是個天大的好消息啊，我趕緊的訂票，沒想到電話訂票還比網絡訂票便宜呢！」

我說「早上八點五十降落青島，九點看見弟弟來接我，問我說姐夫怎麼沒有回來？給姐夫買了一幅畫送他呢！十點十分到老娘家裡了，可是手機信號不好使。」他說「妳替我多喊兩聲老娘好，誰叫妳娘就是我娘。網上說東北人性格，一是豪爽實誠，二是幽默歡快。原因是貧窮。」

我說「你很待親，很可愛，難怪你會這麼待見，討人喜歡。你看姐夫們都在忙著給你殺雞，二姐夫三姐夫四姐夫都有。」他說「我愛姐夫，我更愛姐夫殺的雞。」我說「親愛的老公，早上七點我出發了，把家門打開我要回來了！」他說「小同志，我家大門常打開，歡迎常回家看看。」我說「『我在九點五十降落大連了。」他說「妳落地了，我在這哪。」

# 第二十八回　冬至聖誕連元旦，老公返家半個月

2015/12/18

他說「恭喜妳！今天饅頭終于吃光光，晚上就能吃到腱子肉。」我說「是呀，現在是早上六點，倒計時還有十二個鐘頭，就要吃腱子肉了！」他說「再過十二個小時，妳就有好果子可以吃了！」我說「淘氣小女兒好可愛，竟然稱老爸三八，我愛老公，也愛小女兒。」他說「我上班只到十一點，坐十一點半的船出發，十二點半到機場。十二點五十到登機口，今天出門一路順風，毫無阻礙。《老頭愛丫頭二十八》——冬至聖誕連元旦，老公返家半個月，一家團聚笑呵呵，媳婦閨女樂歡顏。2015/12/18」

我說「有才老公，又創作出小詩，老婆喜歡，我愛你。」他說「六點二十落地大連，薛爺爺回來了。」我說「熱烈歡迎老公回來溫暖又溫馨的家。」

他說「中午和壽鐵奎、姜淑雲伉儷跟他們的三位朋友一起吃飯，一姓惠一姓于一

姓王，好像是那位惠先生作東的樣子，我逐個敬過酒詢問對方貴姓及自我介紹之後，大家就比較熱絡。席中惠先生知道我是來自台灣的呆胞，就順口問了我一下台灣人對台獨的立場是什麼？我大致說明了一下，台灣人目前大概有一半愛獨立有一半愛統一，像我本人是金門人大多數愛統一，因為我們自古就屬于福建省，不屬于台灣省。而且在地理上，金門隔著台灣海峽距離台灣有三百多公里，但是距離廈門為一衣帶水只有十公里；在文化上，金門都是沿襲閩南文化及傳統。

其實，在台灣愛獨立的那一半裡面，至少有一半以上也是期待著統一，只是以前大陸的生活比較貧窮，台灣人害怕統一之後台灣原來好的生活水平會下降，只要大陸的生活水平提高了就會樂意迎接統一。二十年前我讀大學時代，聽那些往來過台灣及大陸的教授講，台灣分離四百年，最終仍與中國合，兩岸統一是早晚的事，統一的時間大約在三十年後的二〇二〇年最為可能。二十年後的今天，更清楚了解，台灣前途在中國，兩岸最終是統一。等我一說完，那位惠先生高興地講，聽薛先生談話好比是在聽大學教授講課那樣子又明白又舒服。妳還記得嗎？」

他說「親愛的，元旦快樂，萬事如意。」我說「好老公，新年我們一家都快樂。」

他說「增補一下《老頭愛丫頭二十八》——冬至聖誕連元旦，老公返家半個月，一家團聚笑呵呵，媳婦閨女樂歡顏。看我姨心痛鼻酸，骨瘦如柴一層皮；表弟不慎惹禍端，家庭憑空罩烏雲。淑雲由來護小魏，姊妹友愛情義重，生個兒郎小立博，警界新血伸正義。吾家有女初長成，青春初度二十一，薛家溫馨過生日，三星高照好運來。

2015/12/18「我說「晚上十點過後大連的霧霾達到紅色警戒，窗外伸手不見五指，比晚上七點半我們出去散步時還濃。」他說「自從我回來大連後天天晚上散步一小時，因為今晚霧霾深濃，只走半小時。」

他說「好大的霧霾—二〇一六年，元旦第三天，霧霾鎖大連，猶如在仙境。要回南方去，哥哥行不得，班機延後飛，推遲三小時。」我說「早上十點霧霾為橙色警戒，僅次于昨晚的紅色警戒，窗外看不見樓房。航空公司十一點通知，下午一點起飛的班機推遲到四點。」他說「原訂十一點出發，就改到下午二點出門。五點半登機，飛往吉隆坡，經停廈門，九點十分降落廈門。」

他說「早上六點半出門時一片霧茫茫，市區是中霧，海上肯定就是大霧，一進碼頭果然是大霧，廣播說因氣候因素停航，真糟糕！到達碼頭三個小時，到十一點半，總算等到好消息，開始檢票。十二點之前登船，但是霧天的速度慢很多，十二點五十抵達，但是人多下船慢。」

他說「中午外甥黃志琳來電說，我大姐夫三號星期天去世了，現在停放在殯儀館，十三號要出殯。我本來打算下班後去上香的，無奈下雨天騎摩托車不方便，只得先回家。」我說「哦…挺突然的，不過，像大姐夫那狀態，這樣子對他自己和家人也是一個解脫，你打算明天去嗎？」他說「只能明天去了。」他說「小的弟弟晚上說他明天下午回金門，大後天參加大姐夫的告別式，我告訴他回來可以到家裡跟我住，因為他一般回金門大多住在大姐家，這下子可能住不下。」我說「那好啊，這樣子哥倆有機會敘敘舊，小弟也算有情有義，特意回金門送大姐夫最後一程。」他說「他和大姐夫的感情很好，也很懂事。」

他說「給小女兒發信息『博博，妳倒是說說看美國社會現象中有一件事，那就是一般家庭中的孩子長大到十八歲的時候，都會被趕出家庭在外面獨自生活。那麼孩子沒有工作沒有收入，生活所需是否由家庭負責』？小女兒回信說『親愛的老爸，美國人不像我們中國人一樣喜歡買房子，反而是租房子的人多。所以租房市場熱絡，政府並不需要提供出租房。美國人讀初中、高中時候，父母就會讓他們出去打工賺取零花錢。父母希望孩子有能力後出外謀生，一般認定是十八歲，但不一定就非得是這個年紀。孩子們也希望出去嘗試獨立的生活，所以這是父母和子女雙方面都期待的事情。美國人一般讀到公立高中的學費都是政府提供的，這跟台灣義務教育一樣』。」

我說「親…我姨今天凌晨一點半去世了，我跟李妙玉的車在二點半趕到醫院，半小時後殯儀館的車來把遺體拉走。現在六點我在馬珊家裡休息，等天亮要陪她去採購東西。」他說「喔…這樣子啊，我姨也算是解脫了，就不要太悲傷。」我說「她臥病一年多，家裡人比較辛苦，我姨走了家裡人都比較平靜。」

他說「妳今天又遇上一場及時雨，抓到救命稻草，趕上守護神。匯去三千元，給我姨弔唁一千，給丈母娘孝敬年節紅包一千，給我老婆支援生活費一千。」我說「戲呀、戲呀，親愛的老公，能靠上大樹真好，老婆今年的日子過的都沒臉了，謝謝老公關心。」他說「今天是臘八節，過了臘八就是年。臘八喝粥新年到，祝願妳早生貴子。」我說「臘八的心是熱的，因為昨天已經收到老公滿滿的愛。」

他說「一九七〇年生人屬狗，為人快活，做事敏捷，尤愛炒飯，福在晚年，女舉賢能興旺之命。一九五五年生人屬羊，為人容貌端莊，少年勤于從事，立家興隆，晚年大有財聚。」他說「弟弟給妳打電話沒有？我已經把高蛋白郵出去一周，應該能收到了。」我說「我聽你說完就給他打電話，他才說是昨天收到，本想第一時間通知我，卻給忘記了通知。我隨即打電話告訴老娘，說五女婿又給她郵了八罐高蛋白在弟弟那兒，可把老娘高興壞了，她管那高蛋白叫奶粉。」

他說「恭喜妳今天又破了，倒計時破十只剩九個饅頭，妳說美不美啊？」我說「那當然是美得我不行、不行的！」他說「在中國有很多假離婚，是為了多拿房屋拆遷款、為了多生第二胎、為了孩子上學等等，然後假戲真做，演變成後來真的離婚了，那樣子划算嗎？」我說「因為有的拆遷是以戶為單位，同一個地址有一戶補助一戶，有二戶補助二戶，所以為了多得一套房子，就會有人辦起假離婚。」

他說「今天是臘月二十三送神日，按照習俗灶王爺要回天廷述職，向玉帝稟報人世間一年來的善惡功過，所以人們都要巴結灶王爺能在玉皇大帝面前美言幾句好話。」我說「丟呀…丟呀，戲呀…戲呀。今天在南方是送神日在北方是小年，一星期後就要過大年了。」

他說「妳哥從二〇一二年開始，年年都由南方飛到北方的上邊—東北的大連。第一年是在一家三口一起流浪之中過的春節，除夕夜的深夜離開我姨的家，初一的凌晨回到景山老婆的家，清晨老公獨自返回賓館，中午一家三口再度會合，前往泉水投奔外甥姑娘的家，停留四、五天後離開。因此種下買房的念頭，爭取明年的春節能在自己的家裡度過。終于功夫不負有心人，二〇一三年的春節，就是在我們自己家裡度過的，連續過了三個新年，再過四天我們就要一塊過第四個春節了！」我說「說什麼還得感謝老公呀！要不然我們說不定還繼續飄著哪？好日子過得真快，轉眼之間，我們搬進新家快要四年了。」

# 第二十九回　一年容易又除夕，送舊迎新過春節

2016／02／05

他說「現在六點，再過十二個小時就有好果子吃了！」我說「還是你懂我，再過十二小時有肉吃，教俺興奮得睡不著！」他說「我坐十點半的船出發，《老頭愛丫頭二十九》——一年容易又除夕，送舊迎新過春節，千山萬水半日回，一家歡聚愛巢裡。2016／02／05」

我說「有才老公，你走到哪裡了？我跟外甥姑娘逛街回來，還是一無所獲。」他說「一點半我要登機了，先去找丈母娘吃狗肉，剛才打瞌睡好像睡著一會兒。」我說「看來你是真的著急了！」

他說「增補一下《老頭愛丫頭二十九》——一年容易又除夕，送舊迎新過春節，千山萬水半日回，一家歡聚愛巢裡。五度闔家共圍爐，不堪回首第一年，飄泊流浪寒風

中，立下宏願購愛巢。功夫不負有心人，半年之內購套房，交過首付再按揭，爭取早日能兩清。有家有愛底氣足，不知房奴為何物？2016/02/05」我說「老頭愛丫頭二十九再次補充回家過年，回首以往過年的艱辛，相比之下，現在真是幸福又美滿！」他說「六點之前再次降落大蓮，薛大爺回來了！又在機場換了一個新的行李箱，而且比原來的還要大喔！」我說「薛大爺，薛大娘在此等候多時了！」

他說「大年三十到，祝新年快樂，恭喜妳發財，恭喜妳精彩。下午二點我們一家三口坐公交出發，三點到達姨父家，二個表弟和我們三家各三口人，加上姨父正好十口人，象徵十全十美，今年猴年我們大家一定好、一定發。五點圍爐吃年夜飯，八點再吃一頓水餃，我們一家搭著大表弟的順風車一起回到我們同一個小區的家裡。」我說「去年少了一個小表弟，今年又少了一個我姨」。他說「現在已經十一點多了，除夕夜最期待啥事呀？」我說「你懂得。」他說「對了，趕緊去看妳的枕頭底下吧！」我說「哇塞！厚厚的一沓子新鈔票，我已經發了！老情人有的，小情人也有。」

他說「今天大年初二早上，我們上開發區姜淑雲家裡去拜年，陳玉香她們一家三口也過去一起拜年和午餐。」我說「今年在姜淑雲家聚會，明年換到我們家，後年就到陳玉香家聚會。」他說「初三早上，老朋友朱姐在十點過後就到家裡相聚，一起吃過中飯她在下午三點才打道回府。」

他說「初五早起就下了一天的雪，從窗口往外一瞅，地上及屋頂上那皚皚白雪真是一片銀妝素裹。看見今天的雪景，不禁令人想起毛主席的那首詞《沁園春・雪》——北國風光，千里冰封，萬里雪飄。今兒個可是讓我親眼目睹、親身體驗到了！」我說「看下雪和在雪地上行走的不容易，你已經很有經驗。」他說「今天是二一四，情人節快樂，快樂情人節！」我說「有哥哥在身邊的日子，天天都是情人節，有你真好！」

他說「昨天早上吃妳做的蛋炒飯吃到一半時，那個小的走到飯桌來拿起她那一盤炒飯上的筷子後，隨即把筷子一扔又不吃了，轉身一聲不響就出門走了，把我搞得一頭霧水，不知道她哪一根筋不對了！」我說「我給姑娘發這個信息說『老王家的後代，我真是被妳打敗了，大大每一次回家妳都會整出這麼一齣。我拼命想把我們三個人撮合成一家人，擰成一股繩，大大也極力想把妳當成自己家的孩子看待，妳怎麼就拼命往外使勁哪？妳能不能懂得感恩呀？現在我們的生活水平是怎麼得來的？每天嘰嘰歪歪的給誰看哪？妳自己好好反思一下』。誰知她只回我一句話說『喃倆不是挺好的嗎』？」

他說「又增補一下《老頭愛丫頭二十九》——一年容易又除夕，送舊迎新過春節，千山萬水半日回，一家歡聚愛巢裡。五度闔家共圍爐，不堪回首第一年，飄泊流浪寒風中，立下宏願購愛巢。功夫不負有心人，半年之內購套房，交過首付再按揭，爭取早日能兩清。有家有愛底氣足，不知房奴為何物？我姨見背二十日，除夕圍爐少一人。

2016／02／05」

他說「南方的候鳥在五點半到登機口了，五點五十準點登機。班機六點開始滑行，應能準點起飛吧！」我說「我們還在機場的908路站台等公交車，好冷喔！」他說「八點半再度登機，第二段飛行時間也跟第一段一樣需時一個半小時，夜裡十點四十五準點降落廈門，愛人同志。」我說「祝你順利的準點降落，到旅館後早點休息。」

他說「下午從碼頭騎車回家，小毛驢在半路上竟然無預警的熄火了，這台車子從來沒有這樣子罷工過，興許是閒置十五天來鬧情緒了，就跟我們家那個小的一樣。我還擔心在到家之前拋錨了，幸好是有驚無險地騎回家，所以晚上趕緊的去溜一下。」我說「看了這個視頻後，對于孩子從小的培養，我的問題很多。回憶當年在一九九四年四月份稀里糊塗嫁人，二個月後稀里糊塗懷孕了竟然不知道，最先是老王她小姨察覺我的反應異常，才讓老王帶我去醫院，一檢查居然已經懷孕二個月了。從懷孕到孩子出生也是懵懵懂懂，根本就不懂得如何帶孩子，加上生活重擔，孩子不足六個月我就出去打零工了，堅持給孩子吃了十三個月的母奶。

但是糟糕的事情隨之而來，又懷孕了，決定給孩子斷奶，頭天下午就去大連中醫院做人流把胎兒拿掉，回到家四點多。到了晚上老婆婆竟然要讓我自己做晚飯，第二天上午只能休息半天，下午開始繼續上班，哪裡還有時間可以休息呀？結婚後在大商上班三年工作雖然安逸，但是工資根本不夠開銷，只好放棄工作六年的大連商場，選擇當時工資比較高一點的飲食業工作，但是工作時間也比較長，早上九點上班，晚上九點到十點才能下班，那段期間伴隨著爭吵不斷，家裡空間狹小又不懂得要防備孩子，在爭吵激烈時也會提到離婚或者我想要離開那個家，讓孩子聽得明明白白。自那時候開始，她的情緒就慢慢變得敏感、恐懼、不安，不斷哀求我能夠帶上她。說實在的，我真是稀里糊塗嫁人、稀里糊塗懷上孩子、稀里糊塗把孩子帶大的。」

他說「其實，教育孩子的模式有三大類別，每一種都有一定的效果，但不會十全十美，因為教育孩子不僅僅是父母的關係而已，還有一半是孩子的關係。一種是放任式，一種是管制式，一種是協商式，前兩種模式像是兩種極端，都不是很理想，最後一種似乎民主式，好像最理想，但結果卻未必就是如此。因為孔子說的最中肯，教育孩子要，循循善誘、因材施教，不光是父母和師長的教育方式而已，還要看孩子的資質和本性。」

## 大連的小魏傳奇
### ——兩岸婚姻中華情

他說「下午小狗子來信息說『老爸恭喜啦！你又當阿公囉，昨天下午出生的，重三千五百克，有小雞雞的喔』！我回信息說『哎喲…憨雞仔，恭喜你又當老北了！而且這個個老二和老大一樣，都急著出來看你這個爸爸，提早了兩三天吧？恭喜，恭喜，並代我向君君道喜哦！你兒子的名字想好了沒有？叫什麼名』？」我說「恭喜你又當爺爺了！兒子、兒媳婦真能幹，兒女雙全。」

他說「老薛家的，很抱歉告訴妳一個不太好的消息，北京大姐說中國在一月底已經宣布，原本對台灣開放四十八個自由行的城市大幅縮減，只保留北京、上海、廈門、廣州四個城市外，其他的通通暫停，一直到六月底再觀察。」

他說「我靠…今天要上班，我又睡過站了！」我說「我現在的生活是從未有過的安逸，生活步調放慢的感覺真好，感謝老公。幾十年來我一直處在快節奏的狀態中，在二〇〇一年，已經工作五年的財政局下屬的酒店，竟然讓幾個不靠譜領導給幹黃了，轉到老虎灘的旅遊景點賣乾海產品一年，只好尋找機會自己做點小買賣，找到一家店面簡單裝修一下做麵點，在二〇〇二年初就開業給自己打工。早上不到六點就開工了，晚上八點多才能收工，只幹了十一個月就幹不下去了，北方的冬天一變冷，大街小巷的人們都給吹得乾乾淨淨，人都沒有了，要賣給鬼呀？」

他說「妳說這孩子到底在鬧騰啥呀？我對她呵護有加、疼愛無比，我們多麼關心她，苦口婆心，費盡唇舌勸導她，循循善誘，引導她好幾年，捨不得罵她，更沒有打她，眼看著她一點一點長進，一天一天走上軌道，只要她好了，我們一家都好。不承想，最近連著這三趟我來家，都看見她在那裏鬧別扭，我又沒有招惹她也沒有得罪她，為什麼給我擺臉子呢？我要是有什麼做錯了，或是做得不好，都可以儘管跟我攤開來明講的，我別的沒有，修養和度量還是有的。抬頭不見低頭見，要是不歡迎我的話，我也不稀罕再回去了！」

我說「你回去後我問過她，到底是什麼原因鬧情緒？她說對你沒有半點怨言，這些年來你對她的好，她心知肚明，就嫌我每天總是挑她的毛病。聽到你說再不想回來了，我真的好傷心，難道我們的幸福就這麼不堪一擊嗎？」他說「小東西今天發來的信息『大大，這幾天我也反省了自己的錯誤，連續三次惹你不開心，其實不是針對你的，只是跟媽媽總鬧矛盾。你對我的好，我都記在心裡，希望你原諒我』。我給她回信息『我的寶貝，叫我怎麼說妳才好？妳要跟媽媽鬧矛盾，也不能在我跟前鬧啊！妳在我吃飯時摔筷子，妳知道那是多麼惡劣的行為嗎』？她又說了『可氣、可氣，使勁的譴責我自己，這幾天我也覺得很對不起您』。我回說『妳要好好改變，立馬改變，要不就沒有好果子』。她說『我會好好改變』。」

他說「親愛的妹妹，祝福妳三八婦女節快樂，愛情事業都順利。」我說「謝謝你，我開心，你快樂！隋姐來家裡看完那兩篇《十分開心十分滿意》、《依然又開心又滿意》，可把她嚇壞了，就連造小人的事也能寫進文章裡，真是太有才了！哈…哈…可把我樂的，我說沒事。」

他說「我今天在五通碼頭諮詢了一下三個單位，有關于限縮自由行的事情是怎麼回事？他們一致的回說目前一切照舊並沒有任何改變，也沒有接到任何公文或通知說要限縮自由行的城市。但是，我想空穴不來風，北京大姐會這麼說是看見電視新聞報導，只是她沒有注意到詳細的情況及具體的做法而已，我再設法多了解一下到底怎麼一回事。我晚上到楊哥店裡聊天，他說他在本月或上月看過報紙的新聞提到，大陸對台自由行的城市從四十八個限縮為最早的四個城市，這個說法和北京大姐的說法沒有區別，明後天我上網去查看一下究竟。」我說「一提到限縮自由行我就擔心回不去金門看我的老公，咋整？」

他說「我今早上網查詢大陸對台限縮自由行城市的新聞，那是在二月二十二日的新聞，也就是你哥回家上班後的第一天，這條新聞當時我也看過了。大陸發出旅遊限縮令，指每日赴台旅遊的配額從八千人降到五千人，這是指旅遊團的部分，下令之後已經開始執行了。但是，自由行的部分只是傳聞、只是在醞釀而已，傳聞說未來可能會從現行的四十八個城市限縮到只剩四個城市，至于未來是從什麼時候開始？並沒有確切的時間，自由行的限縮僅僅是傳聞而已，並不靠譜，不需要自己嚇自己，妳還是趕緊辦好簽注回到妳哥身邊來吧！」我說「可不是嗎？人嚇人，會嚇死人！」

他說「三二五是個什麼特別的日子呢？難不成會是農奴翻身紀念日嗎？」我說「恭喜老公，今天又是一個特別的日子，我倆相愛合體五周年的紀念日！」他說「回想起這五年來相愛合體的日子多麼美好啊！在五十八個月當中，我們南來北往的飛來飛去相聚相愛竟然高達二十九回，平均二個月相見一回，其中妳飛五回，妳哥飛了二十四回。每回團聚好比度蜜月一般的甜甜蜜蜜、恩恩愛愛、情深深愛濃濃，每次團聚都留下一首小詩紀念，現在已有二十九首。」

他說「像我們那孩子在五年前，也就是她十六歲以前，是家裡對不起她，但是，在她十六歲以後，是家裡對得起她了！所以她應該在這個新的基礎上，趕緊完善她的做人做事，才不會對不起我們，對不對？」我說「問題就在十六歲之前給她慣壞了，改造起來還真是有點費勁。」他說「今天四月四日是台灣的兒童節，祝福妳節日快樂。」我說

「是的，節日同喜。」

他說「今天我跟姑娘說『我的寶貝，外面的世界很精彩，可是外面的世界不會輕易原諒妳的錯誤。妳認為呢』？姑娘說了『沒錯，就是這樣，沒有人會無條件的包容妳理解妳』。我又說『所以我們就必須全方位的去完善自己，才能順利地直面外面的世界。沒錯，只有家人才會無條件的包容妳、理解妳、把妳裝進自己的兜裡』。」我說「希望你的寶貝了解，除了自家人，不要認為誰都會包容她的錯誤。」

我說「上星期姑娘幼兒園的孩子家長送來一盒櫻桃，大約有三斤，現在這個季節櫻桃價格比較貴，一斤需要六十元，我們平民小百姓是吃不起的。當時姑娘下樓去拿的時候，我就已經想到要留一盒給老公嚐鮮和解饞，但是我忍住沒有說出來，要看姑娘的反應。沒想到她打開箱子裝進盒子的時候說，挺新鮮的，裝一個保鮮盒帶給大大吧！我對她說妳還挺有孝心的，我怎麼沒有想到哪？我先代大大謝謝妳囉。

上星期五她說，媽媽，櫻桃雖然沒壞，但是有點軟了。我說再等等看，如果不太好，就給吃了以免浪費。想不到，昨天我們在回家的公交車上，有家長打電話說晚上給送櫻桃來，放下電話後姑娘高興地說，大大有口福了，這一次送來的櫻桃送過去肯定不會有問題了！」他說「這孩子確實心地善良，只是個性毛躁和急躁一些。」

他說「告訴妳一個意外的消息，妳破了，我也破了！妳破十，只剩一個大饅頭就能吃上肉。我破九十，早上量體重只剩下八十九公斤。自從和我的愛人及姑娘過完春節，我的體重達到九十三公斤，胖了二公斤，回到金門二個月來瘦了四公斤，妳說是不是個意外呢？」我說「我長肉、姑娘也長肉，我的人沒到，肚子就先到，姑娘長到九十二斤。」

# 第三十回　北雁成雙東南飛，如花姐妹回家門

2016/04/22

他說「小山東，恭喜妳，大饅頭總算叫妳吃光光，現在早上六點，再過六小時之後，就能美夢成真，讓妳吃上肉了！再一次恭喜妳，今天又是我們這一家團聚的好日子，六個小時後我們就要在廈門勝利會師，今日此地風和日麗、晴空萬里、陽光明媚、大地含笑。」我說「我們六點半出門前往飛機場，坐八點半的班機，順利的話十二點半以後到達廈門。」

他說「《老頭愛丫頭三十》——北雁成雙東南飛，如花姐妹回家門，雛鳳先行返東北，老鳳歸程晚六日。2016/04/22兩岸一家親，難道不是偉大的日子嗎？」我說「親愛八八，我們來了！十二點五十落地廈門。」他說「熱烈歡迎妳們姐妹花的到來，我還在船上往廈門的海上搖來搖去，一點十分才能進港，妳們直接到酒店辦入住手續就

進去休息。」

他說「下午二點半我到酒店和姐妹花勝利會師後，休息到三點半出門，直奔東渡碼頭要上鼓浪嶼觀賞，不成想，我沒有帶上身分証件不能買票不能上渡輪，只能眼睜睜目送姐妹花兩人買四點五十的船票進入安檢閘口，我留在候船大廳等候返航。但是，五點半以後返航的船不再回到此地下船，而是又回到原來的輪渡碼頭下船，因此我得趕緊把這情況通知寶貝，可是偏偏沒有帶廈門手機不能打電話通知，只能乾著急乾瞪眼。我必須立馬趕到輪渡碼頭去接人，想到做到，坐上車抵達輪渡碼頭。然後我到渡輪下船的出口處從洶湧的人群中尋找，盼望能讓我瞅見那個穿桃紅色上衣的寶貝。就在不經意之間，眼角突然瞥見一抹桃紅色，可是轉瞬間又隱沒在人群中，我想確定那件桃紅色是何許人也？因此便鎖定那個方向繼續偵察下去，過了兩三分鐘瞧見那抹桃紅色正是俺的寶貝，她旁邊站著不就是另一個寶貝嗎？一下子可把我樂的，一直到只隔四、五個人，大寶貝偶然抬起頭瞧見了，立即把她樂的都不行了！趕緊的告訴小寶貝，這下子失散二個多小時的家人再度團聚了！」

我說「哥哥這一條信息也太長了，故事情節起伏、扣人心弦哪！雖然中途出現小插曲，但是結果仍然非常開心，而且當時失散了，叫我們兩邊都是心急如焚啊！」他說「我把這條信息轉給小姑娘看，她說可能有一千字呢！我計算了一下，是一千三百多字，也轉給小女兒看過。」我說「這條信息可是創紀錄的長信！」

他說「今天早上我們在小雨中走出酒店，打車前往南普陀寺燒香禮佛，十點上車從成功大道經過梧村隧道和萬石山隧道，一路都是風馳電掣，十五分鐘就穿越隧道，過完山洞。可是，城市的噩夢—堵車就此降臨，大塞車使得原本三分鐘的車程從此寸步難行，整整走了四十五分才到地頭。一下車就是雲停雨收，我們進到寺內燒香拜佛兩不耽誤十一點半回程，上車之後照原路返回，十五分到達酒店門口，好不快哉！退房後隨即搭車趕往碼頭買到二點的船票，櫃台小姐讓我們帶三包香菇到金門，給了路費每人一百元人民幣，上船後我把路費通通交給小姑娘，告訴她說有時候賺錢真是一件很容易的事情，把她樂的笑呵…呵的。」

他說「昨晚突然聽妳說小的今天早上回程，我好意外，我一直以為是明天呢！我上班後趕緊拜託同事吳振城大哥九點半來家裡載人，預定坐十點半的船，十一點半到機場，坐一點半的飛機就很穩當。沒想到十點十二分，突然看見小的來信息說她已經上船了。她說坐十點的船，還幫人帶上菸和面膜，掙了一百元人民幣，把她樂的。十一點到機場，十一點二十到登機口。」我說「這個傻丫頭今天的行程挺順利的，還讓她多賺了一百元，真是個見錢眼開的主。」他說「下午四點我問她到哪裡了？她說六點到大連，一路安全抵達。」

他說「增補一下《老頭愛丫頭三十》——北雁成雙東南飛，如花姐妹回家門，攜手同登鼓浪嶼，燒香禮佛南普陀。春雨綿綿到金門，成天窩在自家裡，雛鳳先行返東北，老鳳歸程晚六日。2016/04/22」我說「小的問我那個雛鳳說的是她嗎？我說是呀。」

他說「親愛的，祝福妳五一勞動節快樂。」我說「同樂，同樂，咋能不快樂呢？」他說「按照下午一點半的班機來規劃，我們要搭上午十一點以前的船到廈門。早上一直下雨，想不到，臨出門前雨停了，真是天助我也！騎著我的小毛驢直奔碼頭而去」。我說「今天出發的時間和坐船的航班，以及下午搭機的班次也和姑娘周一的行程一模一樣。」他說「妳儘管飛吧，妳哥給妳接著。親愛的，那當然，我來接妳就一定要送妳囉！那個小的本來也想送她的，但是為了放手讓她自由行，才要她自己走。」我說「一點四十分我就要飛了，五點半準時降落大連了。」

他說「養生的常識，在于一少三多，吃飯少，七分飽，多喝水，多運動，多流汗。我們要知道永遠的病人，造成的原因，一是過食，二是吃藥不斷。雖然我沒有第二項毛病，卻有第一項毛病，不但吃得多還吃得快，所以必須針對第一項毛病來改進。就從今天起，我的三餐都要厲行七分飽到處跑的要旨，早餐不過八分飽，午餐最多九分飽，晚餐只能七分飽。」

他說「我已經把妳和小姑娘這一趟回來老公家的過程寫好初稿了，標題是《娘兒倆開心又歡喜》，全文長三千七百字，光是頭兩天的微信就達到二千字了。這禮拜上班後我就接著寫下來，等明後天修改完再送給陳長慶大哥觀看和指正。」我說「親愛八八，你好能幹呀！怪不得你這幾天中午不休息都留在辦公室裡打字、打字，原來是在忙著搞創作哪！」

他說「那篇《娘兒倆開心又歡喜》的初稿大致就緒，下午做第一遍校對，全文長四千字，真是風趣幽默又流暢！然後我用電子郵件寄給陳長慶參閱指教，他看完說我賺到一個好老婆，又賺到一個好女兒，還賺到一篇感人的好文章！我也告訴小女兒了，等明天再寄電子郵件給她看。」我說「我得好好感謝小女兒的大氣，這些年來你對我的感情投入從不避諱小女兒，讓她一起分享我們的快樂及幸福，她從未表露嫉妒或者不滿，反而一直祝福著我們，不愧是老爸的智慧引導出孩子這麼優秀！」

他說「孩子的媽，現在是凌晨零點過二分，今天是妳的專屬節日，祝福妳母親節快樂！」我說「親愛的老公，我收到最早、最早的祝賀，是有生以來的第一次，謝謝老公，我愛你！」他說「沒事，吃好睡飽，身體健康。可不是吃飽睡飽，可以吃到七分飽就好了，睡到十分飽也沒有關係。」

我說「朱姐在鐵路醫院住院檢查婦科病，大夫說子宮頸內長東西了，昨天檢查結果出來是子宮頸癌，直徑十釐米左右，無法直接開刀，必須先做化療及放療縮小後才能開刀。」他說「小姑娘什麼時候才能叫爹呢？」我說「姑娘說等咱倆登記了她才肯叫爹，她怕叫了之後喃倆沒有去登記。」他說「妳跟姑娘說，小的要是不叫爹的話，老的就不去登記了！」

他說「早上她爹跟小的說『我的寶貝，早上好，早上好，早餐真的不能少』。小的說『早上好，爹。您昨晚發來的癌症病因我看啦』。她爹說『我的姑娘，妳好棒，我好愛妳呦！塑料袋的東西可以用，但不能碰上熱東西，一碰上就會釋放出有毒的化學物質，那是有害人體健康的。妳看很多人買剛煮熟的食物，那溫度都在一百度左右，一裝進塑料袋裡面就會分解出好多有毒的化學物質，妳看我去買熱食的早餐都拿保溫鍋去裝，多環保、多安全啊』！」

他說「醋是好東西，多多吃醋，天天吃醋。我小的時候，村子裡每戶人家的飯桌上都會擺上一瓶醋，廚房裡擺上一瓶醬油，現在這習慣都消失了！」我說「醋雖然是好東西，但是會讓人上火，我每星期吃上兩天醋就會火大。」

他說「五二〇同志，早上好。」我說「親愛老公，五二〇真的，真的五二〇，我愛你。」他說「最浪漫的事，就是小老頭陪著小丫頭一起度蜜月，甜甜蜜蜜，恩恩愛愛。」我說「是的，最浪漫的事就是，哥哥陪著妹妹甜甜蜜蜜，恩恩愛愛的慢慢變老！」他說「哥哥還是把妹妹當作手心裡的寶。」我說「哥哥…我愛你，你是我下半生所得到最珍貴的寶貝，我會永遠把你裝在我的心坎裡，不要想著逃跑喔！」

他說「我朋友聽說五月和六月的飛機票便宜，就想去大連旅遊一周，妳能幫忙訂下機票嗎？六月四號晚上由廈門出發，六月十二日中午從大連回程，妳能行嗎？」我說「哈…哈…哈，太好了！終于有動靜了，老公你放心，我會好好接待你的朋友！」他說「哈…哈，恭喜妳又要吃肉了！再恭喜妳又破了，倒計時數饅頭只剩下九個，一下子就破十了！」我說「太討厭了！剛剛想起這事，趕緊去看每個月的紀錄，你這一次回來有可能會趕上中獎囉。」

# 第三十一回　過完春節到端午，返家一周粽子香

２０１６／06／04

他說「心肝寶貝，妳是哥的心頭肉，哥把妳捧在手心裡疼愛著、呵護著，五年多來讓妳越來越年輕，越來越漂亮了！」我說「親愛老公，我好喜歡你叫我寶貝，每次你一叫寶貝，我就開心的不行、不行的。」他說「老的兒童，祝妳兒童節快樂！我們這一家有三個兒童，一個大的兒童，一個老的兒童，一個不老兒童，今天正是我們專屬的節日。」我說「親愛大寶貝，節日快樂！」

他說「漂亮的老婆，恭喜妳，今天把饅頭吃光光，現在六點，再過十八個半小時，我們這一家又要團聚了！然後妳就能夠美美的吃上肉了，叫妳夢想成真。」我說「親愛老公，恭喜我們自己，美好日子終于到來了！」他說「《老頭愛丫頭三十一》——過完春節到端午，返家一周粽子香。２０１６／06／04坐九點半的班機，十二點半降落大

連。」我說「坐隋姐的車來家是深夜一點半。薛大爺回來了。」

他說「增補一下《老頭愛丫頭三十一》——過完春節到端午，返家一週粽子香；閨女贈鞋父親節，衷心愛著她爸爸。正逢櫻桃盛產時，產期前後個把月；看望朱姐初染恙，健康活著真是好。2016/06/04」我說「有才的老公，又有新詩創作了。我把你寫的小詩《老頭愛丫頭三十一》寄給朱姐，她回信說，真是才子對佳人—絕配。嘿…嘿…怎麼不再說咱倆是臭味相投呢?哈…哈。」

他說「今天周日此地大連補行上班，小不點是上早班，六點四十要出門前她對我說『爹…我去上班，我走了』。我就走過去跟她擁抱一下說『姑娘…妳去上班吧，爹中午回南方了』。妳哥坐中午十二點半班機從大連起飛，晚上六點到達廈門，趕不上六點末班船，先到旅館過夜。」我說「姑娘說『爹…一路平安』。」

我說「親愛的八八，節日快樂!今天是六月第三個周日，為中國父親節。」他說「七七，同樂，同樂，一起快樂。姑娘也來給爹賀節，她說『年輕帥氣的爹，父親節快樂!世界上沒有任何一個男人可以像你如此這般愛我，所以我希望你一直都在，身體健康，等待著我回報你』。她爹說『我的姑娘，謝謝妳的祝願，我還是一樣的愛妳，一如五年來這般愛妳，愛妳快樂，愛妳幸福，愛妳健康，愛妳漂亮。父親節同樂，一家人快樂。是的，我愛妳、照顧妳、呵護妳，妳一年一年成長，妳一年一年美好，這五年來妳脫胎換骨展新顏，妳天翻地覆改容貌，我們的期望和用心沒有白費，妳能聽從勸導澈底改變，如今亭亭玉立，更能自立自強，我們還會一路與妳同行』。」

我說「姑娘深切知道你對她的好，你對她的愛，她也真心想要回報你。」他說「蔡大哥說得好，你們醫院太黑了。你看照一張X光片要七十元，但是，照一張帕特CT電腦斷層掃描卻要七千元，整整多了一百倍！那麼CT難道就比X片精準一百倍嗎？不見得，這二張片子的相同之處恰恰只有一句話相同，片子的備註欄都是說「本報告僅供參考。」照一張帕特CT要價七千元，那麼拍一張MRI核磁共振掃描又要多少錢呢？估計得超過一萬元吧！」

他說「看完八十歲的老中醫潘德孚的八十分鐘演講後知道，西醫的理論遠遠不及中醫，但是中國的西醫卻要來消滅中醫，台灣的中醫老早已經被西醫消滅了。西醫用來治療癌症的方法是錯誤的、是無效的，它用的是對抗療法，中醫治療癌症至少有一半能夠救活，它用的方法是平衡療法。」我說「老中醫的把脈還是非常準確的，中國人自己消滅了中醫真是無比的損失。」他說「人體是有機體，需要大量的水份。而飲料不是水，尤其是碳酸飲料，更不能代替水，喝飲料不喝水，簡直是自找死路。別再放任孩子喝飲料，有錢再怎麼任性也不能喝飲料，大人小孩都一樣。」

他說「那天和陳長慶大哥嘮嗑，說到夫妻相處之道，我說夫唱婦隨，其實是夫妻之間最低的一種境地，只能說明兩人步調一致，如果夫唱妻和，才是最佳拍檔。他就笑著說『你和小魏倒真是一對才子配佳人』，這說法不正是朱姐的話嗎？哈…哈…說得讓我多不好意思！可是今天本地報紙上副刊的一篇文章稱呼他為金門才子卻叫他受不了，我把那篇文章傳給妳瞅瞅。」我說「那篇文章看過了，全是奉承自己和別人的好詞語，並沒有半點詆毀任何人的話，陳大哥怎麼會受不了？」

他說「陳大哥是金門文壇的長青樹、老前輩，本地文人對他公認的稱讚語詞不少，諸如鄉土作家、寫實作家、戰地政務作家，這些都對，沒有異議。但是，突然稱他為金門才子，可是絕無僅有的事，實在太過肉麻，要起雞皮疙瘩。因為陳大哥年輕時，家裡條件差，初中讀完一年就輟學在家務農，然後工作、自學進修，維持文藝青年的熱情和上進，終于在金門文壇大放異彩。」我說「喔…那這不就是馬屁拍到馬腿上了嗎？難怪會叫陳大哥受不了！」

他說「那天我們去她家裏看望朱姐，她告訴我們大夫說能夠存活二十年，其實醫生的話那裏面水分很大，依我看做了化療和放療後，可能只有五年，一動手術開刀之後，很可能只剩三年。她那麼瘦不到八十斤，根本不適合開刀。」我說「今天我去鐵路醫院看朱姐，她是二十號周一動手術，開刀後那小身子瘦得不像話了！是呀，朱姐總是做出後知後覺的事情，真是無奈，只能祈禱上帝讓她少遭點罪！」

他說「老婆大人，生日快樂，青春永駐！世界上沒有任何一個男人可以像我如此這般愛妳。」我說「謝謝老公的祝福，可惜姑娘今天把她娘的忘了！」他說「小姑娘說『差點給忘記，你真是細心哦』。她爹說『記得爹忘了娘？難怪麻麻吃味』。姑娘說『吃味是啥意思』？她爹說『吃味和吃醋還不大一樣，程度上也小一些』。姑娘說『我真是忙暈了』。她爹說『沒事，麻麻說妳愛我比愛她要多一些，就是吃味唄』！姑娘說『這是實話』。她爹說『我也是愛妳比愛她多一些嘛』！姑娘說『開心』。」

我說「今天給朱姐打電話了，她說前天周一她已經出院住到她媽媽家裡了，可把我嚇了一跳，上周一才剛剛開刀的怎麼一周就出院了？她說醫院規定每次住院最多只能住十五天，她從上上周一就住院檢查一周了，上周一開完刀就只能住院一周而已。」他說「醫院對這麼一位癌症病人動完手術只有一周就把人家趕出院也太狠了，完全不顧病人的死活！要說規定只能住院十五天，醫院也該負責給病人安排轉院才對啊！」

他說「今天早上九點前後，台灣和中國差一點打起來了！因為台灣海軍艦艇在高雄港內誤射雄風三型飛彈，可以比美解放軍的東風導彈，一枚雄三飛彈造價一億元台幣，合人民幣二千萬元，飛到澎湖外海打中漁船，造成一死三傷，如果越過澎湖飛到中國廈門，肯定兩岸戰爭就此爆發，妳說嚇人不嚇人？」我說「可不是要嚇死人了！」

他說「下午一點大狗子來信息說『排隊要登機了』。老爸說『歡迎美國囝回家，要不要我去接你』？大狗子說『不用，阿如會去接我』。三點時大狗子說『到金門了』。老爸說『喔…回來就好，在機場還是阿如家』？大狗子說『剛剛降落』。」我說「你們父子又要再度團聚了，真替你們高興。」他說「晚上和二個孩子三個孫子吃烤魚，三代同堂六口人，這道菜是從廈門那邊流傳過來的。大狗子約我明天早上七點半吃廣東粥，大女兒訂明天晚上六點吃鍋貼。」我說「你有兒女陪伴的周末好愉快，老婆真羨慕。」

他說「大狗子約我早上吃廣東粥，吃完回家泡茶，喝過茶他說要去看嬸婆，然後就到機場去。我跟他說有空常回來玩，他說下次回家可能要等到投票時候才回來吧？那就是二〇一八年的年底！他這次回來也沒有跟我聊什麼天，我完全不知道他在想什麼？他還挺有孝心呢，我說嬸婆心情不太愉快，四個孫子小時候都長得很好，可是舅舅和舅媽沒有養好也沒有教好，放牛吃草，現在都沒有長好，有的身體不好，有的心理不好，二十歲上下就有憂鬱症。對孩子的的生育、養育和教育都很重要，缺一不可，可是有很多家長沒有做好第三項。」

我說「大兒子回來什麼都不跟你溝通，你可以問他姐姐或妹妹，他是不是有什麼不滿意或不開心的事情？很大原因可能是受媽媽影響，他媽媽會給他灌輸太多負面的事情，他不願意結婚也可能跟媽媽有點關係。也許我的猜測並沒有道理，按常理來說會是這個因素，因為女人要是婚姻不幸福，會變成一個怨婦，有機會就找人傾訴自己的怨恨，因此就會給身邊的人帶來精神負擔。」

他說「妳是把兒子當老公養，還是把老公當兒子養？」我說「我要把老公當兒子養，你願意在我的呵護下慢慢變老嗎？」他說「妳願意，我願意。妳現在不但是哥的專屬小丫頭，還是哥的專用小保姆，妳得好好幹，才會對得住妳哥啊！」我說「在我情緒失控向你發洩的時候，你千萬要耐著性子不要爆發，等我的情緒釋放完畢，就會煙消雲散什麼事也沒有發生，好人一個。」

他說「二〇一二年底在大連中心醫院看病時，遇到那位病友叢大姐好奇地問妳，妳們這老少配在生活上還能行嗎？我還不懂這話的含意是什麼？然後妳說這話問的是妳們兩口子那方面的事能和諧嗎？也就是夫妻性生活能滿意嗎？我就問妳是怎麼回答她的？」我說「我馬上笑著回她說行，好使得很哪！叢大姐那麼大年齡，好像六十出頭了，大你兩三歲，沒想到好奇心還那麼強，她看我們每天恩恩愛愛、出雙入對的，她肯定納悶這到底是為什麼？難道那麼大歲數的男人在床上還能幹嗎？就悄悄地問我說妳們在生活上還能行嗎？我說當然行，跟年輕小伙子一樣好使！給她嚇壞了，頓時啞口無言。」

他說「看過視頻介紹抗癌全能王，番薯／地瓜／紅薯，是抗癌防癌第一名，但是要連皮帶肉一起吃效果最好，番茄／西紅柿是第二名，番茄炒蛋最佳，大蒜是第三名，要剝皮生吃才有效，洋蔥是第四名。小時候家裡窮吃不起大米飯，天天吃地瓜，餐餐是地瓜，吃了十幾年，真的是吃怕了。不成想，它卻是個好東西，其他番茄、大蒜、洋蔥，都沒有少吃，今後也該多吃一些紅薯。」我說「在疼愛妳的人面前，妳永遠都是女孩子，在不疼妳的人面前，妳永遠是女漢子。這二句話用來形容我之前和現在的區別，真的非常形象，謝謝老公把我從女漢子又變成女孩子！」他說「好孩子多懂事，哥沒有白疼妳。」

他說「台灣自從開放大陸觀光團來台旅遊八年來，在台灣發生的旅遊團交通事故特別多，死傷慘重，據統計已有九十人喪命台灣。其他外來旅遊團發生交通事故非常少見，原因何在，不得而知。但是，大陸旅遊團有很多是低價團，像這次大連團八天團費只有台幣一萬三千元而已，合人民幣二千六百元。合理的機票、住宿、餐飲、交通這四項，至少也要四萬元台幣，人民幣八千元才夠，這種惡性削價競爭的旅遊品質，自然是非常糟糕的。」我說「中國交通部宣布，網路叫車從十一月起合法化，滴滴車和Uber屆時都能合法經營。」

他說「美國人有倆多，一是胖子多，三十歲過後的男女胖子多。二是心臟病多，跟肥胖及飲食有關。食物中的反式脂肪有害身體的健康，麥當勞、肯德基這些速食店的食物大量使用反式脂肪，造成肥胖及心臟疾病，最好不吃。其他含有反式脂肪的食品有，炸薯條、炸雞翅、炸雞塊、麵包、蛋糕、餅乾、甜甜圈、披薩、零食…等，我們不要吃那些垃圾食品。」

他說「多喝水、多走路、睡好覺、唱唱歌，這四樣活動有益身心健康。恰恰這四樣我都有在做，天天做！癌字有三張嘴，正好說明病從口入，吃東西要有一個把門的，就好比說話必須有一個把門的一樣，話不能隨便說，飯也不能隨便吃，更不能胡吃海吃，吃出一身病還吃出癌症來。除了要慎選食物之外，吃飯所用餐具也要注意衛生和乾淨。癌症病人有三分之一是嚇死的，三分之一是藥死的，三分之一是醫好的。要想不得癌症，就必須生活在有冷有熱的環境中，以及有運動的環境中。」

我說「親愛老公，八八節快樂！」他說「哈…哈…一早就看見妳的祝福，謝謝寶貝。天下的父親都是一樣的，撐起一個家。我跟姑娘說了『父愛如春雨，隨風潛入夜，潤物細無聲，清晨遠颺去』。」我說「爸爸，我愛你。」他說「小女兒說『父親節快樂！我寄了一個包裹，今天沒收到的話，應該也快到了』。老爸說『啊…父親節又有禮物了，那我中午早點回家等郵差，謝謝妳和小布囉』！」

他說「中午收到小女兒郵來的包裹，立馬給她回信息『親愛的博博，妳寄來的父親節禮物剛剛收到，是一件藍色T恤衫，一張卡片，二雙長統襪子，謝謝妳們。卡片上寫的是，親愛的老爸：謝謝你養育我們四個兄弟姐妹長大，讓我們有溫暖的家，豐盛的食物和良好的教育。祝福你父親節快樂，永保健康，事事順心。我們愛你，永遠愛你。博博2016/07/28』。」我說「貼心小女兒每次給你寄禮物，時間控制得比較準確，英文字母什麼意思？」

他說「小女兒說『呵…呵…遲了一天到達，至少沒有弄丟，藍色T恤衫上英文字是芝加哥職業棒球小熊隊的代號。二雙襪子上的英文一個是BEST DAD最好的爹，另一個是WORLD'S DAD世界的爹，GREATEST DAD最偉大的爹』！小魏姐管世界的爹叫國際爹，我說她就變成國際老婆了，呵…呵…妳說好玩不好玩？小女兒說『你們倆真是可愛的寶一對』。」我說「收到小女兒這份禮物比較特別、比較有意義，充滿小女兒對爸爸的愛。國際爹，我愛你！」

他說「中秋節與國慶節二選一的行程今天終于敲定，中秋節九月十五日當天我們這一家三口會師青島，陪伴丈母娘賞月後，九月十七日返回大連。回程是九月二十五日中午由大連起飛，下午降落廈門。」我說「今天把行程確定後，我總算心裡有底了，倒計時數饅頭只有十五個。」

我說「『我對孩子的教育，不論是家庭還是學校，我採取的是西方理論，叫適性教育，就是讓孩子自己決定、自由決定將來的發展，而不是中國傳統的家長支配教育、包辦教育。這個說來話長，有空再談』。小女兒說『好哇…那可是下次回去泡茶聊天時的好話題』。老爸說『我的很多教育手段是採用西方理論，往往和中國傳統相反，但是印証結果大多是西方理論見效』。小女兒說『等我有下一代，再來做實驗，哈…哈』。」

他說「小大姐，今天是什麼好日子，原來是妳破了，倒計時數饅頭破十，只剩下九個饅頭，妳就能美美的吃上一口肉，妳樂不樂啊？」我說「一想到隔了一百天終于能再度吃到肉，叫我樂得都不行了！只要哪個男人愛著我也愛我姑娘，我就讓我姑娘叫他爸爸。」

他說「前兩天莫蘭蒂颱風生成時為輕度颱風，不成想過一兩天就升級為中度颱風，再過一兩天又升級為強烈颱風，行進方向是由東向西經過台灣再到金門來。預計今晚十一點台灣會發布海上警報，明早九點發布陸上警報，明天晚上至後天早上金門會發布海上警報，飛機和船班就會停航。」我說「多討厭的颱風呀，就選在這節骨眼找麻煩！」他說「為確保後天早上六點的班機，必須提前一天出門了。」我說「看來明天晚上真的要提前出發了！」

# 第三十二回　中秋看望丈母娘，一家三口會青島

2016/09/14

他說「現在下午三點，莫蘭蒂颱風確定侵襲金門，晚上必須提前一天趕緊走。」我說「現在快五點，你準備好了嗎？我都不敢騷擾你了！」他說「我坐上六點的船出發，要去投奔山東大嫂，碼頭已經宣布明天及後天均停航。」

他說「山東老鄉，下午一點正我到機場，一點十分到登機口。」我說「你好棒喔，再休息一小時才能登機，幸好老公跑得快，沒有被梅超風逮住。」他說「五點半降落丈母娘的門口，聯繫上弟弟了，他開車帶我到機場門口的酒店入住後，再陪我到酒店後的巷子裡面吃一碗瓦罐麵，那麵比一般的厚。他說要去他小姨子家睡覺，明天早上妳坐的飛機八點半能到，他開車到機場接妳，我直接走路過去機場接妳。下午三點我們的班機前腳剛起飛，夜裡三點莫蘭蒂颱風後腳就抵達廈門，好險！幸好我們飛得快，颱風每小

時二十公里的速度吹過來，飛機每小時五百公里的速度飛出去，廈門機場宣布明天的航班都停飛。」

他說「《老頭愛丫頭三十二》——中秋看望丈母娘，一家三口會青島，皓月當空人團圓，四代同堂共賞月。忽遇颱風來攪局，提早一日渡過海，飛機也怕風來吹，明晨班機今晚飛。2016/09/14」我說「青島人民歡迎台灣同胞。」

我說「早上五點半，我們娘兒倆都準備投奔老公，六點上車了！」他說「中秋節快樂，山東來賞月。恭喜妳一百個饅頭吃光光，今天可以吃肉。」我說「我們六點半到機場，七點登機，七點半起飛。八點二十，青島…我來了！」他說「我還在酒店呢！我聽說今天凌晨三點莫蘭蒂颱風重創金門及廈門，兩島滿目瘡痍，街道變成河道，不忍卒睹，廈門機場有三架飛機被吹出跑道，有一艘四萬噸級貨輪—港泰台州號從廈門漂流到金門擱淺，沿路還撞倒幾艘漁船，而且造成貨輪漏油事件。廈門十五號、十六號兩天沒水沒電，沒吃沒喝，直到二十號才有電。」

他說「昨天弟媳婦趙紅問我的微信號，她用自己的手機打開ID掃描，一下子就能聯上我的微信號。早上我們五口人在濰坊機場等候回大連時，我就給她發微信說歡迎她有空來大連玩。」我說「她現在做榮格產品的直銷做得很火，她的嘴巴特別能說會道，真是適合做直銷喔！她說姐夫心眼很好，隨即問我說，妳們有手續嗎？一舉點中我的死穴。」

他說「我的心肝寶貝，自從昨天晚上妳對我說今年的物業費及取暖費還沒有著落，要讓我出點血，害得我一晚上睡不著覺，咋整？」我說「你要是出那麼多血，我就給你用牛尾巴補一補吧！哎喲…我被銀行砸了。」他說「妳不會是又被銀行砸暈了吧？現在的銀行總是不靠譜的居多。」我說「老娘給五女婿買了兩隻大公雞，二姐也給五妹夫送了一隻老母雞補身子。」他說「昨天我姑娘花錢請她爹上館子吃火鍋大餐，吃得我爽歪歪的。」

他說「小奶奶，妳爺爺要回南方，現在已經登機，妳上車沒有？」我說「我們今天不坐908路的公交，要坐地鐵回家，還沒上呢。」他說「四點十分提前降落廈門，到達碼頭買好五點半的船票，就瞅見妳娘家人，也坐同一班船回金門。娘家人見面就說明天又有颱風來襲，要是今天不走明天只怕走不了。」

他說「久別的人盼重逢，重逢就怕日匆匆。妳說是不是這樣？盼星星又盼月亮，最盼妳哥早來家，來家就怕日匆匆。」我說「是呀，每次高高興興把哥哥盼回家，可是只要我哥一來家，美好的日子總是噌…噌…過得特別快，最討厭的是來家的最後一天，依依不捨的送哥哥去飛機場！」

他說「小媽回家的行程定下了，出發十月三號早上七點半的飛機搞定，回程十月十日下午一點半，這樣子老公心裡有底囉！」我說「景山的房子五十平方米是當年的回遷房，房子的質量實在不咋的！」他說「國慶節快樂，光輝十月到，燦爛無法比，國恩又家慶。」我說「節日快樂，我心歡喜。」

他說「早上在超市門口碰到一位同事／工友李安世的太太許韻珍，大約和我同年，她一直在開一家KTV練歌房。我說好多年不見面了，她說有十年沒見了，又說我一點都沒改變也不顯老，真是不簡單。我心想怎麼會有十年呢？她講怎麼說有十年不見呢？因為她開KTV有十一年了，第一年我有去過她店裡捧場，之後就再也沒有去過，正好是十年整，她說這十年歲月沒有在我身上留下一丁點痕跡，倒是她老公顯老了不少」。我說「你這五年多來也是一點都沒變，也不顯老啊！」

他說「哈…哈…我這個人真是少年老成，老在前面，後面自然就看不出老了！我記得一九七九年第一次出外租房子住，那時節我才二十五歲耶，房東三十多歲，他媽媽將近六十歲，他媽居然告訴我老婆說，妳怎麼嫁一個老公那麼老，得有四十幾歲了吧？房東的媽媽硬是給我憑空多加了二十歲，多麼刺傷我幼小和純潔的心靈啊！三十幾年之後，老天爺總算還我一個公道了，真是老天有眼。」我說「哈…哈…哈，當年受的傷，現在給彌補回來了！」

他說「聽說妳哥不但帥氣，還有一股迷人的霸氣，就在中秋節的當晚，月明星稀之刻，在媽媽家裡的炕上一舉把妳拿下，叫妳爽的都不行、不行了！」我說「在老娘家的炕頭上，二哥老來勁了，搞的老婆我爽歪歪！」他說「人要長壽必須做好三件事，多喝水、多走路、睡好覺。多喝水多喝茶是一樣，多走路或者多站一站，多做愛才能夠睡好覺。」我說「前兩條我都能做到，後面關鍵的那一條，可惜我就沒有那麼好的福利！」他說「我的晚年自從有了小山東，四季如春，四肢快活。」我說「我的中年自從被薛哥拯救了，青春永駐。」

# 第三十三回　大連分別僅八日，分別的人盼重逢

2016／10／03

他說「恭喜妳今天饅頭吃光光，晚上就有好果子吃了，妳準備好了嗎？」我說「我準備好了，昨晚上興奮激動得睡不著，半夜一點過後才入睡。」他說「《老頭愛ㄚ頭三十三》——大連分別僅八日，分別的人盼重逢；我倆重逢金門島，夫唱婦隨影不離。千里單騎個人游，北雁南飛回我家；中秋颱風留痕跡，攜手同心掃家園。嬌客遠從東北來，接風宴不亦樂乎，呼朋引伴哥倆好，會須一飲三百杯。十一國慶到雙十，光輝燦爛慶十月；一海之隔同歡騰，海峽組合真是棒。2016／10／03」

我說「看到小詩了，有才老公你好棒喔，老婆崇拜你！我六點出門上車，六點半過安檢到登機口，七點登機，十二點半降落廈門。一點到碼頭，陳小碧她們幫我買二點的船票，一路上飛機和輪船都是順風順水，三點十分老公的小毛驢也到了。」他說「妳早

上六點出門，下午四點就能進門，路上總共用了十個小時，妳真棒。晚上的接風宴老公作東，賓主九人盡歡，忠哥訂好明晚作東，舅老爺訂九號晚上他作東。」

他說「金門說的新房，是男方家中的兒子結婚時，為這一對新婚夫妻準備的一個房間，就原有家裡的房間騰出一個房間來收拾、粉刷、裝潢、布置好，用來給這對新人居住的。大陸說的婚房，是男方家中的兒子結婚時，為這一對新婚夫妻另行準備的一套房屋，大都是新買的房子，用來給這對新人作為新家居住的。在自家收拾一個新房的開銷大約三十至五十萬元台幣，新買一套房子少則三百萬元台幣，多則一千萬元，相差十倍至三十倍之多。」我說「那麼哥哥是要給我一間新房還是一套婚房好呢？」

我說「朱姐這兩天又說起要和她對象離婚的事，好像是她對象先提起的，如此一來她可就落到被動了。哎…真是既知今日，何必當初？她這段婚姻在十年前、二十年前就該結束了，當斷不斷，反受其亂！她的人生，她的婚姻，都是錯誤的，都是失敗的；她自己的選擇，她自己的決定，一切後果自己承擔。旁人看來或是朋友看來，只能是哀其不幸，頂多是怒其不爭，但是又何奈？」

他說「今天雙十節，可是從昨晚下雨到早上都沒有停過，又是愛人同志回東北的日子，所以一早我就在盤算，從家裡到碼頭這十分鐘路程的兩套方案，第一方案是在雨停

## 大連的小魏傳奇
### ——兩岸婚姻中華情

歇的時候騎摩托車出發，第二方案是雨下不停的情況下請外甥開車或者叫出租車。我估算了一下，下午一點半的班機，必須在十二點半之前到機場，坐十一點或十一點半的船就很穩妥了，因此十點出門恰恰好。九點半我在門口和巷子口走一下，發現雨停了，我想機不可失，時不再來，立馬決定趕緊提前出門，採用第一方案騎車就走。等我們到碼頭剛過十點，便買十點半的船票，當我們上船時已經下起大雨，真是眼明手快啊！」

我說「下午一點我要登機了，不必等待。老公這一來一回的護送老婆到機場，讓我好幸福，辛苦你了！」他說「不辛苦，愛的路上都有老公陪伴著妳。」我說「六點十分落地大連，晚點半小時而已。坐上順風車七點十分來家，回到溫馨的家了。」他說「姑娘說『謝謝爹，冒雨給我帶的雅漾』！她爹說『瞅見喜歡的東西嗎？喜歡就好，爹也愛妳』。姑娘說『愛你哦，照顧好自己。我現在一個人完全能照顧自己，以後讓媽媽多多過去陪伴你』。」

他說「晚上十點，小女兒說『給你看一張超音波／B超的照片，是胎兒的照片』。老爸說『什麼？妳說是超音波照片，妳現在懷孕了！真的嗎？我好開心，這是個好消息，恭喜妳呦』！小女兒說『是呀，最主要是想親口對你說呀』！老爸說『哈…哈…太棒了！有幾個月了』？小女兒說『他現在是十二周，身高約兩個指節長。昨天照超音波看了他的心跳、四肢和腦子，動來動去，很忙碌的樣子。他舉手在跟阿公說哈囉，預產期是明年四月份。目前的檢查，胎兒都很正常，我的身體也正常，是個健康寶寶，我很開心和你分享喜悅，等一下我可以去告訴兄弟姐妹了』。」

他說「我知道低保戶，是政府保障居民最低的生活條件，五保戶又是什麼？」我說「低保戶是城市中的低收入戶，由政府保障其最低生活所需，五保戶是農村中的低收入戶，由政府保障其最低生活所需，保吃、保住、保穿、保醫、保葬／保教。」他說「唐氏症是怎麼一回事？」我說「唐氏症又稱先天愚型，早期稱蒙古症，是由於染色體異常造成的一種疾病，多了一條二十一號染色體。百分之六十的胎兒會流產，存活者面容特殊（俗稱國際臉）、智能障礙、生長障礙、壽命短暫，所以儘量不讓畸形兒誕生，產前檢查發現唐氏症，允許施行人工流產。」

他說「我聽說廈門現在的最低工資大約在三千元，大連大約是多少呢？」我說「大連最低工資是一千五百，青島是一千七百，大連一直都是低工資，高物價。廈門也是一千五百元，並不比大連低呦！」他說「想不到大連的工資還趕不上青島，難怪大連市長自己都說這兩年青島發展得比大連還好呢！」

他說「我渴望和妳擁有正常的情侶關係，能夠走在陽光底下的那關係，雖然我已經是個小老頭了！」我說「我也渴望擁有正常的夫妻關係，能夠在朋友和家人面前光明正大介紹說：這是我老公！雖然我不年輕，但我有一顆火熱的心，愛你到永遠！」他說「想得美唷！我一定會叫妳稱心如願的，相信不？」我說「我相信老公有這能力，我會耐心等到那一天。」

他說「七十歲的陳添丁說他跟四十二歲的老婆夏寶容約法三章一周做愛一次，可是那寶容身強體壯、年輕貌美，正當三十如狼四十如虎的年紀哪能夠呀？所以她常常要求加班加點的幹，搞得添丁說超額幹的話，那可是會要了他的老命啊。聽過他的說法，直叫我心裡打哆嗦！可是，添丁餵不飽他老婆的話，寶容早晚就會出去外面偷吃，不是嗎？」

他說「小女兒說『今天確定我和布萊恩的小孩是男生，以後可以陪你去運動場上散步、做運動哦』！老爸說『恭喜薛媽媽，就要生個美國兒子了，而且是正宗的美國子。我的孫子是美國人，美國人是我的孫子』。小女兒說『謝謝你的祝福，很期待小孩健康待到足月出生，家裡有了小孩很熱鬧的，呵…呵…』。老爸說『那是、那是，一個小孩抵得上三個大人』。」我說「你好牛喔！美國人是你孫子，恭喜老爸，就要當美國人的姥爺了。」

他說「早上到陳長慶店裡，我坐下沒多久，就發現他臉色黯淡、行動不利索，我就問他說身體好像不舒服？他說是呀，生病看醫生已經一個禮拜，十一月一日那天剛開始骨頭痠痛皮膚過敏，看骨科吃藥一周也沒效。他自已想到要看外科，大夫一下子就看出來是病毒造成的帶狀皰疹，由于免疫力下降病毒就乘機發作肆虐，金門民間俗稱纏身蛇，治療需時十幾二十天。他穿著長袖衣服，就捲起袖子讓我觀看，手臂上疤痕累累，都是紅腫潰爛，可真遭罪，他說身上也一樣。」我說「看到全身病痛的陳大哥，感謝上帝給我們健康的身體。」

他說「老爸說『MydearBobo：中午在家午休時又收到來自芝加哥的小包裹，肯定又是妳寄來的禮物。我看到禮物了，是一件帶有帽子的紅色長袖衫，原來是芝加哥職業籃球隊公牛隊的服裝呢！好的，我會像支持小熊隊一樣的支持公牛隊，並祝他們取得好成績』。小女兒說『嘻…嘻…這次早一點寄，所以沒有錯過你的生日，太好了』。老爸說『哈…哈…謝謝妳和小布的生日禮物，來得正是時候，紅通通的上衣真是神氣』。」

他說「中國著名的祖孫戀，是八十二歲楊振寧與二十八歲翁帆的婚姻，相差五十四歲，迄今結婚十二年了。香港的祖孫戀，是七十三歲林建名與二十歲何傲兒的戀情，相差五十三歲，相戀七年沒有結婚。台灣的祖孫戀，是五十七歲李坤城與十七歲林靖恩的戀情，相差四十歲，相戀三年快要結婚了。妳看我們的差距連別人的一半都沒有，頂多是姐弟戀而已。」我說「金門的薛方先六十一歲，大連的魏美花四十六歲，相差只有十五歲，相愛五年多（六十八個月），也不知道猴年馬月才能結婚？」

他說「深夜十二點半已經是次日的凌晨零點半了，小女兒來信息說『生日快樂，親愛的老爸，謝謝你一直都陪伴在我身邊，祝福你天天開心、心想事成、健康平安。長了一歲，還是一尾活龍，我和布萊恩、小小布都非常愛你……』。老爸說『親愛的博博和小布，謝謝妳們，生日快樂，大家快樂。哈…哈…我又多了一歲，但是生活和運動一點沒變』。小女兒說『沒變的還有你的健康，太棒了』！老爸說『許志新說我跟四十多年前高中畢業一樣，一點沒變』。小女兒說『他說得沒錯呀，呵…呵…小魏姐和溫新也要和你一樣，保持運動、保持健康』。

我說「感謝爸爸這些年給我們母女倆的愛，好善解人意的小女兒喔，有這樣子優秀的姐姐引導，溫新以後的做人做事肯定錯不了！」他說「小女兒說『我也要仿效你的方式對待你，因為你從小就有兩個媽媽，一路走來艱辛不少，苦頭自然是只有多沒有少。我要給你滿滿的愛、讚美、正面的能量，希望曾經成長的痛楚慢慢離你遠去。你是一個很棒、很善良的人，值得愈活愈開心，值得身邊的家人疼惜你、愛護你』。」我說「小女兒說的好，爸爸真的好棒，你年輕時吃那麼多苦，一點也沒有造成你身體上或心理上的不健康，我們以後會用滿滿的愛陪伴你過好下半輩子！」

他說「我在中國大陸從南到北跟當地朋友相會時，經常被問到對台獨議題的看法，我的回答每一次都受到對方的贊同和歡迎。我說我在金門土生土長，屬于福建省，距離廈門只有十公里的水路，就是一衣帶水，我們的生活習慣和廈門一般無二，很多姓氏的祖先都是來自廈門，說的方言也是閩南話，我們也是福建人。我們和台灣隔海相距三百公里，風俗習性差異極大，雖然台灣人有一半主張台獨，一半主張統一，但是金門人全部主張與中國統一，沒人主張台獨。台灣分離四百年，最終仍與中國合。台灣前途在中國，兩岸最終是統一。」我說「老公好棒，這種回答老婆喜歡。」

他說「老爸說『我只告訴大狗子一句話—國用大臣，家用長子。這話就是用大臣的重要性來襯托長子的份量，你現在就是我們家的長子。我自己也是家中長子，從小在成長的過程中深深感受到長子受器重的份量，得到當家的老祖母呵護。在金門民間的喪禮中，長孫也是吃重的角色，稱為承重孫，老人家去世後，財產由他的兒子每人繼承一份，長孫也要繼承一份，即使他是小孩子也一樣，由此可見他的重要性』。小女兒說『這是金門的傳統，長子長孫都扮演著重要的角色』。」

他說「大陸的暖氣供應以長江為界，再分成農村及城市，長江以北的城市採集中供暖，長江以南的城市不採用集中供暖。以秦嶺—淮河為界，劃定北方城市為集中供暖，南方不集中供暖，此即南北供暖線。城市由暖氣公司統一分區供暖，用煤炭、燃油、電力混合燒水供暖，家戶的成本較低。農村是各家戶自行供暖，自己準備煤炭燒水供暖，像黑龍江冬天較長，供暖必須半年，一家要燒掉二噸的煤炭，大約一兩個月的工資。雖然江南的城市也有要求政府採用集中供暖，比如上海市，但是中央尚未點頭。」

他說「早上要出門時小毛驢鬧罷工，發動不起來，只好徒步去上班，家裡距離單位八百公尺走了六分鐘。」我說「看來小毛驢還挺有個性的。」他說「中午下班照舊走路回家，走到半路上，碰到隔壁鄰居葉長雯老師騎著摩托車，他問我說怎麼沒有騎車？我說早上車子壞了只好走路，他說那我載你吧，看見我的車子放在門口還以為我沒有上班呢？我就上了他的車，回到家我繼續再發動車子，結果發了好一會，終于發動起來，趕緊騎出去轉了一圈十二公里。」

我說「我跟小毛驢沒的比，他要鬧情緒就會讓你生活大亂，我要鬧情緒對老公來說只是毛毛雨而已！」他說「小女兒說『今天是感恩節，布萊恩的爸媽來家裡吃晚餐，我們聊得很開心，讓我也非常想念你，附上一張我們四人的照片』。」我說「有感恩之心的小女兒，現在過得好幸福喔！」他說「胃病和膽囊炎的症狀非常接近，自己判定和醫生診斷都容易混淆，就像咳嗽和胃酸逆流也容易混淆，小女兒也有胃酸逆流造成咳嗽的毛病，這個就和我一樣，我的咳嗽及喉嚨發癢也都是胃食道逆流造成的。」

他說「今天妳們家的小毛驢又鬧情緒了，現如今還擱在家裡，死活就是不肯出門幹活，我只能搭11路公交車上班去，中午回去收拾她，不行的話就在家裡吃老婆牌餃子囉！三天前那一次我回家用腳踩了二十幾次都不能發，正當要放棄的時候突然一下子發動起來；今天在妳的監督下只踩了五下就發動，看來小毛驢還是怕惡人的！」我說「驢毛沒有順好，她肯定又要犯老毛病了，你得好好收拾她！」

他說「小女兒問我什麼時候回大連看家人啊？我回她不好說，要么元旦，要么春節。」我說「我上網查了一下十二月份的機票價錢，發現二十三號及二十四號中午各有一班飛機特便宜，還不到六百元呢！」他說「那好，就這兩天的機票給她拿下，二十三日是周五還上班，二十四日是周末最恰當。回程是一月二日中午十一點到十二點起飛，能在四點半之前抵達的航班。」我說「那我立馬定下二十四號十二點半的班機，這下子我的心裡就有底，真的在冬季。」

他說「老爸說『小魏姐是個好女人、好太太、好媽媽』。小女兒說『好女人好難得，你要好好珍惜她』。老爸說『溫新跟我講要我收了她媽』。小女兒說『台灣只有收妖，才會用收這個動詞耶，哈…哈，小魏姐太可愛了，要找個別的動詞給她用，你們兩個在一起很幸福，孩子們都替你們開心』。老爸說『在大陸說法中，收了她媽，和收拾她媽，那是兩種截然不同的意義。收了她媽，是拿她媽做為我的女人、我的老婆、我的媳婦；收拾她媽，是幫她修理她媽，揍她的媽媽一頓』。」我說「感謝大氣的小女兒，我也會好好珍惜老爸。」

他說「大狗子早上九點就坐公車回家了，他到家門口時給我打電話，我立馬回去開門歡迎他回家，然後他走路去找大姑媽借摩托車，因為他姐去台灣還沒有回來。」我說「這個周末有大兒子陪老爸，老婆可以有一個愉快的周末了！」他說「美國囝他妹有跟他提起過小魏姐，他說他不反對我的做法，也沒有資格和立場反對，只要我高興就好。我告訴他講什麼小魏姐？應該改口了，叫二媽行了，喊小媽也行。剛才跟歪頭子聊了一會，我說在十年前我到大陸時就知道，台灣的社會和大陸的社會很大不一樣，不能拿台灣的這一套在大陸適用，必須入境隨俗，拿大陸的那一套在大陸適用，還要廣結善緣，不要樹立敵人。他聽完之後讚不絕口，說老爸的做法太正確了，的確需要這麼調整。」

我說「老爸教子有方，你做事兒女都沒意見，感謝大兒子對我的認可。做老爸的兒女真好，不管天南地北的社會現象，老爸都很了解，這不就是傳說中的活字典嗎？有問題找老爸就對了。我愛老公、也愛你的孩子你的家人。」他說「早上和美國囝上街吃廣東粥，等待時和小魏姐視頻，也讓歪頭子和小魏姐見面打個招呼，挺好的，小魏姐看見親人，可開心了。」我說「大兒子長得可帥了，有他陪老爸吃飯，就特別香。」

他說「早上仍舊和大狗子出去吃廣東粥，歪頭子說早上吃飽，中午不用吃了。」我說「呵…呵…誰讓廣東粥太好吃，不吃到十分飽就對不起自己。」他說「下午二點美國囝就出門了，他先到大姑媽店裡還車，再讓他外甥送他去機場。我問他下午去還車，有沒有拿租車費給大姑媽？他說有拿錢給姑媽，但是姑媽不收錢說要記帳。」

他說「老婆在國慶節回家的全紀錄草稿《丫頭開心，老頭歡喜》已經寫出來，篇幅大約三千字，等我再加以增補及修正之後定稿。這一趟是老婆第四次回到老公家裡來，前三次回來統統留下美好的記憶，第一篇是《十分開心，十分圓滿》，第二篇是《依然又開心又圓滿》，第三篇是《娘兒倆開心又歡喜》，每篇都在三千字以上。這是大連老婆第四次回家一周的全紀錄，她過來的時候十分開心，我送她的時候十分歡喜，我倆真是既甜蜜又恩愛。」我說「你好用心喔，老婆愛你！原本我還以為你把這事忘了，沒有留下紀錄。」

他說「今天又是一個開心的日子，妳懂的。」我說「我懂…我懂…今天又破了，破十了，自然是開心的日子，老公要回家的倒計時只剩下九個饅頭囉！」他說「早上我姑娘來信息說『昨晚一口氣讀完您的文章《丫頭開心，老頭歡喜》，真實的情感流露，風趣幽默的形式，真的很有趣。並且細緻的記述了我們一家人中秋節的行程安排，讓我們幸福的瞬間定格在您的字裡行間當中，值得反覆細細品味。趕緊出書吧，才子』。她爹說『寶貝妳說的真好，妳爹喜歡，真不愧是語文課代表，有水平』。」

他說「我看了一下春節返家的行程，一月二十日下午或晚上由廈門出發，必要的話也可以考慮十九日晚上。回程可以聽姑娘的話過完元宵節再走，二月十二日中午或下午都行。」我說「哇塞…太棒了，這一次回家時間有二十多天！」他說「大孫子薛謙浩比他老北值錢啊，今天冬至日在珠山薛氏家廟祭祖交新丁錢，一個人一千元，當年他爹薛元瀚交新丁錢，一個人才一百元而已。」我說「長孫真金貴，比他爸爸貴十倍呢！」

他說「《我家老三—大股仔》的文章改編完工，確實增加二成一千二百字的篇幅，原文能得九十五分，新文可得九十九分，真的是兩代之間的好文章。結構很完整，全文大約七千二百字，電子郵件已經傳給妳和小女兒。人說家書抵千金，這篇文章十萬金。」我說「我來家看到《我家老三—大股仔》郵件，能有這樣子過去三十多年了對孩子的成長記憶還是這麼深刻的爸爸，好幸福，我好羨慕她們！」他說「小女兒看完郵件說『小魏姐講得真對，謝謝你記得這麼清楚，讓我勾起小時候很多回憶，謝謝你新版的文章，你用心寫的文章就是好。文中有些仍有印象，有些沒印象，像小時候胖、吃奶嘴、後門賣冰攤子、坐船去台灣』。」

# 第三十四回　平安夜良人歸來，慶團圓闔家歡喜

2016/12/24

他說「老薛家的，今天饅頭吃光光，晚上就讓妳美美的吃上肉！」我說「好興奮，饅頭終於吃光，現在六點再有十幾個小時就可以吃肉。」他說「憑什麼金門人都愛著小東北？我早上剛到碼頭，陳長慶大哥就來電話要我幫他在免稅店代買一些化妝品送給小東北，略表他對妳的盛情，真是叫人吃味哪！可我告訴他會轉達他的好意給小東北，但是真的不用送、不用買。」我說「哎喲…媽呀…金門人老熱情了，還要送遠方的朋友化妝品！是的，謝謝陳大哥的好意就好，真的不用買東西送我。」

他說「妳哥坐十點的船，十二點半的直飛班機晚點兩小時，飛行兩小時半，跟經停班機的四小時差不多意思。五點半，大連，我又來了，姑娘來接她爹。《老頭愛丫頭三十四》——平安夜良人歸來，慶團圓闔家歡喜；迎進聖誕老公公，正是我家

男主人。五度跨年樂逍遙，迎接曙光第一道，旭日初升東方紅，萬丈霞光耀神州。

2016／12／24」

他說「大連今天一早六、七點的時候開始下雪了，是二〇一六年的最後一場雪，起初只是小雪，隨後就轉為中雪了。」我說「中午我們出去喝羊湯時積雪已厚，就在小區內拍照存證。」他說「昨天晚上的溫度是零下九度，今天晚上是零下八度，走在路上半小時以上便能感受到天地的威力，大自然的威力無窮，那一股冷氣穿透衣服，侵入皮膚侵入骨髓，真是冷啊！」我說「只要有哥哥在身邊就像一只火爐，再冷的天氣都沒在怕！」

他說「今天中午去看望朱姐，剃光的頭髮已經長出三、四公分來，精神狀態也比我們上一次半年前去看她的時候好很多，那是在開刀前的一個月左右，顯見得這一次的手術效果良好。我們倆去了也沒有買東西，只是像上次一樣帶去一點點心意，如此而已。姑娘看過這一條信息說『money在當下就是最萬能的，您在朱阿姨最困難的時候盡一點微薄之力，也是給予她一份關懷，希望能早日脫離困境，身體逐漸恢復良好』。」我說「朱姐的體重，估計不滿八十斤，這是她最弱的一環。」

他說「小女兒說『滿地白花花的雪景，正是個吃火鍋的好天氣』。老爸說『昨晚就是在家裡吃的火鍋』。小女兒說『和家人團聚是世界上最幸福的事，希望你們都可以天天這樣開心，我、小布、小小布也和你們一樣開心』。老爸說『吃火鍋是小魏姐張羅了一桌子好菜好料又可口又好吃。是的，加上溫新，我們總是天天開心著，謝謝小小布，和他爸他媽的關愛』。」

他說「昨晚誇我姑娘現在越來越靚、越來越待親，招人喜歡著。誰知她竟回說現在待親了，以前是不是待恨哪？真沒想到，她還蠻有自知之明呢！今天早上六點多，她穿戴整齊出門上早班，誰知她關上大門不到一分鐘又敲開門進屋來，我以為她是落了東西在屋裡回來取的，不成想，她卻對我說，爹：今天還沒有跟你擁抱呢！說著就和她爹擁抱了一下，才轉身出門上班去，真是個待親的姑娘哪！」

他說「增補一下《老頭愛丫頭三十四》——平安夜良人歸來，慶團圓闔家歡喜；迎進聖誕老公公，正是我家男主人。五度跨年樂逍遙，迎接曙光第一道，旭日初升東方紅，萬丈霞光耀神州。表弟盛情擺家宴，元旦三家合一桌，品海樓上享美食，座中獨缺我姨媽。2016/12/24」我說「棒棒的老公，我怎麼愛你都不嫌多。」

他說「再增補一下《老頭愛丫頭三十四》——平安夜良人歸來，慶團圓闔家歡喜；迎進聖誕老公公，正是我家男主人。五度跨年樂逍遙，迎接曙光第一道，旭日初升東方紅，萬丈霞光耀神州。表弟盛情擺家宴，元旦三家合一桌，品海樓上享美食，座中獨缺我姨媽。返家十日匆匆過，離別之日霧霾起，遮雲蔽日亂航班，憑空晚點兩小時。

2017/01/03」

他說「昨天飛回南方過夜，今天早上照樣六點就起床，七點二十到達碼頭，旅客極少。」我說「老公你連戰十天也太辛苦了，向你致敬！」他說「那可不？老公是好老公，就是有一點沒正形、有一點不正經、還有一點不靠譜，不是嗎？我爭分奪秒搶在九點之前到達單位打卡上工了！」我說「不是只有一點不正經，而是非常不正經，把媳婦連續操了十天哪！」

他說「暖氣供應，是將鍋爐所產生的熱水或蒸汽，經由管道網絡／管網（即暖氣管）輸送到住戶房間或車體內的散熱器（即暖氣片），散發出熱量，使室溫增高，暖氣片的入水口高於鍋爐的出水口，加熱的熱水比較輕就『上升』到暖氣片裡，暖氣片裡經過熱交換後迴圈水變涼，變的比較重又經由管道網絡流回鍋爐重新加熱、輸送、一再循環，熱水為六十攝氏度至八十度之間。地熱供暖形式，分電暖和水暖兩種。採用的地暖大多是水暖，即將水管鋪在地面下，熱水通過輻射和對流形式將熱量傳到房間裡。因為熱量是從下往上傳遞的，符合人體的生理需要，感覺會很舒適。」

他說「今天是喝臘八粥的日子，也是我對丈母娘表孝心的時間，妳得趕緊幫妳哥把紅包匯過去給丈母娘，祝她新年快樂，財源廣進。」我說「是的，我今天保證完成老公所交代的任務，也把五女婿的孝心轉達給老娘！老公你真好，老婆愛你，也會繼續巴結你、討好你！」他說「那肯定、必須的。妳以前不是總說我們倆的相遇，對我來說只是一個意外和插曲，可對妳來講卻是一場驚喜和中大獎，是不是這樣子啊？」我說「是的，我原以為你就是傳說中的花花公子，只是在我這裡走過、路過、玩玩而已。但我依然用我的真情跟你相處，不管結果怎麼樣，我的精神及生活也曾精彩過，做為一個女人也算是沒有白活一生！」

他說「我問姑娘說上進心是啥？她用百度回復說『上進心，就是進取心，是奮發向上、積極進取的心態』。我說『姑娘說的沒錯，上進心也可以說是向前邁進的心理，也就是不滿于現狀的心態，但是不對現狀謾罵或抱怨，而是積極充實自己，完善自己的知識及常識，為將來和機會做準備，所以說機會是留給有準備的人』。」我說「我哥就是一個有上進心的人，年輕時參加工作十五年後又讀大學、又考上公務員、參與工會、參與宗親會的公共事務，回饋及服務人群。」

他說「妳姑娘她姥姥早就要姑娘改口了，一晃都快六年，的確應該改口才對得起人家呀！那是改口叫爹呢？還是改叫爸爸呢？」我說「叫爸爸吧！一般在農村的孩子是叫爹，城市裡的孩子叫爸爸。」他說「我也忘了，趕快對她說『祝靚女生日快樂，青春永駐又美麗』。她說『謝謝啦，借您吉言』。我說『謝什麼呢？一家人不說兩家話』。」我說「你姑娘今天生日，我都忘記了，還是她自己提起我才曉得。」

他說「恭喜妳今天又破了，這下子破十只剩九個饅頭，妳就該吃上肉。」我說「好開心，好幸福。」他說「中午跟昨天台灣回來的同學符宏仁約好繼續在昨晚的飯店再聚一次，小喝兩杯，因為許志新要在家做家事照顧老婆，今天就不再佔用他的時間。」

他說「逢年過節倍思親，就想老婆想姑娘。」我說「說的就是嘛，每逢年節老公都不缺席，千里迢迢飛回來陪伴我們愉快度過！每年的休假從沒在別的事情上浪費一天，全部用在老婆身上，感謝老公，我永遠愛你…愛你！」他說「老妹還得好好巴結…巴結…老哥囉！」我說「那是一定、必須的，不就是為了圖你口袋裡那倆錢嘛！」

他說「中午飯後去看陳長慶大哥，離開時他拿錢讓我幫他買東西送妳，略表他的心意，這次如果我沒有代辦，他就要跟我切…，真是叫人吃味哪！我說等我買好東西再跟他拿錢，我準備買六包牛肉乾代他送給小東北。」我說「感謝細緻的老公處處想著我，不但管吃管喝，還會買化妝品、香水，老婆好喜歡，出門前嘴巴塗上口紅、衣服噴灑一點香水，每天的心情美美的好。」他說「就妳的小嘴會來事，難怪金門人特別愛護小東北，又要送她好東西。」

他說「到今天饅頭只剩下一個而已，剛好趕在出發前一天，我也取得法院發給我的單身証明書，法院也發給台灣海基會我的証明書代為轉發給大陸海協會，再轉到遼寧省公証員協會，這是兩岸婚姻登記不可或缺的証件之一。」我說「明天深夜就能美美的吃上腱子肉。」

# 第三十五回　小年夜飛回愛巢，送灶神天庭述職

2017/01/20

他說「妳哥今天晚上五點就要向幸福出發了。」我說「可是航空公司來二次信息通知班機一延再延，第一次延到夜裡十點，第二次延到深夜十二點呢。」他說「《老頭愛丫頭三十五》——小年夜飛回愛巢，送灶神天庭述職；隆冬歲末辭猴年，團圓守歲迎金雞。六度圍爐在大連，權把異鄉作故鄉；家人喜接財神爺，紅包拿來喜洋洋。2017/01/20」

我說「有才老公，小詩我喜歡，紅包更喜歡。」他說「我最不願意看見的情況，也是最不可能的情況，晚上偏偏就發生了—末班船客滿，還有好多人都買不到船票，乖乖撤退。中午我本來也曾想過要提前一小時出發的，主要還是看天氣正常，就懶得提早了，不成想，船位客滿，誰也沒轍！現在妳要趕緊改機票，明天早上十點以後的班機都

可以。」

我說「免費改簽成功，因為原定班機晚點，給予免費改簽，明天下午二點起飛，五點降落。老公，不要沮喪，出去吃頓晚飯好好睡一覺，老婆愛你。」他說「原來一月十九日大連下雪達到七毫米，屬于大雪的量級，積雪十幾公分，所以二十日的航班大量受到延誤。因此，航空公司連夜在二十日的凌晨三點多通知旅客班機推遲的時間，並允許旅客免費改簽其他航次的班機。所以原訂九點二十的班機，被迫兩次推遲到十一點五十起飛。」

他說「我向大狗子報告行程之後，他要我向快樂出發，妳說美不美啊？」我說「美呀，大少爺知道老爸的小日子，現在可是每天過得美美滴！」他說「我是來自南方的狼，要追尋那發情的狼。我坐上十點半的船出發，小媳婦，十二點二十妳哥到達飛機場，準備向快樂及幸福出發。大連，我來了！六點半我就來了，薛大爺回來了。增補一下《老頭愛丫頭三十五》——小年夜飛回愛巢，送灶神天庭述職；隆冬歲末辭猴年，團圓守歲迎金雞。六度圍爐在大連，權把異鄉作故鄉；家人喜接財神爺，紅包拿來喜洋洋。天有不測風和雪，大雪紛飛落大連，地上積雪十公分，班機起降受延誤。更加金門船客滿，望海興嘆阻行程，打道回府暫歇腿，重新出發待明日。2017/01/20」

他說「今天一大早六點到達大連北站，買七點的高鐵車票前往瀋陽探路。」我說「早上五點起床，五點半出門打車到北站排隊買票，昨晚已經在網上訂位。」他說「昨天已在大連市內開啟向幸福出發的探路之旅，這是為了辦理兩岸婚姻登記的必要程序。到民政局涉外婚姻辦事處，可是承辦人說大連市沒有獲得授權辦理對台的涉外婚姻登記，只有在瀋陽市的遼寧省涉外辦有此權限，並告知我們省外辦電話號碼。

大連這兩天的氣溫是零下十度，我知道瀋陽的氣溫經常在零下二十多度，我可不敢逞強，乖乖地加上一條羊絨褲，這是最佳的保暖褲，媳婦早就為我準備好的。今天再度向幸福出發的探路之旅，直奔瀋陽市內的省外辦，承辦人說我們來早了，所有準備證件都齊全，但是，台灣海基會郵來的公証書必須先到遼寧省公証協會對件/認証之後，我們才能上省外辦登記，給了我們公証協會的電話，讓我們自己去詢問。十點半我們到瀋陽火車站買高鐵車票往大連走。」

他說「二〇一七年一月二十六日是除夕夜的前一天下午，我那待親的姑娘為了趕在年前買一件大衣，夥同她娘把我死拉活拽上出租車，一路揚塵向著大連市區的時代廣場百貨公司進發。經過好一頓挑揀選購，小的終于買到一件合適的黑大衣，老的也挑中一件從前買不到手的紅色薄毛衣，把她樂得合不攏嘴了，正逢商家年終大削價搶現金的當口，總數不出七百大洋，真是買到就是賺到了。」我說「姑娘就是缺少一件大衣，念念不忘的想買，這下如了她的願望。」

他說「今天除夕夜，上姨父家吃年夜飯。下午三點一家三口打車出發，二個表弟每家也是三口到齊，六點十口人吃團圓年夜飯，到十點再吃一頓餃子，十一點三家各自帶回各找各媽，我們坐上大表弟的便車回到同一個小區。」我說「吃完年夜飯一回到家就有大驚喜，首先是小姑娘看到紅包，真的是接到財神爺了，而且還比去年的紅包多耶！其次是我也看到紅包，六六大順，也比去年還多哪！」他說「祝福老婆新年快樂，萬事如意，六六大順，早生貴子。」他說「老公過年好，給親親的老公拜年啦！」

他說「大年初一的午餐在自己家裡辦桌，有外甥姑娘、姑爺、孫女，加上我們一家三口，總共六個人，八道菜，全部吃光光，點滴不剩，真是個開門紅。大年初二的午餐也在自家裡，有二位好朋友王慶及壽鐵奎的家庭各三人，總共九個人，十二道菜上桌，還有一大盤壽司作主食呢。一大早六點半，小媳婦就起床做準備，十一點半全部做好，花了五小時做菜。大年初四的午餐還在自己家裡，姨父帶著大舅媽和一個兒子，小舅媽和一個兒子，總共八個人一起吃飯，十二道菜。」

他說「冬天在北方吃火鍋的青菜遠不如南方青菜的清脆甘甜，口感很是差了一些。

我很奇怪的問東北人原因何在？她說現在北方冬天的青菜不是種在露天的田地裡，而是種在大棚子裡，有時候氣溫太低，還要在棚子裡生火來烤。原來如此，南方冬天的白菜、高麗菜／大頭菜經過寒冬的霜凍之後，那口感和夏天就是截然不同了，多麼清脆又甘甜啊！」

我說「小不點說小魏姐才是真正幸福的女人，你們倆就是天生一對兒。生命在于運動，家庭在于溫馨。」他說「小女兒說『小魏姐真的很賢慧，你很有眼光』。老爸說『這個小老婆還真有兩下子』！小女兒說『老天爺眷顧，讓你遇上好女人，要好好善待人家』。老爸說『小魏姐講，妳讓她好感動』！小女兒說『都是她在照顧你，我比較感動啦。身體力行的是她，我就是只出張嘴而已，感謝小魏姐』。老爸說『那我就感謝妳們兩個人好啦』！」

他說「王慶太太陳玉香妹妹邀請俺們兩口子上她家吃晚飯，他們一家三口，總共五個人吃飯，卻做出十道菜。回家時經過高爾基路上的一家佰善堂國醫館，門面裝飾得漂亮有型，大門兩邊還漆上一副對聯，我讀了上聯之後滿心歡喜，寫的是『寧願架上藥生塵』，下聯寫的是『但願世間人無病』。我一看就知道下聯寫壞了，當場給他修改一下，改的是，『不願世間人生病』。」我說「你修改這副對聯，可是教小陳妹妹也佩服了！」

他說「沒想到回南方的班機居然準時起飛，還提前十分在四點二十降落廈門，我正好趕上五點半的末班船回家。可是下船後才知道小毛驢真的罷工，花了半個小時搞她也沒用，最後只得請外甥派人來碼頭接我，順便在他家吃頓晚飯。」我說「小毛驢被你晾在碼頭上風吹日曬二十三天，它能不鬧點情緒嗎？」他說「距離未來的目標越來越靠近了，海峽芬芳組合珍愛一生——愛情長跑六年整，千里迢迢只等閑，南來北往飛不停，收官飛行三十六。2017／02／12」

他說「小親親，情人節快樂！」我說「老公，情人節快樂呦！」他說「晚上六點半陳滄江在網上發出消息說『我們的同學蔡海塔，因為癌症病危，海塔嫂剛剛打電話給我，立刻安排他從台灣安寧返鄉的事宜』。蔡海塔就是跟我和許志新的高中老同學，是我們所有同學當中年紀最小的，他小我二歲，小許志新一歲，今年六十歲。蔡水田七點過來，摩托車上帶了兩支拐杖／拐棍，我問他何故？他說是一月十四日跑馬拉松摔斷腿骨，迄今正好一個月，傷筋動骨需要養傷一百天哪！

十一點半許志新人在台灣來電話詢問蔡海塔狀況，我說別無所知，兩人同感難過，聽說他是食道癌。深夜十二點陳滄江發布消息說『蔡海塔不幸剛剛往生，安寧返鄉飛機預訂明天早上九點起飛返金。』我說—海塔一路好走，各位同學節哀。又說—海塔已乘黃鶴去，昔日同窗空唏噓！」我說「祈禱我們身體健康，快快樂樂過好每一天！你的老同學好遺憾，沒有來得及趕回家鄉。」

他說「薛大嫂，我朋友聽說大連這麼好玩，他也想去大連耍耍，拜託妳代為訂購往返機票，二月二十四號晚上從廈門出發，二月二十八日下午由大連回程，妳能整嗎？」我說「上網查看二月二十四日票價是全價一千八百元，一周後三月三號只有七百元。」他說「血貴的機票！那就再等等吧！」

他說「妳說二月二十三、二十四號晚上飛大連的機票都要一千八百元，但是飛瀋陽只須八百多元，而我們要到瀋陽辦事，那就改訂二日二十三日晚上飛瀋陽，妳晚上坐高鐵到瀋陽會合過夜，第二天就近把事情辦妥了再回大連也行，回程訂二月二十八號中午以後都行」。我說「我就愉快地把機票敲定了，數饅頭只有五個而已，真省事啊！」

他說「昨天中午回去珠山老家拈香，村中有一位百歲人瑞薛永任夫人李粉一百零二歲往生，她年長我四十歲，我輩分高她一輩稱她為永任嫂。四、五年前夏天的午後她在自家門口乘涼，我騎車路過就停下來和她寒暄，不成想，我們打過招呼後同時說出口的第一句話幾乎雷同，我說『永任嫂，妳這一、二十年來都沒老。』她說『阿先，這十幾年來你一點都沒變。』說完兩個人不禁哈哈大笑，真是有趣啊！」我說「金門是現代稀缺的天然氧吧，所以會有比較多的的百歲人瑞！」

# 第三十六回　天南海北異地戀，見証海峽真情愛

２０１７／02／24

他說「前事不忘，後事之師，為免重蹈覆轍，妳哥提前一小時坐四點半的船向幸福出發，準點開航。」我說「哥哥，你好棒呦！」他說「《老頭愛丫頭三十六》——天南海北異地戀，見証海峽真情愛，愛情長跑六年整，千里迢迢只等閑。南來北往飛不停，收官飛行三十六，一朝開花結成果，修得百年共枕眠。分進合擊會瀋陽，快馬加鞭一上午，驗証登記結婚証，夫妻恩愛成雙對。無証駕駛好幾年，親友笑問領証沒？一戳軟肋沒底氣，今朝轉正揚眉笑。２０１７／02／24」

我說「有才老公你好棒，把這幾天的經過滴水不漏全部編輯出來了！」他說「海峽組合真情愛—想不到已經到了農曆正月底，機票竟然還是全價那麼血貴一千八百元，一點折扣也沒有。本想在正月末利用四天連假的機會返回大連辦一件大事、美事、喜事，

# 大連的小魏傳奇
## ——兩岸婚姻中華情

都不可能，十八日那一天我終于下定決心要在二十四日晚上飛大連度假四天，寧願承受全價的機票也要成行，然後利用二十七日周一上午去瀋陽辦理大事。沒証的老婆便開始查詢飛機的航班準備訂票，查詢的結果是票價雷打不動，依然居高不下。但是，她告訴我二十三日晚上有一班廈門飛瀋陽的夜航班機，票價便宜只要八百元，問我能不能提前一天出發呢？

然後她在當晚坐高鐵從大連前往瀋陽會合過夜，我換算了一下覺得上算、划算，想愛就愛，想飛就飛吧，立馬下手訂購機票。二十三日晚上班機準時起飛，準點在深夜二點落地瀋陽，三點到達賓館會合，睽違十一天之後，小別勝新婚，情人相見道不盡的分外綢繆。翌日早上到公証員協會辦理驗証／對件事宜，再轉往省外辦登記結婚，領取兩張結婚証，男女雙方各人一張。最後再到樓上的公証處申請公証，並申請代辦驗証，至此全部事務辦理完畢，此時十一點正。回想今天的辦事效果非常順利，沒有一處打回票或者退件，究其原因，一是事前的諮詢到位，二是事前的準備充分，三是一早的辦事精神愉快，四是一天的辦事時間充裕。我姑娘五點下班回到家，一進門就急著要我拿紅本子給她瞅瞅，她喜孜孜地看過結婚証，立馬開口叫爹。人說的對，愛她就要跟她結婚。」

他說「我跟朱姐說『遠方的親戚，妳什麼時候能到金門來呢？我在等著妳呦』！朱姐說『我得看我的身體情況』。我把老頭愛丫頭三十六的小詩傳給她看，朱姐說『啊…轉正了，恭喜…恭喜…。啥時候的事』？我說『感謝妳，感恩哪』！我把海峽組合真情愛也傳給她看，朱姐說『嘴真緊，一點風都沒漏』。我說『不是這樣子的，因為這個事很難辦，我們根本沒有把握，以前沒辦過，身邊也沒人辦過，都是自己摸索的，根本不敢相信能過關啊』！

他說「金門日報今天刊登這篇文章《海塔已乘黃鶴去，昔日同窗空唏噓》！陳長慶大哥已經用電子郵件告訴我了。」我說「你好棒，只要投稿定會發表，老婆崇拜你，給你按一百個讚！」他說「妳可以當我的粉絲了，做我的薛友會的會員。這篇文章本來只是兩次拈香的經過而已，並非正式的文章，但是有兩位朋友看過電子稿之後建議我要投稿，我才寄給報社的。」

他說「親愛的老婆，祝妳三八婦女節快樂。」我說「老公節日快樂！」她爹說「『薛溫新，爹愛妳漂亮開心又快樂，妳愛爹啥子啊』？姑娘說『爹帥氣有才，還是個暖男』。」他說「我姑娘不但越長越靚，而且還是咱家的開心果。我媳婦的身體得到老公的愛情及滋潤以後，顯出枯木逢春，一派欣欣向榮的景象，小日子不但過得和和美美，而且是倒吃甘蔗，漸入佳境，真是苦盡甘來，老來享福才是福啊！」我說「老公說的沒錯，感謝你辛苦付出那麼多公糧，給老婆滋潤的美美的。」

他說「老爸說『我買了一本中國大陸的漢語詞典，有一千八百頁，看了一個多月八百多頁，這一版的詞典有三項特色，我們學習或查找就方便許多，一是部首檢字表的排列順序和台灣的詞典一樣。二是每個字有簡體字就會有繁體字並列讓你能看懂。三是以羅馬拼音順序排列也會加上注音符號讓你能讀懂。所以我就買下一本從頭到尾閱讀一遍，頂多就是花幾個月的時間便能閱讀完畢』。小女兒說『很不錯的一本詞典哦』！老爸說『現如今大陸各方面改變很多也很快，甚至有些方面都超過台灣了，老是當他落伍和退步看待，肯定是錯誤的』。」

他說「傳一個視頻給妳瞅一瞅，這一段影片中異地戀六年的男女主角刻骨銘心的場所是火車站，男主角在長春工作，女主角在公主嶺工作，週五晚上女主角告別公主嶺，週日晚上男主角送別長春，相聚和離別的地方就是車站，所以車站是兩人開心和難過的地方。快樂始于車站迎接，痛苦始于車站送別。幸運的是，敢于愛，追求愛的兩個人，相戀四年之後終于結婚。就像我們相聚與離別的場所都在機場一般，相愛六年後走到一起，是不是有異曲同工之處？」我說「路是一步一步走出來的，愛是一點一點換過來的，人生也是這樣一頁一頁活下來的！我珍惜我的人生，更加珍愛我的老公，還有我們的家人。」

他說「懷念蔡海塔同學的文章已經定好標題了——海塔已離去，往事留心頭。預定開工寫作三天，篇幅大約三千字。昨天週一忙，今天週二準備開筆寫作《海塔已離去，往事留心頭》，九點開始坐到電腦前，一動手嘩啦啦……，每小時五百字就寫出來了；中午吃過飯放棄午休，又回到單位電腦前面，到下午三點，海塔一文已經初步寫了二千五百字。」我說「親愛的老公，你好棒喔！其實每個人從小到大、從年輕到中年老年，回顧一下都會有經歷可以寫的，但是能夠寫出來的恐怕只有千分之一吧？而你就是老娘千裡挑一所選出來的五女婿。」他說「晚上六點我把文章初稿打印出來送一份到許志新家裡給他瞅瞅，這裡面有我們許多的共同記憶，在他們家吃完飯，我又送一份去給蔡海塔老婆瞅一瞅。」我說「你好幸福喔，下班後去老同學家，有吃有喝還有的聊！」

我說「你這篇文章要是登報，不但會感動海塔的親戚朋友同學們，還會感動金門鄉親，看到這篇文章的人都會給你按一百個讚。你跟蔡海塔同學的情誼比較深，今天一寫關于他的文章讓你提筆之後就停不下來，將近四千字的文章一氣呵成。可見海塔的溘然去世，給你的觸動異常深刻。」他說「這一篇肯定是好文章，等我明後天再給他雕琢一下，校對、增補、潤飾之後才定稿，上一篇海塔已乘黃鶴去如果是八十分，這一篇海塔已離去要達到九十五分。是啊！我和蔡海塔及許志新是好同學，也是好兄弟，一路走來始終如一，四十多年來從沒有吵架、大聲過，什麼事情能合意就做，不合意就不做，沒有任何芥蒂或隔閡。」

他說「老爸說『金門沒有第二個人寫這種紀念文章，所以我是理所當然的獨占鰲頭，甚至，還有人跟我預約在他身後，為他寫上一筆，妳猜是誰』？小女兒說『誰呀』？老爸說『山外長春書店的老闆陳長慶，他年長我九歲，你看他便是訂位請早。我寫過兩篇這種紀念文章刊登在金門日報，篇幅都在三千字，一是薛崇武，一是顏西林』。」

他說「小丫頭這年頭可是越來越有盼頭，這盼頭不就是一大一小兩張紅本子嗎？」我說「嗯哪…除了抱著兩個紅本本，還想抱著小老頭過我們倆的美好日子。」他說「好消息！台灣海基會的公証書提前寄達手裡，我中午剛剛拿到，有盼頭的好消息接二連三的到來。眼見為憑，我拍一張公証書照片給妳瞅瞅。我本來預估遼寧省二月二十四日來的公証書，大約在三月二十日到台灣海基會，所以我于三月十五號郵寄申請書出去，大約三月二十五號能寄回，果然不出所料，而且，提前兩天寄到手上，這下子妳可以準備千里私奔了！」我說「金的是金的耶，我看見公証書，準備好要跟你私奔了！」

他說「張清忠回應說『用情很深，人雖不在，友誼永留心頭，海塔老師有你這朋友，無憾矣』！台北的李錫宗同學回應『昨晚拜讀大作之後，除了欽佩你的文才之餘，昔日同學相處之情逐一浮上腦海，相信海塔有你如此朋友也沒有遺憾了！』美國的張素賢女同學說『寫得很好，難得有你如此細膩的心思把青春時期的點點滴滴用心的展現在文筆上。文中看出青少年之間友誼的真誠，和無私分享美好事物，難得同學情誼這麼深厚，兄弟之情亦不過如此。』我說「有才老公結交全是秀才，回復微信都是文謅謅，小老婆跟他們沒得比。」

他說「我有個老同學李錫宗，下午三點和他老婆來家裡喝茶，我們有三十多年不見面，他的身體及精神都很好，退休八年，女兒結婚，兒子出國到德國留學，目前也是空巢期，喝完茶四點半離開。邀我晚上六點參加同學聚餐一桌，我已經答應了。六點我趕到餐廳參加同學會聚餐，已經有九個人比我先到，我落座不久，還有一人到場。」我說「我也要去參加同學餐會。村長大人，你的應酬好多喔！」

他說「晚上同學聚會時，四十多年未見面的老同學都很驚訝我的體格，強壯猶如海軍陸戰隊一般，嘿…嘿…身體好，真是騙不了人的。同學們也都很驚奇我們都是讀理組的，我怎麼會寫文章？而且寫得這麼好呢？我說那是不小心被逼出來的，之前我也從來沒有寫過文章。有人談起蔡海塔的逝世很可惜，我就說這幾天我還特地為他寫好一篇紀念文章，有四千字，我就到摩托車箱子裡拿來好幾份文章給他們觀看，大家饒有興致翻閱起來。」

我說「對呀，有健康的身體真好，不只是老婆喜歡，同學、同事也羨慕著！老公，你真好，什麼都是最棒的，老婆愛你！看過老公的文章以後，大家肯定會一致稱讚。曉得了，沒跟那個同學學著點，這下賠大了，你看養個小三多好，有的搞還有的賺！有智慧的男人最可愛，聽說聰明男人養小三不賠錢。買套房給小三住著，過些年後房子升值，小三白搞好些年還能賺一大筆錢！」

他說「半個月前美國女同學張素賢在網上說，清明節將由台北返回家鄉金門停留數日，我說幾年不見，歡迎、歡迎，屆時我再聯絡幾位同學會一會面。昨天我上網問了一下同學回到金門沒有？張同學說回來了。我說戴德愿和許寬與我要請妳一起吃飯見面，就看妳的時間方便囉。張同學說八號要離開，五號有約，中間六號七號都方便。六號晚上準時參加餐會的同學，除了張素賢、傅麗貞、歐譯璘三位女生，以及三位男同學楊明舉、戴德愿、薛方先。餐會的氣氛輕鬆愉快，天南海北交談熱絡，女生不喝酒，男生喝很少，意思到了就好。散席結帳的時候，櫃台說已經有人買單了，我問他怎麼可以呢？我訂桌的應該我付帳才對啊！這時候，張同學才說是她結帳的，她說這一次讓給她，下一次歸我們的。」我說「老公這幾天連續的同學會好多，過得好快活喔！」

他說「常用的成語就有一句『用進廢退』，說的是頭腦和身體一樣，越用越進步越靈活，不用越退步越生銹。『用進廢退』就是說一件工具或器具，經常使用會越用越方便，越用越順手，人體和汽車都一樣。」我說「老公，我能順你的手嗎？」他說「那肯定、必須的，妳現在是百依百順的好女人。毛衣、毛褲是毛線做的衣褲嗎？絨衣、絨褲是有絨毛的棉布做的衣褲嗎？被子有哪幾種？棉被、毛被、絨被、蠶絲被，這幾種嗎？」我說「說的沒錯，你是咋知道的？絨被有羊絨和鴨絨。」

他說「今天已經想到下一篇紀念文章的題目，叫做——運動詩人楊媽輝，預訂下周或下下周開筆，只等我把辭典看完，楊媽輝是一位初中的體育老師，年長我九歲，五十幾歲的時候患病肝癌，六十歲左右過世。」我說「期待你的大作面世囉！」他說「晚上六點同學許乃權將軍請吃飯，包括乃權夫妻倆一共十個人，原來今天是感恩餐會，這是二年前縣長選舉完畢要答謝競選團隊的餐敘，因故推遲到今晚。二年多不見，許乃權的身體、精神、氣色、談話一如往常，沒有任何沮喪、洩氣。」

他說「台灣是四月十八日下午五點半，芝加哥是四月十八日凌晨四點半，老爸說『博博，越來越靠近了，小明春即將來臨，妳準備好了嗎』？小女兒說『好了，十六號生了，今天是第三天，只是微信的照片傳不上去，等我回到家再傳相片給你』。老爸說『什麼？小明春提早五天出生，哈…哈…他想姥爺等不及了，真是可愛啊』！小女兒說『他確實長得可愛哦』！老爸說『這一胎是順產還是剖腹產呢？胎兒重量是多少？妳真是一個勇敢的三十八歲高齡產婦，一點都沒在怕哦』！小女兒說『我是剖腹產，小孩三千四百公克』。」我說「恭喜小女兒做媽媽了，恭喜老公當姥爺了！好可愛喔，是大餅臉，第一張照片特別像媽媽。剖腹產，小女兒可是受苦了！」

他說「那一天在許志新家裡嘮嗑，我說上年紀的人，甭管是五十歲或六十歲以上，最怕摔倒，一摔骨頭就受不了。他說一點沒錯，可是這幾年他偏偏就在自己家裡的衛生間摔倒過兩次！我想到從前許志新當妳的面說起我的特色，說我從四十年前高中畢業後的身體、精神、性格、作風，一直沒有改變，勇于創新、勇于冒險犯難。他說的一點沒錯，只是他當時沒有說出這麼一個詞彙—敢為人先。」我說「咱們可要多加小心了，祈禱上天不能讓老公摔跟頭！」

他說「老爸說『小明春的身高是多少？我估計有六十公分以上吧』。小女兒說『小孩子的身體是二十英吋長』。老爸說『一英吋等於二點五公分，因此二十英吋是五十公分』。」我說「小孩子的出生卡片上會有幾斤幾兩重、多少公分長，看來是小女兒生小明春折騰得夠嗆，都顧不得這些細節了！」

他說「《運動詩人楊媽輝》今天早上不到八點就開工，到三點半時寫了四千字，已經完成初稿，真是有兩把刷子，硬是要得。上一篇寫蔡海塔二天寫四千字，這一篇寫楊媽輝一天寫四千字，都超出原訂的三千字。」我說「有才老公，你真行，說你行就是行！老婆一直以來都是仰視你、崇拜你，看來沒錯！哇塞…不得了！你不愧是一名幹將，幹一天活抵得上別人幹三天活。」

他說「下午二點要去移民署出席面談，到達時那位面談官員已經在門口等候了。上一次在月初面談時見過面，因此進入辦公室立馬就問題一項一項問答，二個小時面談告一段落。他要進行交叉比對，先打電話給大女兒，沒有人接聽，再打給大兒子，問了不到十分鐘結束，後打給薛太太魏女士，問了半個小時。他讓我看過面談紀錄確認無誤後簽字完成，已經超過五點了，他說大概沒有問題，就等通知領取入台許可証。」我說「親愛的老公，這個下午錄口供三個小時，你辛苦了，老婆愛你呦。」

他說「同學李錫宗說，以前在讀技術學院時有上過一位國文教授的課，他在整學年的課中就是把同學的作文抄到黑板，然後由同學上台輪流朗誦修改。他的理論就是，文章多唸幾遍，唸起來流利的就是好文章，這點我能認同，文章要是唸得不流利，肯定也不會是好文章。這兩句話我完全認同，嚴格說來，文章唸起來流利是好文章的必要條件，或者先決條件，但還不是完全條件，還要進入文章中去觀察內涵。不過，我寫文章的起碼條件，就是唸起來很流利、很順暢，不知道你有沒有唸過我的文章？」我說「我讀你寫的文章，讀起來流暢、幽默、生動、有吸引力，看見你的文章就想一口氣讀完。」

他說「把我們的小詩前十首傳給妳看，叫妳重溫舊夢，好不好呢？」我說「我喜歡，最感動的是第一首2011/03/25寫作的，有生以來第一次收到為我寫的詩！」他說「大手小手向前走，現今到處一起走。」他說「昨天把十首小詩重新用手機打字後傳給妳欣賞，今天利用勞動節接著再把剩餘的二十六首一齊重新打完，從早到晚不停的打字。昨天我把前五首小詩傳給台北的同學李錫宗，問他看過有何指教？他說看到詩中的一些情景，免不了有一些想入非非。後來我再傳給他看前十首小詩，問他有何指教呢？他說如果把這十首小詩合在一起，便能形成一首史詩。」

他說「小女兒看完我傳給她的《運動詩人楊媽輝——雁過留聲人留名》之後說『好

朋友一生難得有幾個，很珍貴』。我說『我總共寫過四篇紀念朋友去世的文章，薛崇武、顏西林兩人都活到八十多歲，楊媽輝、蔡海塔兩人都活到六十歲，其他三人都是在死後一兩個月寫出來，只有楊媽輝是在死後十年才寫出來，文章都是一樣精彩』。」

他說「好消息…明天領取入台許可証，中午收到移民署發來領証簡訊。」我說「哈…哈…真是開心哪！」他說「我立馬跟姑娘說明這一好消息，她爹說『預訂母親節前後妳娘來金門住上十天八天，完了我陪她回山東住上三、四天，再回大連住上四、五天，過完端午節，就從十九號到三十號，行嗎』？姑娘說『可喜可賀哦，等你來家我們再慶祝一次，爹。行…行…太行了，妥妥的，行程安排很緊湊呢，希望你們能充實愉快的度過』。」我說「親愛的，弟媳婦讓我們請客呢！」他說「那肯定有，必須有，我們回山東就是要請客吃喜酒哪！」

他說「明後天由大連飛廈門只有八點這一班比較合適，若是中午的班機，很難趕上末班船，妳考慮明天或者後天吧！十九號兩人由廈門飛青島，二十三號兩人由青島飛大連，三十號由大連飛廈門。」我說「四段機票中，第一段十二號早上八點半大連飛廈門，第二段十九號下午二點兩人廈門飛青島，第三段二十三號早上九點半兩人濰坊飛大連，第四段三十號下午一點半大連飛廈門都訂好了，票價四千三百元。」

他說「北京大姐明天中午要出門，所以晚上我會把入台証交給她帶過去，妳明天到五通碼頭A9櫃台找陳小碧拿証件就行了。」我說「老公，你下手好快喔！倒計時饅頭只剩下一個而已。奇怪！我怎麼這麼興奮？從昨天中午接到好消息，下午也沒有休息，晚上只睡著三個多小時，到今天下午二點了還沒有感覺到疲憊，就像是吃了興奮劑一樣！」

# 第三十七回　夫妻攜手戶政所，婚姻簿上咱登記

2017／05／12

他說「現在六點這孩子起床沒有？幾點出門呢？大概得七點吧！」我說「俺興奮得睡不著覺，倒計時還有十一個小時就能見到老公，想想我就開心得不行、不行了，五點多就醒了，七點出門，車子已經約好了。」他說「哎喲…又喝了雞血嗎？咋這麼興奮呢？歡迎妳，熱烈歡迎妳回來我們溫暖的家，祝妳一路順風，一路平安。《老頭愛丫頭三十七》——早搭飛機午乘船，五度快樂返家門，苦苦等待六年多，功夫不負有心人，夫妻攜手戶政所，婚姻簿上咱登記，一朝名正則言順，天南海北一家親。

2017／05／12」

我說「有才老公這麼早就搞創作了？我喜歡，我愛你。班機八點五十起飛，一點四十降落廈門地頭，二點半到碼頭，買三點半的船票。」他說「二點五十移民署來電話，

說妳即將入境金門，要我四點之前到碼頭接受面談。」我說「我在四點到金門後移民署官員請去面談半個多小時完畢，接著老公也進去面談半個多小時，出來後和我坐在一道等候結果，不到半小時，官員說都好了就把証件退還我們，我可以光明正大的入境台灣了，金門…我來了。」

他說「早上先到我大姐店裡看她，順便把兩本結婚証拿給她看一下，她饒有興致的看過兩遍。之後我們一起到許志新家裡拜訪，也把結婚証交給他看分明。然後到菜市場大採購，到同學洪振錫的店裡一口氣買十斤中筋麵粉，老闆娘笑呵呵的好一頓誇獎，說大陸女人好漂亮。」我說「是啊，你同學的太太每次看見我就愛和我嘮嗑。」他說「晚上鄰居蔡金塔娶兒媳婦請吃喜酒，下雨天我們倆就搭許寬同學的便車，再拉上另一位同學楊明舉，到餐廳後我們四個人再加上其他四個客人同桌，吃飯聊天都開心，還拍照留念。」

他說「母親節快樂，天下的媽媽都是一樣的偉大！」我說「老公早上好，我們一起快樂！」他說「午飯後回珠山老家看望大嫂，她的兩個小姑子也回來娘家，四個女兒中的老二薛素姿昨晚吃喜酒的時候在餐廳碰見，其他三個女兒都回娘家了，大伙聊天坐了一個小時，都翻看結婚証，才知道這一次的大連老婆是有証的呦！老三薛素治還特意提醒我可以向單位申請婚假以及結婚補助款，我倒是壓根都還沒有想到這回事呢！離開後轉去看陳長慶大哥，亮出結婚証可把他高興著，沒想到我的做法又一次趕在他的想法之前實施，他說我可是迎來『老薛的第二個春天』。」

他說「今天真是一個值得記憶的日子啊！早上八點半離開診所轉到戶政所辦理結婚登記，這是今天的重頭戲，所有証件齊全，九點多拿到新的身分証及新的戶口名簿，至此兩岸結婚登記大功告成了。大陸的薛太太自從今天在金門登記結婚之後也是台灣的薛太太，恭喜妳幸福，恭喜妳快樂。2017/02/24在遼寧省瀋陽市登記結婚，2017/05/15在台灣的金門縣登記結婚，這是雙重登記，雙重保險囉！我姑娘告訴我，這叫做好事成雙，越來越好。」我說「就從今天起，我就是名正言順的薛太太了，我喜歡老公為我做的一切。」

他說「下午楊哥來電話約請晚上聚餐，我說好的，但是晚上由我做東，理由等我下班後當面告訴你。我聯絡好丕哥，又連絡好蔡水田，蔡大哥請他夫人開車接送，但是不參加飯局。下班後我到楊哥店裡拿結婚証給他看，說晚上是吃喜酒，就該我來做東，你要把機會讓給我。六點半陸續有九位客人就坐開席，楊哥、丕哥、忠哥、蔡哥、光哥、仁哥、興哥、泰哥、湖哥。

我把結婚証拿出來給每個人看一下，氣氛頓時愉快歡樂起來，原來晚上是吃喜酒的，大家紛紛舉杯向我倆敬酒，所以我晚上也沒少喝酒。席中，舅老爺李孝光說按照金門習俗，客人有權利親吻新娘子一下，問千哥可不可以？我說當然可以當眾親吻新娘子啊！說完，舅老爺毫不客氣地趨前當場親了小魏一下臉頰，惹得大夥笑呵呵的，可是也沒有第二個人跟進。泰哥說了，明晚他做東，原班人馬要到齊，忠哥說後天晚上要把時間留給他。」

我說「老公，這兩天接受你的朋友們熱情款待，兩天宴客氣氛都非常熱烈，在餐廳看到朋友們互相串桌敬酒，這是我從未見過的場面，真是小地方有小地方的好，人情味濃厚，我非常喜歡。可惜老婆聽不懂閩南話，只能傻傻地看你們開心調侃，我也插不上話。酒席間，舅老爺和興哥好幽默，他們倆在場，總會逗得大家開懷大笑！楊哥及忠哥一直以來，總是讓我對他倆有家人一般的感覺，每次看到他們倍感親切，在此由衷的謝謝他們！」

他說「老爸說『薛媽媽，小明春今天滿月了，出生時體重三千四百公克，現如今應該超過四千公克了吧？妳坐月子身體恢復的情況如何呢』？小女兒說『沒有幫他量體重，應該早就超過四千公克了，他臉蛋圓圓的，大腿挺有肉，現在會聽聲音、好奇的看東看西，傳一張照片給你看一看。我的身體恢復得很好，謝謝你的關心』。老爸說『哈…哈…妳的兒子好可愛哦！我喜歡』。」

他說「早上趕在上班之前先到金門城看望堂哥陳世宗，此前已經見過兩次面了，把紅本子拿給堂哥和堂嫂過目一下，報告婚姻狀況是金門也登記好了。幸福，就是和對的人在一起，人對了，什麼都好，在對的時候遇上對的人。」我說「堂嫂說的跟楊哥及舅老爺說的一模一樣，都說小魏越來越漂亮了。」

他說「晚上忠哥請吃飯也是在山外的餐廳，我們和蔡水田照舊坐蔡大嫂的車子，蔡大嫂讓我們下車後又轉回去，等我們散席再來載我們回家。晚上的客人包括我倆有十一位，楊哥、蔡哥、泰哥、光哥、仁哥、興哥、偉哥、成哥、慶哥。席中，舅老爺說，明天晚上他做東，原班人馬到齊要吃牛肉大餐，沒到的人是王八蛋。」

他說「今天晚上舅老爺請吃牛肉大餐，我們和蔡水田仍舊坐蔡大嫂的車子到達後，蔡大嫂就轉回去。晚上的客人包括我倆有十四位，財哥、義哥、楊哥、忠哥、蔡哥、泰哥、仁哥、興哥、院哥、中小企銀林蔡陳三位，其中，財哥是舅老爺的結拜大哥，義哥是舅老爺的老大哥，我們大都認識的。」我說「謝謝老公的金鏈子，去年也是我在抽屜裡發現的，今年就屬于我了！親愛的老公，你好細心喔，每天走過、路過的事情，你都不會讓他錯過，朋友圈當中有個才子真好，老婆給你點讚！」

他說「今天起開始請婚假一周，帶我的媳婦去度蜜月，下午二點半的飛機前往青島，我們先坐十一點的船前進廈門，準備向幸福出發。六點半降落青島，妻弟開車來接我們。晚上八點到達丈母娘家裡，酒菜都準備好了，有叔叔和堂弟、哥哥和弟弟、大姐夫三姐夫，我只喝二兩，九點半散席，明天中午的喜酒才是重頭戲。飯前先孝敬丈母娘，我和媳婦各包一個紅包一千二百元，丈母娘也給我一個紅包一千零一元，叫做千裡挑一。這是第一段蜜月，還有第二段蜜月也是一周，預訂在七月底進行。」我說「老娘一看見那一沓子嶄新的鈔票，可是眉開眼笑呀！」

他說「今天早上四個姐姐和姐夫都帶著她們的孫子回到媽媽家裡來要吃老五的喜酒，還有哥哥嫂子弟弟媳都回來了。我詳細看了三個大姐的個頭模樣臉型特像媽媽，身材結實壯碩，連髮型都一致，是男式的短髮。到了四姐，不但個頭小了一號，模樣臉型也有些許改變，頭髮倒是半長了。再到老五，就是我家那口子，個頭又小了半號，模樣臉型又有轉變，頭髮卻是長髮披肩，就像一個小姑娘！中午吃喜酒有兩桌，一桌是男人，一桌是女人和兒童，我們倆當主桌主人，貴賓有九人，叔叔和堂弟、大哥、大姐夫二姐夫、三姐夫和兒子、四姐夫和兒子，喜酒從十一點半吃到一點散席。晚飯是從六點吃到七點，同桌的人基本上都是中午的人，除了女主角及三姐夫缺席而已。」我說「親愛的在家人面前給我充面子，出錢又出力，讓老婆怎麼回報你？」

我說「六年前我們第一次看見三姐夫的大孫女韓子怡，當時一歲多，現在七歲多，讀小學一年級，將來可是像章子怡一樣漂亮的大美女喔！子怡隨她爹，也隨她爺爺，身高腿長，將來長到一米七的個子，可能不成問題。小孫女韓靜怡才兩歲多，可真是個人精，特會說話了，還愛喝酒呢！」他說「那砌牆用的磚我還以為是水泥製的，二姐夫告訴我那是用煤渣製作的，一塊磚五元錢，重四十斤。」

他說「心肝寶貝，晚上睡覺之前我要告訴妳兩個好消息，第一個是弟弟建設小作坊，我贊助他人民幣五萬元，助他一臂之力。第二個是年底爸爸逝世三周年，到時候我陪妳回來上墳上香。這五萬元等我回到台灣再匯到妳的帳戶裡，年底回山東原則上只住兩晚，少遭點罪。」我說「第一個好消息，我只告訴弟弟一個人知道就好，第二個好消息只告訴老娘。」

他說「寶貝啊：我後來聽到媽媽問妳說交往半年多怎麼還不結婚呢？妳只回了一句說這事不著急。我以為這事就搪塞過去了，沒想到她老人家又問妳說是不是我還有家庭啊？我一聽嚇了一跳，老人家真是睿智，一下子擊中要害，妳就跟著無語了！那麼這些年來，她有沒有再提起過這個話題？有沒有催妳要趕緊辦好這事呢？其他兄弟姐妹有沒有對妳提起過呢？」我說「沒有，老娘除了提過那一次以外，沒有再問過我，也沒有催我，兄弟姐妹們也從來沒有人問過我什麼時候結婚的事。」

他說「今天早上是陰雨天，六點半吃過早飯收拾停當向機場出發，車行一個半小時到達濰坊機場，搭九點半的班機。弟弟的小作坊只要順利開辦起來，承作勞保鞋的工作，一旦運營走上軌道，能夠起到幾項作用如下，一是自己開創事業，增加獲利及收入，二是為家人親人創造就業機會，三是就近照顧老母親。可以說是一舉多得，值得他用心用力去經營。」我說「外甥姑娘說要讓外甥姑爺去機場接我們回家，這樣比較方便。」

他說「今天中午我們倆的喜宴擺在小區附近的「雨田食府」飯店，前天通知的親友全部到齊，嘉賓有姜淑雲夫妻、陳玉香夫妻、隋姐夫妻、喬燕夫妻、朱麗君、陳健、張淑霞、龐曉紅等十二位。喜宴的酒席花了一千三百元，我們自帶了一瓶白酒一瓶紅酒，我喝得滿臉通紅。開席之前，我先向大家說明懇辭一切賀禮，感謝諸位的大駕光臨，就是給我們最大的祝賀及賞臉了。接著，我向大夥介紹朱麗君是我們的大媒人，愛情長跑六年之後，終于開花結果，有情人終成眷屬，所以我們倆備有一份紅包向朱姐表達心意、敬意、謝意，不能推辭的喔！」我說「全部都來就是給我們最大的面子，紅包一概不收。」

他說「中午一點半俺們先到建設銀行取出現金五萬元，二點再到郵局匯入弟弟帳戶，至此匯款全部順利完成。」我說「匯款後一會兒我給弟弟打電話，他說已經收到匯款了，謝謝五姐夫。」他說「弟弟廷艷說『謝謝大哥的幫忙，五萬元已經匯進我的帳戶裡』。」我說「廷艷你收到匯款就沒有後顧之憂，祝福你有好的開始，就是成功的一半。弟弟應該改口說『謝謝五姐夫了』！」

他說「現在十二點半，向南飛的我已經到登機口了，再過一個小時後妳哥就要飛了！謝謝外甥姑爺趙岩，一周前來接我們的飛機，今天十一點半又來送我的班機，真是非常感謝他的關照。」我說「老公，我愛你。」他說「飛機五點平安落地廈門，坐六點末班船回家趕趟，不成問題。」我說「親愛的，你好棒喔！」

他說「薛太太，兒童節快樂！我們家有三個兒童呢。」我說「老公，兒童節快樂！我們家有一個不老兒童。」他說「大連老婆第五次回金門的全紀錄《天南海北又是一家親》今天完稿，篇幅有四千字，先用電子檔傳給妳先睹為快吧！」我說「老婆一口氣讀完，老公…你好棒喔！把我們辦結婚手續的前後經過、親朋好友對我們的祝福，詳細的記錄下來，給我們留下永久的紀念！」他說「就是說嘛，朋友圈中有個才子真是好啊！別人她能享受到這種待遇嗎？《天南海北又是一家親》這是上集，從五月十二日寫起十八日止，還有下集《一路往北度蜜月》，由五月十九日寫到三十日止。」

他說「寄五張小明春和他爹媽的照片給妳瞅瞅，小傢伙快滿二個月了。」我說「好可愛的小混血兒，長的又帥又像姥爺。」他說「我要投入祖國的懷抱，先要投入小魏姐的懷抱，對不對？」我說「《大連老婆來信》——在二〇一七年之前，老公你已經開始默默籌劃我們要辦結婚証的手續了，進入二〇一七年你的步伐加快，只是自己承擔，老婆一點也不知道，只有你一個人跑來跑去辛苦著。等你回到大連把金門那邊的手續交到我手上時，老婆抑制不住的開心、感激！…………只是，這十幾天下來，可是讓老公沒少出血喔，有錢就是那麼任性，親愛的，是不是又疼又快樂著？」

他說「小媳婦今天一早編輯三條信息老長了，至少有一千二百字呢，妳是昨晚搞出來的嗎？妳哥再加以修飾成《大連老婆來信》，好不好啊？」我說「把廢話刪除，加入精準語句，修飾得非常好，嫁給才子老公真好！」他說「我一向都是這麼認為的，我的人生我做主，我的上半生如此，下半生依然如此。我退休後的生活模式、生活場域都已經有完整的概念，不會無所事事的。」

他說「《天南海北又是一家親》是兩岸婚姻的上集，下集是《一路往北度蜜月》，《一路往北度蜜月》今天完成初稿。」他說「我問姑娘看過《一路往北度蜜月》有什麼意見嗎？她說『你把一件件瑣事串聯在一起，充滿了濃濃的愛意和幸福感，從年初就開始籌備各種手續，過程中雖然有點小波折，但一步步走下來，到春季完美收官。見到姥姥和家裡的每位親戚，得到大家一致的好評，並且還幫助小舅解決了一個大事，喜事連連』！」

他說「我總聽人說我的小情人越來越年輕、越來越漂亮，為啥呀？」我說「親愛的老公，你說的沒錯，愛情的力量很偉大。回看我二〇一一年之前的照片，臉部肌膚粗糙、沒有光澤，是一張正宗的黃臉婆。那時候每天過的日子除了恐慌，就是焦慮。恐慌，是不知哪一天會失去賴以生存的工作，沒了收入我的下一步又該選擇什麼職業？焦慮，是回到那個沒有溫暖的家，會不會又要發生什麼不愉快的事情？回想到以前的日子，只能稱為人間地獄。親愛的，你說我是不是得感謝那個…那個…讓我變得越來越年輕的人哪？」

他說「晚上八點，王先振老師來家裡拿這兩篇文章《天南海北又是一家親》和《一路往北度蜜月》。我先把結婚証拿給他看，他說他雖然沒有見過妳本人或其他照片，但是看結婚証上這一張兩人的合照，就能看出妳是一個賢慧的女人，我說確實很賢慧。他回去後十一點就給我發來信息說的祝福，王老師說『同學，迫不及待讀完大作（愛的生活點滴），可喜可賀！祝福你們永浴愛河、幸福快樂、白頭偕老。晚安』。我回復說『王老師，非常感謝你的祝福，我們相愛六年有始有終，我對小魏最好的回報就是跟她結婚，她一直在默默等待著，從來不念叨，也從來不催促，我也不會讓她失望。晚安』。」

我說「親愛的，感謝你娶了我，我們一定會白頭偕老，親愛的，嫁給你，是我們相愛六年當中我每天的願望，每次你讓我豎起耳朵要告訴我好消息時，我都會在那幾秒鐘裡默默幻想著，是不是要宣布娶我？一次次都沒有等到，雖然有點小小的失望，但是從來沒有氣餒過。我想只要我們都對彼此有愛，必定會等到那一天的。」他說「慢慢等也不過等了六年，就等來了好果子吃！」

他說「有時候老天爺真的不是很公平的對待每一個人，我是自由戀愛後二十一歲結婚的，當時相親的對象有八個人，我不挑最好的也不挑最壞的，誰知道結婚八年生下四個孩子後，才知道對方是心臟病人，這下子讓我怎麼辦？想一想也只能獨自一個人熬下去了，欲哭無淚，欲訴無門。」我說「親愛的，我覺得一個人就得認命，你的人生伴侶是上帝早就給你安排好了，挑來挑去不一定就是你最喜歡的那一個。」

他說「我姑娘今天中午給我發信息說『今天是爹的節日啦，節日快樂』！爹說『快樂…快樂…爹好快樂，父親節我們都快樂』。」我說「親愛老公，盼你伸出雙手，接受我盈盈的祝福，在你未來的日子裡，讓幸福之花開得燦爛芬芳。在父親節的日子裡，寄一份祝福給你，願你擁有真心的快樂與喜悅！」他說「我跟姑娘說『父愛如春雨，隨風潛入夜，潤物細無聲，清晨遠颺去』。」

他說「我準備要寫作的這一篇文章《天地的威力在寒冬》，文章的標題在2017/02/02就訂下了，但是我感覺這文章不容易寫好。今年過完春節，有感于室內溫暖舒適和室外寒冬酷冷對比極為強烈，讓我體認到天地的威力無與倫比，就想記述一下自己的親身體驗。」我說「難為老公了，但是我相信你能行，加油…加油…。」他說「有一句話是這麼說的—人之不同，各如其面，天差地別。」他說「交朋友的學問，一是志同道合，二是理解信任，三是同甘共苦，是不是？」我說「我感覺這三項要件中，最主要的是理解信任。」他說「其實，他是一個條件鏈，缺一不可的。」

他說「親愛的…我又上了！今天的『金門日報』登出一篇妳哥的文章《戀愛及初戀和早戀》，哥又能吃上飯了！」我說「老公好棒喔，老婆崇拜你！」他說「今天是什麼人的生日啊？六月二十八號不就是我的心肝寶貝過生日嗎？祝福寶貝生日快樂，青春永駐，永遠漂亮，恭喜發財，紅包從微信上送過去。」我說「哎喲…今天我要發財了，收到姑娘的紅包，又收到老公的紅包，謝謝。」他說「哪怕九天仙女我都不愛，我愛就只愛我的魏美花。」

我說「金門朋友都愛管我叫小東北，因為我是來自東北的小不點。東北人的性格是環境和貧窮所造成的，有兩大特點，一是豪爽和實誠，粗枝大葉，以實為實，有利也有弊；二是幽默，能夠化解生活的苦悶，因為東北黑土地肥沃能養人，可是冬天長，貓冬就是半年，生活中帶幽默這是極大的優點，老貓房上睡，一輩傳一輩，搞笑能力天下無雙。二人轉不同於相聲，是東北幽默和搞笑的集大成者。」

他說「我最近一再重複看著兩個月大的美國孫子小春的照片，真是越看越喜歡！因此我還想起自己的小時候，聽村子裡的左鄰右舍老人家說我的小時候多麼可愛討人喜歡。別的人不說，光是在山外復興街上那一家賣衣服賣鞋子的薛氏宗親老家也是珠山，從我年紀小十來歲到年紀大送我幾十年的新年新鞋子，後來連我的四個孩子也是每年一雙新鞋。

直到我四十歲才當面問鞋店老闆薛承宙的夫人許明珠女士，說她們家和我個人有沒有什麼特別的關係？她說沒有。我又問她為什麼會送我幾十年的新鞋子，而我的姐妹和兩個弟弟都沒有呢？她說因為我小時候長得特別聰明可愛，討人喜歡，就願意送我鞋子，後來看我長大結婚生子，做人做事都是循規蹈矩，可圈可點，所以就更願意送我新鞋子。喔…原來如此，我還一直以為存在著什麼特別的關係呢！所以我想到今天我喜歡小春，正如當年別人喜歡我一樣。」我說「原來如此，老公從小就討人喜歡呀，難怪我這麼愛你。我也喜歡小春，讓小女兒再生一個吧，小春交給我們給他養大。」

# 第三十八回　相隔兩月啟程行，再次往北度蜜月

2017/07/21

他說「每個人的天命就是傳承，只要能完成這項任務，就無負此生了！豈不聞：人養我，我養人，一代傳一代。」我說「親愛的，我們沒有違背天命，我做到了，你也做得非常好！今天饅頭終于吃光光，開心著哪！現在早上六點，晚上十一點就能在機場相見，倒計時還有十七個小時了！」他說「縱然花開千萬朵，我只愛小花一朵。今天起我再請一周的婚假，單獨飛到小媳婦的身邊去二度蜜月，兩個月前五月中旬那一趟是初度蜜月，這應該是孔雀東北飛了，加上請幾天休假，可以享受半個月的甜蜜假期。下午三點半的船前進廈門，六點半的飛機前往大連，妳哥準備向幸福出發。妳開心不開心呀？」

他說「《老頭愛丫頭三十八》——相隔兩月啟程行，再次往北度蜜月，大約夏季返

家門，三口之家樂陶陶。2017/07/21」我說「六月二十九號買櫻桃時，商販告訴我只能保存一星期，我來家先上百度查看櫻桃的儲藏時間，大部分都說最多十天。後來我想起冬天有人給我們送櫻桃，包裝盒裏頭墊著一層厚厚的手紙，然後我就用一層手紙一層櫻桃這樣包好放進保鮮盒裡。過了七天我打開看看沒問題，過十天看沒問題，過十五天看也沒問題，一直到最近就沒看了，我心想好的總比爛的多吧？沒想到今天打開一看，只有一個爛掉一點點，太棒了！」

他說「原本櫻桃盛產期是在每年的六月中旬，下旬就停產，可我媳婦愛她對象能吃上一口好的，特意在六月底買下三盒三斤多的櫻桃等她老公來家享用，煞費苦心的加以保存二十幾天一如新鮮水果一般。櫻桃的品種有多種，如水晶、紅燈、梅棗，其中水晶是鵝黃色，紅燈是棗紅色個頭小，梅棗也是棗紅色但個頭大，吃起來最過癮！這一次三盒分三天吃，有二盒梅棗一盒水晶，先吃水晶後吃梅棗，大飽口福、著實過癮，我媳婦真是個好人！」我說「只要我哥能吃得開心就好。」

他說「今天是八一建軍節九十周年的紀念日，讓我們到內蒙古朱日和的軍事訓練基地去閱兵吧！」我說「我們都是兵，都去參加習主席的閱兵吧。」他說「我推斷睡眠不足是由于起夜太多，起夜多的原因是由于喝茶多，今後的喝茶必須減量，或者改喝開水就好，減量就是只喝上午茶，不喝下午茶，此其一，上午茶只喝六百西西，不能喝到一千西西，此其二。由此可見，任何好東西進入身體都有一個度，都有一定的限量，叫做適可而止，過之無利，反成有害，不可不講究啊！」我說「親愛的，這一晚上頻繁的起夜，辛苦你了！」

他說「妳哥左腳的腳掌腫脹今天進入第五天，連續吃了三天消炎藥，結果都一樣，不好使。前兩天腳腫還能走路，後三天已經痛到不能走路，只能用右腳做單腳青蛙跳。早上起床後小兩口商議必須要立馬看醫生，最佳選擇自然是中心醫院的疼痛科叢勇滋主任匯報情況，他說趕緊到醫院來吧。我倆打車到達醫院，叢主任判斷是神經痛，可能是風濕病所引起的，跟大量喝茶喝水應該沒有關係。開了兩款藥，如果是對症下藥，一兩天之內就能見效。」

他說「薛大爺今天又要回家吃自己了，連續三天吃叢主任開的藥，未見如何改善，看來今天我指定要坐輪椅上下飛機。上午外甥姑爺開車來家裡送我們到機場，下午二點，我是最後一個登機，幸好明智決定申請輪椅代步，省卻多少上下樓梯的顛簸，輪椅一路護送到飛機旁才登機，給我媳婦點一百個讚。飛機在五點三十三分落地廈門，看來是趕不上六點半末班船了！我只好打電話讓陳小碧的小妹先幫我買票，可是她說我的証件沒有留複印本在那兒，不能買票，但是可以爭取在六點十五到即可買票。我終于趕在六點十三抵達，感謝上天總算給我一個好消息。」

他說「增補一下《老頭愛丫頭三十八》——相隔兩月啟程行，再次往北度蜜月，大約夏季返家門，三口之家樂陶陶。班機落地大連夜，摔破兩瓶高粱酒。舊疾復發左腳腫，乘坐輪椅上飛機。2017/07/21」我說「看小女兒也是心疼老爸腳腫的痛苦啊！老公你到家了嗎？」他說「妳哥八點好不容易才進家，九點吃的牛肉麵。」

他說「腳腫狀況一如之前，今天一早八點先到診所看老醫生陳水湖，看完開兩種藥一是消炎一是消腫，我當場吃了第一次藥再回單位上班，十點時腳著地走路已經不會痛了，要不然，上班之前一直都是很痛。大連醫生第一次診斷是風濕病，開出來的藥吃了三、四天全然無效，顯然沒有對症下藥，可見診斷的不正確。金門醫生看過好幾次後的診斷是痛風加血液循環不暢通，查看病歷後對症下藥二小時就見效。兩邊醫生的診斷不同，用藥及效果自然有異，這並不存在誰的醫術高低問題。」

他說「晚上是黃萬祿所長就職滿月酒席，主客十二人就座，我右手邊坐的是楊萬山兄弟，談話時他首先提到當年我赤手空拳、單槍匹馬向軍方交涉收回珠山大樓的往事，進而成為金門民眾向軍方追討房產的起頭，因此引發多米諾骨牌效應。我說是呀，自從珠山大樓歸還我們之後，民間向軍方索還房地產者此起彼落，只因我開了第一槍形成案例之後，其他人紛紛跟進有例可循，容易多了。後來，我又把這個索回的過程寫成《珠山大樓還珠記》做為歷史的見証，然後把文章發表在『金門日報』，公諸于世，鄉親共知共聞。」

我說「我真的崇拜你！我哥有勇有謀、有膽有識，所以許志新說你是敢為人先。」他說「台灣的老同事盧兆薰大哥看過這一條信息後回應『振聾發聵第一人，薛氏族譜記首功，浯江島上多能人，誰似方先留美名』？我說『呵…呵…盧兄太誇獎了』！老大哥董國泰回應說『讚…，金門人的救星』。」我說「盧大哥說得一點也沒錯。給你按一百個讚，老公有才，老婆有臉。」

他說「晚上同學許乃權將軍請吃飯一桌，主客十二人，乃權及夫人仍然是笑臉迎人。飯局最後，主人發表重要談話，說感謝大家伙真心情誼相挺，銘感五內，他絕不會拖累任何人，逐一答謝時，點名到最後一位是金門縣政府退休的李炎濤時，眼眶泛紅，眼淚忍不住地流下來，真情流露，流下的是，男兒有淚不輕彈，只緣未到傷心處。後來，他還特地提到老同學的東北紅粉知己做得一手地道的手擀北方餃子，口感又脆又Q，害得大家紛紛預約，下次小東北回來的餃子大餐。」我說「好啊…好啊…我下次回去一定好好露一手，請好朋友吃一餐好的！哈…哈…沾了老公光輝燦爛的光，老婆也跟著名揚千里之外！」

他說「十二年前我出版一本書《金門情深》章回式散文集，台北的朋友劉素尼就對我誇獎有加，其實，與寫作文章比較，我更擅長做事，尤其是我負責的情況之下。二十七年前一九九〇年我第一次擔任金門電信工會的工頭時，三個月就能幹得有聲有色，三年任滿後接任薛氏宗親會會長照樣幹得聲譽鵲起，族人倍增光采。也算是打過美好的一仗、兩仗了，凡是曾經走過，必然留下痕跡。現在社交場合認識新朋友，往往當我說出名字時，經常聽對方說，喔…你就是那個寫文章的人。因為同一個夢想，我們才走到一起。」我說「我哥的文章不是蓋的，妹妹只能自嘆不如啊！」

他說「小保姆現在就是世界上最幸福的女人，因為她哥會心疼人！她哥不但給她一個家，也給她姑娘一個完整的家。」我說「親愛的，感謝你拯救了我跟姑娘，大恩大德，沒齒難忘！」他說「昨天台灣發生有史以來的第一次八一五全台大停電，到處雞飛狗跳，家裏沒電沒冷氣，電梯樓變禁閉室，紅綠燈停擺交通打結，餐廳飯店無法營業，冰箱冰櫃的海鮮全報銷，全台損失慘重，卻找不到停電的元凶，電力公司推石油公司，石油公司推包商，只能不了了之。」

他說「妳前次吞吞吐吐地說不清道不明是啥事呀？」我說「你在家時要給姑娘報班，要交暖氣費，現在提早交費有送禮物。」他說「俺就知道妳準是要妳哥出血，可這時節沒有什麼花錢的項目啊？」我說「姑娘報班的名額滿了，今年沒有報上。」他說「我姑娘報什麼班呢？我在家的時候，怎麼不當面好好說清楚呢？」我說「自學本科，就是自考本科文憑，自學需要二年，她現在最高學歷是大專，還要提升到大學，將來應聘新工作比較方便。她是想跟你當面談，我沒讓她說，一來是因為你腳腫人不舒服，二來是不確定能不能報上名？所以我就只是跟你那麼說了一嘴。」

他說「支持…支持…她爹大力支持姑娘的自學本科，把大專的學歷提升到大學跟她爹同一個級別，有上進心真是好樣的。像前年考駕駛証的事，也是必須的技能和提前完善的準備，當時駕校的學費不少吧？」我說「當時考駕照是三千六百元，考完就降價還不到三千元。」

他說「閩南話俗語『黑狗偷吃，白狗受罪』，其意思是說明明是黑狗犯罪，往往結果卻是白狗受責。顯示出行為者和結果犯不一致，無辜的白狗莫名地遭受處罰，完全是一個代罪的羔羊，替罪羊，世間事也會有這種事實，所以人們才會競相爭功諉過。」

他說「老公給妳發去《再次往北度蜜月》的電子郵件，篇幅有四千多字。同事董國勝看了之後無語，只說一個字Good。」我說「郵件順利收到，剛剛看完一遍，你好用心喔…老婆愛你。」他說「前天晚上和北京大姐吃牛肉麵時，她說一直打算有機會要當著我和小魏的面說一句話，那就是她在金門住十多年，所有認識的人或者朋友當中，沒有一個人是真心幫助她的，唯一例外的一個人那就是我，只有我是無私地幫她忙。妳看我進出廈門和大陸那麼多次，常常帶些土產、花生、板栗酥和朋友及同事與同學分享，我也不拿對方一個錢，別人出入大陸與金門那麼頻繁，何曾見過有誰帶點東西與人分享的？」

他說「北京的汪小菲娶了台灣的大S，所以這六年當中，他們兩人開展了雙城生活的模式，這也正是小老頭和小丫頭六年來的生活模式，妳說是不是呢？親愛的小丫頭。」我說「是呀…只是這六年多來辛苦老公，老婆愛你愛不夠！」他說「欣賞一個人，始于顏值，敬于才華，合于性格，久于善良，終于人品。人品的要素是同理心，同情心，細膩心，溫柔心，將心比心。」

他說「今天下午四點過後金門發生全島大停電，六點半才能恢復供電，這是繼八一五全台大停電之後，金門也來一個九五大停電，都是民進黨說要用愛發電產生的神話！電力公司說是由于輸電網路故障，造成發電廠全部機組跳電。因為交通號誌停擺，交通警察立刻出動在各個路口指揮交通；可是，便利商店收費採用電腦計費，一停電就無法營業。」我說「說一千道一萬，還是菜英文惹的禍。」

他說「今早忠哥回應說『昨晚拜讀《珠山大樓還珠記》大作，充分了解事情本末，依據歷史敘事，文字簡練流暢，如直面聞之耳』！我回說『謝謝忠哥的誇獎有加，重印這篇文章的緣由便是因楊萬山兄弟而起，好漢不提當年勇，只是回憶前塵往事罷了』！蔡國騰大哥回應說『昨天下午返回金門，你的大作《珠山大樓還珠記》寫得真好，由于你的智慧及熱誠完成了一件別人無法完成的大事，令人欽佩』。董國泰大哥回應說『我認同蔡大哥的觀點，讚…，謝謝』。小女兒也回應說『非常以你為榮』。」我說「好的作品獲得這麼高的評價，是金子總會發光的，小春說姥爺好棒！」

他說「德國人均壽命八十歲，比世界人均壽命七十高出十歲，主要是源自三項良好的生活習慣，一是全民愛大蒜，天天吃大蒜，二是老人愛散步，天天散步好處多，三是全民吃魚日，每到周五家家戶戶都吃魚。」我說「良好的三項生活習慣，老公做到兩項，以後你要能多多吃魚肯定會超過他們，老婆相信你能行。」

他說「今年的中秋節是十月四日正好落在國慶節中間，寶貝做何打算？」我說「我預訂九月二十七號出發，十月十日回程，要不，機票太貴了！」他說「九月二十七日廈門航空的機票叫妳搞到手了，早上八點半飛，中午一點半到，花掉一千一百元。」我說「機票敲定，我心裡就有底了。」

他說「我對小女兒說『妳還記得嗎？妳們讀小學和國中階段，我就告訴過妳們逐漸長大了，會接觸及嘗試很多新東西和成人世界的事物，比如抽菸、喝酒、打牌，妳們都可以嘗試但是不要沉迷，不要妨礙成長和讀書。但是，有一項絕對不能嘗試，碰也不能碰的，那就是毒品，一沾上毒品人就毀了。果然沒多久，教育部發現毒品入侵校園，趕緊通令學校加強反毒教育，反毒的手勢是，右手手掌張開向外推出，再轉頭向內拉回。可是，不久這手勢被嘲笑是在暗示，你抽五口我抽五口，不得已，教育部只好取消這個手勢』。小女兒說『老爸厲害、厲害』。」我說「有才老公，你有超前理念，難怪每個孩子都教育得那麼好，向爸爸致敬！」

他說「小魏啊…妳嫂子我今年六十六歲了，我一路走來容易嗎？按照本地習俗，六十六歲的生日必須吃下六十六個小餃子，才能長命百歲，妳可得幫我整一個。何況，這些年來我和妳哥也沒少照顧妳和小媛媛，是不是？」我說「對呀…感謝我哥哦」！他說「這下子可好了，一覺睡醒來，只剩下二個饅頭了！」我說「對的…吃光饅頭，就該吃肉了！」

# 第三十九回　艷陽高照秋老虎，我的媳婦返家門

2017/09/27

他說「今天是個好日子，恭喜妳晚上可以美美的吃肉了。」我說「好開心喔…饅頭吃光光，現在六點，倒計時還有十一個小時，就可以抱一抱老公了！」他說「《老頭愛丫頭三十九》——艷陽高照秋老虎，我的媳婦返家門。十一國慶連秋節，過完中秋雙十節。2017/09/27」

我說「八點半登機，飛向幸福…飛向快樂…，下午一點半，廈門…我來了。到碼頭買三點的船票投奔老公去，金門…俺又來了。」他說「歡迎…歡迎…熱烈歡迎遠方的親人回家來。我的年輕同事王耀亨結婚，晚上六點半吃喜酒，我陪著小魏姐一起喝喜酒，沾點喜氣。八點半散席後，一起去看望北京大姐，帶了三十個海參聊表寸心，在附近土地公廟口乘涼嘮嗑二個小時才回家。」

他說「晚上一下班先到鄉下莊江流大哥家裡拜訪，送他一包大棗，坐了一小會就告辭。六點半請外甥一家在餐廳吃飯，外甥媳婦說『妳們東北人曬太陽比較少』，呵…，分明是羨慕舅媽的皮膚白嘛。飯後轉去看好同學許志新，送他一包核桃，他的大女兒芸梅看見小魏姐的皮膚白，說了一句話跟外甥媳婦一樣『妳們東北人曬太陽比較少』，呵…呵…，可有趣了。」

他說「回家吃過晚飯，就帶上一包核桃去山外看陳長慶，離開後順道看望那家鞋店的薛承宙夫人許明珠女士。就是從前每年送我一雙新鞋，送我四個孩子每人一雙新鞋，我以為她八十多歲，她說是七十多歲。約好北京大姐八點在土地公廟前會面嘮嗑，一嘮就到十一點多才回家。大姐後來說到自己在金門住了十多年，對待別人用心付出都是白瞎，還受到許多委屈和辛酸，說到這時眼眶紅了、眼淚也掉下來。她說今晚當著小魏的面說一句話，那就是她在金門住十多年，所有認識的人或者朋友當中，沒有一個人是真心幫助她的，唯一例外的一個人那就是阿先，只有我是無私地幫她忙。最後她特別提醒我，以後別再寫那些沒有用的東西了！」

他說「今天十一國慶節，回到珠山看望隔壁大嫂，嫂子說新娘子越來越漂亮，留我們在她家吃午飯。吃完飯告辭後轉到張之初家裡拜訪和介紹，才知道兩三年沒見面的張

# 大連的小魏傳奇
## ——兩岸婚姻中華情

大哥一年前在家裡摔傷了，迄今行走不便，還得舉著支持架行走。他是廣東人，退伍後在珠山落地生根，有二個兒子二個女兒，今年九十歲，坐一會談談話就離開。」

他說「今天十月四日是中秋節，有人送來二盒文旦，一盒十二個，還有人送一盒大蘋果和梨子八個，中午打電話叫大女兒阿如回來拿，可是，她說十天前九月二十四日星期天早上她在家裡暈倒，送到醫院掛急診住院幾天後才出院，她也不敢讓妳們知道，經檢查是腎結石作怪，雖然結石不是很大，但是在五年前也曾經發作過一次住院治療。她家中也有很多禮物，根本吃不完，她就不要回來拿了。」

他說「中午楊哥和忠哥做東請遠方的客人小丫頭在山外吃飯，賓主九個人點了十道菜，真是太豐盛了。其他客人是泰哥、興哥、仁哥、志仁、金福，泰哥還帶來二瓶金門紀念酒交給忠哥和楊哥，可他們要轉送給小丫頭，我們受之有愧，卻之不恭，也只能恭敬不如從命的收下了。今天的客人唯獨舅老爺缺席，氣氛差了不少，他是因為拉肚子的關係無法出席。」我說「每次看見楊哥和忠哥，就好像看見親人一樣，今天請我吃飯又送酒。」

他說「今天是媳婦返回北方的日子。有一句話說得好，分別的人盼重逢，重逢就怕太匆匆，所以我只能說成，分別是下一次重逢的開始。大兄弟就帶著大妹子十點出發，搭乘下午二點半的班機。我為了孝敬丈母娘，帶上一年份的八罐蛋白粉，就在碼頭拜託陳小碧櫃台幫忙交給圓通快遞，郵寄到山東去。」我說「等待的日子過得好慢，團聚的日子卻是過得好快喔！六點平安降落大連，你到家了嗎？」

他說「《北雁七度東南飛》—這就是我媳婦第七次回到金門，停留兩周的全紀錄，等到明天增補和修飾過，後天大概就能定稿，篇幅大約在四千字。」我說「親愛的，你為我們的相愛好用心喔…每天、每時、每刻所發生的事情，都記錄和保存下來，留作我們的永遠紀念，老公…我真的好愛你！」他說「下午下班前已經把《北雁七度東南飛》的初稿全部打字完畢，正好四千字明天再校對後就定稿。」我說「文章內容描述精細、精彩、貼近生活，讓老婆忍不住一口氣看完。親愛的，你的寫作水平真的好棒，老婆以你為榮！」他說「美國女同學張素賢說『你用文字表達出來，讓美麗的人生回味無窮。看得出來你很疼愛小魏姐，得來不易的真愛』。我回說『是的，我們愛情長跑六年修得正果的心肝寶貝，著實不易，疼愛有加』。」我說「感謝美國女同學對我的關注，我也會加倍回報我哥對我的愛。」

他說「女兒說『你退休後，從身體健康可以自己照顧自己，到漸漸年老生活可以自理，再到身體每況愈下需要隨時有人在身邊照料，這幾個階段是不可避免的。如果你不避諱談談，可以和我分享分享每個階段你的規劃和想法』。老爸回說『我才不會避諱呢！我連自己的身後事都訂好了，就是回歸塵土，原則上要把骨灰撒在珠山老家門口的田地裡。我的退休生涯已經有相當概念了，具體及細部規劃應該不難，首要之務，是保持目前這種運動習慣，身體狀態，生活作息，精神狀態』。」

他說「下午打電話給北京大姐，才知道她被恙蟲咬了，兩周沒有出門。被恙蟲咬到可不是一件小事，搞不好是會死人的！雖然十幾年前她也曾經被恙蟲咬過一次，那一次情況比較嚴重，治療正確又及時，沒有大礙。她說這一次是十一天前，也就是十月十一日在她種菜的地方的草叢裡被蟲子咬到腹部，當時就擔心會被恙蟲咬到，那就非同小可，回家一看果然有一個紅點。當時咬過之後沒有任何異常，一周後開始發燒，陷入昏迷無法開口說話，今天第四天，才能夠講話。」我說「好可怕！她以前也被恙蟲咬過，應該有經驗了，怎麼會搞到如此嚴重呢？好嚇人！從沒有聽說過被蟲子咬了會死人的！」

他說「今天早上給北京大姐打電話，打座機也打手機，打通了都沒有人接聽，也沒有回電話。晚上七點我再打一遍，沒接也沒回，怎麼辦呢？」我說「手機怎麼不隨身攜帶呢？這樣子沒有回應，的確讓人擔心！」他說「她用電話的習慣也跟常人不一樣，出門的時候經常把手機扔在家裡，誰也聯繫不上她，非常異類。做人說難也不難，只要記住三句話就行，看人長處，幫人難處，記人好處。」

他說「二〇一七年十月二十八日金門舉行博弈公民投票未通過，不同意票兩萬四千三百六十八票票對同意票兩千七百零五票，比數為九比一。金門今天首次博弈公投，上午八點開始下午四點結束，隨即開票，五點半結果出爐，總選舉人數十一萬四千四百五十一人，同意票兩千七百零五票，不同意票兩萬四千三百六十八票，廢票五百八十九票，總投票率只有百分之二十四點二。」我說「為金門人的愛國精神點贊。」

他說「今天一大早就要去香港看表叔了嗎？」我說「我們四點半起床，五點半就上車往機場出發了。」他說「祝妳們娘兒倆參加香港採購團一路快樂，這一團有多少人呢？」我說「這團有二十四人，班機八點準時起飛，前往山西省運城。晚上九點再飛往珠海，十二點落地珠海，上車準備入住賓館。」他說「這採購團早趕晚趕的，像是在趕集更像是趕鴨子上架。」我說「我們早上五點半上車，由珠海前往深圳，十點半又上車前進香港，一點到市區。聽導遊說香港人家有的是，一家六口人住房十八平米，人均住房面積只有三平米。我們家三口人，住房是九十平米，人均住房面積是三十平米，真是太幸福了！」

他說「今天是立冬，是一年當中進補的開始。」我說「晚上七點上船，八點到澳門，九點進住賓館後才能自己出去吃晚飯。」我說「轉天在澳門最大的賭場『澳門威尼斯人』參觀，下午五點在澳門吃的飯，吃完到出境口走二百米便是珠海的地界，七點半進入酒店，珠海…我又來了！」我說「第三天早上七點我們就上車打響戰鬥了，參觀手錶工廠及乳膠工廠，晚上六點進賓館起自由活動，一直到明天早上十一點退房。」我說「親愛的…祝你生日快樂！我們在十二點由珠海上車，一點半到達深圳，晚上五點飛往山西省運城，明晚八點再飛回大連，這段行程恰恰跟來時路顛倒過來。晚上六點起飛，八點落地運城。」

他說「《娘兒倆香港採購去》完稿，我已經把這篇文章傳過去，篇幅有一千三百字。」我說「親愛的，你只是聽我們說去港澳遊的經過而已，你就能寫出這麼好的遊記，真應該讓你去親自體驗一下，要寫的東西好多、好多喔！」他說「昨天陳長慶看過《娘兒倆香港採購去》回復說，想不到你的大連老婆文筆那麼好，如果日後繼續寫，你的大名絕對會被她蓋過去的。我說這一篇大連老婆的遊記是她去旅遊，我寫遊記，我是家庭代工業者。」

他說「妳哥哥已經鐵了心要跟妳過日子。」我說「就從今天開始的嗎？」他說「從六年前就下定決心了，知道不？要不，妳看《老頭愛丫頭一》——美名芬芳傳千里，天南海北會大連；一見鍾情定終身，大手小手向前走。2011/03/25第一次相見就能訂下終身，其他都不是問題了！這不就是人說的『大連小魏的愛情傳奇嗎』？」我說「我以前真的沒敢相信，總以為你會隨時離開我。不過，我依然愛你，不管是幾天、幾月、還是幾年，我都會一心一意愛著你，也無愧我這一輩子真心愛過一回！」

他說「我跟小女兒說『妳看小春七個月大的臉型及額頭像我跟他大姨很多，反而像他媽少一點』。小女兒說『是呀，小春非常像你和阿如，尤其是你。我抱他的時候都覺得很奇妙，怎麼這麼像阿公呢』？」我說「可愛的小春主要是像姥爺，而他大姨也像姥爺。」

他說「妳下個月什麼時候回山東給爸爸逝世三周年上墳燒紙呢？」我說「爸爸去世三周年是十二月二十日，我會提前幾天回去。你的時間呢？」他說「我應該是十二月十九日晚上由廈門飛青島，二十一日飛大連，二十四日下午返回廈門。」我說「十二月十九號下午一點半廈門飛青島，十二月二十一日下午四點濰坊飛大連，就這麼愉快地決定了。」

他說「中國高鐵的建設速度飛快，十幾年來採取的是以橋代路的策略，大量及快速的建設高架橋樑，鐵路如此、公路如此、高速公路、陸地隧道、海底隧道也如此，其關鍵因素就在橋梁建造技術的突破，最具代表性的機具便是『架橋機』的設計與製造。『九百噸級架橋機』是中國自行研發生產的神器，外國人看見影片時稱為巨獸，長九十一米、寬七米、高九米，總重五百八十噸，造價二千三百萬人民幣，架樑的效率比傳統橋墩澆樑技術高三十倍。」

他說「養生要從健康飲食開始做起，再加上充分睡眠、規律作息、適當運動、愉快心情，這五樣缺一不可。」我說「老公這四項都能做得到。」他說「防癌第一名是紅薯，洗乾淨蒸熟後帶皮吃下，效果最好。抗癌第二名是番茄／西紅柿，生吃熟吃都好。再來是大蒜、洋蔥、西蘭花、胡蘿蔔，也是防癌明星。外食多可怕，外食不是福。」

他說「今天是大雪的日子了。」我說「對呀…親愛的哥哥是不是該回來了？」他說「是的，我想大約在冬季。萬水千山總是情，沒有健康真不行。」我說「二〇一七年冬天的第一場雪就要來報到了。」他說「我問小女兒說『博博，由台灣飛美國是先到西岸舊金山嗎？往返機票需要多少錢』？小女兒說『飛美國是長途，所以一個航班只會到一個城市，以長榮航空來說，飛舊金山來回機票從二萬五到四萬元都有可能，主要是看淡季、旺季以及平日、周末，飛行時間大約十四個小時。飛紐約比較遠，來回需要三萬五到五萬元都有可能，飛行時間大約十六個小時。國際機票比較特別，來回和單程票價差不了多少』。

他說「親愛的，恭喜妳又破了，倒計時數饅頭只剩八個，妳說美不美？」我說「美啊…美啊…再吃八個饅頭就有肉吃了。」他說「人體的內臟中，脾、肝、腎、腸這四樣正常，就會少掉許多疾病。脾臟造血的時間在每天中午和晚上的十二點，這個時間一定要休息和睡覺，熬夜最要不得。肝病多來自三樣，晩睡、發脾氣、吃油炸食品，吃得油膩會把肝包住，肝功能就消失了。大腸在每天早上的五點到七點蠕動，開始工作了，所以會把人給叫醒。大腸工作正常，肝功能便不會有問題，肝功能不好，人便會疲憊不堪。」

# 第四十回　丈人辭世三週年，五女婿上墳燒紙

２０１７／12／19

他說「今天是天南會海北的快樂日子，妹由大連來哥由廈門飛，勝利會師在山東的高密，明天在咱爹的墳前燒紙焚香，祭拜三周年。」我說「五女二子祭拜老父親就在明日了。」他說「早上九點臨出門發現証件過期，我即刻通知媳婦，『寶貝，我要抱歉地宣布，我的台胞証有效期到二〇一七年十一月二十二日為止，也就是今天二〇一七年十二月十九日已經過期，不能使用，今天就不能出門，太不小心了』！直到十點才確認可以改走落地簽，重新出發，十點半坐船，十二點半到廈門機場，五點平安落地青島，五點半坐上弟弟的專車，八點到家。《老頭愛丫頭四十》——丈人辭世三周年，五女婿上墳燒紙。六年愛情修正果，五姑娘墳前拜爹。出門台胞証過期，行程本想就取消。幸好護照未過期，變通改走落地簽。２０１７／12／19」

我說「薛才子又搞創作了？三姐的小孫女三歲的韓靜怡早上聽說你來不了，就問，爺爺不來了，是道壞了嗎？再聽說你要來了，又問，爺爺要來了，是道修好了嗎？」我說「咱爹去世的時候，咱們倆還沒登記，你也不能請假出席告別式，今天逝世三周年，五女哭墓，五個女婿也全員到齊，咱爹肯定能夠含笑九泉。」

他說「早上跟我姑娘說『早晨麻麻問我手提包裡有沒有紅包袋子？姥姥要給孫子們包幾個紅包，我說有的是，我一找一大把，還有一個過春節剩下的紅包，裡頭還有一千元新鈔呢！我就全部自動上繳姥姥了，可把姥姥樂得合不攏嘴，妳說好玩不好玩』？」我說「姑娘說我們都是見錢眼開的主，當然樂得很。」他說「四點的班機從濰坊起飛，五點降落大連，六點半回到溫馨、溫柔、溫暖的家。」我說「回家真好，金窩銀窩都比不上自己的狗窩，在老娘家裡兩天都沒洗澡。」

他說「昨天南歸的班機一點登機，四點四十在廈門著陸。大連起飛時氣溫一度，廈門降落時二十五度，廈門的熱度還趕不上我妹的熱情。」他說「今天早上九點到銀行辦理提款卡換卡，但是辦不了，兩個証件都不好使，一個是臨時的，一個是過期的，必須等到辦好台胞証再來。」我說「咋搞的，樣樣事情都不順利？」他說「為了辦換卡，早上特意請半天假，都白瞎了！」我說「親愛的你這一趟專為給老爸上墳，受盡了旅途種種的磨難，老婆在此代表家人、以及我個人深表感謝，老公費盡千辛萬苦的旅程終于畫下句點！」

他說「今天下午把《來去山東及大連》這一篇一千八百字寫好了，用電子郵件傳給妳瞅一瞅。」我說「郵件看見了，好喜歡，一邊看著一邊想起你這一次的行程，可謂是困難重重，阻礙是一波接一波。」他說「我姑娘說『你這次的行程就像闖關東一樣，不斷有困難阻礙你，心情像是坐上過山車一般，起伏不定，但是你意志堅定、神通廣大，依然照原定計畫進行到底，也能畫下圓滿的句號。希望春節回家過年一切順利，媽媽說的沒錯』。小女兒說『你這趟旅行真是充滿驚險和意外，心情像洗三溫暖一樣啊！但是這些困難都不能把你擊倒，你依舊一路過關斬將，順利到達終點，真是越挫越勇，百折不撓』！」

他說「走過金門人未老，風景大連獨好。心大了事就小，心小了事就大。本事大的脾氣小，本事小的脾氣大。」我說「叮叮咚…叮叮咚…下午五點聖誕老公終于來了！感謝老公新年驚喜。」他說「是吧…我就說東快路上壓車了，快遞員一時半刻到不了！現在好了，我們愉快地宣布，來回機票錢五千三百元，哥就給妳六千元，多的當作是小費，另外，妳們娘兒倆去香港旅遊花銷三千元，妳出一千、姑娘出一千、我也出一千，行嗎？」我說「老公辦事、老婆安心，你說行肯定能行！」他說「我姑娘說她爹『真是財大氣粗噢』！」

他說「我把下雨依照雨勢的大小，分成六等，豪大雨，或是強降雨，是雨勢最大，滂沱大雨、傾盆大雨、瓢潑大雨均屬之，人立雨中不出一分鐘就濕透了。大雨，是雨勢很大，人立雨中兩三分鐘就濕透了。中雨，是雨勢蠻大，人立雨中十分鐘就濕透。小雨，是雨勢較小，人立雨中三十分鐘才濕透。小小雨，或是毛毛雨，是雨勢很小，人立雨中三十分鐘也不會濕透。小雨絲，或是小雨霧，人立雨中三十分鐘也只是一層水霧而已。」我說「親愛的，你咋這麼棒啊！把下雨分析得這麼精細，不愧是細緻有才的好男人，怎麼就讓我得到？」

他說「現在知道中國人一反過去奉承台灣人的做法，就是要來欺負台灣人，因為二十年前中國人苦哈哈，台灣人口袋裡麥克、麥克，沒錢人對有錢人鞠躬哈腰，乃是人之常情也。台灣商人懷揣著百萬人民幣、千萬人民幣到祖國投資看項目，一個個都是貴客嬌客，那是台商時代，據統計台商有一百萬人，比香港商人有過之而無不及。投資項目上馬、啟動運轉之後，高階管理幹部大都是由台灣公司選派過去，級別高工資高，台灣領一份大陸再領一份工資，那是台幹時代，這些台幹有二百萬人。台商及台幹都是高高在上，高人一等的，現在顛倒過來了，台灣人到中國謀求一份工作機會，明擺著就是一個打工仔，所得工資跟其他本地工人一模一樣，這是台勞時代，目前台勞有三百萬人之譜。今天的台勞，跟十幾二十年前的菲律賓，輸出菲傭為本國賺取外匯實在也沒有什麼兩樣，這叫台灣人情何以堪！」

他說「今天原來是姑娘的生日，早上在朋友圈看見她發的信息說過生日，我就給她轉帳三十元祝賀生日快樂！我說這可是爹的全部家當了，因為我的銀行卡被吃掉，還沒有換新卡。我跟她說『寶貝，到今天一月六號，妳已經二十三歲了，是成年是大人，我在這個年齡的時候生了兩個孩子。過完年妳就是我們家的頂梁柱，爹和娘將來的日子都指著妳，我們也會從旁幫襯妳，咱們的生活只會越來越好，等妳結婚下崽子，我們只管抱孫子得了』！」我說「姑娘都不好意思收她爹這三十大元的賀禮了！」

他說「蔡水田下午三點半來電話，說要來喝茶，我們從四點起泡了兩遍茶葉，六點他才回家去吃飯。我問他拿到博士學位沒有？他說去年底拿到了。我說恭喜…恭喜…，要不要慶祝一下？他說低調…再低調，沒有任何慶祝。」我說「蔡大哥拿到博士學位，也算是對自己的一種肯定囉！」他說「擁有健康未必擁有一切，失去健康一定失去一切。」我說「老公擁有健康，自然就會擁有一切。」他說「走路有益無害，爬山傷害膝蓋。」

他說「晚上看見魏勇／杰子和新娘子劉海英，拍攝的中國古典式結婚禮服及現代西裝白紗結婚禮服，真是喜慶呀！小姑父祝福他們天作之合、永浴愛河，妳儂我儂、早生貴子、雙喜臨門。只不過呀，小姑媽魏美花加上嫂子宗芬，讓人昏昏欲睡。今天是大姪子魏勇／杰子和海英結婚的喜事，替他們寫下一首小詩，魏勇鴛定劉海英——魏勇獨闖上海灘，一年贏得佳人歸，海英帶喜結良緣，夫妻雙雙把家返。2018/02/01」我說「小姑媽也要加把勁，來年也要生一個大胖小子。」

他說「妳看美國的人均GDDP是四萬美元，男性白領的年收入是六萬女性四萬，男性藍領的年收入是四萬女性三萬，咱們也去花旗國賺美金多好呀！」我說「好啊…我們一起去賺養老保險基金。」他說「老爸說『呵…呵…現在布萊恩是白領階級』。小女兒說『對呀』。」我說「小女兒也過上好日子了。」

他說「早上旅行社來電話通知我的台胞証來了，我立馬過去拿回來，現在妳可以訂下往返機票，出發是二月九號或十號由廈門飛往大連，回程是三月三日或四日由大連飛返廈門，我的台胞証號碼並沒有改變，仍然是原來的八碼。」我說「那麼我就可以愉快的下手了。」我說「出發的機票敲定了，回程的機票等觀察幾天的票價變化再出手。」

他說「妳們回山東吃喜酒什麼時候來回的？」我說「我們一月三十一日出發，二月四日回程。」

他說「建行的短信通知向小丫頭轉帳支出四千元。」我說「親愛的…嫁給你真好，春節前我還在掂量手裡的錢該怎麼分配，中午就收到銀行轉來的四千元，有靠山的資助，總算可以放心過大年了！」他說「這四千元的用途如下，給妳倆報銷機票錢一千一，丈母娘春節紅包一千五，給侄兒結婚紅包一千，侄兒喫茶紅包二百或四百。」我說「我們就這麼愉快地決定，感謝救命恩人。」

他說「今天臘月初八，喝臘八粥、吃臘八蒜，也是孝敬丈母娘的時節。」我說「我替老娘感謝五女婿！五女婿過年孝敬她一千五百元的事早就告訴她，老娘高興壞了，還感嘆自己老來真是有福，一年到頭有五女婿供應她奶粉喝，又給她零花錢，村子裡的老人們只有羨慕她的份！」他說「可不是嗎？台灣同胞人呆錢多，趕緊來賺他倆錢花一花。」

他說「我自從高中讀過《祭妹文》、《祭十二郎文》之後，對於祭文有相當體會。隨後在金門參加無數次告別式的祭禮，聽到那千篇一律的祭文，只換過死者的名字而已，內容一字不改，我期期以為不能接受。下定決心有朝一日我讀祭文時一定要自己寫作，而且要和死者的生平息息相關。我寫的這一篇《祭生母文》是第二篇，寫得比較好，第一篇是《祭葉榮華伯父文》，那是十七年前創作的，寫得差一點。但是，第一篇祭文是沒有文稿的，是現場即席思索誦讀出來的，十七年之後當年在場的司儀還能記得我的宣讀祭文。那位司儀就是村長倪振贊，那位死者就是他們村子裡的長輩葉榮華。」

他說「我最愛的柿餅晚上七點到手，運輸大隊長今天去廈門帶回來了。我先送給許志新一包，請他和老婆各吃一個，都是讚不絕口，說又大又軟又甜真好吃。等我回到家趕緊吃一個，哇塞…真是棒！」我說「枸杞子送一包給董老師，不用收錢。老公吃一包補身子，來家做貢獻。」他說「柿餅一包十二個，早上來上班送董國勝半包柿餅，徐明才半包柿餅，辦公室的同事／工友一包。中午去沙美看嬸嬸拜個早年，送一包柿餅一個紅包。晚上送給珠山嫂子、張大哥各一包柿餅。」我說「今天就送出去五包，昨天一包。」

他說「早上去看陳長慶，送他一包柿餅，不成想，離開時他塞給我一千元台幣，讓我買點東西送給遠方的朋友，我跟他推辭了好幾次，他就是不讓，我只好收下買牛肉干代他送給妳了。回來送同學一包、送侄兒一包柿餅。」我說「陳大哥不帶這樣的，叫我怎麼好意思呢？送出九包，我哥只留一包。」

他說「妳們今天該啟程班師回朝，回到溫馨的家了！」我說「我們吃過飯，十二點半向幸福出發了，四點的班機，五點降落大連，六點進家。」他說「晚上讓妳和姑娘往我的中國微信號轉帳試一試，就是要確定原來的身分認証還有沒有效？因為我本來用建行卡的卡號換新的，不知道還能不能管用？晚上試過之後還是照常能用就好。」

他說「台灣自二〇一二至二〇一五年四年間貿易出超三千六百億美元，其中三千五百億美元是對中國大陸的出超，高達出超百分之九十七，太不可思議、太依賴中國了！」我說「台灣和中國關係密不可分！」他說「大爺要回來了，我聽靚女的話，回到溫馨的家，難得今天太陽露出笑臉了。」我說「再堅持一天，明天就回到溫暖又溫馨的家裏了。」

# 第四十一回　束裝返家過春節，千里迢迢半日歸

2018／02／10

他說「今天早上七點起床後照常運動，聽到窗外淅瀝瀝的下雨不停，至少也是中雨，騎車恐怕不行，我打算必要時打車去碼頭得了，好不容易等到九點時候轉為小雨，我立馬騎車出門，向幸福出發。可是車一出門，一片灰濛濛的大霧濃霧撲面而來，依常識判斷知道這種天氣是開不了船的。果然不出所料，一踏進候船大廳，旅客三三兩兩，牆上船班信息牌上出現「停航。」為了回家和愛人同志過大年，無論如何，都要勇往直前的繼續走下去。」我說「遠方的親人熱烈歡迎薛大爺回家過大年。」

他說「中午十二點半霧散開船，已經趕不上十二點半的班機了，還是打車趕往機場碰碰運氣如何？」我說「現在這班飛機已經停止報到劃位了，但是南方航空可以全價退票。」他說「二點到機場，櫃台說這班飛機確定上不去，只能改簽下一班了，還好我帶

了干糧十個花生餅和水瓶，可以在機場跟它耗。」我說「南航退票後我改簽／改買廈門航空五點半，十點半降落大連。」他說「《老頭愛丫頭四十一》——束裝返家過春節，千里迢迢半日歸。送走六個除夕夜，今朝迎接狗來旺。2018/02/10」

他說「老爸說『現在看到小春的照片、影片太好玩了，妳們小時候怎麼沒有這麼好玩呢』？小女兒說『那是因為你當時年紀輕嘛，不會覺得小孩子很好玩』。老爸說『一是我年輕，二是生活擔子壓身，三家裡條件困難』。小女兒說『其實這也是大部分家庭的狀況，我懂的。有時候像這樣子…小孩子半夜不睡覺，自己玩得很嗨，大人都快要累死了，哪裡會覺得小孩子好玩呢』？老爸說『現在該妳們這一代磨練心志了』。小女兒說『我一直都在磨練的呀』！老爸說『沒錯，阿如不敢磨練，早早找一張長期飯票，安啦』。小女兒說『也是很好的歸宿。謝謝你頂起家裡的一片天，讓我們四個兄弟姐妹長大成人』！」

他說「大情人，情人節快樂！沒想到一大早遠方的情人就給妳轉來五二〇的賀禮，卻把妳給砸得頭暈了，中午做飯、下午上街買菜，幸好都有我姑娘料理停當。妳上診所看醫生說問題不大，血壓也正常，可能是頭部的供血不足。姑娘說讓妳跟爹一樣練習一下倒立、拿大頂，就能夠好使了！」我說「老情人，情人節快樂！」

他說「明天除夕夜，姑娘今天開始放年假了，誰知一早起床老薛家的就嚷著頭暈，沒辦法上市場買菜。薛老頭只好領著姑娘跑兩家市場採買不足的蔬菜，小老太獨自上小區外的診所看診，醫生說吃藥見效慢，輸液掛吊瓶的效果快，顧慮耗時長，暫時打消輸液的處理。」我說「姑娘說買完菜都有爹提著拎著，有爹的日子就是好、就是幸福。」他說「妳的一生可能不只愛一隻狗，狗的一生卻只愛妳一個人。」

他說「今天是除夕，早上媳婦的頭暈稍有緩解，然後我們一家三口照舊前往姨父家吃年夜飯，一起圍爐守歲。下午三點出門打車半小時後抵達，六點吃起豐盛的團圓飯，大表弟一家也是三口人，小表弟的兒子一人，姨父一人，總共八個人，八點散席。接著小媳婦包餃子，九點再吃一頓餃子，吃完帶隊回家。十點半回到家，小區裡一片鞭炮聲響徹雲霄，好一番過年的熱鬧景象呀！此時此刻，要是還能來一場驚喜，不知道該有多麼美好！」我說「期待真的有驚喜能夠早點來到！哇塞⋯⋯姑娘在枕頭底下發現奇跡了！我也在枕頭下找見奇跡，好大一個紅包，全是亮晶晶的新鈔票，我最喜歡這個了！」

他說「大年初二到朋友王慶家裡拜年聚餐，還有壽鐵奎一家子，三個家庭九口人，中午做十六道菜，桌子擺不下，有些菜只好疊起來擺著。吃完午餐一同嘮嗑，待到晚上六點才打道回府。老壽的兒子大博說『真羨慕父母能擁有三十載如親人般感情的朋友，三個家庭一起在家裡動手做飯，嘮家常，給這個春節更添一分喜慶』。前年在老壽家裡聚餐，去年在我們家團聚，今年輪到老王家裏相聚。今天的菜色太豐盛了主人的盛情加倍，就是喝酒叫我扛不住。」

他說「老王小我十歲，老壽小我十二歲，兩個人和我一樣都還在工作中，酒量比我好很多，照講年紀輕身體應該比我好才對，誰知不然，喝茶時偶然聽老王說好久沒有跟他媳婦做那檔事了，老壽也緊跟著說他好長時間也沒有跟他媳婦做那回事了，害我都不好意思說自己做沒做呢！」我說「老王家的準備太多菜，我勸她有些菜就不要做，這十二個就夠了。」

他說「初三中午在我們家裡接待外甥姑娘李紅一家三口，做了十二道菜。等到吃過晚飯，外甥姑娘才回家去。」我說「新年期間就是走親訪友的時候，難得大家都有錢有閑。」他說「今天大年初四乖乖在家呆著也不行，為啥？因為我們老薛家的又犯頭暈的毛病，上午她先去了一趟小區外的診所，醫生診斷可能是頸椎的毛病所引起，建議最佳治療方案是吊點滴。中午決定去診所掛吊瓶，小老頭陪著小老太上場，三天的份量，第一天從二點掛到四點收工回家，明天繼續努力。」我說「感謝老公的愛相隨，一路陪伴。」

他說「大年初五是接五路財神的日子，十點我陪媳婦再上診所去掛吊瓶，姑娘出門去採購手機汰舊換新，因為現有的苹果六經常故障連連不好使，昨晚要求她爹出點血，好讓她購買一把新手機，我就拿出全部的現金三千六百元給她了。」我說「姑娘跟我要求好幾次出錢給她買新機我都沒答應，還是她爹疼她。」他說「晚上約好外甥姑娘李紅她們到小區外的一家鐵鍋燉魚店吃飯，好大一條魚五斤多，就在包間裡面現燉，同時在鐵鍋邊上烤著玉米餅子，半小時後，燉魚好了玉米餅子也好了。」他說「下午二點給姑娘發信息通知說『我的寶貝，妳的『唯品會』中午到家了，現在iphone苹果七已經在妳的桌子上等妳回來了』。」

他說「心肝寶貝，今天二月二十四號是個特別的日子，正是我們結婚一周年的好日子，特別的愛就是要送給特別的妳。」我說「祝願我的幸福永遠有你伴隨，老公…我愛你不夠！」他說「老婆子…老頭子…一輩子…愛不夠。」

他說「小媽，昨天早上吃過湯圓，晚上鬧過元宵，新年和春節到此結束。今天就是妳哥飛回南方的日子，早上起床，瞅見窗外一片霧氣，開窗一看還好，所幸是小霧，水汽茫茫的不是霧霾，問題不大，對于中午一點半起飛的飛機影響不大。」我說「幸好你跑得快，明天是大霧橙色預警。」他說「一點登機，四點半降落廈門，確定趕不上五點半末班船。」我說「末班船趕不上，就只能在討厭的門住上一晚了。」

他說「今天廈門大霧，一早碼頭就通知船班停航，直到十一點復航，我的時間很寬裕，十一點退房才前往碼頭。」我說「我哥這一趟回家二十一天，還提前一天回程，正是先見之明。」他說「妳哥買十二點半的船票要走了，輕輕的我將離開妳，別將眼角的淚拭去。」

他說「下班吃過晚飯去看陳長慶，送他一包枸杞、一包柿餅、一包核桃，還把手機裡面拍的照片，有妳和十包牛肉干那張拿給他看，千真萬確。在回家的順路，也把我的那個保溫瓶送給北京大姐。」我說「這樣子就能取信于陳大哥，感謝他的饋贈。」

他說「小春的英文名字Sage，叫做薛舉。」我說「薛明春有中文名字，也有英文名字，全名是什麼？」他說「小春的全名是SageMingchunEick，布萊恩的全名是BrianAndrewEick。」他說「呵…呵…我真的沒有想到一輩子能夠買下二套/二戶房子，想都不敢想的，而且是零負債。」我說「你是最棒的，一生靠自己養大四個孩子，買下三套房子，老婆嘛…就不計其數了！」

他說「我同姑娘說『如果妳報名自學本科大學要選擇專業科目的話，那麼行政管理、工商管理、人力資源管理這三者當中，以行政管理的面向比較寬廣，將來找工作的機會比較多。行政管理和工商管理有百分之九十重疊，和人力資源管理有百分之八十重疊，三個職系屬于同一個職組。妳要報考自學本科，取得大學的學位，這個上進心是可取的，這個教育投資是划算的，對于將來的工作及自己的人生都是有益的。但是，先決條件必須有決心、有毅力，堅持到底、完成目標，不可輕易放棄或者半途而廢，何況所需時間只有短短兩年半而已！像我當初讀開放大學長達七年，我始終如一，愉快達陣，而我的同伴只有一半能夠達成任務。」

我說「親愛的，我和姑娘的機票訂于四月三號早上八點起飛，一點半降落廈門，要去投奔老公，給老公打工了。」他說「又要去私奔了嗎？叫小姜阿姨好羨慕，說妳家老薛還有那兩下子。」我說「小姜阿姨說她們兩口子已經分居十年！」他說「小春的機票在三月二十五日買好了，下個月四月二十五號下午一點半芝加哥起飛，四月二十六日早上五點到達台北，總共要十五個半小時的飛行，很打忧…打忧…，回程六月六號。」

他說「倒計時只剩下一個饅頭，明天妳就可以吃上肉了！」我說「是呀！一想到明天可以吃到肉，牙根就會癢癢的。」他說「我早上跟姑娘說『妳應該每天定時七點起床，最晚到八點一定要下床，一日之計在于晨，就是從起床開始做起的。比起祖逖的聞雞起舞，那我們都是太幸福』！姑娘說『一日之計在于晨，沒錯、沒錯』。」

# 第四十二回　清明時節雨紛紛，母女結伴東南飛

2018／04／03

他說「恭喜妳饅頭吃光光，今天晚上就可以吃上肉了！」我說「我們在六點二十出門，向幸福出發！八點登機，八點二十起飛，下午一點降落，廈門…我來啦…。」他說「《老頭愛丫頭四十二》——清明時節雨紛紛，母女結伴東南飛。落地廈門轉金門，回到她哥她爹家。夫妻領証只一年，無証駕駛達六年。守得雲開見日出，黑戶從此見天日。2018／04／03」

他說「歡迎…歡迎…熱烈歡迎，我已經把雞湯燉上了，妳們來家就可以喝上一碗熱騰騰的小雞燉蘑菇雞湯，可香…可香了！祝妳們一路順風，一路平安到家。」我說「我們分別剛剛滿月，今天又要團聚了，真開心！我們二點到碼頭，買二點半的船票。」他說「我騎摩托車去載一個人回家，另一個人坐公交車回來金城。」

他說「今天四月四日兒童節放假一天，明天清明節也放假一天，後天調整放假一天，再加上周休二日，這個連續假期長達五天，真是太棒了！晚上是金門高中六〇〇一班同學聚餐，共有八位同學參加，攜眷參加的只有我帶上大連老婆小魏，她算是萬綠叢中一點紅了，點綴…點綴！六點我最先進入餐廳，隨後到的是謝聖精、李錫宗，六點半到達的是徐三坤、吳笏濱、呂有理、蔡輝詩。王亮弓、翁文爐還在台北等候六點的班機，王亮弓要我們先開動，我們就等到快七點才開始上菜。八點的時候，王亮弓終于趕到，八點半散席時大夥走出餐廳大門，遇上翁文爐專程趕來和同學相見，連酒水也沒能跟他喝上一杯，真是很抱歉啊！」

他說「早飯之後我們一家三口到運動場走二圈，風和日麗晒晒太陽多舒暢，我順便告訴姑娘她當下在生活上的一些毛病，希望她能儘快改正過來。晚上吃過飯我就讓姑娘把早上我告訴她的談話內容寫出心得報告《老爸的談話》，篇幅一千二百字，她花了一個小時專心致志的用手機寫好，還真寫得不錯！」

他說「早上又約好同學李錫宗伉儷中午來家裡吃餃子及韭菜盒子，老婆做好飯菜之後，我和姑娘先送五個韭菜盒子十五個餃子請後面的堂妹陳惠明嚐嚐看，這叫禮尚往來嘛。下午姑娘演出一齣『苦兒流浪記』，叫人哭笑不得。」

他說「今天去移民署拿到媳婦的入台許可証，當面再確認後續要辦理長期居留事項，必須依照入台証入境開始起算，用落地簽入境不予計算，所以媳婦需要離開金門後重新入境。但是，她的大陸通行証辦理簽注需時多日，所以決定回到大連去辦理，並且等候良民証從台灣海基會寄回到大連。因此中午訂下機票，四月十二日返回大連，姑娘同一天飛北京看同學玩兩天也好。並且聽說，用入台許可証還可以辦理一年多簽的大陸通行証，那就更方便！」我說「估計在廈門等待需要等十天八天，倒不如回家等候生活比較方便。」

他說「中午一點二十送姑娘和她娘到車站坐一點半的公車，我騎車先到碼頭買二點船票，她們的公車隨後一點四十二下車，真方便。」我說「有老公真好，我好愛你呦！以後我再回來時就可以坐公車回家。」他說「送媳婦、送姑娘送到候船大廳入口了」。我說「三點上車前往機場，五點登機，十點半降落大連，十一點半回到溫馨的家了。姑娘是十點半落地北京，郭涵同學專程來接她，旅客那個多呀！十一點半打上車，十二點十分到家了，車資一百二十元，真是不得了，那是有夜間加成吧！」他說「妳說四月二十四號周二的機票最便宜，那妳就可以拿下了！」我說「那我們就這麼愉快的決定囉！」

他說「泰哥今天升官了！金門最大的公營公司金門酒廠早上董事會通過，推選呂瑞泰擔任董事長，下午三點佈達上任。他現在是鎮代表會主席，原本年底要參選鎮長，有人（也就是縣長）怕他擋住別人競選的路，安排他升官後他就不會去選鎮長了！這一任縣長三年半的任期，已經用了四個金酒董事長，泰哥是第五任，能不能做滿一年是問題。」

他說「中午我就交給姑娘一項任務，讓她把六年前大專畢業後進入社會進入職場的經過，寫一篇回憶錄，用手機或電腦都行，輕鬆自然親切，不限篇幅不限時間，標題《進入社會進入職場六年》，姑娘說下午她有事情做。」我說「好滴，讓姑娘認真完成老爸交代的任務。」他說「下午四點她就用手機傳來初稿，動作挺快的，我看過一下說『姑娘…妳真棒，給妳點讚，妳現在和老爸越來越靠攏了』！姑娘說『差的遠了，不過我會堅持不懈追隨你的腳步』。」

他說「早上從電子郵箱下載昨天的文章來校稿比較方便，完成一校及二校，告訴姑娘說『我的寶貝，妳這篇文章大約二千六百字，比上一篇長了一倍，寫得真好，爹喜歡。但是，文章缺少一點點趣味性及可讀性，如果加上一兩點，就會更有吸引力。比如說在二〇一三年第三份工作結束後，把妳原訂靜悄悄、灰溜溜的離開了事，可是老爸建議妳要專程跟領導及每一位同事鄭重告別，為自己留下一道美好的背影。于是妳採納老爸的意見而改變做法之後，得到出乎意料的稱許和肯定，從此不得不佩服老爸的社會經驗真是一通百通』。姑娘說『感謝老爸認真校稿，幾近完美，又一次為我畫龍點睛，我反復看了幾遍真的不錯』。」我說「是呀…怎麼沒有看見她在香爐礁幼兒園要離開的經過呢？」

他說「我跟小女兒說『妳的生活發生這麼大的改變，也是很出乎我的意料之外，現在總算能夠走上正常的軌道了，好佳在』。小女兒說『哪一個重大改變呢？生小春嗎』？老爸說『第一項是布萊恩讀完大學和研究所，找到好工作，第二項是生了一個漂亮的小春，人見人愛，這兩項妳都有大功勞』。小女兒說『兩項都好累…好累呀』！老爸說『這是可想而知的，支撐布萊恩的五年讀書，居功厥偉，生下小春，又是責任和負擔的開始』。小女兒說『唉…知易行難呀！要照顧一隻小猴子不是說休息就能休息，而且他現在還聽不懂人話，等慢慢長大後會好一些，很期待好日子的到來』。

他說「恭喜妳…小丫頭，這下子饅頭只剩下一個了！」我說「明天早上六點就要上路了！」他說「下午四點小姑娘把《北京四日游》初稿用手機的微信及電子郵箱傳給我，看過一遍然後說『哇塞…我的寶貝，我剛收到微信，這個內容好像還比上一篇的進入社會長喔！我初步看了一下，這一篇大約五千四百字，我姑娘的寫作能力杠杠的呱呱叫，妳真棒，我喜歡！在文章中的數字，除了西元紀年及年月日採用阿拉伯數字以外，其他的，原則上都使用中國數字。文中的『了』字，這種虛字盡量少用為要，這樣會減弱句子的力量，特別是連著兩三句都用上『了』字，只要保留一個就好。另外，『的』字也不能太密集，也會減弱句子的力量』！

姑娘說『中午打開電腦開始寫作，整整花了四個小時。是哦…這個我以後會多注意。我爹辛苦了，一個字一個字的仔細閱讀，還幫我修正錯別字、語病，以後我會向你學習仔細認真、不急不躁』。老爸說『沒有事，妳的問題不大，寫書法的功用，除了練習把字寫好之外，也在鍛鍊一個人的心性沉穩，同樣地，寫文章可以練習頭腦的運用組織能力以外，也可以訓練心情淡定、仔細和認真。妳也可以把這篇文章傳給郭涵啾啾，問她有何反饋意見』？姑娘說『好的，我讓她發表一下意見』。」我說「我剛剛看完姑娘的北京漂流記，沒想到跟她老爸學的有兩把刷子。細緻的老爸，你為姑娘這篇文章用心校對，可真費了不少時間。」

他說「寶寶…現在早晨六點，妳準備好了嗎？向幸福出發吧！」我說「我一大早準備好了，正要向幸福出發！」他說「增補一下《老頭愛丫頭四十二》——清明時節雨紛

# 大連的小魏傳奇

## ——兩岸婚姻中華情

紛，母女結伴東南飛，落地廈門轉金門，回到她哥她爹家。夫妻領証只一年，無証駕駛達六年，守得雲開見日出，黑戶從此見天日。落地簽停留十天，打道回府十二日，通行証先辦簽注，入台証再度入境。2018/04/24」

我說「早上六點上車前進機場，八點登機，中午一點二十降落廈門，二點到碼頭，買二點半的船票，金門…我又來了！」他說「我中午給小情人準備一鍋小雞燉蘑菇雞湯補一補身子，那是香噴噴的雞湯喲！還是我去接妳。」我說「謝謝老爸的愛心。現在已經開船，廈門下雨了，金門有沒有下雨？」他說「沒想到，二點五十突然下起一場不小的雨，我看妳是春雨的使節，一說完就下雨。這場雨來得真不是時候，這下子我就無法騎車去載妳，只好打電話請楊哥開車去載妳，大約三點十五能到碼頭，妳就在那出口等他。」

他說「十一點半小女兒來信息說『芝加哥這邊現在是晚上十點半，我們已經到機場劃位、通過安檢，到達登機口，還有一個小時登機，目前起飛時間都是準時的』。老爸說『哎喲喂…小春要坐上飛機去台灣看姥爺了！歡迎…歡迎…熱烈歡迎，明天早上六點妳們就到達桃園了』。」我說「小可愛到機場，準備回來看姥爺和二姥姥了。」

他說「早上就問小女兒到達台灣桃園了嗎？哥哥有沒有去接她們？她說剛剛到，弟弟已經開車過去接她們，小春在飛機上都是吃奶嘴，這樣子就不會吵到別人。七點半到家之後，小春就洗澡喝奶八點半去睡大覺了，他是梅花，越冷是越開花。」

他說「我上午給姑娘說『妳的簡歷大有改造餘地，要是我動手的話，肯定能化腐朽為神奇，妳信不？我昨晚還跟妳娘說，看妳爹的妙筆生花』。姑娘說『我當然百分之一千相信，我準備的時候沒什麼頭緒，自然不是很理想，我也發現不是一份很成功的簡歷』。我下午就用繁體字給姑娘發過去一份『溫新簡歷』，看過之後姑娘說『天哪！我打開郵件一看，老爸你簡直是妙筆生花啊！原本枯燥乏味的句子，在你稍加改動後，竟然如此生動，讓我自愧不如』！」

他說「晚上六點半去山外的餐廳吃飯，晚上楊哥給小丫頭接風，賓主九個人，有楊哥、忠哥、仁哥、興哥、舅老爺、宗院、文顧，七點開席，忠哥從台北趕回來，八點才到餐廳，九點散席。回家時順路彎到北京大姐家裡坐一坐嘮一嘮，後來大姐的老朋友楊定成大哥也來看她，一起嘮嗑到十點半才離開。」

我說「小舅媽馬珊寫的那篇《我們的藝考之路》真好，篇幅二千字，充滿奮鬥及勵志。娘兒倆同心協力備戰一年，姑娘宋星緣終于取得清美合格証，只要再通過高考及格就能進入清華大學之門，陪讀媽媽馬珊功不可沒。」他說「我把這篇文章翻打之後做局部的修飾，再把繁體字及簡體字的電子檔傳給姑娘，讓她轉傳給小舅媽，小舅媽看過之後說『妳爹真是太有心了』。」

他說「今天五月三號是一個好日子，一大早就聽到窗外的喜鵲叫喳喳…，肯定會有什麼好事情吧！」我說「我咋都不知道呢？到底是什麼好事呢？」他說「妳瞅瞅兩個紅包袋裡面裝的是什麼？一個是人民幣三千元，妳的四月份工資，一個是人民幣二千元，姑娘的生活補助費。妳說美不美？中午姑娘知道老爸給她準備生活費樂著呢，她說『謝謝老爸還那麼惦記著我，在家裡坐著什麼都沒干還有工資領呢』！」我說「原來今天是開工資的日子，自然是開心的日子囉！我以前辛辛苦苦工作一個月，工資只不過二千元，現在給老公打工有吃有喝有得住，竟然還有工資拿，而且漲工資了，一個月三千元，讓我怎麼感謝你才好哪？」

我說「瑞雪兆豐年，是經過幾場冬雪之後，就能預示著明年的農作物會得到豐收。此因下雪之後覆蓋在土壤上面，給過冬的農作物（小麥）形成保暖作用，等到來年春天回暖雪水融化，等于灌溉土壤，有利耕種，又因雪水富含氮化物，是天然的好肥料，而且冬雪還能凍死害蟲，好比農藥又有益無害。但是，這句諺語只能適用于中國北方，尤其是種植小麥的地區，而不適用于中國南方，南方的冬雪對農作物反而是一場災難。」

他說「大連老婆這一趟四月二十四號再度入境金門就為了辦理『依親居留』和老公長住金門，一方面將妳的『良民証』經過海基會認証後取回公証書，再方面去醫院體檢取得健康合格証書，到昨天下午全部完成，今天一早帶著妳的『依親居留申請書』及『依親居留資料表』前往移民署申辦，一會兒就完成收件，只等五月十七號下周四過去領取『居留証』，不需再用『入台証』。」我說「老公辦事可利索了，一次搞定，出門前都把兩人相關的証件帶上，免得跑來跑去費事，果然，還要我的入台証正本，以及老公的身分証正本，老公出馬，任何難題都會讓開，我的下半生有你真好。」

他說「再增補一下《老頭愛丫頭四十二》——清明時節雨紛紛，母女結伴東南飛，落地廈門轉金門，回到她哥她爹家。夫妻領証只一年，無証駕駛達六年，守得雲開見日出，黑戶從此見天日。落地簽停留十天，把道回府十二日，通行証先辦簽注，入台証再度入境。醫院體檢夠合格，海基會認証良民，依親居留能長住，不須再用入台証。2018/05/10」

他說「親愛的小老婆，母親節快樂。」我說「媽媽節快樂呦！」他說「小保母，今天是母親節，特別給妳放寬政策，過了今天再不能干那辛苦活了，我也該戒掉那壞習慣，堅決不能再干那檔事，人家說那可是會要命的。下午四點半，我們帶著熱騰騰的十二個韭菜盒子三十個餃子回到老家珠山，送給隔壁大嫂，祝賀她母親節快樂。她的四個女兒當中有三個在場，有一個兒子一個女婿也在，還有十來個孫子，好不熱鬧。大家吃得津津有味，讚不絕口。我說這可是大連老婆手擀麵做出來的麵皮，又薄又Q又可口呦！」我說「能得到老公最高的評價，我好開心哦！」

他說「今天一早機場那邊起霧，大狗子說原訂的十點半班機延遲一小時。」我說「姥爺一大早給小春買的兩隻土雞，可以等到中午吃飯時才燉雞湯。」他說「小女兒坐阿如的車子，一點二十到家吃餃子、喝雞湯，阿如抱著美國小少爺小春進屋，姥爺要接手抱他，小春一點也不怕生，哎喲…小春太漂亮了，比照片更帥，眼睛又大皮膚又白，倒有幾分像女孩子的模樣，我活到六十多歲，從來沒有見過一個小孩會這麼英俊、漂亮，好一個混血兒，活脫脫的洋娃娃。隨後讓二姥姥抱他，小春第一次還轉過身不讓抱呢！過一會兒二姥姥再抱第二次，小春就願意了，給他兩個紅包他也喜歡玩（合計六萬元），他吃餃子不吃皮，卻愛吃裡面的牛肉，也不愛吃青菜，小春不吵也不鬧，愛你呦。餃子是小魏姐包的，土雞湯是老爸燉的。」

他說「今天五一五是一個好日子，二把刀的姥姥妳可知道嗎？」我說「咋能不知道？去年二二四我們在瀋陽結婚登記、五一五在金門登記結婚，今天是我們倆在金門登記結婚一周年的日子，所以我才會從東北飛來金門與老公相會相守呀！」他說「今日一早就到移民署領取小媳婦的居留証（依親居留），歡迎…歡迎…熱烈歡迎小魏同志就從今天起加入我們的隊伍。」我說「你們是哪一個隊伍啊？」

他說「昨天晚上飯後在運動場走路，二姥姥提起小女兒這麼遠飛越一萬多公里帶著一周歲的美國孫子回來看姥爺，不辭千辛萬苦，真是太不容易。而且國際機票非常昂貴，她們家的生活條件只是剛剛起步，也不寬裕，姥爺應該考慮給她們娘兒倆支援一些機票費。我也深有同感，晚上走路完回家後又拿了一個紅包（六萬元）給小女兒說，幫她分擔一些機票錢，她也愉快地收下了。」

他說「今天是美國小少爺和他媽回台北的日子，坐下午二點的班機，他是本月十四號回來金門，一轉眼就過了二周。早上十一點半吃二姥姥包的餃子，一小時後出發，在金門機場報到托運行李完畢，一點半送進安檢門就拜拜了！三點半降落台北，四點半到家。」小女兒說「在金門的日子裡，謝謝你們照顧我們，有愛有歡笑有分享。」我說「小春回來跟姥爺住十天，生活上及飲食上合適不合適呢？」小女兒說「吃得好睡得好，謝謝你們的細心照料。」他說「雖然小春不會說話，老爺要為他寫一篇《美國小少爺首次回金門》做紀念。」

他說「老兒童，兒童節快樂！」我說「不老兒童，節日快樂！」他說「今天是周末，我們帶上二張新辦的車船卡一起坐公交車看看好使不好使？坐上十點的公車出發去山外看陳長慶，坐十二點的車回程，還挺好使。」我說「今天周末我們要去小金門旅遊，坐十一點的船過去，老公載我騎著機車上船，行船時間十分鐘，十二點半的船回來。晚上老公同事嫁女兒歸寧宴客，我們去山外吃喜酒。」

他說「心肝寶貝，父親節快樂。」我說「可愛帥氣的老爸，父親節快樂！」他說「父愛如山，頂天立地，撐起雨傘，遮風擋雨。小女兒說『親愛的爸爸…父親節快樂，謝謝你的陪伴和關懷，我和小春好幸福』。姑娘也說『老爸節日快樂…愛你哦』！他說「兩岸婚姻自從一九九二年開始以來，今天台灣有大陸配偶三十六萬，金門有三千。」

他說「今天大雨小雨下了一整天。吃飯要領，吃得少、吃得慢、咀嚼多。」姑娘說「端午節快樂哦…老爸。」他說「我的寶貝，端午節快樂。」他說「妳說上午把二樓陽台上堵塞的排水管給整好了，這是真的嗎？」我說「是呀…我先拿一根軟的電線伸進過濾片，但是七、八十公分處就下不去，我就用起子把那過濾的鐵片撬開，再拿一根鐵條伸進去，遇到堵塞就用力捅下去，兩三下就打通了，倒水下去就嘩…嘩…的流通了。」他說「我媳婦今天干了一件好事，堵塞三、四年的二樓陽台排水管讓她給打通了，那麼中午吃飯前就先給妳發放獎金一千元獎勵。」我說「呵…呵…原來賺錢真的是一件很容易的事。」

他說「清美…清美…小緣緣最美！恭喜…恭喜…宋星緣高考高中清華大學美術學院，可喜可賀。」我說「這是小不點告訴我的，馬珊還沒有告訴我，等我給她轉發這一條道賀的信息之後她才說的。」他說「今天六月二十四號是媳婦來家居留二個月的日子，再堅持四個月才能辦理健保，加油…加油…。」

他說「八點半姑娘說到單位了，今天開始上班。我告訴她，好的開始，成功的一半，好好干。」我說「那是在金三角的一間英語培訓學校，她去應聘行政專員的工作」。我說「老頭子，老婆子，一輩子，愛不夠，下輩子，繼續愛。」他說「今天是個什麼好日子？怎麼一大早就聽見窗外的喜鵲喳…喳叫不停呢？喔…原來今天又是開工資的日子，享受一個月勞動成果的時刻，難怪喜鵲都知道了，而且我的姑娘也漲工資一千元呢！」我說「她爹對姑娘的好，說都說不完啊！特別是從四月份起辭職找不到工作，照樣給她生活費二千元，五月份也是一樣，六月份是三千元，總算昨天在華南找到一家貝恩幼兒園的工作，這一次是做前台行政工作，而不是當老師。」

他說「哈…哈…剛剛看見視頻，小春好棒哦，小春會放手走路了，姥爺愛春哥呦！

小女兒說『上面這段影片是二個半小時前小春在圖書館裡面走，他突然第一次放手走，運氣很好被我錄到。他知道會走之後就不停的在裡面繞圈圈走來走去，他自己開心的不得了』！我說『哈…哈…好厲害的小春，好可愛的春哥。他走路的時間果然不出小魏姐的預測，落在七月中旬，他大舅則預測會落在八月中旬』。小女兒說『二姥姥猜得好準喔』！小春第一次走路十二步，雙手舉高高，平衡感很好，再來能走到十四步，最多走到二十二步，一邊走著一邊笑著，多開心呦！」我說「哇塞…小春這麼快就會走路了，還不到十五個月，好可愛喔！小春走得好開心呀…邊走邊忍不住笑嘻嘻，咋這麼可愛呢？」

他說「今天七月六號是中國和美國正式開啟貿易大戰的日子，此事非同小可，結果殊難預料。」我說「沒有良好制度，但有良好領袖，不礙；雖有良好制度，沒有良好領袖，不行。擁有良好制度，更需良好領袖，才行；人治和法治的優劣，一直在糾纏不清。」

他說「真是糟糕了，我把十點四十看成十一點四十就回家了，等回到家看門口的太陽那麼高就不對了，果然媳婦問我是不是看錯時間？這麼早就能下班？我發現時間不對，立馬再回到單位上班，這一輩子上班四十四年，第一次看錯時間提早一個小時下班。」我說「容易致癌十種食物，瓶裝果汁、葵花子、口香糖、蘿蔔干、爆米花、臭豆腐、皮蛋、油條、豬肝、味精。」

他說「講孝道應該是二段式，先要求父母善盡撫養的責任，再要求子女孝順及贍養的義務。所以古代也是講求父慈子孝，父母慈愛撫養，子女回報孝順。因此，講孝道不是從子女開始，而是由父母開始的。試想一個嗷嗷待哺的嬰兒及幼兒，多麼需要父母的呵護及照顧，十歲以內的少年及二十歲以內的青少年，同樣離不開雙親的愛護及撫養，這就是父母親的責任。到了二十歲成年，才意味著自立自強，才是完全獨立。如果在子女未成年階段，雙親失職或失責在先的話，並不適合要求子女過重的孝道，其理自明。」

他說「古代的藥店都會掛一副對聯，『但願世間人無病，寧可架上藥生塵』。橫批是，『天下平安』。由於台灣保存傳統中華文化比較完整，所以古今一貫，大陸的中華文化變異比較大，對聯就是其中一例，台灣的上下聯及橫批依循古制，一律由右往左排列，大陸恰恰相反，一概由左往右排列。此所以大連佰善堂國醫館門聯，原文是：但願世間人無病，寧願架上藥生塵。2017/02/07但是，參考古代藥店的門聯是：但願世間人無病，寧可架上藥生塵。佰善堂錯把下聯的寧可兩字，寫成寧願兩字，差之毫厘，失之千里矣！2018/07/29」

他說「衣食既有餘，時時會親友。晚上楊哥作東請我們吃大盤子，六點半在山外餐廳開始，有舅老爺、忠哥、丕哥、仁哥、徐哥、毛哥、興哥、萬祿、宗院、文顧、我倆，總共十四人。我先把上一回朋友送給舅老爺的二瓶十四年老酒交還給他，開席後他就當場把二瓶老酒打開來與大家分享，的確是香醇無比，人人叫好。喝到後來楊哥醉了，坐在椅子上歪著頭睡著了，吃到九點散場，忠哥扶著楊哥走路回家，也就五百公尺。」我說「每次回來金門，總是會讓楊哥或忠哥請吃飯，真是不好意思。」

他說「兩岸一家親，共飲一江水——福建向金門供水，今天早上十點正式啟動通水，由福建省泉州市的龍湖水庫引水，輸水管線經由圍頭村，有兩岸通婚第一村之稱、通婚一百四十六對的村口入海，從金門上岸後注入田埔水庫，再送進千家萬戶。這一工程從一九九五年提出，二〇一三年進行，到今年通水整整走了二十三年，有志者事竟成。」我說「可不是嗎？咱倆也是兩岸一家親了。」

他說「一大早我姑娘就來信息說，『父親節快樂，你是最偉大最帥氣的老爸』！還給我發來一個紅包，我說謝謝我的寶貝，我愛妳，可是紅包收不了。大狗子也來信息說『八八節快樂』。我說『八八節快樂，謝謝美國囝』。」我說「大寶貝喔…爸爸節快樂！」他說「中午來家吃飯時，桌上已經擺好四菜一湯一瓶紅酒，這是為什麼呢？」我說「今天是你的節日，有酒有菜才有誠意嘛，祝你八八節快樂！」

他說「中午去家具行選購器材，彎到珠山老家看望一下張之初大哥，沒想到才三個月不見，九十歲的老人家連著在家裡摔倒兩次，本來走路依靠支持架，現在必須使用輪椅代步，還要僱用菲傭照顧生活了！但是，跟他聊天他還是非常樂觀的，他還說我現在成了詐騙集團，我問他何故？他說我把人家大連的小女人帶回金門當押寨夫人，不是詐騙集團是什麼？說完我們三個人一起哈哈大笑，好不開心。」

他說「晚上姑娘給她媽轉來一千元，說是要給她爹發工資，哈…哈…硬是要得。早上我做運動的時候，讓小妹給我拍下一組照片，然後發給親友們看一看，把他們羨慕到不行了，我只說一句話，我沒有存下什麼錢，只存下好身體。」我說「這下子他爹總算看到回頭錢了！」

他說「三十年前有一部韓國電視連戲劇在台灣非常紅火，叫做『商道』，演繹的就是從商成功的道理，總結起來從商的道理也就是做人的道理，一通百通，道理相同。其實，說到選舉的道理還是做人的道理，做人成功了，做買賣會成功，從事選舉也會成功。人說政治是高明的騙術，欺騙的手段也許能僥倖獲得一次成功，但是不會有下一次，所以說奸巧是一時的，忠厚誠實才是長久。」

他說「衣食既有餘，時時會親友。小魏今天要在山外的餐廳回請金門好朋友，楊哥、忠哥、丕哥、光哥、泰哥、仁哥、徐哥、志成、萬祿、建國、忠直、文顧、加上我，總共十四人，興哥和他的阿娜答去日本度蜜月，後天才能夠回來。」我說「有十四個人，我就準備十六個熱騰騰的韭菜盒子先請大家品嘗一下。」他說「晚上原訂十四人吃飯，除了忠哥下午臨時奉領導之命到廈門出差之外，其他人全部到齊，我帶了二瓶酒只喝一瓶而已，來賓居然還送給小魏七瓶酒帶回來。」我說「吃完飯回來再到全聯後，小毛驢就澈底抛撇子了！」

他說「為了孝敬丈母娘一年份十桶高蛋白，下午跟著北京大姐去廈門。我坐三點的船，她坐四點的船，五點在陳小碧的櫃台勝利會師，先寄出姑娘的六包咖啡，丈母娘的高蛋白過兩天再寄出去，然後坐末班六點半的船回程，七點半到家後開始下雨，好險。」我說「姑娘知道她爹專程去廈門給姥姥郵高蛋白，直說她爹真是太仁義了！」

他說「星期天下午四點去山外看陳長慶，五點回程順路彎去夏興看蔡承坤、林玉寶伉儷，今天夫妻倆都在家。他們這一對也是神仙眷侶，夫唱婦隨還不足以形容他們，應該說是更高層級的『夫唱妻和』，也是陳大哥誇獎有加的文友，兩個人都愛寫作，尤其是蔡大嫂。喝茶聊天時，我先恭賀筆名寒玉的林玉寶，今天早上舉行出版新書發表會圓滿成功，她說是第十二本書出版。

我說她也是患過膽結石，十多年前因為聽從醫師的建議把膽囊切除掉，造成手術後生活上很多的不方便，知道我在六年前也患有膽結石，卻能選擇保存膽囊而不摘除，直說我的決定太英明太正確了！我問了一下她的年紀，才知道她小我十歲，大妳五歲，她看妳那麼年輕就轉過頭來嚴厲批評我，說我是詐騙集團的頭子，把東北的女人給騙到金門來。哈…哈…真是有趣，她的批評就好比珠山張大哥取笑我一樣，說我是騙子，把大連的女人騙來當押寨夫人。

他說「晚上六點差十分，小狗子就帶著兒媳婦君君、女兒薛樂妍、兒子薛謙浩回家吃晚飯。十月三日周三晚上我在外面吃飯，他來電話說他已經回到金門了，我很意外，就問他什麼時候回家玩？我知道他會住他大姐家裡的大房子，他說周五晚上六點回家吃飯。今晚一回家，飯菜都準備差不多了，只剩餃子和韭菜盒子還沒好，六點正都能上桌。吃飯的時候，阿瀚吃得又少又慢，筷子沒有什麼動，我猜想他是不是胃潰瘍的毛病還沒有治好吧？君君一邊吃一邊給兩個小的分配食物，小朋友吃得不亦忙乎。八點的時候，他們要回他大姐家去，明天的飛機回台灣，就請他們有空的時候再回來玩。」我說

# 大連的小魏傳奇
## ——兩岸婚姻中華情

「兩個孩子都很有教養，感謝他們夫妻兩人的體貼，讓我真的好開心。」

他說「雙十節快樂！我現在是快樂飼養員，五個月來就把小保姆從一百零六斤養到一百一十斤，妳說厲害不厲害？」我說「厲害了，我的哥，你真是好樣的！」他說「今天是美麗星期天，早上騎車帶著小妹上船第二次出遊小金門去，十分鐘到站下船，逛夠了坐下午的船回程。到家後先去買家戶配酒每人半打，酒商收購加價一千元，三份配酒獲利三千元，賺錢真是一件很容易的事，然後轉手交公統統交給小妹，把她樂得合不攏嘴了！」

他說「下午五點和大連媳婦拜訪董國泰兄的涵山林花園，身歷其境，滿園奼紫嫣紅，賞心悅目，心曠神怡。順便帶了六個韭菜盒子，請董大哥嘗一嘗北方的麵食。」我說「董大哥說他投入園藝已經四十年了，今年七十七歲，身體和精神都是那麼好的狀態，退休十四年。」他說「周五他要請我吃大盤子，妳看他一見面就說周五要請妳一起來餐廳吃拜拜。」我說「我哥想得也太週到了，這樣子效果最好，不會突然間多跑出來一個人。」

他說「今天又看見小舅媽馬珊給她姑娘寫的第三封家書，我給她回應『小舅媽，恭喜妳，宋家有女初長成，養在清華美術院。展開大學生活的同時，也能步上青澀的初戀，真是雙喜臨門，可喜可賀。雖然開花不一定馬上結果，卻是人生中的成長過程，一起成長成熟，用心體驗』。」我說「小緣緣大大咧咧的男孩子性格也能談上戀愛，叫她媽又驚又喜。」

他說「今天十月二十四號，是小媳婦回來金門半年的日子，也是可以申辦健保卡的日子。同時，今天也是港珠澳大橋正式通車的好日子，二〇〇九年開工，從開工到通車歷時九年，港珠澳大橋全長五十五公里，海底隧道六點七公里，兩座人工島各十萬平方米，是全世界最長的跨海大橋。創下許多世界第一項紀錄，投資四百八十億人民幣，主體橋面長三十公里，使用壽命一百二十年，集橋、島、隧道於一體，雙向六線道，兩座橋塔採中國結造型，高達一百六十三米。」我說「快樂的時光過得真快，一轉眼就回來老公身邊半年了！」

他說「好消息…下午一上班，就看見電子郵件通知，眷屬健保完成審核。但這只是我們公司審核完成，還要等健保局審核完成，才算全部通過。」我說「動作好快，二十四號申請，前後只有六天，老公干事妥妥的。」他說「次日早上我們公司人事部門把加保單電傳給我，讓我打印出來拿去健保局辦理健保卡。我打印好回家拿照片身分証及居留証到健保局，十分鐘就取得嶄新的健保卡，可把小保母樂壞了。立馬拍下照片傳給四姐、姜大姐、表弟媳婦及自己姑娘瞅一瞅，大家都是給她異口同聲的道喜。」

他說「又增補一下《老頭愛丫頭四十二》——清明時節雨紛紛，母女結伴東南飛，落地廈門轉金門，回到她哥她爹家。夫妻領証只一年，無証駕駛達六年，守得雲開見日出，黑戶從此見天日。落地簽停留十天，打道回府十二日，通行証先辦簽註，入台証再度入境。醫院體檢夠合格，海基會認証良民，依親居留能長住，不須再用入台証。居留証順利到手，端節配酒也有份，車船卡免費乘坐，住滿半年健保卡。2018/11/01」

他說「今天又是好日子，原來是開工資的日子。妳看這兩個紅包袋子，一個三千是這個月的工資，另一個三千當中一千五是年終獎金半個月工資，另外一千五是妳的回程機票及旅費。妳說好不好？」我說「我哥真是一個好人，我愛你愛不夠！」

他說「今天是小妹回家住滿半年要班師回朝的日子，半年來順順當當、圓圓滿滿、歡歡喜喜。搭下午一點的班機飛山東青島，再回高密看望老娘，住上一周之後再回遼寧大連家裡看顧姑娘。預訂早上九點半從家裡出發，坐十點的船班獨自前往廈門搭機，老公就不去廈門了。祝媳婦一路順風、一路平安，早去早回，老公等妳呦！」我說「船一出港口就有微信的信號和老公聯繫了，真方便。十一點到機場櫃檯前值機，十二點四十登機三點五十落地青島，出來坐弟弟的專車回到老娘家裡六點正。」

他說「不要為了眺望天邊的彩霞，而踩壞了腳下的玫瑰。我把這話傳給姑娘看，她回說『人們總喜歡去追求那種虛幻的、得不到的東西，反而忽略了身邊美好的事物，不會去珍惜，所以總是無法滿足。大概是這意思嗎？老爸』。我說『就是這意思，我的寶貝妳理解得太好了』！」

我說「看到你們爺兒倆聊天好高興，我也好開心。」他說「這一回《老頭愛丫頭》有八十四頁，我再把它編輯成文章《結婚周年雁南飛》也有二十頁，至少一萬六千字。初稿已經完成，再加校對、修正、增補，兩三天之後就能定稿。」我說「親愛的有才老公，你咋這麼敬業哪！讓我怎能不愛你？我現在都有點迫不及待想欣賞你的作品！」

他說「中午先把《結婚周年雁南飛》初稿用電子郵件傳給妳、小姑娘、小女兒，小女兒看完隨即就回信說『謝謝好文分享，剛剛拜讀完大作，覺得好像就在你們身旁參與了大大小小的事情，特別開心。小魏姐一來，你的人生都亮了起來，謝謝你總是照顧家人、照顧我和小春，我們很感激很感恩，謝謝帥氣的阿公，我們愛你』。小姑娘到夜晚九點半才回說『老爸，我剛剛又仔細讀了一遍你這長篇幅的日誌記載，用文字記錄了生活中的點點滴滴，非常的耐人尋味呀，等我把字體從繁體字轉換成簡體字還要再看一遍』。」我說「下午一點半我也看完你的大作了，這半年來生活在你身邊的經過，都讓你細心的編輯出來，每天所經歷的事情都歷歷在目，佩服你咋這麼有才呢！」

他說「下午去許志新同學家裡嘮嗑，嘮了二個多小時，剛進門看他穿著短褲兩條腿細細瘦瘦的，我問他體重多少？他說現在六十一公斤，往常是七十二公斤以上。嘮過之後我對他的生病歷史有相當的明白了，他在二○○一年七月份四十六歲時定期做身體健康檢查的時候發現膀胱後面長腫瘤，體積已經很大了，隨即開刀切除，尺寸是十一乘十二乘十五公分，大約像鴨蛋那麼大。可是五年後腫瘤再生再開第二刀，一年後再生還開第三刀，二年後再生又開第四刀，都是摘除腫瘤，之後陸續做過化療和放療，到目前為止將近十年總算沒有再動刀。

可是今年三月發現腫瘤發生轉移，由腹腔轉移到左側肺部，再用顯微手術／微創手術開刀，右側肺部也有轉移現象，正在準備安排動手術事宜。我說從高二起跟他交往四十六年，發現他的做人處事有一項極為少見的特徵，那便是克己待人，不但施恩不望報，而且幫助別人也不願落下人情。他的確稱得上是一個好人，但是，俗話常說好人不長命，所以，好人更需要好身體，好身體從生活做起。」我說「困擾老公的糾結總算解除，你說的沒錯，你去他家裏比較方便。」

姑娘說「應對進退與轉身之間——五年前在香爐礁公辦『第十幼兒園』擔任老師，因為園長她們之間的個人關係，導致我無故被調動所帶的班級，當時處於很被動的狀態，也讓我焦慮了好一陣子。和老爸把事情經過說明，老爸也支持我辭職，並且要一一向領導及同事們進行道別。這也讓我在步入社會後的第一份工作劃上圓滿的句號，同時也邁向一層新的台階。人生的道路上，有些事情要靠自己去面對，就算遇到不如意，也要放得下一切，笑得最燦爛。人生會經歷許多未知的曲折、坎坷，這是不可改變的事實，但可以換一個角度、改變心境去進行變通，就像這件辭職的事情，原本決定要悄悄地離開，但老爸卻引導我要大方地與同事及領導公開道別，因此也是一分收穫。

這些年經過老爸的不斷引導與薰陶，我已經放下浮躁，遇事三思而後行，不像從前那樣毛毛躁躁。並且慢慢變得樂觀，人生在世不可能一帆風順，失敗與無奈都需要自己去勇敢的面對、曠達的處理。良好的心態對一個人來說極為重要，尤其是剛步入社會的人，在融入社會大家庭的那一刻，都要肩負著自己的那份責任，有太多經驗與教訓需要去吸收、去掌握。良好的心態，將會成為克服困難，勇往直前的有力支持。就只能想到這裡了，和老爸的記憶力和文采相比，我簡直差的太多啦！醞釀了好幾天，還是沒有完全當時的感受，需要老爸你幫幫我繼續完成。溫新」

他說「姑娘下午來信息說『寒冷的季節，冷冷的寒風，抵擋不住我深深的感謝、濃濃的情感、暖暖的祝福。今天是感恩節——十一月的第四個星期四，就讓我的問候衝破所有阻礙，到你身邊，給你我的感謝和祝福！愛你哦…老爸』。老爸說『謝謝妳，我的寶貝。老爸也愛妳，今天是感恩節，的確是個有意義的日子，不出十天，我就回來看妳，越來越漂亮的寶貝』。」

他說「晚上十點我到全聯去兌換那一把德國製的深煎鍋，用八十枚點數，又花了三千塊錢，可是缺貨，要四個月後，明年三月二十二日才能取貨，原來這麼搶手！」我說「辛苦你了，拿錢竟然還搶不到貨。」

# 第四十三回　見識台灣選舉風，萬箭齊發對準他

2018/11/30

他說「今天是個好日子，因為妳哥要回到北方的家，二點的班機，決定坐十一點半的船。誰知當我按照原定的速度過完安檢，就聽到廣播在呼叫我的名字，催促我盡速登船，我只好小跑步衝上船去，一下子內外衣都濕透了！原來這班船提早七分鐘開船，我是最後一個上船的。十二點半前進廈門機場，一點到達登機口，寶貝，五點二十平安落地，大連…我來了，薛大爺回來了。」

他說「《老頭愛丫頭四十三》——見識台灣選舉風，萬箭齊發對準他，名曰東北試釀案，偷運酒麴才是真。全縣頭家齊發怒，萬箭穿心不容情，多行不義必自斃，選民起義換新天。今年首度回大連，一家三口慶團圓，短暫停留只一句，共享天倫樂陶陶。迎來冬天兩場雪，白雪紛紛柳絮起，機場被迫關一天，行程因此延一日。

2018／11／30」

他說「早上喝茶時突然察覺右手胳膊在手肘上邊會痠痛，有點不解，用手掌交互摩擦一下，發現左手也會痠痛。我一說出來，姑娘就回應說可能是昨天提行李時發生的拉傷，我說這個解釋很合理，因為昨天要趕著上船，有一段路程是用提的，然後雙手交互輪流提著，大行李重達二十三公斤，的確是很吃力。姑娘又說不打緊，她有貼痠痛的藥布，立馬拿來給我貼了兩塊上去，手臂舒服了不少，真是一個貼心的小棉襖，叫爹怎能不愛她呢？」我說「看你們爺兒倆真是沒的說了！」

他說「我和媳婦早上九點半到中山九號門口，打開十二樓房子一看乾淨明亮，領導很滿意。再打電話給房客丁先生，他已經在路上，一會兒就進屋來，我對他說上次見面迄今為止七年，時間過得飛快，我們雙方合作非常愉快，謝謝你。我說從家裡帶來一瓶金門高粱酒，請你品嘗一下，他樂呵呵的收下。我講我帶來押金五千元在這紅包裡，剩下來是結算一下未付的水費電費煤氣費和清潔費，他說好的，這些費用總共他願意負擔二千元，這樣子夠不夠？我一聽趕忙說夠…夠…，足足有餘了，謝謝你，就這麼說定了。我媳婦點了二千元出來，就把紅包遞給丁先生，他連數也不數就收下，說他還有事情先走了，我們就互道珍重，後會有期，前後十分鐘搞定。」

他說「我問媳婦說今天三號會是什麼好日子呢？她笑呵…呵…的說，該不會是開工資的日子吧？她就把枕頭掀開來，果然瞅見一個紅通通的紅包鼓鼓囊囊的！媳婦立馬抽出那一沓紅票子數了數，整整四千元哪！樂得她直呼怎麼又漲工資了？我說哪有漲工資，這個是十二月和一月的工資，台灣的工資三千，大連的工資二千，這叫做隨行就市嘛！」我說「我可是愛上這每個月的三號哪！你說咋搞就咋搞，都聽你的。我竟然睡在錢上一個晚上，難怪昨晚睡得這麼香，老婆愛你愛不夠！」

他說「早上六點半起來送姑娘出門上班，她說外面下雪，這是二〇一八年冬天的第一場雪。我到窗口看出去，果然是一片白茫茫，好一片銀妝素裹，窗外的屋頂上、空地上、汽車上都鋪上了一層銀白色的外衣，大約兩、三公分厚。查看一下氣象報告，今天氣溫是零下十度，這場雪是中雪轉小雪，真是瑞雪兆豐年啊！」我說「一般而言，下雪不冷化雪冷。」

他說「看過半個多小時的下雪，原來那個下雪跟下雨還不一樣，下雨是雨水從天空中垂直降下來，頂多是受到風吹的折射，斜斜降落地上。可下雪是輕飄飄的雪花從天空中往下飄落，雪花比雨滴輕了許多，不是垂直飄落地上，而是飄飄灑灑，忽高忽低，忽東又忽西落下。雪花落地的結果是下雪，可雪花落地的過程，更多的是飄雪。」

# 大連的小魏傳奇
## ——兩岸婚姻中華情

他說「今天下午五點南歸的班機，預訂二點半出門。忽然看見媳婦的手機進來一條短信通知，是攜程網通知，原訂下午五點南方航空公司由大連飛往廈門的班機取消。立馬打電話查詢真實性及狀況，這是由南航發出的通知，確定下午的班機取消，因為中午之後大連機場因為下雪關閉，班機一概停止起降，最快只能免費改簽明天下午五點的飛機了。山東的丈母娘知道我走不了，開心的說下雪天留客天，人不留天也要留，哈…哈可愛可敬的丈母娘。」我說「下雪天留客人，正合我意，感謝上天！」

他說「今天是南飛的日子，下午二點出門打車到機場，四點半登機，七點五十平安降落廈門，八點二十拿到行李打上車了。大連中午氣溫是零下四度，廈門晚上是0上十六度，還下著小雨。入住酒店後姑娘交代她爹早點休息，我都聽她的話。」我說「我們快五點才回到家，凍死寶寶！老公辛苦了。」

他說「早上六點半出門等公交車，六點五十才上車，七點半到達碼頭，一切順利坐上八點的頭班船，旅客老多了，準點開船。下船後我爭分奪秒趕到單位上班，打卡八點五十分。」姑娘說「辛苦了，老爸，來也匆匆去也匆匆，美好的時光，總是過得飛快。」他說「台灣前途在中國，兩岸最終是統一。」我說「大的家雖然還沒統一，我們小的家已經先統一起來了！」

他說「早上十一點半三表哥李增遠來信息說『方先，我爸爸在九號清晨二點半，安詳辭世』。我回復『哇！九十八歲姨父前天往生了，真是福壽全歸，壽終正寢，安享天年，請表兄弟們大家節哀順變，珍重身體。現在靈堂設在何處呢』？表哥說在家裡。」我說「老人家是有福之人，幾個月前父親節的時候我們去看他精神、食量、狀態都還挺好的，這麼快就去世了？這才是真正的瓜熟蒂落！」他說「下午下班後我到姨父家去拈香送白包，大表哥收下白包後把鈔票抽出來，裝進另一個紅包裡遞給我說，他們不收奠儀。」

他說「早上漳州的朋友吳越來廈門酒店看我，帶來兩位比較年輕的朋友小陳及小李，三、四年不見，我一眼就看出他明顯瘦了不少，至少瘦五到十公斤，他回說是啊⋯一眼就讓你看出來瘦了，因為他的血糖過高。我心想這種暴瘦的情況應該是糖尿病，而且是中度以上，挺不好的。我送他一箱六瓶金門高粱酒，他送我一盒漳洲名藥『片仔癀』，意思是一片藥下去就能退燒消炎，和雲南白藥並稱中國兩大國藥。

十一點走到前面一家日本料理點菜，菜色非常好。散席時小陳隨即跟小李拿過一個牛皮紙的信封遞給我，說是要贊助我的來回路費，我手裡一掂量，大約是三、五張票子，最多也就十張八張。我立馬推回去說，這個我絕對不能收，我送你一點土特產，你送我一些土特產，當然不會推辭，送錢是真的不能收。我說我比你們大二十來歲，參加工作四十幾年，我的生活很寬裕，你們的好意心領就好。他們聽我說的入情入理，也就把信封收回去，說這個確實不好勉強。說清楚講明白之後，我們就各自分道揚鑣。」我說「給老公點讚，我們愛你，我今天晚上可以安心睡覺了！」

他說「我在晚上十點去參觀一下金門的跨年晚會，今天全台灣都在瘋跨年活動，金門的活動是在體育館後面的廣場上，可以容納三、四千人，從晚上八點到凌晨一點，全程五個小時。我看現場大約三千人，有十六個攤位賣吃的喝的，生意挺好的。歌唱中間還有摸彩，彩品有洗衣機、冰箱及電視，我看到十一點就撤了！」我說「感謝老公讓我也能感受到現場的火熱氣氛真好！」

他說「丫仔今天去參加自學考試的期末考了。」我說「我感冒發燒，都燒懵了，大夫說這是病毒引起的感冒。」他說「原來今天是小姑娘的生日，我跟她說『原來今天是妳的生日，祝妳生日快樂，考場得意，情場順利。送妳一個紅包二百元，請妳笑納』。可把她樂了，回我說『老爸你太敞亮了』！」

他說「退一步海闊天空，忍一時風平浪靜，這兩句是前人流傳下來的。以下這兩句是我自創的，退一步海闊天空，讓一分心平氣和。退一步海闊天空，讓一寸人我均安。

後兩句是我的一點點處世心得，和妳分享之。」我說「春春他姥爺真是老有才；常說天下文章一大抄，抄來抄去總抄錯。」他說「二嫂和三嫂都說，小魏是天生麗質，我說她又是返老還童呢！」

他說「恭喜妳，老薛家的，賺錢真是一件容易的事，早上十點我去買春節的家戶配酒，這一節的權利金最好，一份三千元，一下子進帳九千元，加上去年妳的一萬一，現如今妳可是兩個萬元戶了！」我說「我哥真是一個大好人。」他說「我們對待孩子要盡量，不批評、不指責、不抱怨。多鼓勵、多表揚、多讚美。」我說「老爸就是一個好人。」

他說「妳哥今天也能吃上臘八粥了！」我說「吃過臘八粥，就可以準備浸泡臘八蒜了。」他說「小丫頭，恭喜妳…今天又破了，倒計時只剩下八個饅頭，妳就可以吃上肉！要是能夠喜上加喜，來個雙喜臨門，那會是該有多好啊！第一筆是孝敬丈母娘春節紅包二千元，第二筆是姑娘春節紅包一千元，第三筆是媳婦春節紅包六千六百元，第四筆是妳的一月及二月工資四千元，第五筆是我的往返機票四千元，剩餘的歸妳哥過年費用。」我說「見錢眼開心也開唄！」他說「妳今天就可以給老娘轉錢過去了，讓她老人家過一個好年！」

# 第四十四回　又逢過年時節到，歸心似箭返大連

2019／01／25

他說「今天是妳哥回家的日子，十一點下班後直接前往碼頭坐船向幸福出發。我已經連續七年在東北過年，我到大連是去當大爺的。」我說「歡迎…歡迎…熱烈歡迎薛大爺回到溫馨又溫暖的家。」他說「早上高雄的盧兆薰叮嚀說『如果錢夠多，還是要以錢做人、以錢鋪路，惠及大人及小孩，必然皆大歡喜，祝你假期愉快』！我回說『盧兄所言甚是，我一定遵照辦理，務求皆大歡喜』。」我說「盧大哥怎麼都說到我的心坎裡了？」他說「《老頭愛丫頭四十四》——又逢過年時節到，歸心似箭返大連，山珍海味年夜飯，老少紅包人人歡。2019／01／25」

他說「我在十二點半抵達高崎飛機場，等候報到劃位／值機的旅客很多，排了四條長龍，一點完成劃位托運行李，拿到登機牌，再到登機口休息。雖然我帶了兩個蜂蜜蛋

糕兩個巧克力捲，但是沒什麼胃口吃東西。二點登機，五點四十降落大連。大連…我來了，薛大爺回來了。姑娘來接機／接站，她娘在家做飯，六點三十分到達住家，就能吃上熱騰騰的可口飯菜。中午廈門的溫度十七度，晚上大連的氣溫零下三度，相差二十度呢！我把這一條信息發到我們的親人群組裡，媳婦娘家的大嫂看完說『老薛說話挺幽默的—薛大爺回來了』。呵…呵…博君一粲嘛！」

他說「前天晚上六點多，我由廈門飛抵大連，經過昨天休息一天後，今天早起精神好。昨晚飯後去小學運動場走路一小時，雖然很愉快很舒服，但是回家後膝蓋冰冰涼涼的，好不得勁，我深深覺得不應該再逞強了，在寒冬的北國環境下要確實做好保暖身體為要。在氣溫十度以下，特別是在零度以下，出門在外一定要做好保暖工作，而保暖的首要之務，就是要加穿一條衛生褲／秋褲。

從二〇一二年以來，我已經連續七年在大連過的春節，我一直堅持單褲過冬，只穿一條冬天的牛仔褲過冬，從來不肯加穿秋褲，把我的大連朋友小王和小壽佩服得不得了，我今年六十四歲，他們小我十歲十二歲，看見我的體能大嘆佩服，讚嘆說你們南方人真是比我們北方人還抗凍！可是昨晚從運動場回家之後半個小時，膝蓋還是冰冰涼的，我當下就決定從今以後不再逞強了，要不然膝蓋早晚就要報銷掉。我跟媳婦這麼說完，她立馬找出一條嶄新的秋褲來說，這是前年早就買好的，叫你穿你就是不穿。北國之冬禦寒的兩大要件，裝備必須齊全，穿戴必須到位。」我說「你總算願意穿上秋褲了，為時不晚！」

他說「今天中午給王慶及陳玉香兩口子送豬皮凍去他們家，等我們要離開時，兩口子還回贈我們一條剛從吉林查干湖鄄來的一條胖頭魚，好大一條魚，大約長八十釐米、重八斤，魚頭好大好胖呦！」我說「王慶今天的身體及精神都很好，一天的心事一掃而空了！」他說「中午小美女趙嘉茵和她娘來看姨姥爺，一起吃中飯，姨姥姥就用那條胖頭魚的魚頭，和大白菜及豆腐燉了一大鍋的魚湯，魚頭的肉真好吃，魚湯也好喝。我說我們吃的這麼大魚頭，真正叫大碗吃魚，讀二年級的小美女說，我們吃的是大魚大肉，說的真好。」

他說「社會主義真是好，買菜買肉不付錢，拿起手機掃一掃，顧客老闆笑呵呵。今日除夕夜，早上十點我們一家三口搭上住在同一小區表弟的順風車去姨父家，也就是表弟他爹的家，表弟也是一家三口。中午媳婦也順便幫他老人家搞一下衛生，下午四點起表弟擔任主廚，他媳婦和我媳婦兩個人打下手，一如往年，三個家庭八口人三代同堂，六點上菜一共十道菜，真個是十全十美。吃到七點半散席，九點半再吃一頓餃子，半小時後散席，十點半我們原車返回，半小時後回到小區，鞭炮聲此起彼落點燃年味，聲震屋宇，震耳欲聾，一小時後又迎來一段高峰。到家後我立馬告訴姑娘和她娘，此刻又是劉謙要妳們見証奇跡的時候，姑娘反應迅猛，立刻從她的枕頭底下找出紅包來，她娘隨後也找見紅包！」我說「老公又給我們娘兒倆製造一場驚喜，過年就是這樣好！」

他說「大年初二是我們姐妹四人家庭聚會的快樂時光，今年是輪到開發區的壽鐵奎、姜淑雲家裡團聚。從網上約車到家裡樓下打車，省掉一路上的受冷風吹拂。九點我們一家三口上車走高速公路，風馳電掣只需四十分鐘到達。進家後和老壽伉儷及少爺大博互道恭喜，大家發財，也跟胡文強、姜淑紅伉儷及少爺胡家維相互拜年，大家恭喜。十一點半王慶、陳玉香伉儷帶著姑娘蒙蒙也從西崗區開車抵達，大家相互拜年，互道恭喜。

十二點整，四個家庭十二口人分坐兩桌大啖豐盛美食。四個姐妹一桌不喝酒，共有十四道菜，四個哥們四個年輕人一桌喝點小酒，家庭友誼長長久久，共有十六道菜，這一頓飯直吃到二點半散席。完了大夥在客廳拍照留念，還排練活動錄下視頻影片，大家其樂融融，四點過後還一起唱歌歡笑，其樂無窮。九點時候我們兩家隨即兵分兩路，班師回朝，也是花費四十分鐘車程。」

他說「中午飯後，姑娘當著她娘的面跟我說『爹…我有個事求你』。我說『好呀，有啥事妳說吧，該不會是要妳爹出血吧』？姑娘說『我的自學第一年都通過了，總共要讀兩年半，接下來要交第二年的學費四千多元，請爹給我出學費』。我說『行呀，妳是大專學歷，再自學補足大學本科學歷，這是屬于教育投資，值得朝這個目標前進的，拿到本科學歷之後，不論將來有沒有派上用場都沒有關係，先行做好自己的準備是對的，妳爹會像去年一樣給妳提供學費』。」我說「去年學費三千元，今年是四千八百元。」

他說「初四下午四點，小美女趙嘉茵陪她媽來給姨姥姥和姨姥爺拜年，五點半她爸也來了，我們就上桌吃起晚飯，總共有十二道菜六點十分散場休息。」我說「姨姥發一個紅包，姨姥爺也發一個紅包。」他說「初六下午二點半的班機她姐夫要回南方了，我們十二點出門。今天旅客大排長龍，一點過安檢。她大姐坐幾路車回家呢？」我說「我坐908路車，二點到華南廣場站了。你登機沒有？」他說「她姐夫二點十分登機，氣溫零下九度，六點四十落地廈門，此地氣溫十四度。」

他說「小女兒說『親愛的老爸，我的平板電腦陣亡了，開不了機，所以微信不能使用，沒趕得上跟你拜年，真是抱歉了』。我說『沒關係，我只是奇怪一月二十五日晚上跟妳說我到大連了，妳說回到家人的身邊真幸福。可是第二天之後的十多天裡我再跟妳發微信，妳就沒有任何回應，原來如此』。今天回家後看見網上同學群組裡有陳思明貼出一篇二月一日的報紙文章《運動詩人楊媽輝》上篇，我就問思明能不能貼出下篇呢？過了一會那位同學就把下篇貼出來了，我一看真好，趕緊向他致謝。

他說「我怎麼早上就聽見窗外的喜鵲叫喳喳呢？」我說「喜鵲叫肯定會有好事臨門，靈得很呢！果然十點建行來信息通知我的帳戶入款五千元了，他姐夫真是個爺們！」他說「五短身材，指的是手腳四肢及軀幹都短小，身材矮小。但是，俗話說五短必有一長，可見得老天爺還是很公平的，盧兆薰大哥就是這種例子。」

他說「情人節快樂！小情人今天有什麼節目嗎？」我說「情人節大家快樂，就等老公來家快樂囉！」他說「今天她大姐想她姐夫想得厲害不厲害呢？」我說「想得可厲害了！大連昨夜下雪，這是一場中雪，也是二〇一九年的第一場雪，瑞雪兆豐年啊！」他說「上午請鎖店的老闆來處理，他讓我拍張照片傳給他看，他一看就說是門鎖跑偏了，下午過來處理。」

他說「我們家的模特兒小春出場了！小可愛是我們的模特兒，更是我們的開心果。上周五收到大狗子寄來的小春相冊，編得不是很好、不是很用心，是小春出生到一周歲的照片，原來他舅舅也去給他媽媽坐月子呢！難怪阿舅這麼愛小春哪，小春只會說阿樸。他媽說你們三個長得真像，我說我們仨就是三代同堂囉！」我說「小可愛好好玩…特別是吃冰激凌那段視頻可要笑死我了！」

他說「元宵節快樂！今天一早起霧了，這是今年春天的第一場霧，是大霧、濃霧！不過，一個小時之後，濃霧散去，航班恢復正常了。」我說「元宵節團團圓圓！」他說「好消息，美國小少爺要回來金門看他姥爺了！十一點半春媽發信息說「機票訂好了，二月二十八號（週四）往台灣，四月十四日（週日）回芝加哥。我打算在台灣調時差一、兩周後再回金門，大頭春要回去金門看阿公。」老爸說「好的…好的…歡迎妳們再度結伴回金門，我們都想妳和小春呢！」

他說「看了小春吃冰淇淋的影片太好笑、太好玩了，小春第一次吃冰淇淋，第一口感覺很陌生，舔了一下後回味良久，才確定是好東西。吃第二口之前，先問他媽是什麼東西？他媽說是icecream。等到吃第三口之前，又問她媽是什麼東西？沒等他媽回答就自己說是icecream，還餘韻悠長的吁了一口氣，這表情老逗了！吃第四口之前，自己就說icecream。」我說「小孩不適合吃巧克力冰淇淋，可以吃奶油冰淇淋，小孩吃多巧克力，容易肥胖，以及蛀牙。」

他說「看完小春吃冰淇淋影片的說明後，小女兒說『哈…哈…這是小魏姐的觀察嗎』？老爸說『她開頭觀察，我繼續完整』。小女兒說『兩人聯手，洞察力驚人，身為媽媽輸了』！老爸說『小春吃第二和第三口問什麼東西？說的是不是whatis』？小女兒說『他問那是什麼的英文？通常會講what`sthat』？老爸說『我聽小春講的好像是花生？他怎麼知道阿公愛吃花生呢』？」我說「春媽在照顧他的時候事情多呀，不能注意到很多細節，我們是站在欣賞的角度看的，所以會看到一些細節。」

# 第四十五回　離別半月愛相隨，北雁南飛金門見

2019／02／25

他說「恭喜妳，今天終于饅頭吃光光，晚上有肉吃了！妳今天坐十二點半的直飛班機，那麼十點之後就可以出門。向幸福前進，妳越來越靠近。」我說「正是，十點約車來了，十二點登機，下午三點半降落廈門，買四點半的船票，金門…我回來了！」他說「我五點下班，還是我去接妳回家吧…親愛的。」我說「你真是一個好銀，坐這個時段的航班真好，不用起早貪黑的。」

他說「《老頭愛丫頭四十五》——離別半月愛相隨，北雁南飛金門見，情深意長兩口子，朝朝暮暮兩相投。2019／02／25可是妳的行李箱實在太大，我的小毛驢硬是塞不進去，只能坐公交車。等不到十分鐘公車就來了，而且這班車有經過衛生所這一站，我就先騎車到衛生所等候。一進家先給妳送上妳的戰利品，一份紅包二萬元台幣，

那是二個萬元戶了，瞧妳那見錢眼開的模樣，可把妳給樂壞了！接著又端上熱騰騰的雞湯，給妳補一補身子。」

他說「早上七點小春已經到台灣，他大舅去接機帶回家。在空中飛行十六個小時，娘兒倆辛苦了。」我說「歡迎…歡迎…小少爺回來了！」他說「早上看見院子裡好幾隻喜鵲嘰嘰…喳喳…地叫，興許又是來報喜了？」我說「三月三日原來是一個好日子，我又見証到奇跡了，一個紅包裡裝滿了簇新新的紅票子。」他說「晚上楊哥在山外的餐廳請客吃酒，我們倆準時到達，楊哥已經就座，其他客人大都到齊，除了楊哥左手邊的那位客人不認識之外，其他人統統認識。我的左邊是楊哥，他的左手是我所不認識的張中立，原來是經常聽他提起的同班同學，這些年在深圳做事業，賓主總共十四人，吃到八點半散場。」

他說「小春媽說他太太隻了，沒辦法睡掛籃，剛好旁邊有空位給他坐。」我說「小春和他媽，十七號回金門，三十一號返台灣，我們又能和小春玩一玩了！」他說「為了讓姑娘抱一抱小春，建議她安排在二十號至三十號之間，回來金門兩天玩一玩。她很有興趣利用周末時間飛回來金門看小春，預訂二十二號周五過來，二十四號周日回去。」我說「姑娘說『我和領導申請休假，但要延後在三月二十九日那個周五，然後四月一日或者二日再返回。這樣可以不』？我說『自然是以妳的時間方便為宜，就三月二十九日那天出發很恰當啊』！隨後老爸就問小春媽的行程能不能延到四月四日回台灣呢？她說可以啊…小春的行程改成，三月二十日回金門，四月四日返台灣。」

他說「三八婦女節快樂，大家都快樂。」我說「節日快樂。」他說「發個紅包二百元，恭喜她大姐節日快樂，也給小大姐發一個紅包二百元。」我說「姑娘一看見紅包進來，立馬就領取了，我也不客氣地收下了！」他說「早上八點去移民署給我媳婦辦理居留証延期，檢查三個証件，是居留証、大陸通行証、配偶身分証，填寫一張延期申請表，交三百元，一周後取証，因為延期居留証是在台灣製作，只花二十分鐘完事」。我說「老公是最棒的，辦事妥妥的，愛你呦！」

他說「今天是個什麼特別的日子？」我說「今天是三一五全國打假日，也就是八年前的今天你打中了我！」他說「她大姐，叮叮咚…叮叮咚…我是聖誕老公公，送妳一份三八婦女節的禮物，這是四大世界名牌跑鞋之一SAUCONY索康尼的女鞋，因為我有男鞋，也得給妳買一雙好鞋。」我說「她姐夫，你咋這麼好呢，愛你愛不夠！」

他說「小春和他媽十一點半出發，他大舅開車送他們去台北松山飛機場，坐下午一點半的班機，他大姨開車去接他們，三點十分回到家裡，阿公立刻馬上趕回家看他，睽違一年再見，他還不肯讓阿公抱一抱呢。他大姨從家裡帶了一個癟了氣的籃球給他玩，他一進屋來就玩得不亦樂乎，他會叫姥姥，也會叫阿公，真是討人喜歡，二姥姥煮了一碗蝦仁麵線和幾塊豬腳讓他們小吃一點，阿公拿出兩個紅包給小春玩（六萬元）。」我說「小春比去年更好玩了，眼睛也都已經好了！」

他說「華僑返鄉請喜酒——晚上我們到餐廳吃喜酒，這是新加坡的華僑，也是我們的宗親，老家在泗湖村的薛芳傑，他兒子薛永正在新加坡結婚後回來金門請吃喜酒。我的印象中，這六十幾年來，華僑宗親結婚回到金門請吃喜酒的，這次應該是有史以來的第一回。我們在餐廳門口見到迎賓的薛芳傑本人，我先自我介紹一下自己，說是跟他同輩份的，我估計他的精神狀態及體能氣色，大概在五、六十歲之間，就請問他多大年紀？他說是一九五五年生人，我說真巧，跟我同年，我也是屬羊的。」

我說「我的親人，早上好，你可知道今天是什麼好日子嗎？」他說「怎麼不知道呢？三二五可是一個好日子，八年前的今天中午在大連的德克士，小兩口子第一回見面，合吃一個漢堡，從此開啟人生的第二春。」

他說「早上我跟小春媽說，小猴子，生日快樂。今天三二九是妳四十歲的生日，中午應該慶祝一下，吃一頓小魏姐做的美食，喝杯小酒。中午吃飯時小春也會說，生日快樂，他媽說，小春說的意思其實是要吃蛋糕，我們就教小春說，生日快樂吃蛋糕，聽過幾遍之後小春也會自己說，生日快樂吃蛋糕，大頭的學習能力真是一級棒！」我說「金門的傳統習俗是怎麼過生日的？你告訴我，讓我來準備飯菜。」他說「小春媽說『好酒好菜又有家人在身旁，最幸福的樣子大概就是這個樣子了，謝謝阿公、謝謝姥姥。謝謝小魏姐準備一桌子好菜，有家人相伴的這個生日，意義特別不一樣，謝謝妳的付出，辛苦準備和招待，我和小春銘記在心，感謝姥姥』！」

他說「早上吃飯的時候，姥姥的手機有視頻電話進來，小春一聽見鈴聲，立馬就預報，溫新。我們三個大人一聽就笑了，呵…呵…大頭不但聰明，而且反應迅速，他大概是知道溫新今天要回來看他了，雖然電話是姜姥姥打來的。小春連續三天都領他媽到莒光湖畔浯的遊樂場玩耍，今天照舊。十點過後我們去查崗，剛一走近他們娘兒倆，小春立刻叫，溫新。可是，當他抬眼一瞅是姥姥，馬上改口喊，姥姥，這反應之快真是沒的說了！」

我說「姑娘坐十二點半的班機，買四點半船票，她爹騎車載她來家。下午五點半，溫新來家見到小春，可是他怕生，第一回見面也不肯給溫新抱一抱，溫新先拿出兩盒子玩具給他玩，一個是積木拼圖，一個是智能機器人，這兩樣他都愛玩，還給他一個紅包。飯後三個人領著小春帶上籃球去運動場，他媽留在家裡刷碗。走到巷子口，小春看見地上用紅漆噴著兩個英文字母就不走了，告訴溫新說是SO，一點也沒錯，呵…呵…他現在不但會背二十六個字母，還會認出字母呢！到達運動場後，他玩得可歡了，玩過半個小時才打道回府。」

他說「專程飛來看小春的姑娘，只停留三天，第四天中午又要獨自往北飛了。今天中午我騎車載她到金門碼頭坐十二點半的船，坐二點半的班機恰恰好，五點半落地大連。」我說「姑娘這一趟來回行程非常順利，一點也沒有受到耽擱，把她美的！到家之後睡覺之前發來一個此行的紀錄《快樂金門行》。」

他說「很快的，下午小春也要飛回台北，他回來看阿公和姥姥剛好是整整二周。有小春在的日子，真是歡聲笑語滿屋宇，特別是小春生的好長的好，他媽又是把他養的好教的好，溫新稱讚小春的教養堪稱『完美小孩』。下午三點他大姨開車來送他們去飛機場，阿公也回家來看一下小春，在門口拍幾張照片。他們走後，他姥姥說，小春和他媽離開讓人心酸酸的！說著…說著眼淚就掉下來了。」

他說「這一篇《美國小少爺再度回金門》今天定稿了，全文五千多字，電子檔傳給媳婦及姑娘。姑娘看過之後說『生活中的小事，在你的紀錄中變得生動有趣，像是還原了當時的場景，讓人讀起來意猶未盡。雖然篇幅略長，但是依然覺得很有意思』。老爸說『妳說的沒錯，這一篇是我的得力杰作。這是留給妳和小春將來的回憶，那可是千金不換』。我用手機傳給小春他媽，他媽看完說『謝謝阿公細細記錄了我們倆回去金門，和你們同住兩周的日常生活。時間過得飛快，只有你的文章留住了當時的每一個時刻』。」我說「溫新跟她爹學得越來越會說話，越來越討人喜歡了！」

他說「小妹今天去駕駛訓練班／駕校報名學習開車，真是活到老學到老，是個好樣的。報名費一萬三千元，期程是三十五天，下午就可以上課練習了，每周五公休一天。」我說「報名費又讓老公掏錢了，真是個好人哪！」

他說「廚房水槽堵塞一段時間，小妹說既然用通樂及鹽酸都無效，不如拿根鐵線通一通，就拿了一條電話外線上的鋼線兩米多長，開始從水槽口往下通進去，沒想到，通了五、六分鐘之後，豁然貫通了！就試著倒水進去，再也沒有溢流出來，真的大功告成。我因此宣布當場發放獎金一千元，這下子小妹也跟著樂了！」我說「沒想到賺國民黨的錢，還真是一件很容易的事情。」

他說「有人說，人生最好的投資，就是選對妻子。這話說的一點沒錯，我可是寒天飲冰水，點滴在心頭，不說也罷了！好妻子的要件，要容貌端正，有好的教養，有生活閱歷，有生活品味，能善解人意，不貪得無厭。」

他說「小春在下午五點到達機場後，跟阿公及姥姥視頻了一會兒，今天他剛剛理了一個好短的頭髮，好像西瓜皮一樣。溫新看過小春的照片說『小春像卡通人物裡面的大頭兒子』。還傳來一張大頭兒子的照片，好大一個頭腦上面頂著一個西瓜皮的髮型，還真的很像哦！我告訴溫新說『小姨說的沒錯，小春的名字就是叫大頭』。」

他說「大頭小春今天二周歲生日快樂！小春…生日快樂吃蛋糕，姥姥和阿公祝福你生日快樂，快快長大。春媽說『小春今天滿二歲了，在愛裡他會健康長大，謝謝阿公、謝謝姥姥』。」我說「他們一路上那麼辛苦，可見這孩子時常發脾氣，變著花樣折騰他媽，看來是環境和水土不服造成的！他有苦難言，只能鬧情緒來發洩，真是難為小少爺了！」他說「春媽說『小春生日這一天，爸爸開車帶他去州立公園健行，可是他不願意走，大部分時間都要抱抱』。

他說「前兩天洗澡的時候，肚臍下方一時搔癢，用力抓了幾下，第二天一看大勢不妙，一片紅腫。趕緊擦立可舒皮膚藥，兩三天來藥效不大。早上去看皮膚科醫師，原來是帶狀皰症，幸好不會傳染，吃藥擦藥一個禮拜就能好。我深深體認到『生活可以簡單，但是，生活切切不可以隨便』！帶狀皰疹，主要是由病毒引起的，當身體免疫力下降時，病毒才會趁機發作。長期熬夜、過度疲勞，都會導致免疫力下降，水痘帶狀皰疹病毒便會乘機發病。」

我說「知識不如常識，常識不如做事，做事不如做人，這個就是社會。」他說「中午帶著小妹去國稅局報稅，這是一年一度的大事，報稅期間是五月一日起至三十一日止，排隊等了半個小時後搞定。」我說「大清早的就能看見一沓紅通通的票子，那個美啊！真是雙喜臨門，三號真是一個好日子。」他說「中午吃過飯帶著小保母到小區的廟口轉一下，就有酒商拿著五千七百元錢給咱們，我立馬遞給小保母，樂得她直說賺錢真是一件容易的事。」我說「哇塞…有這麼好的事情，以後可以每天去轉一下下。」

他說「今天是一年一度的母親節，祝福妳佳節快樂，滿心歡喜，特別的日子送給特別的妳，我愛妳。送上一份紅包『母親節快樂，我的媳婦』。」我說「早上收到紅包，中午收繳公糧，我真是雙喜臨門了。」他說「一大早我姑娘就告訴我『她大姐今天要考試了』！我說『咦…妳咋知道呢？是呀，她大姐今天要上考場了，我剛剛送她到達駕訓班／駕校』。九點四十她大姐說『親愛的，來駕訓班接我，筆試通過，第二試路考沒通過』！我說『沒關係，再接再厲，下次再來，不用難過』。」

我說「今天總算沒有給我哥丟臉，雖然多考了三次，終於順利考上駕駛証，這下子可以去訂機票回大連了。哈⋯哈⋯哈⋯苦練五十五天，駕照總算搞到手，真是功夫不負有心人哪！感謝她姐夫每天起早貪黑的接送，沒有一天中斷，除了感謝和感恩，再沒有第二句話了！機票訂明天中午十二點半，兩個人同行，三千塊大洋。」

# 第四十六回　媳婦報名考駕照，奮戰兩月考四次

2019/06/06

他說「早上到金門碼頭買九點半的船票向廈門出發，十點半到達廈門飛機場，十一點到登機口。三點二十降落大連，四點半回到溫馨的家。大連，我來了，薛大爺回來了。」我說「有老公一路陪著回大連多幸福，全程八小時一點也不覺得累人。五點半姑娘下班一進家，看見我們就先跟她爹擁抱一下說，盼星星盼月亮，總算把你們給盼回家了！」他說「《老頭愛丫頭四十六》——媳婦報名考駕照，奮戰兩月考四次，駕照到手訂機票，一路送她回大連。2019/06/06」

他說「今天是端午節，要出門和親人一起過節，早上八點半坐大表弟的順風車去看他爹，也就是我們的姨父，大家一起共度端午節。表弟一家三口，俺們也是三口之家，一小時後到達姨父家，還有小表弟的媳婦也在。姨姥爺今天瞅見姑娘說，妳現在變得好

看了。原來她從前長得很不咋的？隨即驅車前往飯店，姨父請客、表弟買單，總共八個人，點了十道菜，二盤餃子，十一點開席，十二點半散場回到姨父家。姨父及表弟酒後昏昏欲睡，小表弟媳婦和我們三口人就先行告辭離開。」我說「過節就是要和家人及親人在一起見面吃飯，心裡面多麼溫馨。」

他說「早上九點半我們和小春與他媽視頻談了半個小時，小春在家裡玩他的玩具，我們問他吃飯買菜，他就接著說出去玩，我們說溫新，他就接口說開車，完全符合我們的通關密語，阿公說答對了，他樂呵呵的笑著。大腦門的小春，一聽到我們喊大頭，他立馬作出標準動作，拿手拍了幾下自己的腦袋瓜，老有趣了！姑娘說小春就是那個卡通人物中的大頭兒子，說得一點也沒錯。」我說「小可愛真是我們的開心果哪！阿公說他是個萬人迷。」

他說「這一趟送媳婦回大連過端午節並不在我的規畫之內，上個月我就說預訂在六月底回來給媳婦過五十大壽生日，或者在六月中搬家七周年回大連。不承想，六月五日駕駛執照考試通過後，我只是說了一嘴妳可以訂飛機票回大連了，但是我沒有說我要跟妳一起走啊！誰知妳下午訂好六月六日的兩張機票，我只好趕緊向單位請假三天陪妳上路！不過，這八年來在往返廈門和大連的航線上，好像我們還是第一次結伴同行，這滋味倒是挺甜美的，妳說是不是呢？這個也算得上是一場美麗的錯誤。」我說「那我這也算是傻人有傻福囉！」

他說「今天侯鳥又要飛回南方去了，早上九點先到銀行辦個事，更換綁定銀行的手機號碼。約好車子十一點出發，半小時後到達機場，十二點二十分準點登機，四點半降落廈門，五點五分抵達碼頭，買五點半船票，回到家裡六點半，屋子裡空蕩蕩的，好不冷清。」

他說「今天是六月第三個星期日，是中國的父親節，端午節前夕我送小妹回大連，姑娘已經把父親節禮物一件短袖衫送給我了，多麼用心的孩子。常聽人說父愛如山，又說世界上最孤獨的人是父親。但是我認為，父愛如春雨，隨風潛入夜，潤物細無聲，清晨遠颺去。」我說「可愛的老公，父親節快樂！」他說「我姑娘說了『老爸，父親節快樂！我把無數的思念化做心中無限的祝福，默默地為你祈禱，祝你永遠健康快樂。』春媽也說了『這是一首寫入內心的好詩，父愛如山，爸爸…我愛你，小春也愛阿公，謝謝總是照顧我們的大山』。」我說「我們都愛你，希望你每天開心、快樂、健康。」

他說「今天六一七是個什麼特別的日子？」我說「嘻…嘻…是我們喬遷新居七周年的好日子！」他說「妳答對了，姥姥就是就是這麼棒！姑娘也回答說是，我們搬新家的日子。我說她答對了，小姨就是就這樣棒！姑娘說『老爸…向你匯報個事，沒有徵求你意見，我就在網上買一台空調』。我回說『沒有事，妳的空調妳做主』。姑娘說『你是家裡的主人呀！是我們的頂梁柱』。」

他說「她大姐現在遇上一個貴人，高貴不貴，他有錢對她又好，就是年紀大了，八十多歲，都咬不動肉了！然後她姑娘也就跟著遇上貴人了，妳說美不美？」我說「貴…貴…你就是我的貴人，咬不動肉沒關係，我讓你吃軟飯。」他說「今天是個什麼好日子呢？為什麼妳的窗台外面的喜鵲會一直在那裏嘰嘰…喳喳…叫個不停呢？該不會是來跟妳報喜的吧？」我說「哎喲…還真的是喜鵲來報喜了！怎麼會轉來那麼多錢呢？」

他說「哇塞…妳們家的喜鵲真的來報喜了！恭喜妳，這個月的工資開始漲錢了，從二千元漲到二千五百元，妳說美不美啊？」我說「哈…哈…咋這麼好，還給我漲工資啦？」他說「我告訴妳講，沙發三千五，茶几一千五，衣櫃一千五，運費及裝配一千，淋浴房一千，洗臉盆一千三，工資二千五，空調五千，監工費二千二，總數是二萬元。先前現金一萬，今天匯款一萬，剩餘的二千先放在妳的帳戶裡面。」我說「你咋這麼可愛？我還有監工費可以拿，空調的錢竟然也報銷了。」

他說「今天怎麼一大早就往外跑呢？喔…原來是要去車管所考駕駛証的筆試，小妹又要上考場了，祝妳考場順利，加油…加油…我們都是妳的靠山，妳的堅強後盾。」我說「十點過後告訴大寶貝一個好消息，我換駕照的考試通過了。考試通過之後十分鐘，新的駕駛証就拿到手了，三個月考了二張駕照。」他說「恭喜寶貝…賀喜寶貝…一次搞定，妳今天是金榜題名，不得了，了不得！姑娘知道好消息也說『今天是好事成雙，上午考試通過，下午新沙發和衣櫃也進家了，這下子可是雙喜臨門了』！」

他說「我姑娘九點半跟我說晚安，我也回她晚安。不承想，十點她又跟我說了一嘴『老爸不用再為我犯愁了，終于脫單』。我一時摸不著頭腦，就問她『Whynot』？她說『交了男朋友』。我說『哈…哈…變好看了原來有這好處』。她說『哈…哈…多虧老爸幫我蛻變』。我說『恭喜妳，賀喜妳，現在確定了關係沒有啊』？她說『這不是才確定關係，就第一個向她姐夫匯報』。我說『三天前是雙喜臨門，到今天那可就是三星報喜囉！好的，我們都愛妳，有好的開始，成功的一半』。」我說「恭喜老爸，離當岳父不會太遠了！暫時和那小夥子相處還挺不錯的，他比姑娘大五歲，不知道以後能不能成功？」

他說「姑娘晚上來信息說『老爸，我在貝恩幼兒園已經工作一年有年假了，準備和朋友去上海轉一轉』。我回說『妳申請去上海玩一玩，完成妳前年沒有達成的願望，領導批准了』。姑娘說『謝領導准批』。」我說「大人大量的老爸，總是那麼好，姑娘開心得不行了，樂得她屁顛屁顛的。我跟姑娘說，妳目前身體發育完全，心智思維成熟，可以自己管理自己。」

他說「變好看的姑娘去上海度假四天，今天什麼時候回來呢？」我說「下午二點半的班機，落地大連應該是四點之後，六點來家把行李一扔又出去瀟灑了，直到十點半才回家。」他說「沒什麼，這不就是女大不由娘嗎？我問姑娘說四天的上海假期玩得開心嗎？」她說『開心、開心，但就是天氣實在適應不了，太熱了』！

他說「大消息—中國文化和旅游部公告：2019/07/31鑒于當前兩岸關係，決定自二〇一九年八月一日起暫停四十七個城市大陸居民赴台個人游試點。自從三年前2016/07/14曾經一度空穴來風的傳聞瞬間變成事實。」我說「這個事情是真的囉，明天開始，今天公布。」

他說「今天是農曆七月十五中元節，近午時分大女兒阿如來電話說，她的大伯哥縣議員許建中早上在台北的榮總醫院病逝，現在家裡在布置靈堂，等待遺體運送回來。她說從五月初去台北住院，三個多月沒有回來。他今年應該是五十七歲，小我七歲！我記得他在二年前春節曾經去台北榮總住院治療，社會上傳說病情嚴重，但是不久出院回家，沒什麼問題了，這一次可能是跟上一回生病有關吧？」我說「我們去年去他家裏看他，喝茶聊天都很正常啊！」他說「次日下午下班後去阿如她大伯哥的靈堂上香和送白包，跟女婿打過招呼便去屋後她們家坐一下，三個孫子都不在，跟大女兒聊一聊就回家。」

他說「早上十一點跟妳視訊通話時，看見弟媳婦趙紅在家裡吃飯，她來大連了。」我說「是的，趙紅和魯瑤昨晚十點在煙台上船，早上五點在大連灣下船，外甥女婿趙岩開車拉她們來家裡，大連灣離我們家很近。趙紅吃過飯要去星海廣場會展中心開會，魯瑤要去金石灘的發現王國玩一玩，晚上回來我們家住。」

我說「好開心，倒計時還有九個饅頭，咱們又要相聚了！昨天已經訂好九月五日中午一點的機票，四點抵達廈門。」他說「老可愛，恭喜妳破了，倒計時破十了，就能美美的吃上肉了。」我說「晚上看見手機上有建設銀行來的信息匯入這麼多錢，我被銀行砸中了都不知道呢！」他說「這一筆錢的用途是，物業費及取暖費四千元，妳的機票一千元，剩下的轉到我的建設銀行帳號。姑娘今天又重回妳們的中山區嗎？」我說「可不是嗎？妳姑娘回去她最愛的中山區，給你搞衛生了。」他說「領導對妳們今天的勞動成果很滿意，每個人獎金二百元。」我說「姑娘見錢眼開，說她爹啥時候要搞衛生只管叫她一聲。」

# 第四十七回　往北避暑返大連，三月之後回金門

２０１９／09／05

他說「小丫頭今天又要飛回小老頭的溫暖懷抱了，妳說美不美啊？」我說「美的不行不行，現在早上七點，倒計時還有十一個小時，就可以讓老公抱一抱了。十點半出門，坐中午一點的班機，下午四點降落廈門，搭五點半的船班回金門抱我的老公」。他說「《老頭愛丫頭四十七》——往北避暑返大連，三月之後回金門，老頭丫頭重聚首，攜手同賞中秋月。２０１９／09／05」

他說「小妹六點十分出關，我先給她吃一條香蕉，一進家就有一碗香噴噴、熱騰騰的小雞燉蘑菇吃了，還有她愛吃的巧克力蛋糕吃了一塊，吃完兩口子上運動場走路嘮嗑一個小時。」

他說「昨天晚上十點，薛育德哥送來六罐高蛋白，早上我才如期坐八點的頭班船過

去廈門給丈母娘郵寄，昨晚萬事俱備，只欠東風，就差這一項高蛋白帶上手。早上到廈門先在碼頭辦好快遞，郵寄東西到山東及遼寧，也給姑娘寄送沐浴乳、洗髮乳、牛肉干及貢糖。再到市區建設銀行匯款，最後去大賣場採購幾項物品。十點半回程，到碼頭提取網購物品後，搭十二點的船回家。」

他說「今天報紙報導說，小三通的自由行有政策鬆綁的可能性，如果有好消息會進一步向鄉親報告。到了中午，福建省和廈門市都發布消息說，從二〇一九年九月二十日起，也就是四天後，恢復福建省及廈門市六個城市居民赴金馬澎三地個人游的簽注和申請，自八月一日起停航五十天。」我說「老公真是一個神算子，早上剛說完自由行有開放的曙光，中午已經恢復。」

他說「今天報紙報導說，小三通的自由行確定政策鬆綁，而且一舉從昨天的六個城市增加到二十個城市，包括浙江省、福建省、江西省、廣東省等海西二十個城市，恢復受理其居民赴金馬澎三地個人游的簽注和申請。」我說「也就是說三天後恢復受理個人游。」

他說「小妹昨天下午去衛生所看完抹片檢查報告，今天去醫院做切片檢查。」我說「早上五點起床做完早餐，喝杯咖啡吃塊蛋糕，五點四十五出門走路，十分鐘到金城車站坐六點班車，六點二十到昇恆昌站下車，二分鐘到醫院排隊，八點掛號。九點開始看診，做完HPV切片醫生交代說，要停機一個禮拜，等到一周之後再重新開機。十點看完醫生就回頭了，十分鐘到山外車站，坐十點半班車，十一點十分回到溫暖的家。」

他說「小妹一早又要去醫院看切片檢查報告了，祝福她是吉人天相。」我說「早上五點起床，五點四十五走路出門，到車站坐六點班車，六點二十到醫院排隊，比二周前提早了，這是一個好的兆頭，八點掛號。九點五十看HPV切片檢查報告，結果是平安無事，感謝上帝！」他說「恭喜妳，心肝寶貝，沒病沒痛就是神仙哪！吃午飯時，看見春媽來信息說買好回台灣的機票了，一月二十號飛台灣，停留一個半月，三月一日回程，二月初回金門二周。專程帶小肥豬小春回來給阿公和姥姥以及家人玩一玩。」我說「太好了，我們又有活玩具可以玩了！」

他說「參觀小金門芋頭季—早上我和小妹騎車上船去小金門參觀芋頭季活動，行船十分鐘進港。到活動現場買了一些大的小的芋頭十二點回程，我們不吃免費的芋頭粥就走了。順著東林運動場下坡路二百米也很順當，可是在軍人公墓前左轉要上坡時，聽見引擎箱裡傳來喀喀聲，機車就自己停車空轉了，我再怎麼加油也是不能上坡。我只好下車察看，車子發動正常，但是加油之後只是空轉，車輪不會前進，我確定機車故障，必須找機車行來維修。

小妹看見有汽車經過就招手示意，對方立馬停車問有什麼事？我說機車故障，能不能幫忙打電話給機車行？他說好的，馬上給車行打電話，說明情況之後就離開。十二點二十我抬頭看見一部貨車來了，那位師傅下來說他是來拉機車的，他就把機車推上貨車，再帶上我們去到他在西路的欣欣機車行，我告訴他車子狀況，等打開引擎之後發現，不但皮帶壞了，連皮帶盤也壞了，更換一條新的皮帶，也換上一個二手的皮帶盤，小毛驢就恢復正常了。」

他說「一早姑娘就問我說今天是什麼日子呀？我回說今天是一個好日子，好日子都在歌裡過。然後她就給我發來第一個紅包五十二元說，生日快樂，老爸。接著她又發來第二個紅包八十八元說，青春永駐。跟著又發來第三個紅包六十六元說，身體健康。我見一個收一個，而且都是秒殺，進帳小二百元呢！我問她說，姑娘妳咋這麼好呢？她說『獻上我小小的謝意，為了這麼多年來，您對我付出的耐心和厚愛，以後一定會加倍愛您』。小春和他媽也說，『阿公生日快樂，我們愛你』。」

他說「晚上六點半，楊哥和忠哥在山外請遠方的朋友小丫頭下館子，我沾她的光吃了一頓大餐。我們準時到達，光哥和宗院及志成已經先一步就座了，隨後楊哥、忠哥、興哥、仁哥、毛哥、徐哥、萬祿、西湖、子傑、文顧陸續入席，賓主總共十六人，其中文顧最晚到。晚上喝酒及划拳氣氛一如既往的熱烈歡快，喝了好幾瓶高粱酒，還有一瓶洋酒，吃到八點散場。本來我帶了二瓶二斤裝的高粱酒，不成想，散場時又叫我帶回來，還送給小丫頭五瓶各一斤裝的高粱酒，真是有吃有喝還有的拿。在散場之前，楊哥說他有一項好消息宣布，他的大女兒在一月十二日要訂婚了，立馬響起一陣如雷掌聲，恭賀家有喜事。」

他說「中午在海洋餐廳吃祝壽酒，壽星是許寬同學令尊大人，九十歲大壽，席開二十五桌。壽星伉儷情深，福如東海，壽比南山，身體及精神健朗，望之猶如七十古來稀。許寬及弟弟許新民，以及三位妹妹全都攜眷出席，兄妹的子女和孫子女全體出席，四代同堂，盛世家聲，親朋好友齊聲喝采。十二點入席，司儀致詞歡迎，許寬代表兄妹五人發表祝壽詞完畢之後，十二點半準時開席。一點半散席之後，現場兩座高達九層的蛋糕立即切開分享，人人有份，裝上一盒生日蛋糕帶回家去享用。」

他說「美好的一天又開始了，妳說美不美呀？然後就聽見窗外的喜鵲叫喳喳。」我說「只要聽見喜鵲的報喜，我不用看窗子，只管看我的枕頭底下就好，哇塞！真的有一沓紅票子，咋這麼多呢？」他說「三千是工資，一千是機票費，紅包袋子裡的二千，是孝敬丈母娘的春節紅包，讓妳提前當面轉交給老人家，另外三千，是提早發放的年終獎金。」我說「給老公干活太好了，難怪姑娘總說老爸太仁義了！」

# 第四十八回　丫頭返金三個月，先往山東看老娘

2019/12/02

他說「今天是小妹獨自北歸的日子，班機十點半飛青島，一點半抵達。」我說「吃過早餐之後七點出發，兵分兩路，老公先帶二件小行李送我到公車站坐車，再回家載運大行李直奔碼頭。十五分鐘後到達，買好八點頭班船票，托運大行李完畢就過安檢。船行半小時入港，在碼頭找到櫃台代寄一件小行李郵到大連，到機場報到劃位都很順利，十點前到達登機口，聽到廣播班機延遲一小時半起飛，都不往心裡去。」他說「送給小媳婦一首小詩，《老頭愛丫頭四十八》——丫頭返金三個月，先往山東看老娘，再回大連看姑娘，專等老頭過新年。2019/12/02」

我說「姑娘看完小詩樂呵呵的說，好詩，合轍押韻，她就愛看老爸所寫的詩。」他說「這一次東北小妹回來金門三個月，廣受金門人的歡迎，尤其是所做的麵食受到絕大

多數人的稱讚和喜愛。這一趟回來在家裡招待親友品嘗有十四次，送出去分享享也有十四次，平均一周二次。老公一方面推廣麵食，另方面和朋友做為公關和交際應酬，感謝小妹每一次都能全力支持和配合。春媽說『真的感謝小魏姐，在廚房裡只靠一雙手，要做出客人愛吃的菜色，工程真浩大，又費心思又耗體力，她很盡心盡力的在招待客人，讓你臉上增光』！」我說「我願意為人民服務，只要天氣不熱，我會全力支持老公的交際應酬。班機起飛晚但是飛得快，二點半降落青島。我買三點半大巴前往高密，行車一小時到達，弟弟的專車來接我，到老娘家裡是五點半。」

他說「親愛的，原來昨晚全聯的好消息是真的，我中午拿身分証給收費員看看究竟是中的什麼獎？他一刷卡說是五百元獎金二張，合計一千元，直接存進我的會員卡裡面了，好棒哦！」我說「親愛的，你是好人有好報，人家能中一張就滿意了，你是一中兩張。」他說「山東大嫚今天回娘家十天期滿，要班師回朝回到大連溫馨的家了，祝福妳一路平安，一路順風。」我說「早上七點半出門，弟弟送我到高密坐大巴，九點半到青島機場，十點到達登機口。十一點半的班機準時起飛，一小時後平安落地大連，半小時後拿到行李坐上網約車，回到我們家一點半了。」

他說「日本的人口只有中國的十分之一，但是，他的AIDS艾滋病人只有一萬六千人，中國的艾滋病人有七十一萬人，只有中國的四十分之一而已。況且，中國每年新增的艾滋病人十二萬人，已經是日本人全部的八倍，其中的關鍵就是，日本人從小學一年級就開始指導性教育，認識人體，男女有別。日本是大男人主義的社會，所以不搞男同性戀，艾滋病的傳播少掉一大半。援助交際，簡稱『援交』，是源自日本的一個委婉語，指未成年人為獲得金錢而答應與成年人約會。從字面上望文生義，似乎未有性接觸，現今意義，卻成為未成年人自行尋找客人進行性交易的代名詞。現時援交不限於少女向成年人賣春，也有少男向成年人賣春，顧客通常是家庭關係不佳的中年婦女或男同性戀。因此，援交應該不是援助交際，而應該是援助性交。」

我說「大仁大義陳玉珍，造福多少金門人—金門鄉親後送轉診到台灣就醫者，立法委員陳玉珍提供病患家屬免費住宿三天。在本月初，陳玉珍與台北榮總醫院旁邊一家商務旅館簽約，自掏腰包每天訂下三間套房，提供給金門鄉親到榮總醫院就醫者家屬，免費住宿三天。這種人溺己溺的人道關懷真是太給力了，對患者家屬提供最迫切的、最實惠的幫助，不得不對她豎起大拇指說一聲讚，這項貼心服務是從來沒有想到和做到的。」

他說「什麼時候喝臘八粥？是今天嗎？」我說「是呀，你今天喝過臘八粥沒有啊？」他說「喝臘八粥的時候，不就是要孝敬丈母娘年節的日子嗎？」我說「對呀，你已經在上個月二號就提前上繳了，丈母娘樂呵呵的收下了，她說過了臘八就是年，又能收到五女婿送的紅包，過上一個好年！」

他說「下午三點半，一位老同學許丕明來單位看我，他是留美博士，也娶了一位留美的博士。在台南遠東大學當教授，也在山東曲阜的遠東大學兼任副校長，他跟我同年次，今年七月份退休。我約他晚上六點，和另一位老同學鄭易明一起吃飯。吃飯時許丕明說想和另一位同學李清挑聯繫一下，我立馬打電話給李清挑，許丕明跟他通電話時，他說明天他也要回來投票，這下子更好，明天我們再聚一聚正好。」

他說「下午四點半許丕明來單位找我，問我有沒有聯繫李清挑？他說清挑回來了，我立馬打電話給清挑，約他晚上六點一起吃飯，然後再約上鄭易明。」我說「好開心哦！老公今天又有老同學陪吃陪喝。」他說「晚上吃飯吃到十點結束，四個老同學加上李清挑三個親戚，七個人喝了二瓶三斤的高粱酒。」

他說「以前的老話說，飯可以隨便吃，話不能隨便說，那是用來勸誡說話要謹慎，因為禍從口出。現在話應該說，話不能隨便說，飯不可隨便吃，用來告誡吃飯要小心，因為病從口入。妳說是嗎？」我說「以前的老話說，飯可以隨便吃，話不能隨便說，是在食物匱乏的艱苦時期。現在說，話不能隨便說，飯也不能隨便吃，是現在食物充足，但是太多東西不健康。」

他說「中午十二點半，春媽來信息說她們到達飛機場，一個小時後登機，芝加哥那邊是一月十九號晚上十點半。」我說「下午一點半登機，二點起飛，飛行十五個小時，明天早上五點就能抵達。」

我說「早上六點了，大頭小春到達台灣了嗎？」他說「十點的時候春媽說『到了、到了，早上五點抵達台灣，阿樸來接，小春現在睡大頭覺了！原訂早上六點到達台灣，結果提早一小時抵達，他到家後一直昏睡，晚上出門走一走，半夜繼續睡，小春時差調得很好』。」我說「昨天冰箱裝滿滿，好看的姑娘就知道老爸真的要回來了，除了蔬菜水果，還有鮑魚、海參、海螺、螃蟹、蝦子、魷魚、牛尾巴，都給老爸準備好了。」

# 第四十九回　臘鼓頻催壓年線，老頭連夜飛大連

2020/01/22

他說「小美女，恭喜妳，今天饅頭吃光了，現在早上八點，十八個小時後再見了！薛大爺要回來了，老姑娘接客囉！」我說「好滴，老公要回家，高興…高興…真高興！來啦，客官請來坐。」他說「晚上的班機八點起飛，原本坐五點半的末班船趕趟，可是就怕船班客滿上不了船，所以提前一個小時，還有兩班船可以搭乘比較安全，只須請假一個小時就好了。送給小媳婦一首小詩，《老頭愛丫頭四十九》——臘鼓頻催壓年線，老頭連夜飛大連，回到我們溫馨家，歡天喜地過大年。喜滋滋迎接家人，丫頭深夜暖被窩，你儂我儂情意濃，美夢成真在眼前。2020/01/22」我說「熱烈歡迎老爸，回到我們溫馨家。」

他說「五點半打車時，師傅一問我去哪裡？我說完機場後，立馬加上一句說我加

給十塊錢，他就樂了。班機在夜裡十二點降落大連，回到溫馨的家已經深夜一點半。寶貝，薛大爺回來了！」我說「姑娘為了等待老爸來家，躺在床上也睡不著，老爸回來後大家都沒睡著。」

他說「昨晚深夜十二點半我獨自在大連機場等出租車等很久，旅客人很多，可出租車很少，足足等候半個多小時才排上車，以往從來沒有這種現象。那位師傅說因為上一班飛機是武漢飛來的，出租車寧願開走，也不願意拉客，所以車子都走光了。我說這是為什麼呢？他說這幾天鬧得最厲害的不就是武漢肺炎嗎？大連也發現二個案例，人心惶惶，昨天還沒有多少人戴口罩，今天可是到處可見戴口罩的人們了。所以出租車不敢拉武漢來的旅客，就是不敢冒著被傳染的危險啊！」我說「這幾天的氣氛好比二〇〇三年的SARS非典肺炎，甚至還更嚴重呢！」

我說「除夕夜要在姨父家吃年夜飯，所以中午先在自己家裡吃團圓飯。」他說「今晚是連續第九年在姨父家團聚吃豐盛的年夜飯，我們一家三口，大表弟三口之家，小表弟兩口子，總共九個人。下午三點半我們仨從家裡打車直奔姨父家，半小時到達，表弟兩家已經在廚房忙活起來，六點多十道菜一齊上桌，預祝大家來年十全十美，諸事順風順水。這頓飯吃了二個小時才散席，然後準備韭菜蝦仁餃子。二個小時之後，餃子包好煮好，大家伙再度團坐一起，吃一頓餃子，這才叫圓圓滿滿。

一個小時後，我們坐大表弟的順風車回到我們兩家住的同一個小區，車行不到半小時就到家，迎接我們的是小區內外響徹雲霄的鞭炮聲，震耳欲聾。進家後，我說現在是見証奇跡的時候了，娘兒倆好有默契地奔向自己的枕頭底下，一人掏出一個紅包來，好看的她娘喜孜孜的數著那一沓簇新新的紅票子，好幾十張哪！好看的姑娘也是美孜孜地抽出一沓子新票子，那個美啊！」

他說「大年初二早上十一點外甥姑娘、姑爺和她們的姑娘帶著好多禮物上門來拜年，我們一邊喝茶一邊嘮嗑，不到十二點就上桌開席。我媳婦整了一桌好菜，真是沒的說了，十道菜也是祝福大家新年十全十美，快樂又幸福。」

他說「本來今年春節的三家聯合餐會輪到我們小魏家了，去年是小姜大姐家，前年在小陳妹妹家。除夕夜當局要求全民重視疫情，減少出入公共場所，暫停一切走親訪友。在此情勢之下，小姜大姐今天首先提議今年聚餐取消，經過徵詢小陳妹妹同意配合後，初四的聚會就此停止。」我說「今年的春節氣氛特別緊張，國家有難，咱不添亂，好好在家呆著。」

他說「外甥姑娘燒的一手好菜—早上十一點，外甥姑爺開車來拉我們一家三口上他們新家吃飯拜年，新家在我們北面，經過大連北站往北不到二十分車程的金地／自在城，他們入住新家剛滿十天。十一點半飯菜已經擺滿桌，六個人各自落坐，不敬禮就開動，共有八道菜，色香味俱全。半個多小時大家都吃飽，完了喝茶嘮嗑一個小時我們才打道回府。」

他說「昨晚十點上床，預訂今天一早五點半起床，坐早上八點的頭班機飛廈門、回金門，不成想，我媳婦夜裡十一點半偶然瞅見廈門航空來的信息通知，說有霧霾早上八點的航班取消。這下子責任心重的她睡不著了，又怕打擾我和姑娘的睡眠，就下床到客廳、廚房、衛生間給廈航打電話，可是老打不進去客服的電話。直到二點才有完整的信息，說是可以免費改簽到下午一點的班機，但是，改簽及出票必須等到上午八點上班之後才能作業。媳婦用手機和座機不停的給航空公司打客服電話，卻是很難打通，這樣子從八點半折騰到十點都是白忙活，我眼看時間迫近就提議說，要不，我們直奔機場找航空公司的服務台洽談看看吧！就在這時候接通電話了，受理完畢，隨即出票發到手機上來。至此總算放下心中一塊大石頭，十一點叫上網約車，俺們就出發了，感謝我的媳婦。」我說「能為老公出一點力，那是我最樂意做的事了！」

他說「一點的班機準時起飛，四點降落廈門，提前十五分抵達，趕五點半末班船不成問題了，四點二十打上車，四點三十五到達碼頭，買五點的船票。上船後只有二十幾個人，六點平安又順利地回到我們溫暖的家。」

他說「晚上春媽問我說新聞報導，台灣今天開會後宣布，從明天二月二號起，小三通入境金門者，一律居家檢疫十四天，是不是真的？我說那是真的。什麼是『居家檢疫十四天』？就是旅客入境後，檢疫人員會開立『居家檢疫通知單』，而村里長或村里幹事將會對這類人員進行健康關懷十四天，每日撥打電話詢問健康狀況並記錄『健康關懷紀錄表』，如果居家檢疫／居家隔離期間未配合通知書所列規範，將依傳染病防治法進行強制安置。」我說「那我去了就當在家坐月子啦！」

他說「這一趟返家過年特別不平靜，因此寫下這一篇《差一點被隔離起來》文章，姑娘看完這篇說『字裡行間都透著滿滿的真情實感，簡單的日常生活在你的筆下變得更加生動，一下子就能被吸引住，讓人想一直細細品讀，真的是了不起』！朱姐也說『台灣親戚這次回來探親，你是冒著生命危險來的，又冒著生命危險回去的，真是辛苦你了』！」我說「老公今天費時一個上午的大作看完了，給你點一百個讚。」

他說「昨天金門縣長楊鎮浯召開記者會強烈要求台灣中央，從今天二月六號開始關閉小三通金門與廈門之間的航班，雖然台灣沒有回應，但是，關閉的可能性只會越來越大。我們應該跟姑娘一起商議一下，二月九日妳的出行回到金門要不要取消呢？」我說「姑娘沒有什麼意見，我在五月份回大連辦理退休事宜，整整有三個多月的時間，到時候應該不會有啥問題，不用等到六月份辦好才去吧！」

他說「今天二月七號上午金門縣長再度召開記者會強烈建議中央，關閉小三通的航班，下午四點半，看到最新的消息，台灣宣布自二月十號起暫停小三通金門與廈門之間的航班。這是第二次關閉小三通，二〇〇三年非典的SARS期間為第一次關閉，二個月之後復航。」我說「幸好我可以提前開跑，二月九日回到老公的懷抱裡，這次疫情搞的人心惶惶。」

他說「雖然人心惶惶，但是，目前金門沒有疫情，生活作息一切正常。而大連有疫情，生活作息步步緊縮，妳若離開讓姑娘獨自生活，是不是恰當呢？妳該問問她的意見，我獨自生活並沒有任何礙難。」我說「我也非常糾結，給姑娘放在家裡我倒沒有多大的不放心，她的防範意識比我還強，每次出門回來後各種消毒做的很到位。讓我不放心的是，疫情以後會是什麼情況無法預料，姑娘在家沒事還好，要是有事，我不在身邊也挺麻煩的。要是選擇不走，我又放心不下你一個人在那邊，最讓我不安心的是，你在那邊辛苦上班，我在大連無所事事，還要靠你養著。我聽老公的，你說咋整就咋整。」

他說「大三通的海運也停航，空運照常，直飛台北的班機，有北京、上海、成都、廈門，還是正常。」我說「大三通搞不好也會關閉。」他說「對于妳是走還是留？我也有一些糾結，主要是放心不下好看的姑娘一個人獨自留守四行倉庫。我跟姑娘說『我這邊一如往常是平常時期，妳那邊疫情緊張是非常時期，必須以妳的需求作為主要考量。妳媽留下來陪在妳身邊，一方面在心理上可以安定，二方面在生活上可以方便，三方面屋子裡有人作伴，因此，老爸決定後天妳媽的行程取消，留下來陪妳一起抗擊疫情，不往廈門飛不往金門走了』！姑娘說『我老爸犧牲自己，一心為我考慮，真是叫我感動得無以言表。愛你』！」我說「還是老爸的考慮周全，家裡有個掌舵的人就是不一樣。小三通突然關閉跟老公隔開了，我的心情好複雜。我如果這時候走了，姑娘心裡會認為我拋棄了她。是呀，姑娘說的沒錯，老爸是難得好人，讓我們愛你沒夠。」

他說「武漢肺炎第一個吹哨者之一，李文亮醫師過世。但是，武漢肺炎直到一月二十日才受到官方的重視，疫情已經蔓延全國，一月二十三日武漢封城，是硬封城，也是全封城。其後八十多個城市實施封閉式管理，是軟封城，只是半封城。李文亮，三十四歲，遼寧人，他去世後由原來的造謠者變成英雄，更成為疫情及官僚體制的犧牲者。」

他說「我昨天晚上告訴春媽，小魏姐不回來金門了，問她什麼時候可以回來金門？

下午四點半她說『機票買好了，明天下午立榮航空，三點半起飛，四點半到達』。這下子小春要回來看他姥爺了，但是只能在視頻裡面看姥姥。」我說「太好了，阿公的小開心果要回來了，歡迎…歡迎。博博，晚上好，聽老爸說妳們明天就要回金門，給老爸開心壞了。」

他說「中午去街上小吃店吃飯，偶遇妳的大連老鄉—小雅美女，她問起妳回來沒有？我說原本今天要回來的，但是，為了陪伴姑娘在家抗擊疫情，就取消行程了，她說我真是有情有義，太仁義了。從她嘴裡這句話，印証出來我的決定還是正確的。」

他說「下午一點半，春媽說『我們現在坐阿樸的車，從龜山出發』。五點二十小春到門口，我出去看見了，雞雞歪歪的，她大姨說剛才下車時不給他關車門就生氣。春媽說他沒有睡午覺，他不爽啦！進屋後我拿三個紅包給他，阿公一個、姥姥一個、溫新一個，兩個大紅包都是三萬塊，溫新是六百塊人民幣，小春也拿出一個紅包給阿公，有九千塊。美國人真是牛，牽到金門還是牛。我晚上六點出去吃喜酒，八點半來家，她們晚上出去隨便吃一個炒麵，小春喝完奶奶去睡了。姑娘說春春隨姥爺，我說小春有姥爺四分之一的血統，他怎能不隨他姥爺呢？」

他說「姥姥不在家，春春幸福少一半。小春回來三天的生活不咋地，因為姥姥遠在

# 大連的小魏傳奇

## ——兩岸婚姻中華情

千里之外不能回到金門，不能照顧到小春的一日三餐，他媽要帶他還要做飯，實在忙不過來。前兩趟小春回來金門，有姥姥打理吃的睡的，舒舒服服的，他媽只管帶他出去玩耍，多麼方便啊！春媽說『沒關係的，姥姥和小姨在大連平安健康最重要，這次少掉的幸福，下次再見面補齊就好了』。給小春量一下體重十五公斤，身高九十五公分。」

他說「親愛的老婆，情人節快樂！大情人和小情人，節日快樂。」我說「老公，節日快樂！」他說「晚上六點半，老爸請二個女兒帶上四個孫子去下館子，三代同堂七口人，吃一頓海鮮料理，點了一盤拌麵、一碗味噌魚湯、還有六個菜，用餐一個小時結束。」

他說「明天早上小春和春媽就要飛往台北，說好今天中午和晚餐都在外面吃飯。」我說「春媽，早上好，很快的，妳們回家十幾天過去了，這次回來讓妳辛苦啦，忙著照顧小春的同時，還得抽時間給老爸做飯吃。」他說「小春跟人家打招呼時說嗨…尾音拉得好高好長，非常嘹亮，再見時說拜…也是一樣，非常嘹亮，把尾音拉得好高好長，好聽又有勁！」

他說「下午三點，小春這次回來寫的《美國小少爺三度回金門》完稿了，隨即傳給姥姥看一下，全長四千六百字，而去年小春回來所寫的《美國小少爺再度回金門》

全文五千五百字。姥姥說『完整看過一遍，細緻溫暖的阿公，把小春回來前後的經過描述得滴水不漏，小春的畫面蹦蹦跳跳地呈現在文章裡，讓姥姥看得淚眼汪汪』。姑娘也說『剛看完老爸的文章，真是讓人讚嘆不已！之前發生的事情還歷歷在目，一樁樁細微的小事集合在一起，回過頭再看看真的是有暖心，有溫度的文字，字裡行間都是滿滿的愛。』

他說「早上七點，小少爺就睡飽起床了，我看這幾天小春媽做飯買菜花了不少錢，就拿一萬塊錢給她。她們回來頭天，我就拿出十張紅票子的百元鈔給她買菜用，可這些日子她花的錢至少要幾千塊。七點半爺兒仨騎車出去吃廣東粥，完了她們還要去買海礪子／海砢，我就回家洗漱。九點半小春看著我在泡茶，喝完茶我就大聲唱歌給他聽，唱台語歌『行船的人、愛拚才會贏』，他聽得很專心。十點半他大姨開車來接送，小春上車後，他媽叫他下來跟阿公kiss一下，他開心地下來跟我親一下再上車。十一點半的班機準點起飛，一點正等他大舅來載他們。」我說「你做的極對，春媽萬里迢迢回來看老爸，怎麼能讓她出錢又出力哪？」

他說「早上送走小春後十一點去牙科診所拔牙，前後只花十分鐘搞定。春媽說『拔了這麼多顆呀，通常牙齒拔掉之後，沒有補牙或植牙的話，會影響其他牙齒的排列。口腔保健，跟你每天去運動一樣的重要，老年吃得好動得好，才能一樣的讓你又健康又快樂』。」我說「老公這兩天可要遭罪了，吃熱食或涼食都會讓你不舒服的。」

他說「今天的『金門前鋒報』刊登一篇我的文章《珠山大樓還珠記》，這一篇本來在二十年前就刊登于『金門日報』，後來我做了大幅度修正，而今天所刊載的就是修正版，內容更棒更充實。《珠山大樓還珠記》修正版，是因著薛崇武夫人王錦羨女士一句話而起，她說原文版都對只有一項不對者，為薛崇武終身未曾下過南洋。因此，我在閱讀過《顯影》月刊之後校對而成，距離首稿時間約在二年後。《珠山大樓還珠記》原版在二〇〇〇年七月七日刊登於『金門日報』，篇幅一千字，修正版全文二千四百字。」我說「親愛的，你這篇文章是好久以前的，是今天剛刊登的？還是以前的報紙所刊登的？給有才老公點讚！」

他說「今天是什麼好日子？窗台上的喜鵲又來報喜囉！」我說「你咋這麼好？老婆坐在家裡不上班，還能準時拿到工資。親愛的，有你真好，疫情期間大部分家庭，不工作都會面臨房貸、車貸的經濟壓力。可是我跟姑娘，有老爸的貼心支持，我們只管安心在家休息，吃喝不愁，更加不會為房貸車貸憂心。」他說「妳說的沒錯，瘟疫發生期間，嚴重影響很多人的生活，特別是指著工資過日子的人，沒有收入卻不能沒有支出，生活立馬陷入困境，我很能體諒別人，但是只能先把自己和家人照顧好。」

他說「親愛的小妹，三八國際婦女節快樂！」我說「感謝老公的祝福，老婆愛你哦！」我說「人說光吃飯不買單，這個能行嗎？好比先上車不補票，這樣能行嗎？聽說有人上車六年之後才肯補票呢！你說這個人牛不牛？」他說「今天重新看過一遍小春一周歲第一趟回到金門的視頻之後，春媽說『哈…哈…小春那時候好胖的一隻小豬，被抱在小魏姐的懷中』。」我說「小胖豬被他媽從美國扛回到金門。可愛小胖豬，我們都愛他。」

我說「什麼話要怎麼說—急事，慢慢的說；大事，清楚的說；小事，幽默的說。沒有把握的事，謹慎的說；沒有發生的事，不要胡說。自己做不到的事，別亂說；凡是傷害人的事，不能說。討厭的事，對事不對人的說；開心的事，看場合再說。傷心的事，可不要見人就說；得意的事，不必到處說。別人的事，小心的說；自己的事，聽聽別人該怎麼說。現在的事，做了再說；未來的事，以後再說。如果對我有不滿意的地方，請一定要對我說。」

他說「今天看到一個短片說美國人在超市搶購口罩大打出手，就傳給小春媽看一下，春媽說『這個是黑色星期五，美國超市大打折的日子，美國人趁著大打折的時候搶購的影片，但不是搶購口罩，因為口罩缺貨已經一兩個月，市面上根本找不到。感恩節是美國的大節日，在每年十一月的最後一個周四，家家戶戶都會在這一天團聚，然後翌日周五就去大採購，買十二月份聖誕節要送給家人的禮物。所以美國最大的折扣日就在這一天，俗稱黑色星期五／後有中國的雙十一購物節』。」

他說「早上起床就看見妳凌晨四點半發來信息說啥來著？今天三一五打狗日。」我說「可愛的老公，你可知道今天是個好日子嗎？我們相識相愛整整九年了，三千多個日以繼夜，我愛你的心依然熱情奔放，深夜四點半就給你發信息了。」他說「原來今天全國打狗日，是一個好日子，恭喜妳小魏姐。妳愛我，正如我愛妳一樣的厲害，照舊熱情奔放，就讓暴風雨來得更猛烈一些吧！一個九年之後，還有兩個九年、三個九年等著妳吻，妳都準備好了嗎？」我說「我準備好了，我們要相親相愛一輩子！」

他說「今天起進入單位大樓的人一律由保安人員測量額溫，超過三十七點五度的不准進入。我量的體溫是三十五點五度，妳看夠不夠標準？」我說「台灣疫情今天新增八例，全部是國外輸入，台灣人出國旅遊回來之後確診的，台灣要進入緊張時期了！」他說「增強免疫力的方法有六項，一是睡好，每天睡眠七小時以上，二是吃好，必須營養均衡，三是曬一曬太陽，四是適當的運動，五是漱口，漱到喉嚨，六是洗熱水澡，至少兩天一次。」

他說「台灣的新冠肺炎昨天新增確診十例為最高，今天暴增二十三例刷新高，總數達到一百例，這跟台灣遇見洋人就下跪有關。明天三一九起實施台灣封島，所有外籍人士一律禁止入境，明後天是考驗期，兩周內是關鍵期。幸好，三個離島金門、馬祖、澎湖都是維持0確診。台灣發現第一例確診開始，到明天剛好二個月。」我說「國家有難，咱不添亂，好好宅在家裡。」

他說「董國勝生病了—今天下午，聽到同事說起退休不及三個月的董老師，罹患第四期食道癌，現在台北榮總醫院治療。我一聽嚇得不輕，一經診斷癌症末期，可能存活時間就不長了，恐怕只有一兩年！」

他說「早上問姑娘說『今天怎麼一大早就聽見姑娘的窗台上有喜鵲吱吱喳喳叫不停呢？妳趕緊的看一下吧』！好看的姑娘果然看見了，回復『我說這喜鵲怎麼叫了一早上？原來是我帥氣的老爸發福利啦！給我發來一千元的抗疫期間生活津貼』。因為她們單位一個多月沒有上班，這個月的工資延遲發放，所以老爸給她發點津貼。」我說「這下子給姑娘樂得屁顛屁顛，自從有強大後盾的老爸做靠山，我跟姑娘兩人的生活無憂無慮。」

他說「晚上小春來視頻，完了春媽說，她們伊利諾州從今天三月二十一日下午五點開始實施居家令／禁足令，可以照常出外採購，但是，盡量呆在家裏為主，為期半個月，直到四月七日為止。美國有五十州，現在有五個州施行禁足。」我說「提醒春媽盡量不要帶小春出門採購，最好讓春爸將需要的食品帶回家，出門最好戴上口罩。」

他說「早上到陳水湖診所掛號不多久，藥房那位大姐就在叫薛先生，我答應一聲，她就走過來對我說，你寫的那篇文章《差一點被隔離起來》，二月十三號我在報紙上看過，寫得真好，所以我便一直在等你過來拿藥跟你談一談。我說呵…呵…謝謝誇獎了，原來她也是我的粉絲呢。我問她貴姓呢？她說姓谷，叫谷時英，我說金門人沒有這個姓氏，她一定是從台灣過來的。當醫生陳水湖喊我看診完了，我問他，你們藥房那位大姐好像是你甚麼人？他說是他的媳婦／太太。喔…原來是兩口子，開的是一家夫妻店。」

他說「防疫期間兄弟情—晚上楊哥在山外請吃大盤子，十個兄弟準點到達餐廳，有中立、忠哥、泰哥、興哥、仁哥、千哥、丕哥、徐哥、成哥、瓜哥。我說現在防疫期間，能夠出來聚會聚餐的兄弟，那可都是生死之交了。」

他說「恭喜春媽升格當博士太太，小春當博士兒子了。」我說「晚上十點春媽發來信息說『現在是美國時間的早上九點，布萊恩的博士口試將在十一點開始。由於疫情升溫，口試只能改在家裡用線上舉行。自從三月二十一號發布居家令之後，布萊恩就把臥室改裝成辦公室』。」我說「恭喜布萊恩的學業圓滿完成，恭喜春媽苦盡甘來了。」

他說「防疫期間兄弟情深—今晚換成泰哥請吃飯，照樣十個兄弟準時到達餐廳，有中立、子杰、義哥、偉哥、忠哥、興哥、千哥、丕哥、徐哥、楊哥。今天的菜色比昨晚還要豐富，原來是泰哥特別要求老闆調整菜單的原故。」他說「今天廈門航空宣布：自二〇二〇年三月三十日起至五月二日止，取消兩岸航線所有航班。」我說「那麼我要回到老公的身邊就更加困難了！」

他說「哇塞…建設銀行又來給妳發福利了，匯款一萬六千元，工資照發二千五百元，送給外甥姑娘防疫期間生活津貼一千元，其餘的暫時寄存在妳的帳戶裡。」我說「俺又不能在老公身邊照顧你的生活，還坐在家裡拿錢，于心有愧啊！外甥姑娘說『謝謝小姨夫惦記我們』。」

我說「親愛的，嫁給你真好，特別是在這次疫情的非常時期，大部分家庭的經濟都會受到影響，可愛的老公就在這非常時期，轉來一筆錢到我的帳戶給我壯膽，以免經濟緊張生活受到影響。你的用心和關心，我都會牢牢記住，再次感恩我生命中最可愛的人。」他說「錢是人的膽子，現如今妳有錢就有膽量，就有底氣了，不是嗎？」我說

# 大連的小魏傳奇
## ——兩岸婚姻中華情

「自從嫁給老公之後我的底氣十足！姑娘說哇…老爸真是一個模範好男人。」

他說「早上提早進單位，先把工作完成之後，就動手寫《成也政治，敗也政治的台灣防疫》，二點完成初稿，篇幅二千字，四點進行校對，然後傳送給報社。隨後打電話給社長，可他說明天的報紙已經排版滿檔了，只能等下一期再刊登，我說沒關係，你安排就好了。一小時後他來電話說這一篇文章有時效性，他就抽掉別的文章空出版面來編輯，明天會刊出。再過一個小時他又來電話說，這一篇文章寫得真好，標題特別能吸人的眼球，內容文筆流暢，猶如行雲流水，看了就是欲罷不能，一口氣要看到完為止，雖然談的是政治，但是仍然具有可讀性，不會那麼的硬邦邦，寫得非常好！哈哈一笑，我說多謝誇獎了！」我說「有才阿公，給你點讚了！」

他說「春媽說『剛拜讀完完阿公的新作，文章裡把這幾個月來全球疫情的來龍去脈寫的詳詳細細，也把台灣抗疫的幾個階段分析得頭頭是道，讀完後好像親身走過這一遭人類的大浩劫，身歷其境了一番』。阿公說『呵…呵…這篇文章是昨天早上寫了一半一千字，中午飯後沒有休息，義務加班加點一個小時寫完，篇幅二千字』。」

他說「春媽說『小春三周歲生日這天一早，太優的媽媽說要送東西來家大門口問我們可不可以從窗戶看看他們？我雖然覺得這樣很心酸，但還是很謝謝她的好意，就說好。小春一聽說他們要來，就很興奮地開始準備玩具要跟太優玩。就連坐在餐桌上吃飯，都會說著太優要坐這裡、梅江要坐那裡。小春趴在門口等著，看見太優熟悉的身影出現後，隔窗相望的兩個小伙伴見面了，一時之間兩個小朋友都很害羞。太優和媽媽在門窗外唱完生日快樂歌之後就開車走了，小春隔著玻璃門目送他們離去，心裡不知道在想什麼』？」

他說「早上老爸問那好看的姑娘『今天能聽見喜鵲的叫聲嗎？好看的』。姑娘說『我暫時還沒聽到，但是聽到一帥哥告訴我，今天要有喜鵲叫』。我告訴好看的她娘，今天照舊給好看的姑娘發放一千元，作為防疫期間的生活津貼。隨後姑娘說『收到老爸的愛心津貼，愛你哦』！」我說「感謝老爸，對這姑娘百般疼愛。」他說「誰叫她是我們的姑娘，我的姑娘。」

他說「《沒齒難忘》讀後感—我姑娘說『看了老爸的文章，真的是百感交集，安武林就曾說過，苦難是人生的磨刀石，一個人的人生是否能夠散發光彩？就要看他能否經得住苦難的磨礪。你的字裡行間中都充滿了正能量，又真的很感動，體會你童年時期的種種不幸，但你依然不放棄求學之路，那怕阻礙重重。正因為你勇往直前、積極向上的精神，才成就了今天優秀的老爸，為你點讚，我的楷模』。

# 大連的小魏傳奇
## ——兩岸婚姻中華情

《沒齒難忘》讀後感—春媽說『經過兩天的閱讀，我把你的舊作讀完了。文中你把拔牙形容成高齡產婦，是個相當有趣的說法，讓人好笑。好險！當年你的學業成績好，才會有倪阿嬌老師出面讓你繼續去學校讀書。但讀書之外，早上要賣油條、下午要做農務，比一般學生還要辛苦很多。千記油條店，指的是你這位行動叫賣者，是吧？還好有大姑姑的支持，你才能繼續國中的學業，而且這樣一路到高中，真是感謝她當年的慧眼識英雄。曾經看過舊時候有個職業就叫抓牙蟲，從你文章裏頭的親身經驗，印証了果然是有那麼一回事。小六就斷牙，一直撐到國中畢業才得以裝上活動假牙，高一才把牙蟲消滅，遠離口臭，這麼多年真是不少受罪。鐵沙掌練成的過程，是努力工作得來的，靠自己的雙手和毅力掙錢，非常不容易哦。

年輕時憑著努力工作賺錢，吃苦當作吃補，非常了不起。你是高一數學不及格，我是高中三年每一學期的數學都不及格，哈…哈…。軍校退訓後的貴人是倪阿嬌老師和戴華校長，人人見到你都有愛才之心，都希望你能順利讀完書、完成學業，你是大家眼中的一顆耀眼星星。當時你年紀小小，一邊要努力唸書，一邊要擔心隨時沒得唸書，心情一定很複雜。我也覺得你當年的軍校聯招成績單，是讓家人給收起來、藏起來了。當年的父母親可以自作主張，決定孩子的工作和學校。猜想他們應該是覺得在電信局上班，比去軍校讀書更有前途，所以就這麼做了。這個做法，可能影響了你一生。許志新叔叔當年請客的牛肉麵一定很好吃吧，遙想當年和葉漢談叔叔三個人一起吃麵話家常的樣子，是不是有種時光飛逝的感覺？

原來你多年的運動習慣，是去台北帶職訓練時開始養成的。運動好處多多，當年讓你成長茁壯成為男子漢，現在讓你維持健康擁有好體魄。看來牙齒的花費，從以前到現在都是昂貴的，當年重建門牙花了你兩個月的薪水，現在戴牙套植牙什麼的也要好幾萬塊錢，就如你說的很值得，能吃好飯說好話，這個代價很值得。將來等疫情過去，可以考慮和牙醫師商量看看，今年拔掉的牙齒要不要補齊？有完整的牙齒能讓你將來銀髮族的生活上能夠吃得好，健康的牙齒可以讓你有多樣飲食，攝取多樣營養，健康加分。坐上牙醫診所裡面的椅子，是需要很大的勇氣，打麻醉藥又是超級痛的，所以我和布萊恩的目標，就是好好維護小春的牙齒。每天讓他固定刷牙兩次、少吃甜食，再加上漱口、定期看牙醫，希望可以讓他沒有蛀牙。

你在一九九三年帶阿樸上台中做的假牙，是哪一顆還記得嗎？搪瓷假牙的確好看，但上排門牙的後座要加厚才能穩固，我自己也有兩顆在前排，所以懂得你的感想。沒想到，這一次換裝搪瓷假牙，花光你所有的旅費，不過，換完後那麼好看，一切也都值得了！將來你如果有興趣的話，可以考慮成立一個學生寫作獎學金，鼓勵和你一樣有寫作天分的學生寫文章，讓他們在求學路上有支持有幫助，就像當年你是學生時一樣被許多貴人幫助和援助。你的學生生涯充滿了奮鬥、努力、上進、讀書、寫作，這些精神可以透過獎學金的方式綿延下去，很有意義』。」

老爸說「千記油條店，是借用別人家的房子所開的店，也是晚上一家人睡覺的地方，離自己家的房子不到一百米。早上賣完油條回到自己屋子做家務和農活，吃過晚飯才過去睡覺，我就是在油條店裡面睡覺摔斷大門牙的。油條店在薛南昌家的左前方，牆壁上本來有油漆白底藍字寫著—千記油條店。有我的名字在上面，是不是為我取的？那我可是從來沒有聽說過。我走村過莊的叫賣油條，久而久之，鄰村的大人都叫我小油條，叫我的父親是老油條。是的，我當年高中畢業後第一志願是讀軍校，第二志願是讀夜間部大學。可是，計畫趕不上變化，卻是走上壓根想都沒有想過的就業，居然意外地考上電信局，獲得第一份工作，也是一輩子的工作，完全沒有得失心。

當時我沒有拿到軍校聯招的成績單，不是因為家裡認為電信局工作比較有前途，那時候根本沒有這個選擇的問題。七月一日考大學，七月四日考軍校，八月底寄發成績單，九月中旬開學，而電信局招考是八月底報名，十月中旬考試，十一月底寄發成績單，兩者一前一後錯開著。家裡明知我要從軍報國，偏偏不放我去讀軍校，就是要留我在家裡工作撫養家庭。那一年帶上阿樸去台中補牙，也是上排的門牙，他說是練拳時被阿瀚給踢壞掉。」

我說「哈…哈…哈…看到老公小時候的綽號，忍不住偷笑。春媽看完老爸寫的文章《沒齒難忘》，讓她感觸一定很深，回顧老爸艱難的成長經歷，也許會讓她流下辛酸的淚水。在那個艱苦的年代，老爸排除萬難完成學業，值得我們、還有現在那些上學不省心的孩子們，好好向你學習。」

他說「中午飯後帶著那一篇文章《沒齒難忘》去看許志新，和他夫妻仨聊了一個小時才回家。我跟他說前兩天去拔牙，完了就把這篇文章找出來，其中提起他在台北請我吃兩大碗的牛肉麵，他也說起我們一起去金門城給同學葉漢談的父親送葬時，我獨自一個人誦讀祭文的往事。最後他說我去看他心情好愉快，最少多活一兩年，因為有好心情。」我說「親愛的中午去看可親可愛的許哥和許嫂，剛好我給你視頻，也跟他們打一下招呼。」他說「是啊…同學是我的恩人，也是我的貴人，幫過我不少的忙，同學是朋友，也是兄弟哪！」

他說「晚上九點跟倪阿嬌老師通過電話，因為七十二歲的她中風將近十年，而且不是輕微的，行動很不方便，都是靠輪椅，她很少用電腦和手機。她是住在紐約市區的，由于疫情嚴重，紐約如同中國當初的武漢，看見那些屍體碼在地上的景象，就像金門人在曬地瓜籤一樣，排得密密麻麻的。雖然紐約是重災區，但是遵守政府居家令的規定，好好呆在家裡倒沒有什麼危險。她有三個孩子，老大老二是女兒，都沒有結婚，老三是兒子，結婚之後去年生孫子，她七十歲才當奶奶。美國女同學張素賢說『謝謝告知，想念恩師啊！當年高中時承蒙她的教誨、鼓勵和愛護，多少年來這份感恩常存我心』。」我說「四、五十年不見的學生，打來越洋電話，肯定讓倪老師開心壞了！」

他說「早上十點傳送文章《美國疫情的發展迅猛》給顏社長，他說標題如用《金毛獅王不敵美國疫情》，是否軟性些？我一看回說，好著，不如改稱《金毛獅王架不住美國疫情》。他回稱，更傳神，就這樣。」我說「你們倆這樣子腦力激盪，可真的是太傳神了！」春媽說『阿公的新作品帶領讀者從頭到尾溫習疫情始末一遍，像是記錄歷史一樣，有確切的日期和事發內容，讓身在疫情風暴的大家能從中判斷誰是誰非，容易讀、容易懂。除了中國和美國之外，還把其他世界各國情況簡單扼要的提過。對川普／特朗普的分析頭頭是道，他的條條罪行都有証據支持，他就是美國疫情惡化的變數。」

# 第五十回　風雲變色起疫情，夫妻離別三個月

２０２０／05／01

他說「五一勞動節快樂，防疫期間人平安。」我說「勞動人民最偉大，跟緊我哥腳步走。」他說「這一首是唯一沒有在線下會面，而是在線上透過視訊通話會面所創作的小詩。《老頭愛丫頭五十》——風雲變色起疫情，夫妻離別三個月，東方雨歇西方驟，全球警鐘響不停。２０２０／05／01」我說「哎喲…有才老公，祈禱病毒快快消失，好讓我們這一對鴛鴦早早團聚。」

他說「晚上十點跟紐約的倪阿嬌老師通電話二十五分鐘，她說看見我傳送電子郵件的那幾篇文章，在那一篇《沒齒難忘》裡面有提到她的大名，她很開心。這樣子最好，我確定她的郵箱號碼是正確的，收發電子郵件就能夠暢通無阻了。小春媽說『哈…哈…你又去做小太陽，溫暖倪老師的心啦』。老爸說『哈…哈…她一接聽電話就喊著……薛

方先，可見她有多開心』！」我說「暖心的老公，你是好人，處處送溫暖，倪老師看她的學生時常惦記著她，一定會非常開心。」

他說「今天又是一個什麼好日子?喔…原來今天是開工資的好日子到了！那妳就從匯款中自提二千五百元出來，另外再給外甥姑娘轉去一千元，作為防疫期間的生活津貼。」我說「哎喲媽呀…難怪早上窗外喜鵲不停的叫著。能不能給老娘轉去一些？」他說「好的，就給老娘轉去二千元，做為生活津貼，誰叫妳媽就是我媽。」我說「你咋這麼好？一個人辛苦賺錢，供我們好幾個人花。老娘年輕時在地裡刨食，面朝黃土背朝天。」

他說「重新編輯一下愛情長跑九年的小詩，每次見面寫下一首，剛好五十首。」我說「可愛的老公，回顧一下我們倆相處九年愛的小詩，每一次相聚都歷歷在目的凝聚在小詩裡，最喜歡的還是第一首。當然每一首都喜歡，短短幾句話，都能體會出我們每次相聚有多麼開心，這個我收藏了。」他說「今天是母親節，祝福妳佳節快樂！一份紅包表示一份心意，請笑納。」我說「哇塞…過母親節這麼好，還有紅包拿，跪拜！」

他說「今天五一五是個什麼好日子？」我說「喔…俺們的好日子，就是在金門登記結婚的好日子，都已經是三周年了！」他說「今天是個好日子，五一五咱們去結婚，愛一個人就是要跟她結婚。」我說「今天是個好日子，心想的事兒都能成！老公…愛你喔」。他說「看見網上說，五一五是聯合國在一九九四年宣佈的國際家庭日。」我說「這麼說，我們的結婚紀念日，還有很好的紀念意義！」

他說「早上十一點春媽說『老媽昨天過馬路時被車子撞上，出車禍，當天就走了』！我跟她說『哇！這麼不幸，一場車禍就這麼從天而降』。春媽說『是呀，一場意外，希望她一路好走』！我說『突然發生一場車禍就會改變人的一生，所以說意外和明天，哪一種會先到誰都無法想像，這就是人生無常！那麼妳有沒有打算回去奔喪呢』？春媽說『我再跟阿樸商量看看，現在回台灣要先隔離十四天，等老媽的後事辦好了，我不是還沒飛回家，就是在隔離中，注定趕不上的』。我說『三十六年前她心臟病發作，最小的孩子老四只有三歲，我送她去台北就醫，用我的眷屬保險採取保守治療放棄開刀，醫生說可以存活到六、七十歲，我還以為她會是從病床上走的，想不到是從馬路上走的，人生無常』。

春媽說『她是多福的人，我們孩子都在身邊陪著她、我們愛她、永遠思念她』。我告訴春媽『父母去世的時候，兄弟姐妹最容易發生手足矛盾和反目成仇，這個最應該避免，在辦理後事及分配遺產上面往往意見不合，形成意氣之爭。其實，這個在大戶人家很難避免，因為財產龐大的緣故，但是，小戶人家所留財產有限，抬抬手就讓他過去了，君子愛財取之有道，自己多努力一點就好了，手足之情到底血濃於水，那可是千金不換的』。

春媽說『老爸提醒得對，老媽生前有注意過這件事，我們討論過幾次。她應該來不及寫下遺囑，但我們會在相互扶持的情形下，把這件大事完成的』。老爸說『料理後事少不了要負擔，要付出費用，然後是參與分配，收入財產，難免兄弟姐妹之間各人的條件不盡相同，所以有人少出錢，或者有人多拿錢，就會有爭執不下。最好是大家當面談清楚，原則上先按人頭比例做初步分配，再加上適當調配，各人退一步都好商量』。

春媽說『我回不去，所以只能出錢。但如你所說的，凡事還是得大家同意，我靜待大家的決定』。老爸說『出錢的時候，先按人頭比例分攤，因為父母是每一個人都有份的，雖然每個人的生活條件好壞有別，但是義務不能逃避，也不能放棄。先按人頭比例分攤後，看看誰有困難的可以減少，誰的能力好的可以增加。將來分配財產時，也按照人頭比例計算，能力差的人可以多拿一點，能力好的人就少拿一些』。春媽說『好，我看大家的意見』。老爸說『有什麼意見都可以提出來討論，盡量照顧到每一個人的需要，各退一步，不要太堅持己見』。春媽說『我會以她們的意見為重，和和氣氣，相親相愛』。」

我說「怎麼會這麼突然？春媽一定會很傷心，又不能趕回來，這真是一個不好的消息！在天災人禍到來之際，人類渺小的就像一隻螞蟻。最近老公要多開導、開導春媽，我想她現在是最受煎熬的。老爸幾個孩子，我看都還是挺有涵養的，應該不會有什麼爭執吧？」他說「姑娘說『看完這段文字之後心情真的很沉重，但現實不能改變，希望姐姐會堅強，花開花落，世間萬物都有始有終，屬于自然規律』。」

他說「春媽說，她的老媽今天出殯了。」我說「這麼快呀？只有六天的時間而已」！他說「只能祝她一路好走，再世為人了。」我說「人活一輩子，不是一陣子。我要跟你在一起，快活一輩子。」

他說「下午大狗子來電話，說他和弟弟中午十二點回到金門辦事情，問我幾點下班？他們要回家來看我，晚上八點的班機回台北，七點他姐姐來送他們去機場。我五點下班到家，他們已經在門口等我了，我問他們今天回來半天辦的什麼事情呀？他說帶老媽的骨灰回來寄存到金門縣立納骨塔裡面，再把神主牌位安放到廟裡／金蓮淨苑裡面供奉。我再問他車禍是哪一天發生的？喪事是哪一天辦理的？他說車禍是五月十六日上午十點半發生的，老媽在住家附近過馬路時走在斑馬線上，被一輛小汽車左轉時沒有禮讓行人，直接撞上身體左側，造成顱內出血和骨折，當場就往生了，司機有百分之百的肇事責任，五月二十二日辦理出殯。」

他說「今天剛剛看到台灣的健康報告，二千三百萬人口有十一萬人得到癌症，不到五分鐘有一人得病，四十年前的癌症罹患率是萬分之一，今天已經成長到千分之四，正好是四十倍。十大癌症排名第一是大腸癌，其次是乳癌、肺癌、肝癌、口腔癌、胃癌、食道癌等等。身體健康的五項要素，是充足睡眠、均衡飲食、適當運動、規律作息、愉悅心情，睡眠排第一。」我說「好可怕的數據，最好是每年都做癌症篩查！老公說得好，要跟你學著點，維持身體的健康。」

他說「今天是個什麼好日子呢？我的寶貝。」我說「六一七是什麼好日子？難道是喬遷新居、開啟新生活模式的八周年嗎？」他說「妳完全答對了，親愛的老闆娘。」我說「可愛老公，你咋這麼好？自從我們相愛以來，每個值得紀念的日子，你都記得清清楚楚！在今天我們搬入新家八周年紀念日，我感恩上天讓相隔千里的我們相愛走到一起，感恩老公對我們所付出的一切。再一次真情的說一聲，老公…我愛你。」他說「姑娘這個月又沒有開工資，老爸照舊給她津貼一千元。」我說「愛著姑娘的老爸，你是好人！」

他說「哎喲喂…今天是怎麼回事呢？怎麼喜鵲也來窗台上叫我呢？」我說「祝老公的父親節快樂，致贈一個小紅包，代表我的心意。」他說「五十二點零，也算是五二〇我愛您，這個好。我姑娘也來賀節說『偉大的父親節快樂』，還贈送一個紅包六六大順，這鍋好，我喜歡。」我說「俺是老公最大的女兒，姑娘是老爸最小的女兒。」

他說「美國女同學張素賢回到台灣，我說『萬里歸來一同學，愛在瘟疫蔓延時。妳太棒了，剛剛還在德克薩斯州，沒幾天就飛到台灣了。已經完成兩周的居家檢疫，出關之後就能回到金門老家了，歡迎…歡迎…熱烈歡迎』。」我說「熱情召喚，不遠萬里歸來同學要回家了！」

他說「小巧可愛的老婆，祝妳生日快樂！今天是妳的五十大壽，同時也是妳的畢業典禮。從今以後，妳就可以吃老公的，領政府的，妳說美不美？送上一份生日紅包五二〇，愛妳愛不夠。」我說「感謝老公的暖心祝福，自從有你陪伴的生活，我每天的心情是以前從未體會到的愉悅，你的一聲寶貝、小老婆，像是甜蜜軟化劑，會讓我幸福開心好久、好久！」

他說「今天看見兩件大狗子的通知，我拆看之後問他『薛副總，監理所來通知繳交燃料費四百五十元，你要我幫你繳嗎？還有一張國泰產物保險公司通知理賠金五十萬元，在六月十九日已經匯給你，那是賠你什麼錢的』？大狗子說『那是汽車強制責任險的理賠金二百萬賠給老媽的，我們四個繼承人各分五十萬』。」我說「薛副總是大兒子現在單位的職稱嗎？還有汽車強制責任險理賠金二百萬，是肇事司機賠的錢嗎？」他說「薛副總是他們單位的二把手，總經理是一把手。理賠金二百萬是國泰保險公司賠出來的，肇事司機另外算，只需賠一點點而已。」

他說「中午我姑娘來信息說『親愛的老爸，可否贊助我五百元？距離開工資還有些日子』。我立馬轉帳過去五百元，贊助好看的寶貝工資。」我說「她還挺會想辦法的，在她哪裏損失的，在老爸這裡給找回來。」他說「六月份工資今天照舊發放。」我說「哎喲媽呀⋯咋沒有喜鵲報喜就來好事啦？」

他說「兒行千里母擔憂，母行萬里兒不愁。父母思念子女長流水，子女思念父母一陣風。妳說是不是啊？春媽說『對呀，也有子女和父母緣份深的一輩子都將他們放在心上時時想念』。我說『各式各樣的型態都有，俗話說，親生囝，父母緣。緣深緣淺，各由天定。又說，有囝有囝命，無囝天注定，是哪一種命格，還是老天爺說了算。其實，有囝是勞，無囝是苦，各有各的煩惱在啊』！

春媽說『除了天定之外，小孩的個性、父母的引導、學校的教育、朋友的影響、人生的際遇，都會左右一個人的命格。你將來如果對於養老有什麼想法，歡迎你和我們一起討論或分享，即便只是告訴我們，你希望以小魏姐和溫新的想法為主，我們都會尊重』。我說『養老還是靠自己，兒孫自有兒孫福，不想去打擾他們』。」

他說「歷經一百十一天零新增之後，大連前天發現新冠肺炎新增一例，昨天又發現兩例，一時風聲鶴唳，草木皆兵，有些相關小區開始實施封閉式管理。早上姑娘說『幼兒園再次被摁下暫停鍵，下周一不用上班了』。老爸說『姑娘又要休長假了，感謝習大大的特別照顧，老爸照舊當妳的堅強後盾』。」我說「外甥姑娘住的小區給封了，她們還要排隊做免費的核酸檢測。」

他說「妳的申請退休事宜什麼時候能辦好呢？六月二十八日年滿五十歲了。」我說「老公，我明天可以去拿退休証，還要補繳八年的醫療保險費，大約二萬五千元左右，請求你給資助一下唄，我手裡只有六千元。」他說「先給妳轉帳二萬元，明天如果不夠的話再說。」我說「老公，你咋這麼好！」

他說「今天我姑娘要陪妳出門辦事我就放心了。」我說「我們八點半出門，十一點半來家，拿到退休証了，可是補繳二萬八千多元，差一點要了我的小命。」他說「這是要錢還是要命哪？我再給妳資助四千元。」我說「昨天晚上出去，幸好把家裡的現金也給存到銀行卡裡，擔心會不夠，他們不收現金的，沒想到他們還真夠狠，一下手就要二萬八千多元，像割肉一樣。」

他說「大狗子上午七點半來信息說『父親節快樂』。隨後春媽也來信息說『阿公…父親節快樂，我和小春愛你』。小狗子下午二點也來信息說『父親節快樂喔，老爸』」。我說「我和姑娘都把今天的日子忘了，只記得六月節，獻上八十八元為老爸賀節。」他說「外甥姑娘住的小區封閉，不能上班有三周了，我來給她支援一下。」我說「外甥姑娘要感動得哭了，起初她還不好意思收下這一千元呢！姑娘單位下午也給她開了工資一千元，總算能吃上飯了！」

我說「好消息，自八月十六號起大連解封，全面恢復正常社會生活及工作秩序，從七月二十二日第二波疫情再起，緊張了三周。有禮走遍天下，無理寸步難行。理直氣壯，不如理直氣婉。」他說「我姑娘說了『老爸的歌聲深情而有力量，一句句歌詞娓娓道來，入心入肺，聲音裡自帶一種溫暖而治癒的力量。棒棒噠…給你點一百個讚！下次讓小春用架子鼓給阿公伴奏，祖孫聯手合作，那可就完美啦』！」

他說「晚上妳說朱姐下午去世了，真是心痛的消息，捨不得她一路走好！」我說「她五十歲退休之前就開刀了，退休後三年沒過一天好日子。」他說「那妳給她姑娘轉一個白包五百元，表示一下心意得了，我先轉給妳。」我說「我也是晚上聽她姑娘張曉蕾說的，她退休三年都是在對抗病痛。」

他說「今年五月份一入夏，晚上睡覺之前，我都會先開空調半小時以後再上床，上床之前我在樓下躺椅休息很舒適，甚至常常會有睡意，可是等到十一點十二點，一上床躺在更加舒適的床上，反而毫無睡意，大都是在深夜二、三點才入睡，六點鬧鐘響起只能賴床無法再睡，所以這三、四個月來都是睡眠不足的狀態。俗話說『民以食為天，命以睡為先』，可見得吃跟睡這兩件事是不能打一點折扣，必須完全做到位。」

他說「今天寫了一篇文章《美國疫情壓垮金毛獅王》，篇幅二千六百字，用電子郵件傳過去了，中午也打印出來拿給徐明才看過，他說這篇文章的用詞寫得真好，讓我姑娘好好多看一遍。小春媽說『這一篇寫得真是棒，分析了這一年美國的疫情走勢，是非對錯都評論得頭頭是道，阿公厲害了』！」我說「有才老公，你咋這麼棒哪？我看完《美國疫情壓垮金毛獅王》，寫的太好了！最好能在大陸這邊登報，會很有看點，我想讓姑娘試試看能不能發到網絡上，可以嗎？」

他說「《罷韓啟示錄》花了四天時間已經定稿，副標題是─韓國瑜緊走無好步／呷緊弄破碗，篇幅達七千五百字，A４紙張整整十張，把韓國瑜歷經三場投票經過及事實都寫完整了，還有三段點評／評論將近一千字，作為小結，才是文章的精髓。」我說「慢慢來吧，上周利用四天上班時間寫出六千字夠辛苦啦！本周更加長到七千五百字，我們期待新鮮出爐的好文章。」

他說「春媽說『剛剛拜讀完阿公的《罷韓啟示錄》，好像看了一部政治電影，情節高潮起伏，人物角色刻畫鮮明，複雜的選舉故事描寫得生動易懂，真是一篇傑出的文章，阿公厲害了』。」我說「老公你咋這麼有才呢？隨便寫一寫就這麼激動人心！我費時三十分鐘看完一遍《罷韓啟示錄》，老公把韓國瑜從擔任台北農產公司總經理，被蔡英文無情拔掉，到二〇二〇年六月六號被罷免高雄市長，將近二年時間關于他的大起大落、大喜大悲，分析的滴水不漏！」

他說「五點下班先去看楊哥，問他老家的房子改建五層樓咋沒有完工？他說包工頭／施工隊拿了工程款，卻沒有付材料行和工人的錢，材料沒有進到工地來，工人也沒有上工。這兩天他只好先拿錢付給三家材料行，每家二十萬元，而他們已經支付給包工頭九百萬元，人家估價說頂多支付六百萬元就足夠了。工程延宕一年多停擺了，再找下家來接手，他們最少要平白損失六百萬元，真是損失慘重。他二哥負責這樁改建案，因為煩惱操心不已，夜不成眠，結果還引發鼻咽癌，今年一月退休，四月診斷出第三期，目前做完化療，人就蔫了一半，真是禍不單行。」我說「可不是嗎？雖然他得病不是包工頭害的，但是人一上火，免疫力下降，身體有什麼病就扛不住了！」

他說「下午把退休申請報表全部填寫完成送件了，前天寫完一部分郵出去了，接下來大概沒有我什麼事了。」我說「退休申請填完，等待下課時間！下午開工資，一千五百元到手，干活可能只到十一之前。前天姑娘單位開工資日，一分錢也沒有拿到手，還好可以吃老爸的飯。」

他說「姑娘今天把老爸的文章《美國疫情壓垮金毛獅王》PO到知乎平台上，她之前聯繫大連晚報幾家報紙刊登未果，就改到網上發表也行。我說『好看的姑娘妳真棒，把老爸的事情當作一回事來辦，愛妳呦！好看的姑娘妳把事情辦得太好了，謝謝妳。可是，咋沒有作者的名字呢』？她說『給你保留了隱私』。後來，她就把名字給補上了。」我說「姑娘肯定把老爸的事情當作一回事來辦囉！不登名字是為了保護老爸。」

他說「今天距離我的畢業日，倒計時只剩一百天，開始數饅頭了。」我說「吃完一百個饅頭，我們就迎接老公圓滿畢業。」他說「早上九點收到董國勝老師的老婆發來一條信息說『同學們好，我是董國勝妻子常慧中，他于二〇二〇年九月十六號往生，擇于十月七日出殯，感謝大家的照顧』。並且，附了一張訃聞的照片，真是令人嘆息啊！其實，在上個月八月十八日那天我們聽聞董老師作氣切，還送進加護病房／重症監護室，已經認為恐怕在一兩周之後就不妙了！他退休五年前的身體及情緒都不好，他的食量太少，實在沒有本錢生病。只能祝福他一路走好，從此遠離病痛了！」我說「董老師真是不幸，剛剛退休就被病魔打倒！」

他說「今天有沒有喜鵲來報喜呢？」我說「老公，告訴你一個天大好消息，建設銀行又傳來好消息啦！原來是昨天下午五點多就到了，我早上七點才看到的，匯入二萬元到帳尚未入戶。」他說「發生什麼事了？建行咋這麼好呢？誰家老婆上錯床了，建行也搞錯了嗎？」我說「是呀，給我也搞懵啦。還有這麼好的事，難怪我昨天晚上失眠了！」

他說「今天建行該不會又傳來啥好消息吧？」我說「我又看見好消息了，早上九點多建行真的又發來好消息，這是第二次福利。建行來電話說了，讓我下午一點過後，帶上身分証去銀行做一個簡單問券，兩筆款子就可以入帳！」

他說「我昨天去銀行匯款的時候匯三萬塊錢，可是銀行說每人每天只能匯出二萬塊人民幣，我只好在第一家銀行匯出二萬塊，再到第二家銀行同樣匯出二萬塊。這金的是金的嗎？我姑娘說了這叫好事成雙，真的要感謝她的金口吉言！」我說「感謝可愛老爸，有你真好！不像我以前過的捉襟見肘的日子，沒事還好，要是有什麼事，需要錢的時候，真的好無助，老公，謝謝你！到了下午五點，看見我的帳戶入帳了，四萬塊錢，我咋這麼富有？銀行卡裡有存款！哎喲…我的媽呀！下午五點多建行咋又給我發福利啦？接二連三的好事不斷，我都快要成為富婆了，真是沒敢相信啊！從沒見過大錢，給砸暈了！」

他說「五點的時候兩筆匯款四萬元到帳入戶，我姑娘說了那是好事成雙，也叫雙喜臨門。誰知五點過後又來通知匯款到帳，那不就是接二連三嗎？誰知妳都沒敢相信，金的是金的嗎？前兩筆四萬元，其中三萬元作為處理景山房子的費用，剩餘一萬元作為處理中山九號及泉水房子的取暖費和物業費。後一筆二萬元，是老公要用的錢，因為我的帳戶都見底了，妳就轉到我的建行帳戶裡頭。」

他說「下午四點我帶著一盒蛋黃酥去以前的老鄰居家看望楊再平大哥，他小我十歲，在三年前再婚沒多久就發生重度中風／猝中，我以為他是患有高血壓，他說不是高血壓而是糖尿病，將近二十年的病史，一直忽視它的存在及威脅，沒想到一發作差點要了他的命。幸好他的對象是護士退休的，用心照顧他的起居生活及飲食規律，成為他的枴棍，雖然左手左腳偏癱，出門都要坐輪椅。」我說「糖尿病的併發症可不能小看的，而他居然裝作毛病不存在。」

他說「利用今天放假吃過午飯，我到單位打電腦寫一篇文章《功成身退不圓滿》紀念剛過世的董國勝，寫到下午三點完稿，全長二千字。」我說「這個標題好，祝董老師一路走好。」他說「他到退休那一天是功成身退，可是退休之後卻沒有功德圓滿啊」！我說「晚上五點半我看一遍紀念董老師的文章，他從退休、確診生病、到去世，也就不到九個月，誰能料到剛剛退休，還沒來得及享受，人生就匆匆落幕了！人生苦短，我們要好好珍惜自己的生命，祈禱上帝讓我們及家人身體健康！」

他說「春媽說『失去一位好友，阿公一定很傷心，文章是滿滿的友誼、過往，和離情依依的不捨。祝董老師一路好走，帶著眾人的關愛和情誼，在天上一切安好。』老爸說『是啊！曾經一起上學、一起背書過，十多年之後難得在同一個單位工作三十八年，這期間相處都非常愉快和諧，不料分別兩個多月，就傳出他得了重病，再過半年便回天乏術了，得了癌症的人，也只能祝他早日遠離病痛了！』春媽說『是呀，董老師在病痛之下，早點解脫少受點苦難，在天上好好過著，也不是件壞事。』」

董老師的同鄉董國泰說『數月前得悉國勝因病在台住院，經探詢他的弟弟，說病況已有好轉，未想到竟然一病不起。嘆人生無常，你失去了一位同學、同事、摯友，我也失去了一位敬愛的宗親，令人惋惜！互勉我們多珍重身體，長命百歲…』。我回說『他上班最後一天中午，我跟他殷殷道別，祝福他功成身退，光榮退休，此後開啟人生第二春，能夠功德圓滿，享受人生，想不到功德不圓滿，提早劃下休止符』。高雄同事盧兆薰說「敬悼國勝兄，往歸極樂世界，永住清靜天國」。」

他說「寫作文章的四道步驟—寫作時一定要經過四道步驟，才能確保文章的品質。對于寫作內容有一些概念之後，先把他概括出一個標題來，然後依照這個標題構思或醞釀文章的範圍及輪廓，這樣子整篇文章都會圍繞著標題在闡述，自然就不會跑題，不會找不著重心。第一步初稿，寫好之後自己思考一下還有哪裡遺漏或錯誤的，接著第二步的修稿，對於初稿加以增補或修飾，再來是第三步的校稿，校對錯別字，再想一想有什麼錯誤或遺漏的地方，確定沒有之後才可以定稿，這是第四步。一千字以內是小篇文章，初稿一天或半天完事，二千到三千字是中篇，二天或三天完事，五千字以上是長篇，一周完事。初稿完事一概要經過修稿、校稿、定稿，才能對外發表或對外交稿，以免錯誤百出，減損文章價值及可讀性。」姑娘說「老爸的諄諄教誨，一生受用，我記住啦！」

他說「既然景山房子的事情一時也辦不了，妳也沒有其他事情，那就安排回金門的事情！首先妳跟姑娘商量一下，預訂下周飛台灣，隔離二周後飛金門，問她可有什麼意見嗎？」我說「姑娘說『我的問題那都不是事，老爸已經堅持大半年啦！每天的衣食起居都是自己一個人料理，讓我們十分掛念』。」他說「春媽知道妳在疫情期間這種特殊時期要回金門，特地提供了許多網上的通關和過關信息，妳自己多多參考。春媽說『不客氣，回家一趟路途遙遠，還要隔離，小魏姐辛苦了』。十月十二號起旅客搭機往返大陸與台灣，必須提供七十二小時內核酸檢測陰性的報告才能登機。」

我說「晚上十點搞定機票，跟你團聚有希望啦，好開心哦！十月十七號晚上十點四十由大連飛上海，十二點四十抵達，十八號早上九點從上海飛台灣，吉祥航空HO1309航班，十一點十分到達台灣桃園。大陸通行証L11284xxx，台灣居留証WB30001xxx，明天起我就開始作出門前的準備，老公放心，一定會順利投入你的懷抱裡。春媽提供的信息好全面，感謝她的費心。春媽跟老爸一樣，是典型的小太陽。」

他說「今天小妹去醫院做核酸檢測的同時，我上網到台灣衛生網站上代為填寫入台健康聲明書，順利完成，因為小妹和姑娘上不了這個網站登錄，妳登機前要出示這個畫面。」我說「十一點做完核酸，老公也幫我上網寫好健康聲明書了。老公，你好細心哦，整個過程給安排得妥妥的！晚上七點姑娘去二院拿回核酸檢測報告為陰性，一切按照原定計畫出行。」

他說「今天晚上照A計畫出發。」我說「我八點半出門了！」他說「向幸福出發，向老公出發，歡迎妳，祝妳一路順風，一路平安。小同志，辛苦了，不過，一路上都有妳哥陪伴著，妳並不孤單。」我說「好暖心的老公哦！我在九點到機場，半小時後到登機口了。今天就來個不眠之夜，以前的此時會很興奮，因為再過幾個小時就能見到老公，可是這一次，數饅頭倒計時才剛剛開始呢！」

他說「妳說的是，以前妳的行程是一早出發，坐飛機幾個小時後中午降落廈門，再轉到碼頭坐船半小時下午到金門就能投入老公的懷抱裡，整個行程最多十二小時。但是，這一回是特別時期的特別行程，晚上深夜從大連起飛，明天凌晨降落上海，清晨再報到起飛後中午落地台灣，不但回不了金門，還要在台灣閉關十五天之後，才能飛往金門，小同志，妳辛苦了！」我說「沒事，為了尋找幸福值得，老婆很高興哦！十點登機，準點起飛，十二點二十降落上海，提前二十分。我到達浦東機場T１航站樓，上海飛台灣是浦東T２航站樓，我只能走路過去了。」

他說「昨天夜裡就在機場過夜，辛苦小同志了！」我說「開啟一場場艱難旅程。六點就準備排隊值機，旅客很少。七點到登機口，八點半登機，乘客只有三十幾人，十一點降落台灣桃園了。」他說「這是特別時期的特別旅程，妳要勇敢的走下去，何況妳不孤單，前方有人給妳打接應呢，半小時之後就能落地台灣了！十二點我剛剛跟姑娘視頻，妳就來視訊通話了。」我說「十二點半我坐上前往旅店的防疫出租車，向幸福出發。」

他說「這鍋好…這鍋好，妳太棒了！果然一路順風順水，還提前半小時到旅店，我吃完午飯也把房費的尾款匯給旅店了，咱們這海峽兩岸組合最棒了！難怪我姑娘說咱倆是天生一對，絕對沒有錯，也就是天作之合，多虧老爸在後方全力支援，不是嗎？」我說「下午四點收到金門縣政府寄來送給我的一箱子防疫生活用品，政府太貼心了！人還沒入住旅店，生活用品已經提前給郵寄過來了。對呀，姑娘說的一點沒錯，我們是上帝給安排好的，一對恩愛夫妻。」

他說「中午一點半收到姑娘傳來的照片，是國家開放大學的畢業証書，就是說她自修大學本科合格取得畢業資格了，我立馬給她道賀『哎喲喂…這不是大學畢業生嗎？恭喜妳了，妳是我們的光榮和驕傲，妳的軍功章也有我們的一半，我們可是妳堅強的後盾哪』！姑娘說『老爸，我的畢業証剛領回來，第一時間向你報告，感謝你的大力支持哦』！」我說「姑娘得好好感謝老爸為她的付出、幫助。」

他說「早上十點我到後湖，看一下阿如及孩子，還有她大伯哥建中的家人。她大伯嫂不在家，她家的孩子只有老二在，剛起床下樓吃早餐，身高一八三釐米，體重破百公斤，送給他一盒巧克力。阿如說了一個好消息，她妹妹春媽又懷上了，三個多月，是個小女孩，真的是春妹，預產期在明年四月份，她也是昨晚才知道好消息。

我立馬跟春媽道喜，她說『對呀，因為是老蚌生珠，害怕胎兒異常的機率比較高，我一直等到抽血報告出來，確定風險很低的時候才敢向家人說。原本我在考慮要不要等十一月二號小魏姐出關後回到金門，我、小春、布萊恩再用視頻向你們兩個一同報喜，呵…呵…謝謝她跟你報喜訊呀。但其實應該也不用拖那麼久，早一點說出來也好，大家同樂。我公公、婆婆今年因為疫情工作量大減，所以已經申請休，坐月子的事就交給他們了，呵…呵…』。」

我說「哇塞…超級好消息，春媽真的懷上春妹啦！太好了，我們喜歡美國洋娃娃。現在有了春哥，明年就有春妹了。」他說「小春有了妹妹之後就升格當春哥，春妹可以名叫薛迎春，迎接春天的到來，或叫薛春媚，春光明媚、風和日麗。」我說「薛春媚好，諧音就是薛春妹。」他說「到今天為止，妳閉關已經一個禮拜，再堅持一個禮拜就能出關，加油！堅持就是成功，成功就在前方不遠處。」我說「有老公在前方召喚著，希望大大的、杠杠的！」

他說「恭喜妳，饅頭吃光光，閉關十四天圓滿完成任務，今天可以出關，吃過早餐就向幸福出發！歸來吧…歸來喲…隔離十四天的寶貝。」我說「昨晚太興奮了，一直睡不著覺，頂多睡了兩三個小時！」他說「《老頭愛丫頭五十一》——分別九月重聚首，世紀瘟疫見真情。水路不通走航空，台灣隔離十四天。輾轉台北回金門，快樂迎回我們家。歡唱老頭生日歌，喜迎屆齡退休日。2020/11/02」

春媽說『詩裡字字充滿歡喜和期待，恭喜阿公脫離單身啦』！美國女同學說『How（哇）！太美了』！董國泰說『世紀瘟疫見真情，恭喜慶團圓，退休後，再沒有理由阻礙你們展翅雙飛時』。」我說「有才老公，又創作新作品了，你咋這麼棒呢！前些天討論的幾條前往松山機場的路線，我諮詢過前台後，決定走第四條線坐275路公車直奔機場。八點退房出發，打車到公車站牌等候，車資七十元，半小時一班車，九點上車，車票四十五元，我在十一點到終點站松山機場下車，剛進入機場大廳就碰見老同學許志新送他兒子來坐飛機，真是好巧，我買到華信航空下午一點半飛機，跟他兒子同一班，買機票二千多塊，許志新搶著刷卡幫我付款，真不好意思。班機準點起飛和降落，二點四十拿到行李，等到老公專車來接我，來家時三點正。」

他說「她大姐一來家，立馬給她一個熱情的擁抱之後，就端上一碗熱騰騰的小雞燉蘑菇雞湯，還有一塊巧克力生乳捲就著雞湯溫暖了她的芳心。我姑娘隨後說『真是個模範暖男』。」我說「晚上阿公和小春視頻時，當我走近阿公之後，阿公問小春這是誰呀？他一眼就說出是「姥姥」，看看這老薛家的孩子就是這麼棒！快一年不見了，他一眼就能認出來是誰。」他說「九點半和小春視頻完了，十點就上樓上床抱媳婦了，這下子小別勝新婚，又是久旱逢甘霖，可把小妹美死了！」我說「可不是嗎？盼星星盼月亮，都盼了整整九個多月，盼上這一口真好！」

# 第五十一回　分別九月重聚首，世紀瘟疫見真情

2020/10/18

雙十節上午，大連媳婦/老婆去辦理房子登記事情，因為疫情關係限量辦理臨櫃業務，四個月前上網預約掛上號，直到這天才能上門辦理，總算告一個段落。晚上我就跟她說，既然妳也沒有其他事情了，那就安排回金門的行程吧！離別九個月，媳婦一聽說可以回來團聚，樂得她像中了彩券一般，歡呼雀躍！今年的年中她已經申請退休了，次月開始按月領取退休工資，享受輕鬆又美好的退休生活。等到今年的年末就該輪到我申請退休了，次月就能領取一筆一次性的退休金，和我媳婦一起攜手享受逍遙又美好的退休生涯。按我的預訂計畫是先出門旅遊一兩年，之後專心寫一本小說，篇幅在二十萬字左右，這樣子就算對得起我自己了，至于將來要不要寫第二本，到時候再說吧！

等她情緒平復一下，我就說首先妳跟姑娘/女兒商量一下，因為小三通水路已經停

航不通了，只能改走大三通空路，預訂下周飛台灣，隔離二周後飛金門，留下她一個人獨自在家看守門戶，問她能不能接受？可有什麼意見嗎？她立馬將這事告訴姑娘，聽完之後姑娘表態贊同，她說「我的問題那都不是事，老爸已經堅持大半年啦！每天的衣食起居都是自己一個人料理，讓我們十分掛念。」

這件事一經說定，立刻進行訂購機票，同時通知在美國的小女兒。晚上十點搞定機票，十七號晚上十點半由大連飛上海，夜裡在機場過夜，第二天早上九點從上海飛台灣，十一點到達台灣桃園。媳婦說「跟你團聚有希望啦，好開心哦！明天起我就開始作出門前的準備，老公放心，一定會順利投入你的懷抱裡。」美國女兒知道媳婦在疫情期間要回金門，特地提供了許多網上的通關和過關信息，作為攻略和參考。首先是民航新規定，即起旅客搭機往返大陸與台灣前，必須提供七十二小時內核酸檢測的陰性報告才能登機。其次是入台前四十八小時，上網填寫健康聲明書，並訂好台灣的防疫旅館。再其次是抵達時要在機場排隊購買台灣手機門號，安裝line軟件／軟體用來申報居家檢疫生活，住進防疫旅館之後手機不能沒電。

十三號下午我跟金門縣政府承辦人蔡建鑄先生聯繫上，請他協助我們訂防疫旅館。沒多久蔡先生就幫我們訂好旅館，在新北市三峽區，距離桃園機場大約三十公里，車程三十分鐘左右。第二天中午我給防疫旅館匯去房費訂金二萬元，然後打電話通知飯店，經確認已經收到款項，要求尾款須在入住當天付清。十六號中午媳婦去醫院做核酸檢測，晚上拿到陰性檢測報告，因為媳婦和姑娘一直無法登錄台灣網站填寫健康聲明書，我嘗試登錄成功之後，便代為填寫健康聲明書。十七號晚上媳婦照原訂A計畫，於八點半出發。班機準點起飛，深夜十二點半降落上海，就在機場過夜，第二日清晨六點值機／報到劃位，登機後查看一下旅客很少，只有三十幾人，媳婦說開啟一場艱難的旅程。我說「這是特別時期的特別旅程，妳要勇敢的走下去，何況妳不孤單，前方有我給妳打接應呢！」

飛機準時起飛和降落，媳婦一下機先要兌換一萬元台幣，可是機場的郵局休息，銀行網點也休息，耽誤了一點時間才換好台幣，買好台灣手機的門號，找到宅配通快遞公司寄出那些小米、花生米，郵費很便宜，只花三百多元。十二點就用台灣手機給我打來電話了，告訴我走出機場等候搭乘防疫出租車／計程車。一點入住防疫旅館，不久，就收到金門縣政府寄來送給她的一箱子防疫生活用品，她直說政府太貼心了！人還沒入住旅店，防疫用品都已經提前給郵寄過來了。《老頭愛丫頭五十一》——分別九月重聚首，世紀瘟疫見真情。水路不通走航空，台灣隔離十四天。2020/10/18

入住旅館的第二天開始起算居家檢疫的時間，一天下來一人獨居一室，面壁思過，三餐不缺，也是人生難得一項經驗，三餐足可溫飽。但是沒有水果，是唯一美中不足之處，而且旅館也不給代買，必須自己上網訂購，可惜她的手機無法網購。第三天中午遠在大連的姑娘聯繫上一位台灣的朋友就住在新北市，她就拜託他幫一個忙，代買一份水果送過來。對方爽快答應後，下午就給送達旅館轉交了，晚上送餐的時候水果也一併送到，那位小伙子給買一份六樣的水果，貨色很齊全。姑娘說台灣最美的風景是人，這話真的是一點不假，而且五天之後，又給代買第二份水果送達，堪稱台灣版的活雷鋒了。

二十一號早上我在金門收到一件包裹，果然是媳婦郵寄來的宅配通，挺沉的。有十幾公斤吧？拆開一看有三瓶醬油、三瓶陳醋、幾斤油炸花生米、一包帶殼花生、幾包紅棗幾包枸杞幾包小米，真是應有盡有，大連媳婦太好了！油炸花生米一半是有鹽的一半是無鹽的，那是我的鴉片菸，立馬吃上了，有老婆的滋味呢！媳婦說這是她對老公滿滿的愛，這件包裹一共是十五公斤。二十四號中午收到姑娘傳來的照片，是國家開放大學的畢業証書，就是說她歷時兩年半自修大學本科合格取得畢業資格了，我立馬給她道賀「哎喲喂…這不是大學畢業生嗎？恭喜妳了，妳是我們的光榮和驕傲，妳的軍功章也有我們的一半，我們可是妳堅強的後盾哪！」姑娘說「老爸，我的畢業証剛領回來，第一時間向你報告，感謝你的大力支持哦！」

到二十六號早上，我跟媳婦說「妳閉關已經一個禮拜，再堅持一個禮拜就能出關，加油！堅持就是成功，成功就在前方不遠處。」她回說「有老公在前方召喚著，希望大大的、杠杠的！」至于我為什麼要說媳婦是起疫來歸呢？本來正式的說法叫做起義來歸，指的是從敵人的陣營中回歸到正義的隊伍來，棄暗投明，我是借用他的句型，改成起疫來歸。其實，就是說冒著疫情的危險、冒著天大的危險，也要回到老公身邊、投入老公的懷抱裡，如此說法說好不好呢？

說起水路不通走空路，自然離不開小三通的停航及何時復航的議題。話說小三通的復航牽動著許多人的眼珠子和心思，要說是萬眾矚目，一點也不為過，首先是能不能復航？其次是何時才能復航？思索未來的復航，必然要回顧到過去的宣佈停航。二〇二〇年一月二十三日中國大陸宣布武漢封城，就此拉開新冠肺炎疫情的警報，一衣帶水的金門立刻感受到疫情的衝擊，一股惶惶不安的氣氛逼人而來。二月五日金門縣長召開記者會，強烈建議中央政府，從次日起開始關閉小三通金門與廈門之間的航班。雖然台灣沒有做出回應，但是，一般小縣民認為關閉的可能性只會越來越大。

二月七日金門縣長再度召開記者會要求關停小三通船班，果然在當天下午，中央政府宣布自二月十日起暫停小三通金門與廈門之間的航班。這是第二次關閉小三通，二〇〇三年非典的SARS期間為第一次關閉，兩個月之後復航。此所以一般大眾預估此次停航的時間，大概在二到三個月之間，大家都認為可以承受得起。不成想，這一次停航轉眼已經將近九個月，而展望復航的音訊還是遙遙無期。雖然當時有人提議不要全部關閉，原本每日對開二十趟航班，每周一百四十班，保留每周一班或兩班，那麼檢疫能量就不會吃緊，關了大門之後，還能保留一扇窗子，以作必要之用途。而且未來也不須經過重啟航班的程序，只是恢復航班的班次而已，但是，保留航班的意見最終不被採納。以事後孔明來說，這一保留航班的意見確屬洞燭機先，預見未來。

盼望小三通復航的第一次聲音出現在二〇二〇年七月二十二日的中國時報上，前金門大學教授、前監察委員周陽山的投書《重啟小三通，開拓新四通》，稱小三通停航以來五個多月，金馬兩地經濟活動急遽萎縮。建請盡早重啟小三通航線，並開拓新四通方案，新四通是去年大陸方面主動提出，包括通水、通電、通氣、通橋，其中泉州向金門供水已經實施一年。如此一來，不但可以活絡地方經濟，還可以有利於兩岸化干戈為玉帛。

# 大連的小魏傳奇

## ——兩岸婚姻中華情

第二次聲音是在八月九日，台灣金門同鄉會總會在台北市召開大會，卸任總會長李台山在大會上籲請兩岸主管機關，聆聽金門鄉親的心聲，於安全完善檢疫管理前提下，適切重啟小三通，重振金門與閩廈地區商機，及方便兩岸人民往來。第三次聲音是在十月十三日，台灣金門同鄉會總會發函金門縣政府，籲請縣府儘速促成重啟小三通，以應兩岸之往來迫切需求。但是，當初急切關停小三通的金門縣長，完全銷聲靜音，自始至今不發一語，難道是想要一關到底嗎？

十一月二號是媳婦閉關十四天，功德圓滿出關的日子，一大早辦好退房手續，拎起簡單行李出門搭車前往台北松山機場。前些天討論的四條從三峽前往松山機場路線的走法，媳婦諮詢過旅館櫃台後，決定走第四條路線坐275路公車直奔機場。此路公車號稱路線最長，可以慢悠悠地轉到松山機場，但不用再倒車／轉車，省下很多事，行車可能要二小時，但是輕鬆自在呀。

八點退房出發，九點上車，十一點到終點站下車，剛進入機場大廳就碰見老同學許志新送他兒子來坐飛機，真是好巧，真叫人生何處不相逢！買到華信航空下午一點半飛機，跟他兒子同一班，買機票二千多塊，許志新搶著刷卡幫她付款，讓她很不好意思。班機準點起飛和降落，等我接到媳婦，回家時三點正。一進門我立馬給她一個熱情的擁抱之後，就端上一碗熱騰騰的小雞燉蘑菇，還有一塊巧克力生乳捲就著雞湯溫暖了她的芳心。我姑娘隨後就說「老爸真是一個模範暖男。」

四十年工作的結束，第二段生活的開始。

# 第五十二回　老頭歡渡退休日，丫頭喜迎北歸時

2021/01/07

一月六日是大連媳婦/老婆北歸的日子，自然也是我一路陪伴及護送的時候。首先是十一點我騎車到金門醫院拿核酸檢測報告，一問就能拿到，全部是英文，沒有一字中文。拿回家就和老婆上街吃一碗炒麵，省得做飯費事，因為家裡的冰箱已經完全清空了。同時今天也是我們最小姑娘的生日，我給她發資訊祝福生日快樂之外，也附上一個紅包，大家沾點喜氣。

出發之前給我媳婦發個獎金人民幣九百元，她回來金門二個月辛苦忙活，讓我和我的親朋好友都能嘗到正宗的北方麵食，親友們是人人誇讚不已，給予獎勵真是應得值得。這二個月裡招待親朋好友來家裡吃餃子、韭菜盒子有十次，送出麵食分享親友總共二十次，好東西就要和好朋友分享呀！

我們休息到二點四十分就提前出門在巷子口等計程車，沒想到他也提早來到，三點十分到達金門機場，看到立榮航空三點半班機還有空位，我們便提前一小時上機了，到台北下機時才看見跟外甥陳俊達及范小姐同坐一班飛機。

我們的行程因故提前一天了，今天下午的班機也提早一小時，四點半飛抵台北，剛好坐上五點從松山機場直達桃園機場的國光客運末班車，一張票一百多元，六點到達機場，坐計程車到旅館只需十分鐘，我們住進城市商旅這一家旅館。

第二天早上九點我們進到機場報到劃位，在排隊等待時，工作人員要求旅客先行用微信掃碼填寫入境時中國海關要查看的健康碼，辦理劃位必須檢查核酸檢測報告，查完退還。中午十二點從台灣桃園起飛，沒有吃中飯，下午二點降落上海浦東機場。班機降落旅客入境時，首先查看旅客手機上健康碼申報，這在桃園機場報到劃位時已經填寫了，入境時逐個檢查，填寫不正確的地方當場改正之後，發給一張自己簽名的採樣單，拿著單子做核酸檢測，完成之後繳交採樣單，再進行入境證件的查驗。過完海關領取托運行李，再做一次掃碼填寫健康碼，寫完經過檢查合格，四點二十分坐上大巴。一小時後到達奉城鎮富頤大酒店／防疫酒店，再填寫健康碼後完成入住又需一小時，晚上六點半進入房間才能吃上晚飯。

這倒不是大陸方面效率低的原故，而是前所未有的事務，大家沒有經驗沒有前例可循，只能摸石子過河了，比如說掃健康碼，為什麼不能一碼到底？而是入境一次，做完核酸離開機場之前又一次，到了防疫旅館再一次呢？弄得大家人仰馬翻，暈頭轉向了，而且最後一次更是最麻煩了。《老頭愛丫頭五十二》——桃園飛台灣海峽，上海隔離十四天。再飛大連返家門，居家隔離又七日。2021/01/07這一首是唯一沒有離別後再相會，而是在結伴同行下所創作的小詩。

在這場世紀疫情鬧騰一年以來還不能消停的情況下出國，真的是一件吃力不討好的事，但是，為了陪伴大連媳婦回家，一起連續度過十個春節，還是義不容辭的跟她一塊上路，哪怕是千辛萬苦！何況她於兩個月前在疫情漫天之下獨自飛經臺灣隔離十四天之後，再飛到金門與我團聚！我的回報，也僅僅是恰如其份而已。

但是，這一趟行程在入境上海後，還是讓我們都吃不消，尤其是入住防疫酒店這一道最後程序差點沒讓我老婆當眾哭出聲來。在桃園登機之前先要掃碼填寫入境健康碼，真是手忙腳亂，不得要領，虧得櫃檯工作人員協助填寫，總算過關。

班機降落上海的重頭戲，自然是入境普篩，每一位旅客都要做核酸檢測，十個窗口一字排開挨個快篩。金門醫院做檢測是拿長棉棒從鼻孔插入深喉嚨一次，雖然難受只有十秒鐘就完成。機場快篩也是用長棉棒插入深喉嚨，停留十秒鐘，再旋轉十秒鐘才拔出來，非常難受，而且是兩個鼻孔各插一次，特別不好受。

離開機場之前還要掃碼填寫健康碼一次，內容有一部分不一樣，仍舊手忙腳亂，無法交券，都要尋求工作人員指導和協助。到達入住酒店，分配房間之後，又要掃碼填寫健康碼，內容有些部分也不一樣，仍然叫人不得要領，無法交差，必須請求工作人員給予協助和指導，總算才能交券。

我們行前就聽人說起集中隔離有家庭號的安排，就是夫妻或父母子女可以在一個房間一起隔離的。我們寫好健康碼便向工作人員說明我們是夫妻，而且我是老人，又有三高慢性病，行李中手提包有滿滿的用藥，其中一人要我們跟帶隊的女醫師說明，她一口拒絕。我們再向另一位女性工作人員解釋，要求一房隔離，她便轉向帶隊女醫師說明，女醫師仍然一口回絕。

我老婆急得都不行了，就拿著結婚證上前說明我們確實是一對夫妻，又是同一班飛機入境，我年滿六十五歲是個老人，有三高老年病，把手提包打開，拿出半包都是慢性病藥給她查看，而且需要老婆的隨身照顧，急得快要哭出來了。最後那位女醫師方才同意我們倆一室隔離，要我們在切結書上簽字自行負責，原來她們早就有這種考慮了，只是輕易不給人家這種方便。

最後我們去櫃檯交房費時，別人一個人是三千多元，我們兩人是六千多元。酒店不但按房間計算，也按人頭計算，不過，這些都不要緊，只要不拆開我們夫妻倆就很感謝了！入住隔離酒店第三天經過微信網上隔離群組的公告及諮詢，總算弄明白隔離時間的起迄，上海和臺灣的計算方式還不一樣呢！

大連媳婦在去年十月十八日中午由上海飛抵桃園，下午二點入住防疫旅館。隔離時間的起算是從當天夜裡十二點，也就是次日淩晨零時開始的，隔離時間的終止是在十一月二日淩晨零時結束的，一到點就可以在深夜十二點離開，而大多數的人員是選擇天亮之後或吃過早餐自行離開的。

而上海的起止時間是以班機來滬／抵達上海的落地時間計算，隔離十四天後結束，自行離開的。例如我們是一月七日下午二點班機降落，晚上六點半入住隔離酒店，我們的解除隔離時間是二十一日的下午二點。

疫情中層層關卡，擋不住結伴同行。

# 第五十三回　分別半年盼重逢，遍地烽火向前行

2022／05／20

第二度起疫來歸的大連媳婦／老婆，在五月二十日下午二點半開啟第一段行程，由大連飛廈門，班機四點半準時起飛七點落地廈門。本以為是國內航班，沒想到一如出入境那樣子做法，要檢查核酸陰性報告，這本來昨天已經做完檢測了，拿出報告就好，不承想，還要填寫電子版健康聲明書，下飛機還要做一次核酸檢測，填報入住的酒店，大連版的健康碼不好使，大數據的行程碼也不管用，還必須下載廈門版的健康碼才能出機場，每個城市管理不盡相同。入住昨天訂好機場附近的酒店，明天早上八點半酒店專車送往機場，倒也省事不少。《老頭愛丫頭五十三》——分別半年盼重逢，遍地火向前行，台灣疫情再爆發，飛奔老公無懼色。2022／05／20

這一趟行程從三月初開始準備成行了，大連媳婦在二月十日回山東娘家看望老娘，

住了十八天于二月二十八日返回大連，考慮出行的最大因素就是疫情的走向。二月下旬台灣疫情中心已經露出口風說，三月份肯定要調整入境居家檢疫措施，只差正式宣布而已，換言之，就是要縮短入境檢疫時間，現行十天太長了，韓國是入境免隔離／免居家檢疫，日本只有三天而已。可是我左等右等十多天，卻不見疫情中心宣布居家檢疫的新政策，反而是三月十四日大連新增九例本土確診，生活又要按下暫停鍵了，次日起姑娘的幼兒園立刻停止上學上班。三月十六日大連新增十六例本土確診，開始施行小區封閉管理了，小學和幼兒園直到五月十九日才恢復上學上班，放長假讓我姑娘心慌慌。

本來五月二十一日早上期待大連媳婦上午十一點半能夠順利開啟第二段行程，不承想，卻突然給我好大一個驚嚇！媳婦早上八點半到達廈門機場，十一點半的飛機必須九點半才能值機／報到劃位，可是排隊等到值機時，櫃台說妳的大陸通行証有效期間雖然是二〇二八年，但是，妳的簽注有效期間到二〇二一年十一月，今天已經過期無效，當場打退票，不能辦理登機手續，確定上不了飛台灣的班機，必須先回大連出入境管理局辦理好簽注，真是一記晴天霹靂！這下子怕什麼來什麼，可把她驚呆了好半天才回過神來，立馬給老公打電話告知情況。原來這通行証的正面有註明有效期限，持卡人容易查看出來，可是簽注有效期限卻是在背面，持卡人沒有翻過來查看就容易給疏忽了，這也是百密一疏之下的失誤，只好含著眼淚自行吞下苦果，另行補救措施了。

我回說沒有事，遇上了就面對問題，解決問題，妳先留守廈門，大陸通行証快遞回大連簽注，再寄到廈門，同時改簽機票，做核酸，延後台灣防疫旅館，填寫健康聲明書，重新走一遍。媳婦說「遇上這情況太鬧心了，在機場打電話到哪個單位都無法補救，我只好在十一點半打車到中山路的廈門出入境管理處當面諮詢也不行，他們說我戶口不在廈門也沒有居住証辦不了，就要回大連辦理。我讓姑娘諮詢大連出入境管理局，我把通行証和相關材料郵回去，她可以代辦再郵到廈門給我，現在我已經用加急快遞郵回去了。」以前進出飛機場就像逛百貨公司一樣輕鬆愉快、隨意出入，可現在疫情期間不一樣了，機場猶如陣地一般層層關卡把守，進去不容易要檢查必備証件，出來也不簡單必須出示手續。

我說「廈門出入境管理處辦不了可以理解，寄回大連辦理要不要附上妳的身分証呢？讓姑娘諮詢一下辦簽注還需要什麼材料？現在不要鬧心，只能急事緩辦，一步一步把事情辦妥了就好，沒有過不去的坎。遇上困難和麻煩的事情，不要自怨自艾，也不用自己責備自己，已經在半路上，就該冷靜以對，把後續的事情逐一完成。吃燒餅沒有不掉芝麻的，何況人有失手、馬有亂蹄，間隔二年才出境，有些準備工作不週延也是在所難免，不用責怪誰，把眼前難題盡快處理妥當就可以了。等於這個大陸通行証有二道關卡，一道是証件效期，一道是簽注效期，這個是旅行社最內行的事情，一般人沒有這麼了解透徹。」

媳婦說「老公，你咋這麼好呢？從不對我有埋怨，我現在就在中山路找一家旅館住下。」我回說，沒有事，妳也不要難過，也不要責怪自己，把善後的事情處理好就行，反正我們有的是時間。姑娘說「真是太頭疼了，老爸，你是我們堅實的後盾。老爸，十二點我給她大姐訂好酒店了，下一步就是等待証件寄回，我去出入境代辦簽注」。我說，是呀，我們現在分工合作，後方支援前方囉！姑娘說「向老爸學習，遇事沉著冷靜。一個小插曲，要損失好幾千元，想想就心疼，睡不好覺啦！暖心的老爸，總是能給予無限的理解包容。是的，老爸說的沒錯，世事難料，也是出行前疏忽了，沒有檢查到位。」我說，妳說世事難料沒錯，我說百密一疏也對。

春媽說「規定是這樣子也只能照著走，好在耽擱個幾天還是出發，旅行中遇上問題就解決問題。」我說是的，遇上問題解決問題，好在有時間，又有後勤可以支援，分工合作。我說「老婆，妳辛苦了，一個百密一疏，害得妳半道上被困在廈門，幸好妳有的是時間，又有姑娘、老公、阿樸分工合作，我們一起做妳的後勤保障工作，妳就放寬心在廈門度假幾天好了。」姑娘說「老爸，你是個大暖男，我們有你真幸福。」我說沒事，這叫做同心協力，共度難關。媳婦說「老公，你真好，咋這麼善解人意呀！出現事情不慌不忙，最關鍵是不急躁，老婆沒嫁錯人，愛你沒夠。你是我們的榜樣，繼續努力跟你學習！」姑娘說了「一方有難，三方支援。」媳婦說「有你們真好，我會調整心態，安心等待好的結果。」

二十三日早上十點半媳婦說「老公，好消息，大陸通行証的簽注，姑娘代辦沒問題，已經在繳費了。」原來前天上午十一點媳婦在機場交給順豐速運的加急快遞郵件，早上九點過後交到姑娘手上，姑娘快馬加鞭趕到出入境管理局送件申辦一切合格後繳費，一個工作日之後，也就是明天下午三點前後完成，就委託出入境交由順豐速運用加急快遞郵到廈門所住的酒店，那麼二十六日晚上興許就能收到。姑娘說的好，一方有難，三方支援，妳看看妳並不孤單，我們都是妳的後勤保障。中午一點半媳婦又說「這幾天來的最好消息，機票全款退還，大約明天到帳。」

我說「哎喲喂…妳是吉人天相哪！機票全額退款，沒有受到任何損失，真是好消息，要不，頭天姑娘還在心疼機票錢幾千元沒了，害她睡不著覺，這下子可好了！我也正想問妳身上有沒有錢用呢？老公還能夠給妳支援的。」媳婦說「對呀，姑娘最擔心的是，機票損失太多，可把她心疼壞了。我身上有現金還沒用，準備入境台灣換台幣。暫時微信帳戶還能應付，謝謝老公關心。」姑娘她總是說錢不是問題，只是會要了她的命。媳婦這一趟飛台灣的機票，原先是五月十七日訂南航上午由大連飛上海，下午再飛台北下午四點到，機票二千三百元。但是南航取消班機，改簽到二十一日，然後二度取消班機，延到三十日，由于台北防疫旅館已經訂好二十一日入住，因此決定改變航線，訂下華信航空二十日下午由大連飛廈門，二十一日上午十一點半再飛台北，機票四千三百元。

不承想，大陸通行証有效期限到二〇二八年，可是卡片的背面還有一項簽注有效期限到二〇二一年，因此到機場值機／報到劃位被退票上不了飛機，只好留守在廈門等候辦理通行証的簽注手續，行程被迫延後一周，真是出師不利。幸好二十一日上午十一點半的班機晚點超過三小時，依照民航局規定航空公司必須全額退款，二千七百元沒有蒙受損失。晚上九點姑娘說「老爸，今天是有驚無險的一天，上午單位太忙，沒有及時跟你匯報，一切順利，現在就等待著簽注郵寄到廈門，她大姐即將飛回你的懷抱。我去辦理的時候一顆心一直懸著，還擔心辦理不順利。」我說，妳今天辦得真好，做事情小心翼翼，謹慎以對是正確的。

二十五日下午一點半媳婦說「早上做核酸檢測陰性報告出來了。」下午五點媳婦說「好消息，大陸通行証簽注好的快遞拿到手了，我可以訂明天早上八點半的機票。」這個加急快遞的速度真迅速，比我們預期的快了一天，這個好！隨後媳婦上網訂好廈門航空MF887航班，明天早上八點半起飛，十點半降落台灣桃園機場。

增補一下《老頭愛丫頭五十三》——分別半年盼重逢，遍地烽火向前行，台灣疫情再爆發，飛奔老公無懼色。出境証件已過期，望機興嘆暗吞淚，趕辦手續多五日，愛的路上不停頓。2022/05/26

我姑娘看完《二度起疫來歸的大連媳婦》之後說，「老爸你真有心，我仔細讀了這段文字，滿滿的溫情，愛你哦！」我說老爸也愛妳，好看的姑娘。我媳婦說「剛剛看完，一場暖心的歷險故事！」姑娘也說「的確是一場跌宕起伏的歷險記。」

次日早上五點我就打電話及發信息問「寶貝，妳起床了嗎？」媳婦說「興奮一晚上沒怎麼睡，現在吃飽喝足，準備妥當。老公，五點半我上出租車了，六點前到達機場。六點半已經開始排隊，還沒開始辦登機手續。感謝老公提前幫我填寫防疫申報／台灣的入境健康聲明書，在排隊時有好多人手忙腳亂申報，二十多分鐘還沒操作完呢。七點半順利辦好登機牌，到達登機口，預訂八點登機，八點半起飛。」我說，妳最棒了，到達登機口很快就能上飛機，真是棒。我上次在上海搭機是起飛前一個小時登機，在廈門是起飛前半個小時才登機，還有一些不一樣。媳婦說「飛機晚點大約半小時，八點半我上飛機了！」我說，叢世娟大姐剛剛來電話問妳什麼時候回來？我說班機取消好幾次，現在正在廈門機場準備飛台北哪。

上午十點半媳婦說「我下飛機了。」我說，歡迎妳終于踏上台灣的土地。一個小時後媳婦說坐上防疫計程車，還挺快的，十二點用台灣的手機號碼給我打電話沒接到，我隨後回撥過去，果然是妳新買的台灣手機號碼，妳剛到防疫酒店。十二點半妳入住上次我所下榻的酒店房間，感謝阿樸所訂的房間，非常滿意，午餐也送到房門口，是一份芝士烤麵。

台灣疫情在今年四月份第二度大爆發，將近二個月疫情中心束手無策，比去年五月份第一度大爆發的情勢還要嚴峻，此時此刻我的媳婦不辭艱辛和甘冒危險在遍地烽火的疫情之下輾轉回來，了無懼色，在防疫旅館閉關八天後才能投入老公的懷抱，了不得！

媳婦說「五月十三號老公從金門郵去山東給老娘貼的藥布，在五月二十四日已經到達北京，現在是靜置處理，因為疫情的關係。」我說，這個好，五女婿做事情就是講究行動力，那麼六月初前後便能送達手上了。

端午節一大早五點媳婦說「老公，我出門了，十分鐘後到機場，再過十分鐘直接在櫃台買到七點由台北飛往金門的機票，也不用補位，哈…哈…被我搞到手啦。」六點半媳婦說「金門是不是有霧啊？飛機延誤了。這裡天氣還挺好，剛剛廣播說因天氣原因，飛機延誤。」我說今天是一個好日子，我聽見窗台外那喜鵲吱吱喳喳叫得可歡了，這是為啥呀？等妳來家就能聽見，那喜鵲還在。

媳婦說「好的，我超喜歡喜鵲叫喳喳，喜鵲一叫…好事就要來到。」八點媳婦說「我已經過安檢到登機口，二十分鐘後登機了。」我說，那我大概九點半在出口等妳了。九點半媳婦說「老公，我來了，沒有托運行李，應該比較快出去。」再過二十分鐘後媳婦拉著一個中號行李箱出來，我帶了一瓶帶噴頭的酒精先給她身上噴過一遍，再對行李箱噴灑一遍，騎上機車回到家剛好十點。

我把在機場拍的兩張媳婦照片傳給大連的姑娘及美國的春媽看，說十點來家了。姑娘問我說「老爸，開心不？老兩口終於勝利會師啦！」我回說，老兩口子老開心了，現在開始煮上小雞燉蘑菇了。十一點就可以喝碗雞湯，有枸杞、紅棗、人參、當歸，妳看美不美？主角當然是小雞和蘑菇了。春媽說「小魏姐終於到家了，恭喜阿公。小雞燉蘑菇是阿公煮的，對吧？」我說可不是嗎？早上把材料都準備好了。春媽說「真棒，新好男人，給你一個讚！真棒，讓小魏姐消消疲勞暖暖胃，謝謝她千里奔波回家陪伴你。」

# 第五十四回　丫頭返家滿半載，老頭陪伴東北飛

2022/12/16

二〇二二年我媳婦在台灣疫情第二度大爆發期間決定從大連出發，訂好五月十七日的聯程機票/套票要輾轉回到金門與我團聚，從大連飛上海、上海飛台北、台北飛金門。不承想，出發前幾天航空公司發來通知，十七日的航班取消，免費改簽二十一日出發，我倆心情頓時波折起伏，只好請大兒子代為訂下台北的隔離酒店。料不到，接近出發前兩天航班又被第二次取消，改簽三十一日，出行如此不順利，情緒更是起伏不定。可是台北隔離酒店已經定好，錢也交付，經過緊急商量後決定還是按原計畫五月二十一日到達台北。改飛廈門再由廈門飛台北，但是，廈門每天就只有上午八點飛台北的航班，只好提早一天五月二十日抵達廈門，在機場附近住一晚。

哪知道，更糟糕的是在五月二十一日早上到達機場櫃檯劃位/植機時，服務人員發

# 大連的小魏傳奇

## ——兩岸婚姻中華情

現媳婦的「大陸居民往來臺灣通行証」的簽注，已經過期半年，雖然訂好機位還是不能劃位登機，真是怕什麼來什麼！媳婦在機場諮詢過各個單位無解後，只好前往中山路上「出入境管理處」要求辦理簽注也行不通，只能用特快遞郵回大連讓我姑娘代辦簽注後郵來廈門，二十五日下午收到証件立馬定好次日早上飛往台北的機票。隔離八天後出關在六月三日端午節，買到早上七點飛金門的班機，由于起霧延遲，回到家裡剛好十點。這一趟旅程充滿艱險坎坷，幸好我們前後方通力合作，一方有難三方支援，有志者事竟成，姑娘問我說開心不？老兩口終於勝利會師啦！我說當然開心了，有妳們真好。

台灣疫情在四月份第二度大爆發，每日確診過百人，二〇二一年五月是第一度大爆發。金門疫情也在四月份出現，之前從世紀疫情開始一直保持零確診二十六個月，是台灣唯一的淨土，但是淪陷之後急速上升。我媳婦一回來就問我何時離開危險，回到大連？我一直密切注視金門疫情的發展，情勢非常不妙，毫無疑問的，三十六計走為上計。仔細評估返回大連的途徑，最稱便捷的水路小三通關閉近三年仍然無望開通，只剩大三通的空路可走了，可是機票漲價一倍還一票難求，每天緊盯網上購票信息，總是搶不到機位。好不容易七月十五日搶到二張南方航空公司九月一日台北飛上海的機票，一個月後開始準備行李，料不到出發前三天通知航班取消，只好改訂十月及十一月通通搶不過別人，就這樣拖到十二月已經不抱什麼希望了。

我在關注金門疫情的同時，也注意台灣及大陸的疫情；四月初台灣每日確診破百人，標誌著疫情再度爆發了，人人繃緊神經盯著疫情走勢，月中破千人，人心惶惶，月底破萬人，人人自危，五月中更是破九萬人，人們的心理防線澈底崩潰，一舉把台灣人僅存的一點點信心完全擊垮了。五月末金門累積確診破二千人，六月末破五千人，十一月末破二萬人，金門在八個月之間的確診率達到百分之三十以上，快要追上台灣在三十四個月之中的確診率了，但是，台金黑數至少也有百分之三十以上。台灣和金門防疫失敗，政府不可靠，只能靠自己。我的身邊親友幾無倖免，我們在六月中旬也是雙雙中獎，堅守一周由陽轉陰，現在還是加倍小心。網路上因此流傳的一段笑話說「早晚都會確診的，所以只能中午出門。」

十月底中共二十大閉幕仍然強調動態清零的防疫政策總方針維持不變，可是到了十一月底國務院出台第九版防控方案，和二十條優化措施，消除層層加碼以及一刀切做法。相隔八天之後，國務院再出台新十條優化措施，不查驗核酸証明及健康碼，不開展落地檢，優化防控不是完全放開。一周後中國的「通信行程卡」正式下線，也就是健康碼下線。聖誕節中國衛健委宣布自即日起，不再公佈每日疫情信息。

其實，十一月底調整防控疫情方案時，中國疫情已經是遍地開花了，確診人數成千上萬，進入十二月初更是遍地烽火，發展迅猛，再也無人提及動態清零。各個地方按照模型都在推測疫情高峰即將在明年一月中來臨，也不過是短短二個月時間而已，進入二〇二三年一月初有些地方已經提早到達高峰。一月八日起疫情防控進入新階段，由乙類甲管轉為乙類乙管，入境中國免除隔離。第二天河南宣布順利渡過疫情高峰，全省確診率達到百分之九十，河南省人口九千九百萬。浙江也宣布第一波感染高峰已經平穩渡過，浙江省人口六千四百萬。

十二月八日晚上我媳婦總算搶到二張廈門航空機票，十二月十七日上午從桃園飛往廈門，兩張機票七千六百元人民幣，另外金門飛台北兩張機票已經購買還要改簽。十六日下午我們倆開始踏上征程，由金門搭機飛往台北，兩張機票台幣三千五百元，合人民幣七百元，再坐客運車到桃園入住旅館，房費二千二百元，合人民幣四百四十元。第二天早上八點坐計程車到機場只需半小時，九點辦好線上申報手續及登機牌，十一點起飛，下午一點降落廈門機場。二點辦好入境手續及核酸檢測采樣，由大巴送到防疫旅館辦好入住隔離八天，兩人一室隔離，房費一份五千五百元人民幣，餐費另計，也可以自行叫外賣。二〇二一年一月七日在上海星級酒店兩人一室隔離十四天，房費按二份計收將近八千元，包含餐費在內。《老頭愛丫頭五十四》——丫頭返家滿半載，恢復辦理健保卡。老頭陪伴東北飛，回到大連過春節。2022/12/16

在三年疫情期間我兩次護送媳婦回去過年，雖然出入國境關卡重重，旅費開銷龐大，但是，隔離期間得到兩人一室的待遇，還能享受蜜月旅行的滋味，這也算得上是只羨鴛鴦不羨仙了。說到疫情一時望不到盡頭，但是防疫功夫一點也不能省略。十二月的中國疫情處于山雨欲來風滿樓，即將隨時爆發的階段，不管走到哪裡做好個人防疫工作才是正確的，切莫輕忽或者躺平，須知病毒不上身才是最高指標。隔離期間打電話諮詢所在社區居委會，我們出關回去有沒有什麼管制呢？回復沒有任何限制，因為上次從上海回家居委會派專車到接機場接回去，還要居家隔離七天，姑娘只能借住到她表姐家去。這次回家後第三天，居委會派人上門專為我施打第三針疫苗，真是貼心的服務到家了。

# 第五十五回　一家三口回山東，奉陪丈母娘過年

2023/01/19

自從二〇一二年的龍年到二〇二一年的牛年，我遠從台灣的金門千里迢迢連續十年來到大連過了十個春節，都是帶著媳婦和姑娘在姨父家和表弟們吃的年夜飯，這黃金十年算得上是我個人的一項里程碑。去年二〇二二年虎年本來打算與媳婦由大連回山東陪丈母娘過新年的，因為在十二月初聽說丈母娘的高蛋白快要吃完了。我恐怕她會斷糧，臨時決定獨自動身回台灣，經過集中隔離十四天後出關回金門，趕快買好一年份高蛋白郵到山東，正好趕在除夕夜早上送到丈母娘手上，真是一場來得正是時候的及時雨。

二〇二二年五月底媳婦沿著我先前的路徑，輾轉台灣集中隔離八天後于端午節回到金門與我團聚半年。十二月中我們倆結伴由金門首發台北，飛往廈門隔離八天後再輾轉返回大連，準備實現去年未能成行的回山東陪伴丈母娘過春節，順便給那些孫子輩的

小孩子發紅包開心一下，訂于二〇二三年一月十九日中午的班機出發，一月二十六日晚上回程。當天早上十一點我們從大連住家出門搭機，二點降落青島膠東機場，弟弟開車來接，四點到高密家裡看見白髮蒼蒼八十四歲的丈母娘，還有哥哥、大姐、三姐、四姐及三姐夫、四姐夫來相見，見面後我立馬給丈母娘孝敬一份紅包聊表心意，一宿無話。

《老頭愛丫頭五十五》——一家三口回山東，奉陪丈母娘過年。圍爐守歲年夜飯，見証奇跡是紅包。2023/01/19次日早上起床後洗漱，突然發現水龍頭不出水，詢問之後才發現是村子裡停水了，只能簡單應付了事，晚上本應洗澡的，也就一切省略了。

昨天在回娘家的路上，我笑著跟媳婦及姑娘說從城裡回歸鄉下過年生活幾天，也算得上是憶苦思甜了。不成想，這個苦頭來得這麼給力，睡了一晚起床就是停水。要知道現代生活水平是建立在有水有電的基礎上，少了哪一項都沒有幸福可言，而且今天是小年夜，居然叫我們趕上停水的節骨眼。當然啦！這應該不是計劃性的停水，而是意外性的斷水，就看自來水公司的搶修速度了！

晚上在哥哥家裡吃烤肉，侄兒夫妻帶著女兒從上海回來過年，年輕人喜歡這一口，準備得很齊全，我們吃現成的，大人小孩三代同堂十二口人，還有小米粥及包子。小孫女魏歆諾大概四歲，我們身為姑奶奶和姑姥爺一人給她一個紅包，沾點喜氣洋洋。

第三天早上給丈母娘做抗原／快篩檢測，也是兩條杠，就是確診了，並不感覺意外。她算是比較晚陽的，其他家人都先後陽過和陽康了，這一場新冠疫情真是風行草偃，無一倖免，完全一視同仁啊！隨後媳婦拿元旦那天美國小孫女小青給阿公說，新年快樂的視頻給老娘看，老娘立即問起小春那個好看的美國小孫子呢？應該是五、六歲了吧？妳看她的記性有多好啊！

除夕夜中午我們倆在丈母娘家裡吃包子，還有弟弟及弟媳婦五個人一起吃的中飯。晚上到哥哥家裡吃年夜飯，跟昨晚吃烤肉的人馬差不多，總計十三口人，滿滿的一桌十幾道菜，主食是素餡餃子，三代同堂，最小的魏歆諾招人喜歡得很哪。吃完飯回到老娘屋子裡正是見証奇跡的時刻到了，就在老娘的眼前掏出二個紅包，遞給媳婦和閨女一人一個，兩人立馬抽出紅票子，數得眉開眼笑的。

大年初一大清早／他們是晚上六、七點，遠在美國芝加哥的小春和小青兄妹倆用視頻祝阿公兔年行大運。二十二個月大的小青用普通話說，阿公，新年，快樂。又說，姥姥，新年，快樂。這兄妹倆可真是我們家的開心果哪，一早就來拜年了。

大年初二是丈母娘八十五歲生日快樂，咱們一家三口大早來拜壽，還給送上一個紅包，喜氣洋洋多暖人哪！媳婦說「老公，你是好人，愛你哦！這是老娘有生以來，第一次收到生日紅包。」閨女說「老爸，你咋這麼棒？」

我媳婦說因為疫情關係，往年初一大清早來拜年的宗親鄉親絡繹不絕的景象大幅縮減，大家擔心在這疫情大爆發期間上門拜年恐怕會給老人家帶來危險，多數人不約而同取消上門了。仍舊上門來拜年的還是有幾位，初二上午有老娘的堂弟來拜年送紅包，我們管他叫二舅，他離開之後，老娘的侄兒夫妻倆來拜年送禮物，我們管他叫表哥表嫂，留下表哥一起吃午飯，喝點小酒互道恭喜。

初三早上換我們出門去走親拜年，都在鄰近村莊，也就是三里地至五里地而已，由弟弟開車送去，先到三姑媽家拜年送禮，再到二姑媽家，家徒四壁，條件比較差。後到大姐家拜年，外甥姑娘一家三口昨天早上六點從大連開車十三小時回的娘家，弟弟有事先離開，我們上大姐夫的媽媽家拜年，她比老娘大二歲，把家裡收拾得老乾淨利索了。外甥姑娘開車送我們到二姐家拜年，再送俺們回老娘家，三姐和三姐夫剛剛到達，隨後二姐和二姐夫也來家，中午我們得好好喝兩杯互道恭喜。下午老娘和二姐、三姐、五妹在她屋裡炕上拉呱，她告訴二姐及三姐說，五女婿頭天來家就給她一個紅包，昨天生日又給了她一個紅包，真是一個好人。

好消息，下午我媳婦給老娘做抗原／快篩檢測，是一條杠，跟四天前的二條杠不一樣，已經是由陽轉陰了，雖然是意料之中，總算是鬆了一口氣，祝願一家老少大小都平安。

去年七、八月間我們從金門郵局用（兩岸e小通）郵一些藥品給丈母娘，花了一個月時間才收到。之後用兩段式郵寄，先從金門郵到廈門親戚手裡只需八天，再從廈門郵給丈母娘只用六天，這樣子快了一倍的速度。這些藥品都是平常治療感冒的用藥，有鎮熱退燒，止咳化痰，還有是普拿疼／布落芬的退燒藥，可是到了十一月份這些藥物在大陸被搶購一空，真是珍貴得很。適逢疫情大爆發的當下，這些藥品到了丈母娘手裡，家裡的兄弟姐妹都來分配一些，以備不時之需。當我們從廈門結束集中隔離回到大連，除了留下一小部分備用之外，再把其餘的感冒藥品郵寄給丈母娘，共渡時艱。

大年初四可是丈母娘的大日子，補過大年初二的生日，四代同堂，弟弟訂了一個大蛋糕，而且五個女兒五朵金花要帶著五個女婿和孫子回來拜年，太姥姥要給曾孫子發紅包囉！五女婿也準備好了幾個紅包送給孫子輩的孩子，八個孫子八個紅包，每個紅包三百元，二姐的大孫子讀初中，拿到紅包趕緊打開數一下，他說從小到大沒收到這麼多錢的紅包，可把他開心壞了！外甥姑娘的女兒趙嘉茵，和侄兒的女兒魏歆諾，都送給二個紅包呢！我準備十八個紅包，還剩下四個。

中午在哥哥家裡吃午飯，席開三桌，大人小孩有三十幾口人哪，吃的那個歡哪！主桌是叔叔帶著五個女婿、二個兄弟、二個侄兒，滿滿十個人吃著喝著，不亦樂乎！閨女說「老爸，真大氣，你回來過年老老小小大家都開心。」晚上我們兩口子在老娘屋裡拉呱，她對我說「現在我閨女有福了，外孫女享福，我也跟著享福了，你真好。」我說「不客氣，俺們都是一家人，當然要互相照顧。」

回到山東陪丈母娘過年的願望如願以償，與家人及親人相聚正如預期的順利圓滿，老少開心，皆大歡喜，轉眼之間過了一個星期。今天是我們仨班師回朝的日子，吃過早飯後村姑領著村花打包行李，上午十點鐘三姐和三姐夫來喝茶拉呱，相約年底再回山東，完了一起吃中飯，還有嫂子和小孫女魏歆諾。下午三點弟弟開車來送我們到青島膠東機場，登機後飛行五十分鐘順利降落大連，七點半回到暌違一週的溫馨、溫暖的家，真的是金窩銀窩比不上自己的狗窩，回家真好。

# 附錄

## 老頭愛丫頭一

美名芬芳傳千里，天南海北會大連；
一見鍾情定終身，大手小手向前走。

2011/03/25

## 老頭愛丫頭二

再度相會大連城，如魚得水盡歡顏，
百般綢繆猶未盡，難分難捨淚雙垂。

2011/05/12

**老頭愛丫頭三**

再三相聚度蜜月，妳儂我儂情意濃；
妳的名字叫大膽，敢把哥哥領回家。

2011/08/19

**老頭愛丫頭四**

妹妹為愛走千里，北雁南飛廈門見；
恩愛纏綿夜繼日，忍將哥哥累彎腰。

2011/10/28

**老頭愛丫頭五**

五福臨門重聚首，鳳凰于飛又十日；
一家三口回山東，拜見爹娘笑顏開。

2011/12/15

**老頭愛丫頭六**

十個月中五度飛，愛妳愛進心坎裡；
相親相愛只為妳，千山萬水等閒事。

2012/01/15

**老頭愛丫頭七**

北雁二度向南飛，投進情郎懷抱裡；
南來北往愛相隨，海誓山盟情意長。

2012/02/25

**老頭愛丫頭八**

相愛合體一周年，丫頭再三飛廈門；
搭船渡海接班機，老頭喜得樂開懷。

2012/03/29

**老頭愛丫頭九**

六十萬元訂套房，開創母女新生活；
出發時生龍活虎，歸來唯見一病貓。

2012/05/05

**老頭愛丫頭十**

十次飛行真情愛，回到我們溫暖家；
一家三口過端午，夜裡發炎上醫院。

2012/06/23

**老頭愛丫頭十一**

離別悠悠竟半載，郎情妹意慶團圓；
重逢冬至大如年，吃過湯圓添一歲。

2012/12/21

**老頭愛丫頭十二**

去歲圍爐我姨家，午夜佇立街道上，
今年除夕闔家歡，圍爐守歲我們家。

2013/02/06

**老頭愛丫頭十三**

離別剛滿一個月，哥哥再度踏征程，
風和日麗暮春暖，妹妹喜得樂開懷。

2013/04/03

**老頭愛丫頭十四**

去年端午闔家歡，深夜腹痛掛急診；
今年佳節慶團圓，粽葉飄香滿屋宇。

2013/06/12

**老頭愛丫頭十五**

前年全家回山東，爹娘接見五女婿；
今年中秋拜丈人，花好月圓人團圓；

2013/09/17

**老頭愛丫頭十六**

離別僅僅十七日，重回我們溫馨家；
夫妻恩愛閨女歡，三口之家樂悠悠。

2013/10/10

**老頭愛丫頭十七**

歲末已過耶誕節，收拾行李把家返；
新的一年新希望，老小姑娘展笑顏。

2013/12/27

**老頭愛丫頭十八**

離開短短二十日，迫不及待回大連。
又到除夕連春節，守著愛巢守著家；

2014/01/25

**老頭愛丫頭十九**

相愛三年又三天，甜甜蜜蜜歡笑多；
買套小房建個家，從此三口一家親。

2014/03/28

**老頭愛丫頭二十**

慶生日四十有五，不辭千辛和萬苦；
攜手真心度一生，愛的路上我和妳。

2014/06/28

**老頭愛丫頭二十一**

中秋月圓人團圓，花前月下影成雙；
每逢佳節倍思親，飛越千山和萬水。

2014/09/05

**老頭愛丫頭二十二**

大連對台自由行，辦妥証件啟程行；
飛抵廈門轉金門，丫頭首次回家門。

2014/10/17

**老頭愛丫頭二十三**

老父病危周一返，周三凌晨歸塵土，
春節過後花開時，奉養老娘到大連。

2014/12/27

**老頭愛丫頭二十四**

離開相隔四十天，發的重返我們家，
愛巢三度除夕夜，圍爐守歲慶有餘。

2015/02/13

**老頭愛丫頭二十五**

離別百日再回家，粽葉飄香櫻桃熟；
新居喬遷三週年，順風順水小日子。

2015/06/12

**老頭愛丫頭二十六**

回家看望丈母娘，千裡挑一五女婿；
看過閨女娘寬心，機場送行兩口子。

2015/08/14

**老頭愛丫頭二十七**

大連媳婦再來家，千里單騎自由行；
飛抵鷺島轉浯島，依然開心又圓滿。

2015/09/26

**老頭愛丫頭二十八**

冬至聖誕連元旦，老公返家半個月，
薛家溫馨過生日，三星高照好運來。

2015/12/18

**老頭愛丫頭二十九**

一年容易又除夕，送舊迎新過春節，
千山萬水半日回，一家歡聚愛巢裡。

2016/02/05

**老頭愛丫頭三十**

北雁成雙東南飛，如花姐妹回家門，
雛鳳先行返東北，老鳳歸程晚六日。

2016/04/22

**老頭愛丫頭三十一**

過完春節到端午，返家一周粽子香，
看望朱姐初染恙，健康活著真是好。

2016/06/04

**老頭愛丫頭三十二**

中秋看望丈母娘，一家三口會青島，
皓月當空人團圓，四代同堂共賞月。

2016/09/14

**老頭愛丫頭三十三**

大連分別僅八日，分別的人盼重逢；
我倆重逢金門島，夫唱婦隨影不離。

2016/10/03

**老頭愛丫頭三十四**

平安夜良人歸來，慶團圓闔家歡喜；
迎進聖誕老公公，正是我家男主人。

2016/12/24

**老頭愛丫頭三十五**

小年夜飛回愛巢，送灶神天庭述職；
隆冬歲末辭猴年，團圓守歲迎金雞。

2017/01/20

**老頭愛丫頭三十六**

天南海北異地戀，見証海峽真情愛，
愛情長跑六年整，今朝轉正揚眉笑。

2017/02/24

**老頭愛丫頭三十七**

夫妻攜手戶政所，婚姻簿上咱登記，
一朝名正則言順，天南海北一家親。

2017/05/12

**老頭愛丫頭三十八**

相隔兩月啟程行，再次往北度蜜月。
舊疾復發左腳腫，乘坐輪椅上飛機。

2017/07/21

**老頭愛丫頭三十九**

艷陽高照秋老虎，我的媳婦返家門。
正宗北方嚐麵食，媳婦手藝人人誇。

2017/09/27

**老頭愛丫頭四十**

丈人辭世三週年，五女婿上墳燒紙。
六年愛情修正果，五姑娘墳前拜爹。

2017/12/19

**老頭愛丫頭四十一**

束裝返家過春節，千里迢迢半日歸。
送走六個除夕夜，今朝迎接狗來旺。

2018/02/10

**老頭愛丫頭四十二**

清明時節雨紛紛，母女結伴東南飛，
車船卡免費乘坐，住滿半年健保卡。

2018/04/03

**老頭愛丫頭四十三**

見識台灣選舉風，萬箭齊發對準他，
多行不義必自斃，選民起義換新天。

2018/11/30

**老頭愛丫頭四十四**

又逢過年時節到，歸心似箭返大連，
山珍海味年夜飯，老少紅包人人歡。

2019/01/25

**老頭愛丫頭四十五**

離別半月愛相隨，北雁南飛金門見，
情深意長兩口子，朝朝暮暮兩相投。

2019/02/25

**老頭愛丫頭四十六**

媳婦報名考駕照，奮戰兩月考四次，
駕照到手訂機票，一路送她回大連。

2019/06/06

**老頭愛丫頭四十七**

往北避暑返大連，三月之後回金門，
老頭丫頭重聚首，攜手同賞中秋月。

2019/09/05

**老頭愛丫頭四十八**

丫頭返金三個月，先往山東看老娘，
再回大連看姑娘，專等老頭過新年。

2019/12/02

**老頭愛丫頭四十九**

臘鼓頻催壓年線，老頭連夜飛大連，
回到我們溫馨家，歡天喜地過大年。

2020/01/22

**老頭愛丫頭五十**

風雲變色起疫情，夫妻離別三個月，
東方雨歇西方驟，全球警鐘響不停。

2020/05/01

**老頭愛丫頭五十一**

分別九月重聚首，世紀瘟疫見真情，
歡唱老頭生日歌，喜迎屆齡退休日。

2020/11/02

**老頭愛丫頭五十二**

老頭歡渡退休日，丫頭喜迎北歸時。
上海隔離十四天，居家隔離又七日。

2021/01/07

**老頭愛丫頭五十三**

分別半年盼重逢，遍地烽火像前行，
台灣疫情再爆發，飛奔老公無懼色。

2022/05/26

**老頭愛丫頭五十四**

丫頭返家滿半載，恢復辦理健保卡，
老頭陪伴東北飛，回到大連過新年。

2022/12/16

**老頭愛丫頭五十五**

一家三口回山東，奉陪丈母娘過年。
圍爐守歲年夜飯，見証奇跡是紅包。

2023/01/19

備註：二〇一一年三月十五日我的大連朋友朱麗君女士，介紹她的鄰居魏美花女士與我在電話中認識，十天後我飛往大連第一次見面，一見鍾情。小老頭我五十七歲，小丫頭她四十二歲。每次會面或離別寫下一首小詩，九年來剛好五十首。

國家圖書館出版品預行編目

大連的小魏傳奇：兩岸婚姻中華情 / 方亞先著.
-- [金門縣金城鎮]：薛芳千, 2023.05
面； 公分
ISBN 978-626-01-1236-3(平裝)

1. CST: 方亞先 2. CST: 傳記

783.3886 112005872

# 大連的小魏傳奇

## ──兩岸婚姻中華情

**作　　者**／方亞先
**出版策劃**／薛芳千
**製作銷售**／秀威資訊科技股份有限公司
114 台北市內湖區瑞光路76巷69號2樓
電話：+886-2-2796-3638
傳真：+886-2-2796-1377
**網路訂購**／秀威書店：https://store.showwe.tw
博客來網路書店：https://www.books.com.tw
三民網路書店：https://www.m.sanmin.com.tw
讀冊生活：https://www.taaze.tw

**出版日期**／2023年5月
**定　　價**／650元